HISTOIRE
DE LA MAISON
DES SALLES,
ORIGINAIRE DE BEARN,

Depuis ſon établiſſement en Lorraine jusqu'à preſent.

Avec les Preuves de la Genealogie de cette Maiſon.

A NANCY,
De l'Imprimerie de JEAN-BAPTISTE CUSSON, Imprimeur-Libraire Ordinaire de S. A. R. ſur la Place, au Nom de JESUS.

M. DCCXVI.

A MESSIRE

CLAUDE-GUSTAVE

BARON DES SALLES,

MARQUIS DE BULLEGNEVILLE, &c.

ONSIEUR,

Les Anciens, pour éterniser le souvenir des actions de leurs Ayeux, conservoient précieusement leurs Portraits, & retraçoient sous des Hiéroglyphes les vertus qui avoient fait leur caractere. Ces Monumens do-

mestiques, plus capables d'exciter l'émulation par leurs discours muets, que les préceptes mêmes de la Vertu enseignez avec methode, ont transmis comme par succession la probité, l'honneur, les sentimens de la vraie noblesse, jusques dans les Neveux les plus éloignez des Fondateurs des Familles Romaines.

C'est, MONSIEUR, *dans l'esperance d'un succés pareil, que je vous offre aujourd'hui l'Histoire abregée de vos Ancêtres, comme autant de Portraits, qui en vous representant une suite de Grands Hommes, distinguez par leur naissance, par leurs emplois, & plus encore par leurs vertus, vous animeront à marcher sur leurs pas, à soutenir leur Nom par une conduite digne d'eux, & à ne vous écarter jamais des maximes de l'Homme d'honneur, & des devoirs de l'Homme Chrétien.*

Je pouvois à la vérité, MONSIEUR, *me dispenser de vous remettre sous les yeux cette chaîne d'Ayeux reculez, puisque dans la Personne de Monsieur votre Pere je trouvois un modele accompli à vous proposer, & que dans Monsieur le Maréchal votre Oncle, vous rencontriez un exemple familier, qui ayant autrefois servi de Maître à de grands Capitaines, peut encore à present vous servir de Regle dans tous les états de votre vie. Mais,* MONSIEUR, *pour vous encourager d'autant mieux à suivre les routes de la vertu, il m'a semblé qu'il n'étoit pas indifferent de vous faire remarquer que tous vos Ancêtres n'en ont jamais connu d'autres; & que dans cette succession non interrompuë de noblesse, il n'y a point eu d'interruption de mérite. C'est toujours le même sang, animé de la même valeur; c'est le même esprit, guidé par les mêmes principes; c'est le même cœur, conduit par les mêmes sentimens. La foiblesse, la lâcheté, ni aucun de ces défauts qui ternissent la gloire, ou qui font rougir l'Homme de condition, n'ont point deshonoré les Portraits que je vous offre. Ils sont parfaits dans leur genre, & vous pouvez les copier avec confiance.*

Qu'il est heureux pour vous, MONSIEUR, *d'avoir de si excellens Originaux dans le sein de votre Famille! d'être élevé sous la direction d'une*

Mere

Mere, qui sçait allier la noblesse d'un Sang illustre, avec la modestie la plus sevére ! Mais qu'il est consolant pour elle, de retrouver en vous les semences de cette grandeur d'ame, de cette pieté sincere, qui a rendu vos Peres si respectables, & si précieux à la Patrie ! Déja, MONSIEUR ; *nous appercevons en vous, une vivacité sage, une raison solide au delà de vos années, un esprit facile, une docilité charmante, un cœur bon & genereux, une pieté tendre, qualitez hereditaires de votre Famille, & qui ne laissent presque, à ceux qui sont préposez à votre éducation, que le soin de recueillir les productions de votre riche naturel.*

Ces fruits prématurez fortifient nos esperances de voir bien-tôt revivre en vous le mérite de vos Ayeux. Remplissez, MONSIEUR, *notre attente par votre application à vos devoirs, & fournissez à l'Historien qui continuera un jour cet Ouvrage, des actions qui méritent d'être consacrées à la posterité. Voila l'ambition que la vraie Noblesse inspire ; la mienne est de vous prouver qu'on ne peut être avec un dévouement plus respectueux,*

MONSIEUR,

Votre trés humble & obéissant
Serviteur.

é

PREFACE.

LES celebres Ecrivains, qui ont donné au Public l'Histoire de plusieurs Maisons illustres, ont eu non seulement en vûë d'assurer la noblesse & l'antiquité des Familles, contre l'injure des temps ; mais encore de répandre des lumieres sur l'Histoire generale.

La Republique des Lettres a senti ce double avantage, depuis que MM. du Chesne, Vignier, Ste Marthe, Blondel, la Rocque, Fourny, le Père Anselme, &c. l'ont enrichie de leurs Ouvrages Genealogiques ; & l'on ne peut trop leur sçavoir gré, d'avoir tout à la fois conservé le lustre des Familles, & donné des monumens, qui nous font marcher d'un pas ferme dans les temps obscurs d'une antiquité reculée ; qui nous dévelopent des faits de Chronologie jusqu'alors douteux ou embarassez, & qui nous ménent, par des narrations précises & circonstanciées, à la connoissance exacte de l'Histoire generale.

Sans avoir l'habileté de ces grands Hommes, que je revére comme mes Maîtres, j'ai eu les mêmes desseins en travaillant à l'Histoire de la Maison des Salles. J'ai prétendu, comme eux, garantir une ancienne Noblesse de l'oubli, de ce tribut fatal que les choses les plus solides & les plus éclatantes payent à la révolution des siécles, & souvent à la malignité des hommes. J'ai prétendu fournir au Public, interessé aux découvertes utiles, & à la conservation de la mémoire d'illustres Personnages, les monumens de leur mérite, de leur bravoure, & de leurs services.

Il est vrai, que pour mieux remplir l'attente du Lecteur, il auroit fallu reprendre de plus haut mon Histoire, & monter jusqu'à la source de la Maison des Salles : mais depuis que le Château des Vouthons, Archive commune de la famille, a été mis au pillage par les Troupes du Colonel Gassion *; les Titres anciens de la Famille ont été perdus ou brûlez, & il n'est resté aprés ce ravage, que des fragmens épars dans les Châteaux de Claude des Salles Baron de Rorté, Ambassadeur pour la France dans les Cours du Nord. Ces lambeaux ramassez avec soin, n'ont fourni qu'avec peine aux Preuves de la Génealogie de la Maison des Salles, depuis sa translation en Lorraine, c'est à dire depuis 1476, jusqu'à nos jours.

* Il en fit le siége, & le prit le 4 Novembre 1635.

On s'étoit flatté de réparer ce vuide, en recherchant dans le Bearn, le pays d'origine de cette Famille, les Titres anterieurs à son établissement en Lorraine. On s'étoit adressé, pour y reüssir, au Baron de Laur, heritier des biens & des Armes de la branche aînée de la Maison des Salles; & on n'a pas été plus heureux, ni mieux instruit, aprés toutes les recherches que ce Gentilhomme a fait faire dans les Archives publiques & particulieres de la Province. Il a mandé au Comte de Rorté son parent, que les ravages de la Navarre, & les impitoyables hostilitez de Montgommery, n'avoient presque laissé aucuns vestiges de cette ancienne Famille; que ses Titres, ainsi que ceux des meilleures Maisons, avoient été sacrifiez au feu, & le Château des Salles à la fureur d'un ennemi victorieux; qu'il n'y avoit plus que les Armoiries sculptées sur la pierre, ou gravées sur les canons, qui annonçassent la grandeur & la noblesse de ses Ayeux; que Bertrand des Salles, le dernier masle de son nom, avoit été Grand Maitre de l'Artillerie du Royaume de Navarre, Lieutenant General des Armées du Roy Henry IV. & son Conseiller d'Etat; que c'étoit là tout ce qu'il avoit pû découvrir, par ses perquisitions scrupuleuses: mais découvertes dont la nouveauté ne pouvoit contribuer à éclaircir des temps éloignez.

Les lettres qu'il écrivit à ce sujet au Comte de Rorté Marquis de Bullegnéville, sont assez belles pour être luës avec plaisir, & trop instructives pour être négligées.

JE suis bien fâché, Monsieur, d'avoir été absent de ce pays-« cy pendant prés d'un mois: car si la Lettre que vous m'a-« vez fait l'honneur de m'ecrire, m'avoit été plutôt renduë, je« n'aurois pas tardé un moment à vous en remercier, & à faire«

Les Originaux sont entre les mains de Monsieur le Comte des Salles, cachetez du cachet du Baron de Laur.

écartelé au premier d'argent, à la tour donjonnée de sable qui est des Salles.

« ce que vous exigez de moi. Je regarde comme une trés-heu« reuse découverte l'alliance que vous m'apprenez qui est en» tre nous; & je me sens extrêmement honoré de tout ce que » vous avez la bonté de m'écrire sur ce sujet. Je vais donc tra» vailler avec toute l'attention & la diligence possible à déterrer » quelques memoires touchant la Maison des Salles: mais on » est en Bearn d'une si profonde ignorance sur ce qu'on appelle » Histoire & Genealogie des Maisons particulieres, qu'il est in» concevable de voir le honteux mépris que l'on fait de tout cela. » J'ai même trouvé tous les dénombremens de ma Maison dans » une confusion pitoyable, & je n'ai pû depuis trois ans rassem» bler ces papiers, pour les mettre dans un certain ordre. Ce » qui est de ma connoissance, & de celle de tout le monde, est » que Mr. des Salles, Gouverneur de Navarreux, & Grand Maî» tre de l'Artillerie de Navarre & Bearn, mourut sans enfans » masles, & ne laissa que deux filles, dont l'aînée fut mariée à » mon Bisayeul, qui fut tué Lieutenant General des Armées du » Roy au siége de Montauban. C'est par ce mariage que je suis » possesseur de la Terre des Salles, & du foible débris des biens » immenses que Monsieur des Salles possedoit; car je viens en » filiation directe de cette fille aînée de Mr des Salles, qui étoit » son heritiere, ainsi que je l'ai expliqué ci-dessus; mais il faut » remonter plus haut pour ce qui vous regarde; & c'est une re» cherche de papiers, à laquelle je travaillerai incessamment. Je » ne manquerai pas, Monsieur, de vous rendre compte du succés » de mon travail, & de mettre cela dans un ordre exact, afin que » vous en puissiez tirer les lumieres & les avantages qui sont dûs » à une personne de votre naissance & de votre merite. Cepen» dant agréez que je vous demande, en faveur de notre alliance, » l'honneur de votre amitié; que je vous offre mes trés humbles » services en tout ce qui peut dépendre de moy, & que je vous » fasse la protestation d'être toute ma vie avec un parfait attache» ment, Monsieur, Votre trés humble & trés obéissant Serviteur,

LAUR.

A Salles, ce 28 May 1710.

» JE ne puis jamais, Monsieur, répondre aussi exactement que » je le voudrois, aux Lettres que vous me faites l'honneur de m'écrire;

m'écrire ; & il se mêle des contretemps là-dedans, que je ne sçaurois détourner. Je me suis trouvé obligé de faire un voyage de trente lieuës le lendemain du jour que j'ai reçu la derniere lettre que vous m'avez fait l'honneur de m'écrire. A mon retour, je suis tombé malade d'une colique d'estomac, dont je suis tourmenté ; & je ne puis différer d'aller incessamment aux Eaux jusqu'à la fin de Septembre. J'ai lû, Monsieur, avec beaucoup d'application, l'abregé de votre Genealogie, que vous m'avez envoyé, & j'espere d'en tirer des éclaircissemens pour parvenir à ce que vous m'avez demandé. J'ai dressé un nouveau Memoire là-dessus, & je l'ai remis à un homme de confiance & d'intelligence, pour travailler à la recherche des anciens Titres de notre Maison. Mais, comme je vous ai déja mandé, ce n'est pas un ouvrage facile dans ce pays-ci, parce qu'on y est peu occupé de pareilles choses, & qu'il faut remonter dans une antiquité assez obscure, par les troubles qu'il y a eu en Bearn depuis trois cens ans ; & que toutes les anciennes Archives ou Registres furent quasi perdus dans l'établissement des Huguenots, sous le Regne de la Reine Jeanne. Enfin, Monsieur, comme j'ai un extrême desir de vous contenter, & de mériter l'amitié que vous avez la bonté de me promettre, je n'épargnerai ni soins ni peines pour les découvertes que vous voulez ; & si je déterre quelque chose qui puisse vous servir, je mettrai d'abord cela dans un ordre juste, & je vous l'envoyerai. Si par malheur je ne trouve que des piéces inutiles, je vous en rendrai compte de même. Ce que je vous demande, quel que soit l'évenement de cette affaire, est de m'accorder la correspondance que je veux toujours entretenir avec vous, & d'être persuadé que vous n'avez parent ni ami, qui soit plus passionnément que je serai toute ma vie, Monsieur, Votre trés humble & trés obéïssant Serviteur, LAUR.

A Salles, ce 20 Août 1710.

VOus avez prévenu, Monsieur, la lettre que je devois avoir l'honneur de vous écrire : car ne recevant point de vos nouvelles, & ayant déja éprouvé votre politesse, je ne sçavois pourquoi vous n'aviez pas répondu à ma derniere

« lettre. Je vois bien qu'elle a été perduë; & assurément vous « m'auriez fait grand tort de douter de mon application sur » toutes les affaires qui peuvent vous interesser, & que vous » me ferez l'honneur de me confier. Je vous écrivois donc, » Monsieur, que j'avois vainement travaillé à la recherche des » anciens Titres de notre Maison, parce que les vieilles Ar- » chives, & tous les vieux Registres qui étoient à Navarreux, » furent brûlez dans la révolution de la Religion. Comme » mon Bisayeul épousa l'heritiere des Salles, & que la Coutume » de Normandie n'a pas lieu dans ce pays-ci, mes Prédeces- » seurs se contenterent des dénombremens de leur Maison, » & de la Maison des Salles Gouverneur de Navarreux sous » Henry IV. & Grand Maitre de l'Artillerie du Royaume de » Navarre. Il n'y a qu'un seul particulier, qui étoit absent de- » puis neuf mois, & qui est presentement de retour, qui peut » m'aider à votre découverte, & déterrer une chose, que je » vous ai mandé qu'on négligeoit dans ce pays-ci d'une ma- » niere honteuse. Je dois aller à Pau dans quatre jours, pour » travailler avec cet homme, & je vous écrirai décisivement » d'abord aprés la fin de notre travail. Ce qu'on ne sçauroit au » moins nous ôter, est d'être des gens de naissance, & d'une » Maison prouvée bonne & illustrée. Pour moi, Monsieur, qui » me trouve heritier de la Maison des Salles, & qui ne profite » que d'un foible débris des biens immenses qu'il y avoit, mê- » me sous le dernier Regne, je m'en console par rapport à vous » seul, & à l'honneur infini que je ressens de vous appartenir.

» Il est vrai, Monsieur, que je ne serois pas tout à fait étran- » ger dans votre Cour, si j'y paroissois, & que j'y retrouverois » quelques connoissances: mais si on vous a dit du bien de moi, » c'est une pure charité de la part des gens qui vous en ont » parlé. Demandez-en, s'il vous plaît, des nouvelles à Mada- » me l'Abbesse de Poussay *, & à Madame de Puidebar. Je leur » ai tant oüi parler de l'éclat & des charmes de la Cour de Lor- » raine, que je fus tenté de quitter Versailles, pour suivre Ma- » dame de Poussay. A present que le temps a dévelopé la chose » du monde qui me flatte davantage, ne doutez pas, Mon- » sieur, que je n'aille vous rendre mes devoirs, si la Paix est ja- » mais faite. Cependant je vous supplie de vouloir que nous

* Gramont.

entretenions une exacte correspondance, & que je puisse cul- » tiver & mériter un peu l'honneur de votre amitié. Je ne « sçaurois exprimer l'attachement sincere avec lequel je serai « toute ma vie, Monsieur, Votre trés humble & trés obeissant « Serviteur, LAUR.

A Salles, ce 9 Janvier 1711.

JE ne veux pas assurément, Monsieur, me faire un faux mé- « rite auprés de vous: mais je ne vous tromperai pas, quand » je vous dirai que j'ai employé bien du temps & des veilles à la » recherche des papiers que vous vouliez avoir. On a parcouru « & fouillé tous les Registres de la Chambre des Comptes de « Navarre, & je n'ai pas laissé aussi un seul Titre dans les Mai- « sons particulieres, qui pouvoient avoir rapport à nous, sans « que cela ait pû me fournir le moindre éclaircissement. Il ne reste « en Bearn des principales Maisons, rien qui soit dans un cer- « tain ordre, que depuis l'avénement d'Henry IV. à la Couron- « ne de France. Je suis sans doute extrêmement fâché de n'a- « voir pas mieux réussi, & que les malheurs du temps, ou la « négligence de certaines gens, ayent laissé anéantir des choses « qu'on devroit conserver si précieusement; en tout cas, nous « pouvons en quelque maniére nous consoler de cette perte, « puisque sans remonter à une si haute antiquité; (ce qui est « souvent équivoque,) vous prouverez une noblesse distinguée, « illustrée, & veritable. Voyez donc, s'il vous plaît, Monsieur, « s'il y a quelqu'autre chose où je puisse vous rendre mes trés « humbles services; & comptez que je ne me démentirai jamais « sur l'attachement inviolable avec lequel je suis, Monsieur, « Votre trés humble & trés obéissant Serviteur, LAUR. «

A Salles, ce 7 Fevrier 1711.

Peu de temps aprés ces lettres, mourut le Baron de Laur. Le Comte de Rorté, qui avoit pris une entiere confiance en la probité & dans l'exactitude de ce Parent, ne songeoit plus à faire de nouvelles tentatives en Bearn, lorsqu'une personne du premier rang l'engagea à se servir du credit & de l'habileté de Monsieur de Poudense, Evêque de Tarbe, pour une seconde recherche. Il se laissa persuader. Il écrivit au Prélat, &

il le fit prier par ses amis, de lui accorder son credit & ses bons offices. Monsieur de Tarbe, toujours obligeant & gracieux, promit au Comte de Rorté de travailler, & de faire agir ses amis, pour lui donner satisfaction. Il s'employa en effet, & ne ménagea rien pour le succés d'une affaire qu'il prenoit à cœur: mais aprés avoir suivi la même route que le Baron de Laur avoit tenuë dans ses recherches, il manda » qu'il étoit certain » que les Maisons un peu distinguées dans le Bearn, furent tou- » tes brûlées ou pillées par Montgommery pendant les guerres » de la Religion. Il est vrai encore, ajoute-t-il, que par un usage » particulier à cette Province, & qu'on ne peut assez blâmer, » les minutes des Actes ne demeurent pas entre les mains des » Notaires. Ils les remettent en original aux Parties interes- » sées : ainsi la perquisition chez les Notaires devient inutile.

Lettre du 8 Janv. 1714.

Il ne lui restoit plus qu'à fouiller dans la Chambre des Comptes de Pau. Le Baron de Laur l'avoit déja fait. Monsieur de Tarbe le fit encore aprés lui, & il trouva que ce Sanctuaire si respectable n'avoit pas été plus épargné dans la devastation de la Province, que les lieux les plus profanes ; & que les Registres les plus anciens n'excédoient pas l'époque du regne de Henry IV.

De sorte que tout le fruit des perquisitions empressées du Comte de Rorté dans le Bearn, se réduisit à sçavoir ce qu'il sçavoit déja, que par la tradition du pays, sa Maison passoit pour une des meilleures, des plus anciennes, & qui avoit possedé comme par droit successif, le Gouvernement de Navarreux; que Bertrand des Salles, le dernier du nom & d'armes, tué au siége de Montauban où il commandoit en qualité de Lieutenant General des Armées du Roy, étoit en possession de ce même Gouvernement, qui se perpetua dans les heritiers de son sang, les Barons de Laur. Pour donner plus d'autenticité à cette tradition, on produit les deux pieces suivantes, envoyées au Comte de Rorté.

» NOus Maire, Lieutenant de Maire, & Jurats de Navarreux, » Juges Civils & Criminels en notre Jurisdiction, certi- » tifions à tous qu'il appartiendra, avoir trouvé plusieurs Actes » dans notre Hôtel de Ville, qui justifient que Messieurs des » Salles ont été Gouverneurs de cette Place, successivement depuis

depuis mille cinq cens soixante douze, jusqu'en mille six « cens dix-huit; & leur Nom, & Armes de leur Maison, sont gravez sur des Canons, & autres piéces d'Artillerie. En foi de « quoi nous avons signé, & y fait apposer le Sceau & Armes « de la Ville. FAIT à Navarreux le 30 de May 1710.

Signé, D'ABBADIE, Maire. B. D'ABBADIE, Maire. « PRAT, Jurat. LA FORCADE, Jurat. LA MOTTE « REINGNACQ, Jurat. NAVAILLES, Jurat, *& scellé du* « *Sceau en cire rouge.* «

La seconde de ces pieces, est une Copie autentique de la Provision de Grand Maître de l'Artillerie, donnée par Henry IV. à Bertrand des Salles, en ces termes.

Cette Copie fut envoyée par le frere du défunt Baron de Laur.

HENRY par la grace de Dieu Roy de France & de « Navarre, Souverain Seigneur de Bearn: A tous ceux « qui ces Presentes verront, SALUT. Sçavoir faisons, que « dés le mois de Novembre 1587, étant lors au Château Deau- « deaux, & desirant mettre en notre obéïssance le Château de « Saut de Navailles, & les Forts des Châteaux S. Pouy & Pimbo, « ensemble aussi les Villes d'Aire & Nogaro, pour lors occupées « & tenuës par nos Ennemis, & étant besoin pour cet effet « d'y faire mener & conduire quatre pieces de Canon, par « quelque personne capable de telle Charge, & à Nous fidele, « tant pour cet effet, que pour la continuation de telledite « Charge; Nous par l'avis du Sieur de S. Genies, pour lors « notre Lieutenant General en notre Royaume de Navarre, & « Pays souverain de Bearn, & autres de notre Conseil, aurions « fait choix & donné l'Etat & Charge de Grand Maître de l'Ar- « tillerie de notre Royaume de Navarre, & Pays Souverain « de Bearn, au Sieur des Salles, Conseiller en notre Conseil « Privé, & notre Chambellan, & Gouverneur de notre Ville « de Navarreux. Toutefois à cause de l'absence de nos Secre- « taires, aurions differé pour lors lui en octroyer la Provision « en tel cas requise, attendant laquelle lui en aurions du depuis « octroyé Brevet. Pour ce est-il que Nous desirant gratifier « & favorablement traiter autant qu'il nous sera possible ledit « Sieur des Salles, & à plein confiant de ses sens, suffisance, «

»loyauté, valeur & expérience, dont il nous a rendu en »notre presence de suffisantes preuves, tant en ce voyage »qu'ailleurs; en laquelle Charge, & autres, il a fait trés bien »son devoir, & s'en est acquitté à notre contentement. Et »icelui, pour ces causes & grandes considerations à ce Nous »mouvans, en continuant le don que Nous lui avons fait audit »Château Daudaux, & depuis ratifié par ledit Brevet, & con-»firmant & ratifiant icelui, avons de nouveau, & entant que »besoin est, créé & érigé, créons & érigeons ledit état de Grand »Maître de l'Artillerie de notredit Royaume & Pays souve-»rain, & icelui Etat & Charge donné & octroyé, donnons & »octroyons audit Sieur des Salles, pour d'icelui joüir & user, »aux honneurs, autoritez, prérogatives, franchises, libertez, »états, droits, fruits, profits, revenus, émolumens & gages, »qui lui seront par Nous ci-aprés ordonnez, tant qu'il nous »plaira. SI DONNONS en Mandement à notre amé & feal le »Sieur de la Force, Conseiller en notre Conseil d'Etat & Privé, »Capitaine d'une Compagnie de Gardes de notre Corps, Gou-»verneur & Lieutenant General en notredit Royaume de Na-»varre, & Pays souverain, que dudit Sieur des Salles prins & »reçu le serment en tel cas requis & accoutumé, icelui mette & »institué, ou fasse mettre & instituer de par Nous en possession »& saisine dudit Etat & Charge, & d'icelle, ensemble desdits »honneurs, autoritez, prérogatives, preéminences, franchises, »libertez, droits, fruits, profits, revenus, états, émolumens »& gages dessus dits, lui fasse, souffre & laisse joüir & user plei-»nement & paisiblement, & à lui obéir & entendre de tous au-»tres, ainsi qu'il appartiendra és choses concernans ledit Etat »& Charge. MANDONS en outre à notre cher & bien amé »Tresorier de notre Royaume de Navarre, & pays de Bearn, »present & à venir, de payer & délivrer comptant audit Sieur »des Salles, les gages qui lui seront ci-aprés par Nous ordon-»nez, comme dit est, en rapportant par lui ces Presentes, ou »le *Vidimus* d'icelles, dûment collationnées, pour une fois tant »seulement, & quittance par chacun an pour ce suffisante. »Nous voulons lesdits gages être passez & allouez en la mise »& dépense de ses Comptes, par nos amez & feaux les Auditeurs »d'iceux; ausquels mandons ainsi le faire sans difficulté. CAR

TEL EST NOTRE PLAISIR. En témoin de quoi Nous « avons à cesdites Presentes, signées de notre propre main, « fait mettre & apposer notre Scel. DONNE' à Paris le 8 « Avril 1594. *Signé à l'Original*, HENRY. *Et plus bas*, Par « le Roy Seigneur souverain, DE LOMENIE. «

Collationné sur l'Original qui m'a été exhibé, & representé par « *Messire Charles Cesar de Laur, Baron de Bonne Garde, Seigneur* « *des Salles, & autres lieux, lequel a retiré tant ledit Original que* « *le present Extrait, & signé avec moi Jean de Forsan Notaire pu-* « *blic dudit lieu des Salles.* FAIT *au Château, le 22 jour du mois* « *d'Avril 1714.* Signé, LAUR, & FORSAN Notaire. *Avec* « *Paraphe.* «

Nous Jurats du lieu des Salles, certifions à tous qu'il ap- « partiendra, que Maitre Jean de Forsan est Notaire public « du lieu des Salles, & qu'en cette qualité il a droit de retenir « tous Actes dont il est requis par les Parties; ausquels foy est « ajoutée en jugement & hors de jugement. FAIT à Salles, les « mois, jour & an que dessus. *Signé*, LA FITTE HORNE' « Jurat, & LA FITTE NAVAILLES Jurat, *avec Paraphe.* «

Ces deux Fragmens, quoi que d'une datte récente, nous rappellent l'idée d'une illustre Maison, & nous font regretter les Titres, qui nous en auroient expliqué en détail les honneurs, les prérogatives, les preéminences & l'ancienneté.

De cette Maison sortit Pierre des Salles, Cadet de la Famille, & le premier que le sort des Armes, & les ordres de Louis XI. auquel il s'étoit attaché dés la jeunesse, conduisirent en Lorraine. Il y servit le Roy René II. dans la guerre qu'il eut avec Charles le Hardi Duc de Bourgogne, & mérita par sa valeur, l'estime du Prince, les premieres Charges de sa Cour, & le Gouvernement d'une Place des plus importantes de l'Etat *.

* Damviller, alors place frontiere du Duché de Luxembourg.

Fixé ainsi par ses emplois dans un Pays étranger, il pensa à s'y établir par le mariage, & jetta les yeux sur Nicole de Vernancourt, cette riche heritiere de la trés noble & trés opulente Maison de Vernancourt. Ce début d'alliance ne permet pas de douter que la condition de Pierre des Salles ne fût bien avérée en Lorraine. On ſçait quelle fut la delicateſſe de nos Peres ; & on ne préſumera jamais qu'un cadet de Bearn, peu avantagé des biens de ſa famille, eût oſé aſpirer au mariage d'une Demoiſelle qui comptoit au rang de ſes Ayeux, les Momtmorency, les Lénoncourt, les Savigny, & ce qu'il y avoit de plus illuſtre en France, en Lorraine, & dans le Barrois, ſi des Salles de ſon côté n'avoit joint à ſon mérite perſonnel, une naiſſance proportionnée, qui ſervît de remplacement des biens de la fortune.

Mais ſans recourir aux conjectures, nous en avons la preuve complete dans les Actes publics, & dans les Pactes de Famille. On y voit Pierre des Salles aller de pair dans les qualitez avec les Savigny, & les Lénoncourt. On y voit Claude des Salles, l'une de ſes filles, apprébendée dans le noble Chapitre de S. Pierre de Metz, ſur la preſentation du Duc Antoine ; & Philippe des Salles ſon frere, prendre ſeance dans les Aſſiſes, auſquelles n'étoient reçuës que les perſonnes de la plus haute condition, appellées de l'ancienne Chevallerie.

Auſſi fut-ce dans la conviction de l'ancienne nobleſſe de Pierre des Salles, que les Seigneurs de Lorraine, du Barrois, & de Champagne mêlerent à l'envi leur ſang au ſien. Les Maugiron, les Hauſſonville, les Beauvau, les Montbelliard, les Lavardin, les Lucy, les Myon, les Riviere, les Mercy, les Raigecourt, les Stainville, les Ludres, les Mauleon, les du Hauttoy, les Deſarmoiſes, les Ficquelmont, & tant d'autres que l'on trouvera épars dans le progrés de cette Hiſtoire, ſe ſont fait un plaiſir de donner leurs filles aux Seigneurs des Salles, ou de recevoir des leurs en mariage. L'Allemagne & les Pays-bas ont eu les mêmes empreſſemens ; les Mérodes, les Soetern, les Pottiers, les Guiltlinguen, les Rougraff, les Schawembourg, les d'Ouren, gens jaloux de leur Nobleſſe, qui coule depuis tant de ſiécles avec éclat & pureté, ont recherché l'alliance de la Maiſon des Salles, pour aſſurer les preéminences de leurs Familles dans les Aſſemblées d'Etat, & leur droit dans les Chapitres nobles.

Ceux de Lorraine, je veux dire de Remiremont, de Bouxieres, de Pouſſay, d'Epinal, ont fait juſtice à la nobleſſe des Salles, en mettant cette ligne au nombre de celles que l'usage appelle *Jurées*, & qui signifie une Noblesse militaire, qui dés son avénement dans le Pays, prouva plus de deux cens ans de possession de Gentillesse. Peut-être même l'avoit-elle prouvée avant sa translation en Lorraine, à l'apprébendement de quelques Chanoinesses à Remiremont. Le Certificat de cette insigne Eglise semble nous l'insinuer. En voici les paroles.

« DU 3 Mars 1710, à Remiremont. Au Chapitre convoqué cejourd'hui au son de la cloche, & au lieu ordinaire, par Madame Bernarde de Cleron de Saffre, Dame & Doyenne de Remiremont, Mesdames dudit lieu y assemblées; sçavoir, Anne de Stainville Secrete, la Princesse de Salm Administratrice de l'Abbaye, Jeanne de Crane de Tresham Tresoriere, Anne de Charmont seconde grande Aumôniere, Jeanne du Hamel premiere grande Aumôniere, Maximiliane de Truschez Dame de la Fabrique, Helene de Cleron, Ursule d'Ulm, Renée de Fié, Marie Ursule de Zerhein, & Louise de Bethune. Madite Dame de Cleron ayant demandé à Mesdames, de la part de Monsieur des Salles Comte de Rorté, un Certificat comme la ligne de des Salles est reçuë & jurée en leur Eglise & Chapitre: à quoi Mesdites Dames déferans comme à chose juste & véritable, attendu que ladite ligne de des Salles est trés illustre, & reçuë & jurée de temps immémorial & de plusieurs siecles en leurdite Eglise & Chapitre, elles ont ordonné à l'Ecolâtre soussrit, d'en donner certificat signé de lui, lequel sera scellé du Scel ordinaire de leurdite Eglise. *Signé*, B. DE CLERON DE SAFFRE, Dame & Doyenne de Remiremont. DE STAINVILLE, Secrete. »

« Par ordonnance du Chapitre, BLAISE, Ecolâtre de Remiremont, *avec Paraphe*.

Les Armes de la Maison des Salles sont *d'argent à la Tour donjonnée de sable, posée sur une motte de sinople*. Son cymier est une Tour donjonnée de même. Son ancienne devise, gravée sur le frontispice du Château des Vouthons, est: *La Tour du Sei-*

gneur est ma fortresse. Ses supports étoient anciennement deux Anges, ainsi qu'on le voit au Château de Gombervaux, le premier fief que la Famille ait possedé depuis son établissement en Lorraine. Le temps, ou le changement de goût, a depuis substitué des Lions aux Anges. C'est une variation qu'on ne peut condamner, mais que je n'ai pas crû devoir suivre. J'ai rétabli les choses dans leur premier état, sans pourtant vouloir faire la loy aux modernes, de se conformer aux anciens.

Quoi que je doive rapporter dans l'ordre des temps les emplois & les dignitez qui se sont perpetuez dans la Maison des Salles, il m'a semblé que pour en donner une notion juste & generale, il falloit avertir le Lecteur, qu'il trouvera dans le tissu de cette Genealogie, une suite de grands Hommes, qui ont reüni en leurs personnes, les Charges les plus distinguées de l'Etat. Il y trouvera des Marêchaux des Camps & Armées des Roys T. C. des Chevaliers de leurs Ordres, des Gentilhommes de leur Chambre, des Ambassadeurs, des Conseillers d'Etat, des Baillys & Gouverneurs de Villes, des Chambellans, des Colonels. Il y remarquera des Echansons des Ducs de Lorraine, des Chambellans, des Commandans de Place, des Marêchaux de leurs Armées, des premiers Gentilhommes de leur Chambre, des Baillys, des Colonels, &c. Il y remarquera enfin, que la pieté d'intelligence avec leur valeur, s'est signalée dans la fondation de quatre Monasteres*, & que la Religion a consacré leurs vertus militaires & civiles. Si dans la nouveauté du Calvinisme, l'Heresie corrompit quelques membres de cette Famille chrétienne, elle n'eut pas l'avantage de les retenir long-temps dans ses piéges. La grace les arracha d'entre les bras de l'erreur.

Au reste la methode avec laquelle j'ai traité mon sujet, n'est pas differente de celle des celebres Historiens que j'ai pris pour modele. J'ai fondé, à leur exemple, le corps de cette Histoire sur des Titres certains. Si je n'en ai pas fait imprimer un plus grand nombre, c'est qu'il m'a paru inutile d'enfler l'Ouvrage de piéces qui ne me menoient pas à mon but essentiel. Je dois pourtant avouer qu'il y a quelques petites lacunes que je n'ai pu remplir, & qu'au défaut de Titres originaux,

* Des Annonciades de Liége, des Capucins de Luxembourg, des Tiercelins de Vaucouleur, & nouvellement des Recolers de Bullegnéville par Claude-Gustave des Salles Marêchal de Lorraine. Ils sont aussi Patrons & Collateurs des Chapelles de la Ste Trinité à Dun, de S. Nicolas à Longeville prés de Bar, de Notre Dame de Bar, de Ste Catherine, & de Notre Dame de Pitié à Bullegnéville; des Dignitez & des Canonicats de Mars-la-Tour.

j'ai été contraint de me servir de Memoires domestiques, & & du témoignage des Genealogistes, qui avoient avant moi manié la matiere sous les yeux des Intendans. Je me suis reposé sur leurs lumieres & leur bonne foy; ils ont été mes garants, ils le seront du Lecteur. De quelque façon qu'il reçoive leur témoignage, la chaîne de la filiation n'en sera point pour cela interrompuë, & l'Histoire ne risque rien, ni de sa vérité, ni de son évidence dans ses points capitaux. Il n'y aura tout au plus que quelques Titres d'honneurs, quelques Charges, quelques qualitez qui demeureront en souffrance; le reste se soutiendra par-tout également; par-tout on verra regner la certitude & l'enchaînement d'une filiation bien prouvée.

LISTE

Des Maisons principales, alliées à celle de des Salles, & desquelles il est parlé dans cet Ouvrage.

AUCY.
AUTEL.
AUTRY.
BEAUVAU.
BELLEMAGNIEN.
BRULART.
CARREL.
CHEVALIER.
CHOISEUL.
DESARMOISES.
DES BOVES.
DE VEAU.
DIO DE MONTMORE.
DU CHASTELET.
DU FRESNE.
DU HAUTTOY.
ERNECOURT.
ESPENSE.
FICQUELMONT.
FRANCIERE.
GUILTINGUEN.
HALMSTAT.
HARENGE.
HAUSSONVILLE.
IGNY.
JOYEUSE.
LAMBERTYE.
LA RABBE.
LAVARDIN.
LAUR.
LENONCOURT.
LIGNIVILLE.
LOUVIERS.
LUCY.
LUDRES.
MANDELOT.
MASSEMBACH.
MAUGIRON.
MAULEON.
MEDARD D'AUNOY.
MERCY.
MERODES.
MONTBELLIARD.
MONTPEROU.
MYON.
NANCEY.
NETTANCOURT.
OUREN.
POTTIERS.
QUILLY.
RAIGECOURT.
RAVENEL.
RIVIERE.
ROUGRAFF.
ROUILLAC.
SAINT-BELIN.
SAVIGNY.
SCHAWEMBOURG.
SEROCOURT.
SERVAL.
SOETERN.
STAINVILLE.
TURPIN DE CRISSÉ.
VALLEROT.
VERNANCOURT.
VERRIERES.
VILLEMEUR.

HISTOIRE

HISTOIRE DE LA MAISON DES SALLES,

ORIGINAIRE DE BEARN,

Depuis son établissement en Lorraine jusqu'à present.

CHAPITRE PREMIER.

Pierre des Salles, Chevalier Seigneur de Gombervaux, de Chardogne, d'Ugny, de Vernancourt, &c. Gouverneur de Damviller pour le Roy René II. son Ecuyer tranchant, & son Chambellan.

VERNANCOURT porte d'argent à 3 fasces de gueule.

C'EST ici le premier de l'ancienne & illustre Maison des Salles, originaire de Bearn, qui ait fait souche en Lorraine. Son Pere étoit Antoine des Salles, Gouverneur de Navarreux; & sa Mere, Anne de Gout de Rouillac*, sortie

Mem. anciens & mss. de la Maison des Salles.

* ROUILLAC porte d'or à trois fasces de gueule.

d'une des plus considerables Familles de Guyenne, dont étoit issu le Pape Clement V. auparavant Archevêque de Bordeaux.

Voyez les Preuves, page j.

Antoine des Salles donna son fils à Louïs XI. aussi-tôt qu'il fut en état de servir. Le Monarque le fit élever Page de sa Chambre, & le mena en cette qualité à la Bataille de Mont-l'hery en 1465. Dans cet âge encore tendre Pierre des Salles * fit connoître qu'il étoit né pour la profession des Armes. Son penchant se déclara encore davantage dans le progrés des années, puisqu'à peine fut-il hors de page, qu'il s'engagea dans les guerres que le Roy son Maître eut à soutenir contre Charles le Hardy Duc de Bourgogne. Il fit paroître dans la Campagne de 1475 tant de bravoure, que Louïs XI. au retour de l'irruption qu'il fit en Picardie, dans l'Artois & le Ponthieu, lui donna l'Ordre de Chevalerie, & l'éleva, en récompense de ses services, aux Dignitez militaires.

Hist. mss. de René II.

La même année René II. Duc de Lorraine, prêt d'entrer en action contre le Duc de Bourgogne, en consequence du défi qu'il lui avoit envoyé faire par son Héraut d'Armes au Camp devant Nuitz, obtint de Louïs XI. qui l'avoit porté à faire cette démarche, 400 lances pour la soutenir. Elles vinrent en Lorraine sous les ordres de George de la Trimouille, qui avoit sous lui pour Officiers Pierre des Salles, & Odet de Rouillac son parent. Ce renfort s'étant joint à l'Armée Lorraine, René forma le Siége de Damviller, que le Bourguignon avoit mis sous son obeïssance. La Place fut emportée avec valeur. Pierre des Salles y signala la sienne d'une maniere qui lui merita dans la suite d'avoir le gouvernement de cette ville. René porta de là ses armes contre le Château de Pierrefort, qui ne put tenir longtemps contre les efforts d'une Armée victorieuse.

Au bruit de ces avantages, le Marêchal de Neufchatel, & le Comte de Campobache s'avancerent du côté de Conflans, en

* Pierre des Salles avoit le sobriquet de *le Baille*. Il n'est pas aisé d'en rendre raison, quoi qu'il fût assez d'usage alors en France comme en Lorraine, de distinguer par des sobriquets les enfans d'un même pere. Geoffroy de Nancey-Lenoncourt, qui vivoit dans le quatorziéme siécle, épousa Marguerite de Toul, qui par sobriquet s'appelloit *la Sauvage*. Thiebaut de Toul son pere, portoit celui de *Ciber*. Geoffroy de Nancey, fils de Renaud, & d'Helvide de Vaucouleur, étoit surnommé *le Tartre*. Thierry du Chatelet, le chef de cette illustre Maison, avoit le sobriquet d'*Enfer*; Nicolas de Raigecourt, celui de *Xapey*; Jean de Serocourt, celui de *Boulée*; Jean de la Boves, Seigneur de Montchablon, celui de *Barat*. Il n'est point de Famille qui n'ait eu les siens. Tantôt c'étoit une distinction d'honneur, tantôt un nom de mépris ou de reproche. Je serois porté à croire que ce mot de *le Baille* fut attribué à Pierre des Salles, parce qu'il bailloit rudement sur les ennemis. Je ne donne cette étymologie que pour une conjecture grammaticale, fondée d'ailleurs sur la bravoure certaine de ce genereux Officier. Il perdit ce sobriquet dans la suite; & comme il étoit personnel, il ne passa point à ses enfans.

Jarnisy, & l'assiegerent, pour faire diversion. La Trimouille, de peur de donner atteinte à la Paix recemment concluë * entre Edouard IV. Roi d'Angleterre, & Louis XI. refusa de marcher en corps au secours de Conflans : il laissa neanmoins la liberté aux Officiers de servir en qualité de Volontaires. Des Salles & Rouillac, à la faveur de cette permission, se reünirent à l'Armée Lorraine, & s'attacherent à la fortune du Souverain. Elle fut si malheureuse alors, qu'une partie de ses Sujets, & de ses premiers Gentilhommes, entraînez par la prosperité du Duc de Bourgogne, s'enrollerent sous ses Etendards.

* A Amiens, le 29 Août 1475.

Des Salles, sans autre engagement que celui de l'honneur, sans autre motif que celui de l'estime qu'il avoit pour les rares qualitez de René, s'affermit dans l'attachement à son service, malgré les disgraces qui en diminuoient les avantages. Il ramassa même plusieurs Bandes de Gascons qu'il conduisit à René; & s'étant mis à leur tête, il combattit en brave, à la fameuse journée de Nancy *, qui termina, par une victoire memorable, & par la mort du Duc de Bourgogne, les guerres qui ravageoient depuis deux ans la Lorraine.

Mem. mss. de la Maison des Salles.
Hist. de René II. mss.

* Le 5 Janv. 1476.

Aprés cette expedition, des Salles marcha, avec le Bastard de Vaudémont, à la conquête du Duché de Luxembourg, & du Comté de Chiny. Les Villes, à leur approche, ouvrirent leurs portes; c'etoit fait de la Capitale même, si des raisons de jalousie n'eussent excité les Puissances voisines à interrompre les progrés des conquérans.

Lorsque René eut rendu la paix & la tranquillité à ses Etats, par le bonheur de ses armes, il s'appliqua à recompenser le merite de ses Officiers. Pierre des Salles, qui n'etoit plus compté pour étranger, depuis son devouement au service de René, fut pourvû de la charge d'Ecuyer tranchant. Cet emploi, qui ne porte plus à present l'idée d'une charge honorable, n'etoit alors confié qu'aux personnes de condition. Jacques de Germiny, & Pierre de Provenchere, deux Gentilhommes de nom & d'armes, & de la plus pure noblesse de Lorraine, possedoient la même dignité avec Pierre des Salles; & sous le regne du Duc Antoine, en 1534, Antoine de Chahanay Seigneur de Fléville, & Claude de Riviere Seigneur d'Essey, en étoient revêtus.

Registre 3. du Regne de René II.

René ne borna point sa reconnoissance à cette distinction. Vautrin de Nettancourt, qui avoit été nommé au gouvernement de Damviller * aprés sa reduction, ayant été transferé dans un autre poste, Pierre des Salles lui succeda en 1478. Cette place, quelque importante qu'elle fût par sa forteresse, l'etoit encore davantage par sa situation; & rien ne prouve mieux la confiance que le Duc prenoit en la fidelité & en la bravoure de Pierre des Salles, que de lui avoir commis la garde d'une Ville qui etoit la clef & le boulevart de ses Etats.

* Le 22 Janv. 1476.
Reg. 1. des Patentes de René II. fol. 316.

Reg. 3. de René II.

Rouillac n'eprouva pas moins la generosité du Duc. Il fut fait l'un de ses Gentilhommes; ensuite Gouverneur de la Mothe. Il epousa Françoise de Melian, dont il eut Marguerite de Rouillac, mariée à Antoine du Chastelet Seigneur de Pierrefite.

Voyez les Preuves, page ix.

En 1489, Pierre des Salles quitta le gouvernement de Damviller. Les Memoires domestiques veulent que René l'ait porté à faire cette demission, pour l'approcher de plus prés de sa personne, par la charge de Chambellan. Le brevet n'existe plus: mais il est aisé de se persuader, que Pierre des Salles ne se défit de cet emploi, que pour monter à une dignité superieure. Quelle qu'elle ait été, il est certain qu'elle lui procura assez d'honneur & de credit, pour pouvoir prétendre à l'alliance de Nicole de Vernancourt.

Voyez les Preuves, page vij.

Nicole de Vernancourt étoit fille de Jean de Vernancourt, Seigneur de Gombervaux, de Leymont, de Chardogne, &c. & d'Estiennette de Bellemagnien, & petite-fille d'Eustache de Vernancourt & de Jeanne de Nancey-Lenoncourt. C'est cet Eustache, qui sous le regne de Louis Cardinal Duc de Bar, se rendit fameux par ses hostilitez, & qui enflé de sa puissance, levoit des troupes en son nom, & infestoit le Barrois & la Champagne. Nicole sa petite-fille, en qui se reünirent les biens immenses de sa maison, fut recherchée en mariage, dés l'âge de cinq ans, par Philbert du Chastelet, Seigneur de S. Amand. Malgré un âge si tendre, ses parens engagerent sa liberté par un contract de mariage, passé le 11 du mois d'Avril 1483, avec promesse de le faire agréer & consommer, si-tôt que leur fille auroit atteint la puberté. Elle n'étoit encore parvenuë qu'à sa neuviéme année, quand Philbert du Chastelet impatient aprés la possession des biens, plutôt que de la personne de Nicole

Hist. mss. de René I.
Chron. du Doyen de S. Thiebault mss.

Voyez les Preuves, page ij.

Nicole de Vernancourt, surprit une dispense de l'Evêque de Toul, & l'epousa au mois de Novembre 1487. Il la laissa neanmoins depuis sous la conduite & entre les mains d'Etiennette de Bellemagnien sa mere, en attendant la maturité des années. Nicole qui avoit donné les mains à tout, par respect à l'autorité paternelle, ayant perdu durant cet intervalle Jean de Vernancourt son pere, voulut se dédire de ses engagemens, & le fit sçavoir à Philbert du Chastelet. Cette retractation l'offensa; & pour n'en avoir pas le démenti, il se presenta à mains armées devant Gombervaux*. Il entra dans le château avec Guillaume du Chastelet son pere, & sa suite, & enleva violemment cette jeune Demoiselle, âgée alors de dix ans, & la mit sous la garde d'Iolande de Serocourt sa mere. Nicole s'echappa de S. Amand, la nuit même qu'elle y avoit eté conduite, & se sauva à Leymont, où elle trouva auprés de Jean de Savigny son oncle, un vengeur de sa liberté. Il attaqua en effet d'abord le ravisseur aux Requêtes du Palais à Paris, en restitution des biens de sa Niéce, & obtint Arrêt qui l'y condamna. Non content d'avoir remis sa Niece en possession de ses Seigneuries, il travailla à lui faire recouvrer une pleine liberté, & lui conseilla de porter sa plainte à l'Official* de Toul, en cassation de mariage. Nicole guidée par les avis de son oncle, donna sa requête à l'Official. Du Chastelet fut assigné, la procedure s'instruisit; & aprés avoir entendu une foule de temoins, & les parties interessées, enfin le 14 de Juillet 1489, elle obtint Sentence, qui annulla le mariage, & lui permit de convoler à de secondes nôces.

* Château situé à un quart de lieuë de Vaucouleur.

* Nicolas le Sane.

Voyez les Preuves, page vj.

Dés qu'elle fut devenuë libre, Pierre des Salles lui donna ses assiduitez. René lui-même favorisa les desseins de son Courtisan. Le merite, la naissance, le credit de des Salles, lui tenant lieu des biens de la fortune, déterminerent Nicole de Vernancourt à le preferer à ses competiteurs. Elle l'epousa en 1490; & par ce mariage il se vit tout à coup allié aux Maisons de Montmorençy, de Lénoncourt, de Savigny, de Nourroy, &c. & possesseur de quatre-vingt Seigneuries, dont les principales étoient, Vernancourt, Gombervaux, Rigny, Ugny, Lonchamp, Honcourt, Malencourt, Rebeuville, Chardogne, les deux Vouthons, Chantheu, Vitrimont, Marchéville, Marzéville, Vigneulles, Heuviller, Coussey, Gouhécourt, Noncourt, Pagny-sur-

Meuse, Girauviller, Baudonviller, Dainville aux forges, Nay, &c.

Depuis ce mariage, Pierre des Salles, qui étoit plus en état que jamais de faire honneur à son Prince, s'attacha plus fortement à sa Cour. Ce fut apparemment, pour y paroître avec plus d'éclat, que dés les premiers jours de son mariage, il emprunta d'Olry de Landres, & de Marguerite de Lucy sa femme, quatre cens francs barrois, & hypotequa pour fureté de la rente & du capital, ses Seigneuries de Honcourt & de Malencourt, de Maré, de Chaumont prés de Damviller, & de Chastencourt. Une hypoteque de cette importance doit faire connoître combien la somme de quatre cens francs, aujourd'hui si modique, étoit considerable en ce temps-là.

Voyez les Preuves, page ix.

En 1491 le 5 de Mars, il obtint de Charles VIII. Roy de France, des Lettres de surannation contre les heritiers de Perrin Ambellet, lequel durant la minorité de Nicole de Vernancourt avoit rétabli le moulin de Chasleine, détruit par les Bourguignons, & dépendant de la Seigneurie de Gombervaux. Ses heritiers pretendoient, à la faveur de la prescription, en être les proprietaires incommutables: mais Pierre des Salles se fit relever du laps de temps, & reünit à son domaine ce moulin usurpé.

En 1494, le 6 d'Octobre, lui & Jean de Savigny oncle de Nicole de Vernancourt, Seigneurs par indivis de Rebeuville, firent un accord avec leurs sujets, touchant les prestations & les tailles qu'ils percevoient annuellement sur eux, & les modererent à quatre gros par chaque maison.

Voyez les Preuves, page xij.

En 1504, le 26 de Novembre, il fit ses foy & hommages au Roy René, pour les Seigneuries de Chardogne, de Lonchamp, des Vouthons, & de tous les fiefs qu'il possedoit en Lorraine.

Voyez les Preuves, page xiij.

C'est le dernier acte qui nous reste de Pierre des Salles; ce n'est peut-être pas le dernier de sa vie. Il est fort certain qu'il étoit decedé en 1511, puisque dés le 7 de May de l'année suivante Jean d'Igny, Seigneur de Rizaucourt & d'Anglu, rendit ses foy & hommages au Duc, pour toutes les Seigneuries qu'il possedoit du chef de Nicole de Vernancourt sa femme. La maison d'Igny * originaire de Bourgogne, commença son premier établissement en Lorraine, par Philippe d'Igny Seigneur d'Anglu, qui laissa d'Anne de Brexey, 1°. Toussaint d'Igny, Seigneur de Fontenois, qui continua la posterité jusqu'à Simon d'I-

Voyez les Preuves, page xv.

* IGNY porte burelé d'argent & de gueule de dix piéces. *Hist. des Grands-Veneurs de France, tom. 2. p. 1447.*

gny, par son mariage avec Marguerite de Lénoncourt, 2°. Jean d'Igny, lequel étant veuf de Marguerite de Dinteville, épousa Nicole de Vernancourt, dont il eut un fils surnommé le Capitaine de Rizaucourt, & Catherine Abbesse de Ste Hoïlde dans le Barrois. Il falloit que ce Capitaine fût mort sans lignée en 1573. puisque dans le partage de la succession de Philippe des Salles, les mêmes biens possedez par Pierre des Salles & Nicole de Vernancourt, composent les lots des enfans heritiers de Philippe, ce qui suppose qu'il n'y en avoit point alors du second lit de Nicole, pour partager avec ceux du premier.

Voyez les Preuves, page xxv.

En 1516, le 15 de Septembre, mourut Nicole de Vernancourt. Elle fut inhumée auprés de son premier Epoux, en l'Eglise paroissiale d'Ugny *, où l'on lit encore, quoi qu'avec peine, son Epitaphe gravée sur sa tombe. Le temps a absolument effacé l'inscription de celle de son premier mary, duquel elle avoit eu trois enfans.

* Village sur la Meuse à une demie lieuë plus bas que Vaucouleur.

I. Philippe des Salles, dont il sera parlé au chapitre suivant.

II. Claude des Salles, qui fut nommée par le Duc Antoine, le 22 de Novembre 1519, en qualité de fondateur, & pour son joyeux avenement, à une Prebende de la noble Abbaye de S. Pierre de Metz.

Regiſtre 3. du regne de René II. fol. 316.

V. Preuves p. xv,

III. Marguerite des Salles, Dame de Vernançourt, mariée le 27 de Mars 1519, à Theod de Mandelot, Seigneur de Passy. Il étoit fils de George de Mandelot Seigneur de Passy, & de Charlotte d'Igny, & avoit pour frere François de Mandelot, Seigneur de Lerné & de Viraux, Vicomte de Chalons, fait Chevalier de l'Ordre du Roi Henry III. en 1583, Conseiller d'Etat, Gouverneur du Lyonnois, Forés & Beaujollois; Capitaine de cent hommes d'armes; decedé à Lyon le 24 de Novembre 1588.

V. les Preuves p. j.

MANDELOT porte d'argent à la fasce d'azur.

CHAPITRE II.

Philippe des Salles, Chevalier, Seigneur de Gombervaux, de Coussey, d'Ugny, de Chardogne, de Vitrimont, &c. Gouverneur du Neuf-chateau, Chambellan du Duc Antoine, &c.

MAUGIRON porte gironé d'argent & de sable de six pieces, le second giron chargé d'une étoile d'or en chef.

HAUSSONVILLE porte d'or à la Croix de gueule, frettée d'argent.

Hist. mss. du Duc Antoine.

PHILIPPE des Salles fut attaché au Duc Antoine dés sa jeunesse, & le suivit en Italie, où ce Prince alla faire ses premieres Campagnes.

En 1525, dans le temps que les Lutheriens d'Alsace secondez d'une foule de Protestans dechaînez contre la Religion Catholique, tentoient de penetrer en Lorraine, le Duc Antoine voulant s'opposer à ce torrent furieux, fit marcher son armée à leur rencontre, & leur disputa le passage de Saverne. Les Gentilhommes de ses Etats s'enrollerent à l'envi sous les Etendards de leur Prince. Philippe des Salles y accourut, & se signala dans cette expedition, qui acquit à la noblesse Lorraine les éloges du Pape Clement VII. & au Duc Antoine leur Chef, le titre de protecteur de la Foi Catholique.

Voyez les preuves p.xviij.

Au retour de cette Campagne, Philippe des Salles épousa Marguerite de Maugiron. Elle étoit fille de Pierre de Maugiron, Seigneur de Bosserville & de Lénoncourt, & d'Iolande de Savigny, & petite-fille de Jean de Maugiron, grand Ecuyer de Lorraine, & de Jeanne de Lénoncourt. Cette alliance reünit pour

pour la seconde fois le sang de Lénoncourt à celui des Salles, & fortifia celle qui étoit déja avec la Maison de Savigny. Ces raisons de parenté, mais plus encore celles de l'amitié qui étoit entre Philippe des Salles & Jean de Maugiron*, l'un & l'autre élevez dans la Cour du Duc Antoine, & depuis compagnons d'armes, contribuerent à ce mariage. La mort en rompit le lien le 30 Octobre 1530, par le trépas précipité de Marguerite de Maugiron. Elle choisit sa sepulture en l'Eglise paroissiale d'Ugny.

* Il étoit frere de Marguerite, & Porte-enseigne du Duc de Guise dans la guerre d'Alsace.

L'année suivante Philippe des Salles assista aux Assises tenuës à Nancy le 9 d'Octobre, au sujet du regalement des deniers que le Duc avoit demandez aux Etats, pour la subsistance des troupes qu'il avoit envoyées au secours de la Hongrie.

Voyez les Preuves p. xvij.

Ce fut à peu prés en ce même temps, que Philippe des Salles, qui n'avoit point eu d'enfans de Marguerite de Maugiron, se détermina à passer à de secondes nôces. Il s'arrêta à Renée d'Haussonville, fille de Gaspard Baron d'Haussonville, Gouverneur & Bailly de Blamont, puis Bailly de Nancy & de Toul, & d'Eve de Ligniville. Elle lui fut accordée, & leur mariage fut beni par la naissance de plusieurs enfans.

En 1535, le 30 de Septembre, il rendit ses foy & hommage au Duc Antoine, pour les Seigneuries de Chardogne, de Pargny sur Meuse, de Girauviller, des Vouthons, de Longchamp, & pour tous les fiefs qu'il possedoit dans le Duché de Bar.

Regist. du Duc Antoine, des années 1535 & suiv.

En 1540, le 26 de Novembre, le Duc Antoine, pour prévenir la dissipation des joyaux & des bijoux de la Couronne, convoqua les trois Etats dans la sale du Château de Nancy; & là en leur presence, il unit inseparablement à la Couronne certain nombre de pierreries, jusqu'à la somme de cent mille écus soleil. Afin de donner plus d'autorité à son Acte, il pria les anciens Chevaliers de le souscrire, & d'attester cette incorporation. Parmi le grand nombre de ces témoins illustres, qui dans l'ordre des signatures, ne gardoient que celui de leur âge, si on en excepte le Maréchal; on y voit Philippe des Salles Seigneur de Gombervaux.

Voyez les Preuves p. xxix.

En 1546, le 29 Janvier, il fut dechargé du cautionnement de seize cens livres parisis d'une sorte, de deux cens livres, d'autre, en capital, & de soixante livres de rente, ajugées par Arrêt du Parlement de Paris aux heritiers de Claude d'Anglure Abbé de

Mureau. Cet Abbé avoit été malheureusement tué le 4 d'Avril 1541, au passage de la riviere de Meuse à Bazaille, par Errard du Chastelet Seigneur de Cirey, & Philippe de S. Blin. Quoi que cet Abbé eût donné lieu à la querelle, & qu'ayant le premier engagé le combat, il fût le plus coupable, du Chastelet neanmoins quitta le pays, jusqu'à ce qu'il eût obtenu sa grace du Duc Antoine. Il l'obtint par la mediation du Cardinal Jean de Lorraine, de Claude Duc de Guise, & de Christine de Dannemark, en consideration de sa joyeuse entrée à Bar le 30 de Novembre 1541. Saladin d'Anglure & Marguerite de Ligniville, pere & mere du defunt Abbé, poursuivirent leurs dommages & interêts contre Errard du Chastelet, en Lorraine & en France, où il avoit ses biens. Le Parlement de Paris leur ajugea la somme de dix-huit cens livres de capital, & une rente de soixante livres. Du Chastelet pour empêcher la vente de sa Seigneurie de S. Amand, offrit pour garant du payement de cette somme, Philippe des Salles, qui lui appartenoit en quelque sorte, par le mariage de Perrette du Chastelet sa fille avec Jean de Nancey. Saladin d'Anglure, conjointement avec ses fils René d'Anglure Baron de Bourlesmont, & Henry d'Anglure Baron de Messay, accepterent la caution, qui fut enfin déchargée le 29 Janvier 1546, par Acte passé le même jour à Montigny-le-Roy, pardevant Jacques Barat Prevôt de Montigny.

Registr. 3. du regne du Duc Antoine, p. 68.

En 1546, le 12 Août, on fit la translation du corps du Duc François I. du Château de Deneuvre, à Nancy, avec toute la pompe & la magnificence convenable à un si grand Prince. Edmond de Boullay, qui nous en a laissé la description, raconte qu'entre les Gentilhommes qui assisterent à cette ceremonie lugubre, étoit » *Messire Philippe des Salles*, Chevalier Seigneur » de Gombervaux, Capitaine du Neufchateau, portant la ban» niere d'Autriche, pour septiéme ligne paternelle du défunt » Prince; & suivoit immediatement Jean du Chastelet Seigneur » de Thons.

Edmond de Boullay, dans sa relation imprimée.

Voyez les Preuves p. xviij.

Nous n'avons pû fixer au juste l'époque de la promotion de Philippe des Salles au gouvernement du Neufchateau. Ce que nous en sçavons, c'est qu'Achilles bastard de Beauvau, Grand-Maître de la Maison de René II. le posseda jusqu'à sa mort, arrivée le 14 Mars 1497. Jacques de Germiny fils d'Edouard de

Germiny & d'Ermangay de Raville, le remplaça le 26 de Mars de la même année, & déceda en 1529. A lui succeda Jean de de Stainville, qui en fit sa démission le 4 Juin 1534, sous l'agrément du Souverain, à Lyonet de Stainville Seigneur de Pouilly. C'est sans doute à celui-ci que succeda Philippe des Salles. La perte de quelques Registres du regne d'Antoine, l'enlevement de plusieurs Chartes & Diplomes, à la prise du château des Vouthons, en 1635, nous laissent dans l'incertitude à l'égard de l'année en laquelle Philippe des Salles fut nommé à ce Gouvernement, & pourvû de la charge de Chambellan. On avoit encore en mains la preuve de cette derniere charge en 1670, puisqu'elle fut justifiée pardevant Caumartin Intendant de Champagne, au temps de la recherche de la Noblesse. Elle a depuis disparu, par la negligence assez ordinaire aux Gentilhommes, qui à l'ombre d'un grand nom, vivent dans le mépris des titres qui le soutiennent, & ne s'occupent que du soin de le faire valoir par des actions grandes.

Registr. 18 du Duc Antoine, p. 214.

Voyez les Preuves p. xvj.

Philippe des Salles mourut en 1560. Nous en jugeons par la datte du brevet de Charles de Lénoncourt son successeur au gouvernement du Neufchateau, du 16 Juillet même année. Les Memoires domestiques portent qu'il déceda le 28 de Decembre 1559, & que par son Testament il legua deux mille écus, pour l'entretien de six enfans aux écoles. Renée d'Haussonville, son épouse, aprés cinq années de viduité, épousa en 1565 François des Boves Seigneur de Rambercourt, Gouverneur de S. Dizier *. Duquel étant veuve, elle s'allia en troisiémes nôces à Jean de S. Blin, Chevalier de l'Ordre du Roy T. C. Seigneur de Thivets. Elle mourut le 12 de Janvier 1594, & choisit sa sepulture dans l'Eglise des Cordeliers du Neufchâteau, où l'on lit encore son Epitaphe, accompagnée des armes des quatre lignes paternelles, & des quatre maternelles, & ne prend dans son inscription, que la qualité de femme d'*Honoré Seigneur Messire Philippe des Salles*, apparemment pour faire honneur à son premier mariage, & à la nombreuse posterité qu'elle en eut.

Voyez les Preuves p. xvj. & xxiv.

* La Genealogie de la Maison de Haussonville, page xxiij. des Preuves, se trompe en donnant ce François des Boves pour premier mari à Renée de Haussonville. Voïez la page xlvij. des Preuves.

ENFANS DE PHILIPPE DES SALLES, & de Renée d'Haussonville.

I. Le premier fut JEAN DES SALLES, denommé *l'Aîné*

des enfans de Philippe des Salles, & de Renée d'Haussonville, dans le partage de la succession paternelle, faite par autorité de Justice au Présidial de Chaumont le 16 Août 1573, un peu aprés le remariage de leur mere, & à la requisition de Jean des Salles majeur, de Claude de Reinack Seigneur de S. Bassemont, & de Louis de Lucy, tuteurs & curateurs de Christophe des Salles mineur. Par le partage, Jean des Salles emporta les Seigneuries de Gombervaux, de Girauvilliers, de Badonvilliers, d'Ugny, de Rigny-la-Salle, de Broussey en Blois, de Pargney-sur-meuse, de la petite Voivre, &c.

Voyez les Preuves page xxv.

Le 16 Juin 1567, il assista aux Assises, à Nancy. Il n'y parut pas souvent, parce qu'il s'étoit attaché à Charles IX. Roy de France, qui le fit Gentilhomme de sa Chambre, & Gouverneur de Vaucouleur. L'Heresie le seduisit depuis, & il en devint le protecteur déclaré. Charles IX. pour le ramener à la foy, le dépouilla de ses Charges le 13 d'Octobre 1570. Marguerite du Hauttoy * sa femme, aussi heretique, & plus entêtée que lui, le fortifia dans le party, malgré les disgraces qu'il lui attiroit. Il est cependant vrai qu'il l'avoit abjuré avant l'année 1575, temps auquel étant venu à la Cour de Lorraine, il eut quelque démêlé avec Jean Comte de Salm, Marêchal de Lorraine. La querelle se termina par un duel, ou plutôt par un assassinat. Jean des Salles survêcut de quelques jours à ses blessures. Marguerite du Hautoy l'enleva aprés sa mort, & lui donna la sepulture dans l'Eglise d'Ugny, le tombeau de ses Peres. On y voit encore sur sa tombe cette inscription: *Cy gist Honoré Seigneur Jean des Salles, vivant Chevalier Seigneur de Gombervaux, Ugny, Girauvilliers, &c. Gentilhomme ordinaire de la Chambre du Roy, lequel déceda à Nancy le 18 Septembre 1575.*

Voyez les Preuves p. xvij.

* Elle étoit fille de Philippe du Hauttoy Seigneur de Recicourt, & de Claude de Nettancourt. Voyez les Preuves, p. xxxiv.

Le Comte de Salm s'enfuit de Lorraine aprés la mort de Jean des Salles. La veuve le poursuivit en Justice pendant sa fuite. La clemence du Prince se laissa fléchir aux prieres des mediateurs du fugitif; il lui accorda grace, & laissa à la Justice à faire droit à la veuve sur ses interêts civils. Plusieurs Gentilhommes se presenterent comme amiables compositeurs, mais ils ne pûrent reüssir. Charles III. en fit son affaire; il menagea l'accommodement, & condamna son Marêchal à payer dix mille francs barrois à la veuve, & à ses deux filles. Ce Jugement est du 18 Mai 1582.

Voyez les Preuves p. xxxj.

1582. Marguerite du Hauttoy y acquiesça, & le ratifia par Affrican d'Haussonville Maréchal du Barrois, son procureur, & cousin issu de germain de Jean des Salles.

L'an 1576, le 30 de Janvier, le Bailliage de Chaumont, à la requête du Procureur du Roi, fit assigner » Messire Claude de « Reignack, Chevalier Seigneur de S. Bassemont, Bailly de Vos« ges; noble Seigneur George de Nettancourt Seigneur de Vau« bécourt; Christophe des Salles Seigneur de Vernancourt; « Jean de Nettancourt Seigneur en partie dudit Vaubécourt, « Guidon de la Compagnie du Sieur Comte de Brienne; Chri« stophe de Nettancourt, Chambellan de Monsieur le Duc de « Lorraine; Reverend Pere en Dieu Gerard du Hauttoy Abbé « de Chaumousey; le Baron de Savigny, Seigneur de Ley« mont, tous parens, amis & affins de Demoiselle Guillemette « des Salles, âgée de 18 ans, & d'Antoinette des Salles âgée d'un « an, l'une & l'autre enfans mineurs d'ans, du Sieur de Gomber« vaux, & de Demoiselle Marguerite du Hauttoy; pour élire « entre eux tuteurs & curateurs desdits enfans mineurs. « La veuve fut créée & instituée tutrice & gardienne-noble ausdits enfans mineurs, & pour curateur Christophe des Salles.

Guillemette des Salles épousa en premieres nôces René de Beauvau * Chevalier de l'ordre du Roy, Capitaine de cent Chevaux-legers pour le service de Sa Majesté, Baron de Rorté, Seigneur de Merigny, &c. Et en secondes, le 28 Juin 1596, Jean de Lavardin * Chevalier de l'Ordre du Roy, Gentilhomme Ordinaire de sa Chambre, Seigneur du Plessis-Bourotte (a), &c. Elle eut de son premier mariage Philippe & René de Beauvau, morts sans posterité; & Marie de Beauvau, alliée à George de S.

Voyez les Preuves p. xxxiv & suiv.

* Beauvau porte d'argent à 4 lionceaux de gueule, armez, lampassez & couronnez d'or.

* Lavardin porte de gueule à trois fleurs de Lys d'or 2. & 1.

(a)

FRANCOIS DE LAVARDIN, Chevalier Seigneur de Ronnay, épousa Renée de la Berteche.

LOUIS DE LAVARDIN Chevalier Seigneur de Ronnay, de Boudlay, Gouverneur & premier Chambellan du Roy de Navarre, épousa le 24 Mars 1510, Charlotte du Becq, fille de Jean du Becq, Seigneur du Bois d'Illiers, & de Marguerite de Guémeville.

JACQUES DE LAVARDIN, Seigneur de Bourote & du Brouart, épousa le 22 d'Août 1560, Jacqueline de Saltan.

JEAN DE LAVARDIN, Seigneur de Bourote & de Fontenelle, Chevalier de l'Ordre du Roy, épousa le 28 Juin 1596, Guillemette des Salles, Dame de Gombervaux, veuve de René de Beauvau Baron de Rorté.

MARIE DE LAVARDIN épousa le 18 Juillet 1628, Bernard de S. Ignon, Seigneur de Viller-le-Preud'homme.

* S. ASTIER porte d'or à 5 fasces de gueule.

* RIGUET porte d'or à trois pals d'azu.

Astier*, puis remariée à François de Riguet*, Capitaine des Gardes du Corps de la Princesse Nicole Duchesse de Lorraine. Elle eut du second lit Marie de Lavardin, mariée le 18 Juillet 1628, à Bernard de S. Ignon, Chevalier Seigneur de Viller-le-Preud'homme, & de Rogéville.

Voyez les Preuves p. xxxiv.

Avant que Guillemette des Salles eût passé à de secondes nôces, elle soutint le siege de son château de Rorté, formé par un détachement de l'armée de Charles III. Duc de Lorraine. Le Calvinisme dont cette Dame faisoit alors profession, lui fit donner azile aux Protestans; & elle à leur tête, se presenta à la bréche, & se défendit courageusement. Neanmoins le château fut emporté malgré sa resistance, & le Duc de Lorraine y établit garnison catholique. Guillemette des Salles en fut chassée, & n'en obtint la restitution, que par de grandes soumissions qu'elle fit à Charles III. le 15 Juillet 1592.

Sur la fin de ses jours, elle se fit Catholique, & mourut en 1607 à Abainville. Son corps fut porté de là à Ugny, où l'on voit encore son Epitaphe dans l'Eglise paroissiale (a).

* Cette datte doit rectifier celle qui se trouve en la Genealogie de la maison de Myon, p. xxxix. des Preuves.

(§) MYON porte écartelé d'or & de gueule.

Antoinette des Salles sa sœur, & seconde fille de Jean des Salles & de Marguerite du Hauttoy, fut d'abord Chanoinesse de Remimont, puis mariée le 8 Janvier 1594*, à Simon de Myon (§) Seigneur de Clerey, de Barisey, de la Grand'faux. Marguerite du Hauttoy ayant ainsi établi ses filles, déceda le 7 Juin 1600, & fut inhumée à Ugny (b).

Voyez les Preuves p. xliij.

* LUCY porte d'argent à 3 lions de sable, armez & lampassez de gueule 2. & 1.

II. CHRISTOPHE DES SALLES, fils puîné de Philippe des Salles & de Renée d'Haussonville, emporta par son lot, les Seigneuries de Vernancourt, de Malaincourt, de la Folie, d'Ugny & Hanssemont, de Maré, de Marchéville, d'Huviller, de Haulcourt, &c. Les bons services qu'il rendit au Roy Henry III. lui mériterent la charge de Bailly & Gouverneur de Vitry le François. Il épousa Claudette de Lucy fille de Louis de Lucy*, Seigneur de Tezey, & de Gardette de la Hayville. Louis

(a) *Cy gist honorée Dame Dame Guillemette des Salles, vivante Dame d'Ugny & Girauvilliers, épouse en premieres nôces d'honoré Seigneur Messire René de Beauvau, Chevalier de l'Ordre du Roy, & Capitaine de cent Chevaux-Legers pour le service de Sa Majesté, Baron de Rorté, & Seigneur de Mérigny; & en secondes nôces, d'honoré Seigneur Messire Jean de Lavardin, Chevalier de l'Ordre du Roy, Gentilhomme Ordinaire de sa Chambre, Seigneur du Plessis-Bourote: laquelle déceda à Abainville, l'an 1607. Priez Dieu pour son ame.*

(b) *Cy gist honorée Dame Marguerite du Hauttoy, épouse d'honorée Seigneur Jean des Salles, Seigneur de Gombervaux, laquelle déceda en ce lieu d'Ugny le 7 Juin 1600. Les Sieurs de Lavardin & de S. Astier ont fait poser cette tombe, l'an 1620.*

de Lucy avoit été son tuteur & curateur, il en fit son gendre, & l'heritier de la moitié de ses biens; l'autre échut à Jean d'Eltouff, Seigneur de Pradines, du chef d'Anne de Lucy sa femme, & sœur de Claudette.

En 1580, Christophe des Salles vendit, du consentement de sa femme, à Guillaume Seigneur d'Oriocourt, Maître d'Hôtel de l'Evêque de Metz, & à Christophe de Tournebulle sa femme, la part & portion de la Seigneurie de Sorcy, qui lui étoit échuë de la succession de Gardette de la Hayville sa belle-mere. Cinq ans aprés, en 1585, mourut Christophe des Salles, laissant de son mariage, Henry des Salles Seigneur de Vernancourt, Baron de Conflans, qui eut de Françoise de Medard des Aulnois*, cinq enfans.

Voyez les Preuves p. xxxviij.

Extrait des Mem. de M. Barbier, Avocat à Vitry.

Voyez les Preuves p. xvj.

* MEDARD porte d'or à la fasce d'azur, chargée de 3 roses d'argent, accompagnée de 3 roses de gueule.

1. Claude des Salles Gentilhomme de la Chambre du Duc Henry, puis Colonel d'Infanterie pour le service de la France, mort à Brisac non marié.

2. Anne des Salles, Dame d'honneur de Marguerite de Lorraine Duchesse d'Orleans, & mariée à Jacques Turpin*, Chevalier Marquis de Crissé, Comte de Jallais, fils de Charles Turpin, troisiéme du nom, Marquis de Crissé, & de Catherine Doyneau. La maison de Turpin étoit connuë dés le temps de S. Louis. Elle est alliée à celles de Montmorency, de Babou, de la Chastre, de Roche-Chouart, &c.

* TURPIN porte lozangé d'argent & de gueule.

3. Henry des Salles, Baron de Conflans, sur lequel en 1672. le Marquis de Crissé son beau-frere decreta Vernancourt, qu'ils revendirent en 1678.

4. Marie Catherine des Salles, Gouvernante des filles d'honneur de Marguerite de Lorraine Duchesse d'Orleans, & mariée à Pierre de la Rabbe, Chevalier Seigneur du Lude.

5. Emerentiane des Salles, épouse de François du Fresne* Seigneur de Gueridrevin. Cette branche de Vernancourt est à present éteinte.

* DU FRESNE porte d'argent au lion de gueule, armé, lampassé & couronné d'or.

III. CLAUDE DES SALLES, qui aura son éloge au Chapitre suivant.

IV. MADELAINE DES SALLES, épousa en 1572 Hugues de Montbelliard* Seigneur de Lantage, & eut pour sa dot vingt-deux mille livres, dont elle en constitua onze mille sur François Duc de Luxembourg, lesquelles furent rembour-

* MONTBELLIARD porte de gueule à la croix ancrée d'or.

cées le 30 d'Août 1618, aux trois filles qu'elle avoit euës de son mariage : sçavoir Diane, Jeanne & Anne de Montbelliard. Anne fut Chanoinesse du College noble de Bouxieres, éluë ensuite au mois de Juillet 1616 Coadjutrice de Françoise du Hauttoy, à laquelle elle succeda en 1636, & mourut le 2 Janvier 1639. Ses armes accollées avec celles des Salles, se voyent encore sculptées en relief sur sa maison canoniale, & son mausolée en marbre est attaché au pillier gauche du Sanctuaire de Bouxieres.

V. CHRISTINE DES SALLES épousa, le 10 May 1559, Philbert de Carrel * Chevalier Seigneur de Mypont, & de Lezines, & fut dottée de quinze mille livres tournois. Elle en demanda le remplacement à la mort de son mary, arrivée le 19 Juin 1570; avec ses pactions matrimoniales, qui absorboient presque la succession entiere. Catherine de Carrel, épouse d'Antoine de Salins Seigneur de Corrabeuf, & sœur de Philbert, intenta procés à la Douairiere, puis le termina par une transaction le 23 d'Août 1570.

* CARREL porte de gueule, à trois annelets d'or.

VI. GASPARD DES SALLES, dont nous n'avons d'autre connoissance que par le Traité de partage de la succession de son pere Philippe.

CHAPITRE

CHAPITRE III.

Claude des Salles, Chevalier Baron de Mercy & de Gouhécourt, Seigneur de Coussey, des Vouthons, de Dainville, de Longchamp, &c. Maréchal des Camps & Armées pour le service de France, &c.

RIVIERE porte d'argent au chef émanché de sable.

LA valeur & la bonne conduite de Claude des Salles lui gagnerent la confiance & l'estime de deux Rois, ausquels il se dévoua successivement, & qui l'éleverent, pour récompense de ses merites, aux honneurs militaires, jusqu'à la Charge de Maréchal de leurs Camps & Armées. On en produisit le Brevet pardevant les Commissaires du Roy T.C. il y a 46 ans. Le temps, ou le mauvais ordre de la famille pendant la minorité & l'éloignement des Comtes des Salles modernes, nous a enlevé cette piéce respectable, aussi-bien que le Contract de mariage, dont il ne nous reste qu'une legere trace, dans un Inventaire des Titres domestiques.

Voyez les Preuves, page xl.

C'est là où nous lisons, que le 28 d'Août 1572, Claude des Salles épousa Catherine de Riviere, fille de Claude de Riviere, Seigneur d'Essey, de Vatimont, &c. Capitaine & Gouverneur de Dun, Bailly de S. Mihiel, Senêchal du Barrois, & de Marguerite de Mercy, par Contract passé à Pont-à-Mousson pardevant Maurice Gaillard & François Baguert, Tabellions. Cette épouse ne le cedoit en rien à celles qui étoient deja entrées dans

Voyez les Preuves, page xlij.

la Maison des Salles, soit qu'on la considere du côté de sa haute noblesse, ou qu'on la regarde du côté des emplois éclatans de ses Ancêtres, & de leurs alliances considerables avec les Maisons de Desarmoises, de Custine, de Sampigny, de Craincourt, de Haranges, de Merodes, de Jaulny, de Ludres, &c.

Voyez les Preuves, pages xl. xlj.

L'année d'aprés son mariage, Claude des Salles fit ses foy & hommages pour ses Seigneuries de Coussey, de Longchamp, &c. à Nicolas de Lorraine Duc de Mercœur, Lieutenant General, & Regent des Etats de Charles III. son neveu.

Ibid. p. xlj.

En 1576, le 6 Avril, il les rendit au Duc même, pour ses Seigneuries des Vouthons, de Dainville, &c. & le 7 May de l'année suivante, il vendit, de l'agrément de Catherine de Riviere sa femme, la grande Seigneurie de Rebeuville, à noble homme Jean Monginot & à Anne Martin sa femme, pour le prix de deux mille cens francs de principal, & de quatre francs de vin, au cours de Lorraine.

Un duel qu'il eut en 1578, avec un Gentilhomme de Lorraine qu'il laissa mourant sur le champ de bataille, l'obligea de se sauver en France, pour se soustraire à la severité des loix du Prince. Il trouva de la protection auprés de Henry III. par la Reine Louise de Lorraine. Son mérite personnel lui procura la Charge de Marêchal de ses Camps & Armées. Il se distingua dans cet emploi, & s'y fit considerer. Ses bons services interesserent le Roy à sa grace, il la demanda au Duc Charles III. Ses instances n'opererent pas le prompt effet que le Baron de Gouhécourt s'en promettoit. Cependant les besoins de sa famille sollicitoient son retour en Lorraine. La mort lui avoit enlevé dans cet intervalle * Catherine de Riviere son épouse. Cette perte redoubla ses empressemens; le Roy Henry redoubla sa médiation, & obtint pour le coup du Duc, en 1578, grace pour son Vassal. Il revint au pays. Son premier soin fut d'élever un monument à la memoire de son épouse, dans l'Eglise paroissiale des Vouthons, où les Armes des quatre lignes paternelles & des quatre maternelles sont peintes. Les quatre premieres sont Riviere, Haranges, Desarmoises, Sampigny; les quatre autres sont Ludres, Jussy, Mercy, Stainville. Un Poëte de ce temps-là lui consacra la Poësie suivante.

* Le 15. Fev. 1583.

Voyez les Preuves page xliv.

ARrête-toi, Passant,
Contemple cette Lame,
Qui t'assûre que comme
La girouette au vent,
De ce mondain manoir
Le cours est inconstant,
Puisqu'indifféremment
De grand Seigneur ou Dame,
Comme du peuple bas,
La mort separe l'ame,
Par le vouloir secret
D'un Dieu altitonnant,
D'avec le corps sujet
A des maux tant & tant,
Par le peché premier
D'Adam & de sa femme.
Car ici gist le corps
D'une Dame de nom,
Qui tant qu'elle a vêcu,
Des vertus du renom
De la foi a suivi
La trace remarquable
De ses Prédecesseurs,
Du saint zele & non feint.
Or ayant tout au plus
Vingt & sept ans atteint,
L'Eternel l'a admis
Au repos perdurable.
Et mourut
Le 15 Fevrier 1583.

En 1594, le 14 d'Avril, Claude des Salles maria sa fille aînée Sara, avec Jean de Beauvau, fils d'Alof de Beauvau, Chevalier Seigneur de Rorté & de Marigny, & de Madelaine d'Espence.

En 1595, le 20 Novembre, il pourvut à l'établissement de son fils Henry, & lui donna une épouse de la maison de Merode.

En 1598, le dernier de Novembre, il prit séance aux Assises, tenuës à Nancy. Voyez les Preuves, page xvij.

En 1602, le 7 de Juin, Claude des Salles fit un accord avec Henry des Salles son neveu, Seigneur de Vernancourt, & fils de Christophe des Salles Bailly de Vitry, au sujet des prétentions respectives qu'ils avoient l'un sur l'autre. Claude répetoit des indemnitez de plusieurs sommes qu'il avoit acquittées à la décharge de son frere le Bailly, & envers Renée d'Haussonville leur mere, pour son douaire, qui montoit par an à la somme de 700 francs barrois, *évaluez à la somme de cent cinquante cinq écus & demi, trois sols quatre deniers*, assignez sur les terres de Honcourt & Malencourt, venduës par Christophe des Salles franches & quittes, à Claude son frere. Henry répetoit de son côté au Seigneur de Gouhécourt son oncle, la restitution des sommes à lui delivrées par Dame Philippe de Ludres, Dame & Douairiere de S. Amand, pour le prix des portions des Seigneuries de Gerbéviller & de Bazemont, venduës à la maison du Chastelet par Claude des Salles. Sur ces demandes reciproques, ils transigérent. Claude renonça à ses prétentions, & déchargea la Terre de Vernancourt de toute hypoteque & redevance. Henry abandonna à son oncle l'argent qu'il avoit touché de la vente de Gerbéviller & de Bazemont. Voyez les Preuves, page xliij.

En 1613, il transigea avec Claude de Veriéres Seigneur d'Amanty, son gendre; mais on n'ose assurer que ce fut la derniere année de sa vie. On ignore aussi le lieu de sa sépulture.

ENFANS DE CLAUDE DES SALLES, & de Catherine de Riviere.

I. HENRY DES SALLES, Baron de Rorté, Chevalier des Ordres du Roi T. C. qui continuë la posterité.

Voyez les Preuves, page xlv.

II. SARA DES SALLES, qui fut mariée le 14 d'Avril 1594, à Jean de Beauvau, Baron de Rorté & d'Espense, fils d'Alof de Beauvau Baron de Rorté, & de Madelaine d'Espense. A leur Traité de mariage passé à Metz, assisterent Claude des Salles, Henry & Louise des Salles ses enfans, Marguerite de Riviere veuve de Ferry de Jaulny leur grande tante; & de la part de Jean de Beauvau étoit Madelaine d'Espense sa mere, Alof de Beauvau Seigneur de Loverneau son frere, & Bertrand de Monnias.

Hist. de la maison de Beauvau, p. 48.

C'est pour la deuxiéme fois que la Maison de Beauvau s'allia à celle des Salles. Nous avons déja observé que René de Beauvau deuxiéme du nom, avoit épousé Guillemette des Salles. Jean de Beauvau son frere imita son exemple. Il n'eut de Sara des Salles que Samuel de Beauvau, Seigneur de Vatimont & de la Baronie de Mercy en partie, du chef de sa femme. Samuel de Beauvau épousa en premieres nôces Françoise d'Allamont fille de Daniel d'Allamont Seigneur de Banteville, Baron de Cornat, & de Madelaine de Crespy; & en secondes, Anne d'Angennes, de la Maison de Rambouillet, dont il eut 7 enfans.

VERIERES porte de gueule au chef d'argent chargé de trois annelets de gueule.

Voyez les Preuves, page xlviij.

III. LOUISE DES SALES, fut mariée le 14 May 1596, à Claude de Verieres, Chevalier Seigneur d'Amanty, de Taillancourt, &c. Elle eut en mariage soixante mille francs barrois, faisant quarante mille livres tournois; & un tiers de la Baronie de Mercy, qui étoit tombée pour sa totalité dans la maison des Salles, par Catherine de Riviere leur mere, à cause de Marguerite de Mercy leur ayeule. Pendant les premieres années du mariage de Louise des Salles, fut bâti le superbe Château de Monbras, qui annonce par sa magnificence & sa structure, le bon goût & l'opulence des deux époux. Les Armes de la Maison des Salles brillent en differens endroits de ce pompeux édifice, qui

qui seroit encore le plus accompli & le plus noble de notre temps, si la mort n'avoit enlevé la fondatrice dans le cours de ses travaux. Elle déceda en 1612, sans laisser de posterité. L'année suivante, le 1 de Mars, Henry des Salles, Chevalier, Baron de Rorté, fondé de procuration de son pere, transigea avec le Seigneur d'Amanty, pour la restitution des sommes & des terres que sa défunte épouse lui avoit apportées en mariage. Par la transaction, Claude de Verieres abandonna aux heritiers les Seigneuries de Traveron & d'Espiey, avec quatre cens livres de rente annuelle, faisant six cens francs Barrois, qu'il percevoit sur les Salines de Dieuze. Il leur ceda encore trois fermes qu'il avoit aux villages de Badonviller, de Girauvillier & de Charmisey.

CHAPITRE IV.

Henry des Salles, Chevalier Baron de Rorté, & du Mont-saint-Jean, Seigneur de Coussey, de Landaville, &c. Chevalier des Ordres du Roy T. C. Guidon des Gendarmes du Duc de Bouillon, &c.

MERODES porte écartelé, au premier & quatriéme, palé d'or & de gueule, au 2 & 3 d'argent, à cinq fasces d'azur, & un lyon de gueule brochant sur le tout.

HENRY des Salles eut pour parein Henry III. Roy de France*, & pour école dans ses jeunes années, la Cour du Roy Henry IV. Claude des Salles son pere le destina aux Armes. Il apprit de bonne heure le mêtier de la Guerre, sous ce maître expérimenté. Henry IV. ne tarda pas à recon-

* M. d'Hozier, ou l'Imprimeur s'est trompé en disant Henry IV. La chronologie résiste à ce fait.

noître la capacité de ce jeune Officier, & à récompenser ses services, en lui donnant la Charge de Guidon de ses Gendarmes, commandez par le Duc de Bouillon. Quelques années aprés il le fit Chevalier de ses Ordres.

Voyez les Preuves p. lj.

Voyez les Preuves p. liv.

En 1598, le 5 de Décembre, Henry des Salles étant à la suite des Armées, donna procuration à Nicolas de la Rochete, Seigneur de Tollaincourt, de faire au Duc Charles III. ses foy & hommages pour les Seigneuries des Vouthons, de Dainville, de Coussey, &c.

Voyez les Preuves p. lviij.

En 1604, la Baronie de Rorté ayant été mise en décret par les Creanciers de René de Beauvau, Henry des Salles dernier enchérisseur, l'eut par adjudication le 18 Novembre, pour le prix de neuf mille trois cens trente trois livres tournois, six sols huit deniers, & à charge de payer annuellement mille livres de douaire à Guillemette des Salles sa cousine germaine, veuve de René de Beauvau.

Voyez les Preuves p. lxij.

Henry IV. par consideration particuliere, remit à Henry des Salles les quint & requint qui revenoient à son Domaine, à cause de cette acquisition. La Chambre des Comptes de Paris refusa d'enthériner ce don : mais Sa Majesté, sans avoir égard aux remontrances de ses Conseillers, leur enjoignit par une lettre de jussion de proceder à la vérification de celles de son don. La même année 1606, le 24 de Fevrier, il rendit ses foy & hommages au Roy pour la Baronie de Rorté.

Voyez les Preuves p. lxiij.

En 1613, le 13 de Mars, en consequence de la transaction faite avec Claude de Verieres Seigneur d'Amanty, & de la cession que celui-ci lui avoit faite de la Terre d'Espiey, il en prit possession en presence du Prevôt de Gondrecourt, & des Notaires de la Prévôté.

Voyez les Preuves p. lij.

Avant que Henry des Salles eût atteint l'âge de majorité, son pere songea à son établissement. Il l'émancipa, & obtint, le 31 Mars 1595, du Duc Charles III. un decret d'émancipation, vérifié le 10 d'Avril, au Siége de Gondrecourt. Le 20 de Novembre de la même année, il lui donna pour épouse Elisabeth de Merodes. Elle étoit fille d'Evrard Baron de Merodes, & de Mathilde Rougraffe, & petite fille de François Baron de Merodes & de la Vaulx, & d'Anne Baronne de Schawembourg. En consideration du mariage d'Elisabeth de Merodes avec Henry des Salles, sa tante & sa mareine Elisabeth de Merodes, veuve des Barons de Malberg & d'Hauteville, lui fit donation de la quatriéme partie des biens de la succession d'Evrard de Merodes son frere, à elle échuë par droit de partage. Elle lui donna encore vingt mille francs barrois, & l'institua son heritiere universelle. A la faveur de cette donation, Elisabeth de Merodes emporta, à la mort de son frere Robert, décedé dans le célibat, & par préciput, un quart de la succession paternelle, & partagea les trois autres quarts avec ses sœurs : Anne, mariée à Zegker Comte de Groesbeck; Marguerite épouse de Conrad Baron de Soetern, frere de Philippe Christophe de Soetern Archevêque de Treves; & Elisabeth, alliée à Evrard de Duras, Baron de Rooſt.

Madelaine de Schawembourg, Vice-chanceliere de l'Empire, leur ayeule commune, étant morte, il y eut procés touchant sa succession, entre ses heritiers directs, les Barons des Salles, de Rooſt, de Groesbeck, & de Soetern. Ceux-ci querellérent son Testament; & avec le credit de l'Electeur de Treves, il promenerent cette affaire dans differens tribunaux. Elle passa du Conseil souverain de Luxembourg, en celui de Malines. La lenteur des Juges, les troubles de la guerre, la mort de Philippe des Salles Comte de Mont-saint-Jean, le Vengeur & le Procureur établi des droits de sa famille, ont enfin anéanti cette ample succession, & presque ruiné les plaideurs.

Voyez les Preuves p. lvij.

Henry des Salles, dans le dessein de prévenir les difficultez qui pouvoient naître entre ses enfans dans le partage de ses biens, fit un reglement en forme de partage de sa succession, le 20 d'Avril 1627. Cette sage précaution tarit les differens à la mort de ce pere prévoyant, arrivée en 1628. Dés l'année 1615 il avoit fait préparer son tombeau, & celui de son épouse, dans la Chapelle castrale de Rorté, qu'ils avoient choisie pour leur sépulture commune. Leur mausolée enrichi des armes de leurs alliances, subsiste encore aujourd'huy.

Voyez les Preuves p. lxiv.

Voyez les Preuves p. lxxiv.

Elisabeth de Merodes étoit décedée en 1623, puisqu'au Contract de mariage de Catherine des Salles sa fille avec François de Mauleon, elle est rappellée comme mere alors défunte. Elle vivoit en 1621, au temps du mariage d'Elisabeth des Salles sa fille avec Denys de Pottiers, & comparut en personne au Contract ; ce qui porte à croire qu'elle déceda en 1622, laissant une posterité nombreuse.

ENFANS DE HENRY DES SALLES, & d'Elisabeth de Merodes.

I. CLAUDE DES SALLES, dont il sera parlé au chapitre suivant.

II. HENRY DES SALLES, qui fait la branche des Seigneurs des Vouthons, qui sera rapportée en son ordre aux chapitres IX. & suivans.

Voyez les Preuves page lxxiij.

III. PHILIPPE DES SALLES, dit le Baron de Dainville, Seigneur de Preische, d'Aspelt, de Fresinguen, d'Ouren, d'Euringen, de Mondorff, de Russu, d'Altviesse, d'Hellingen, Comte de Mont-saint-Jean, Colonel pour le service de Sa Majesté Impériale, épousa le 21 Decembre 1625, Anne de Guiltinguen, fille de noble & honoré Seigneur Martin Baron de Guiltinguen, & de Dame Marguerite d'Ouren. Louis XIII. confisqua les Terres que Philippe des Salles possedoit en France, à cause des services qu'il rendoit à la Maison d'Autriche, dans sa Charge de Colonel de Cavallerie. Claude des Salles son frere, qui s'étoit donné à la France, demanda & obtint du Roy la confiscation, & sauva par ce stratagême les biens de son frere. Les Capucins de Luxembourg le reconnoissent comme leur bienfaicteur particulier, & d'autant plus genereux, qu'il perdit ses enfans Henry & Françoise des Salles en bas âge.

IV. EVRARD DES SALLES (la tige des Barons de Gouhécourt, finie en masles) Seigneur de Gouhécourt, de Berthleville & de Burey-la-coste, Lieutenant Colonel du Regiment de Henry des Salles son frere, connu sous le nom de Vernancourt, épousa, le 25 Janvier 1631, Anne du Mesnil de Veau, fille de René du Mesnil de Veau, Seigneur de Montval, de S. Germain, & de Mauvage, Lieutenant pour le Roy de la Ville de Toul, & de Lucie de Baillivi. De ce mariage il eut, 1° Louis des Salles, Baron de Gouhécourt, allié à Catherine Desarmoises de Fléville, mort sans enfans. 2°. Dieu-donné des Salles, Capitaine dans le Regiment de Lénoncourt, mort

mort non marié. 3°. Jacques des Salles, aussi mort sans lignée. 4°. Louise des Salles, femme de Charles d'Escouts, Seigneur de la Chapelle, Capitaine de Cavallerie. 5°. François des Salles, Baron de Gouhécourt, Seigneur de Berthléville, Lieutenant-Colonel de Cavallerie au Régiment de Reinel, qui épousa, le 12 de Septembre 1672, Anne-Elisabeth de Villemeur, fille de Jacques de Villemeur Seigneur de Bonnet, premier Capitaine & Major du Régiment de Cavallerie du Cardinal Mazarin, Gentilhomme Servant du Roy T.C. Ecuyer de sa grande Ecurie, Maréchal de ses Batailles, Commandant de la Ville & Comté de Ligny, & d'Elisabeth de Montpierre, duquel sont issus plusieurs enfans décedez en bas âge, & Marie Ursule des Salles qui vit.

VILLEMEUR porte écartelé au premier & au quatriéme d'or aux trois pals de gueule, au 2 & 3 de gueule au lyon d'or.

V. FRANÇOIS DES SALLES étoit encore mineur, aussi-bien que son frere Evrard, en 1627. Il mourut Prieur d'Haréville.

Voyez les Preuves p. lxiv.

VI. MARGUERITE DES SALLES, épousa en 1613 Henry de Raigecourt, Baron de Brémoncourt, Grand-Maître de l'Artillerie de Lorraine, fils de Nicolas de Raigecourt Conseiller d'Etat, & Bailly d'Epinal, & de Catherine de Ligniville. Marguerite des Salles n'eut de son mariage avec Henry de Raigecourt qu'une fille, qui fut premiérement Chanoinesse d'Epinal, mariée ensuite au Baron d'Artigoti. Pour sa mere, elle s'adonna pendant son veuvage aux œuvres de pieté; & procura l'établissement de la maison des Annonciades de Liége. Elle s'y retira elle-même l'an 1637. Elle y prit l'habit, & dotta le Monastere. Ses vertus, ses bons exemples, sa grande douceur en firent une excellente Religieuse. Sa modestie lui fit refuser la charge de Prieure, & le titre de Fondatrice. Elle mourut le 20 de Janvier 1669 en odeur de sainteté. Elle portoit dans l'Ordre les noms de Marie-Josephe-Gabrielle.

RAIGECOURT porte d'or, à la tour de sable.

VII. ELISABETH DES SALLES épousa, le 9 Fevrier 1621, Denys de Pottiers Comte de Voygney, Baron de Fanffe, Gouverneur du Duché de Bouillon, Gentilhomme de la Chambre de Sa Majesté Imperiale. De son mariage sortirent, 1°. Ferdinand de Pottiers, mort Gouverneur du Quesnoy. 2°. Claude de Pottiers, Chanoine & grand Tresorier de la Cathedrale de Liége. 3°. Charles-Maximilien Comte de Pottiers, Gouverneur de Bouillon, allié à Jeanne d'Orjault. 4°. François

Voyez les Preuves p. lxv.

POTTIERS porte d'argent à 4 fasces d'azur chargées d'une bande de gueule.

de Pottiers, Baron de Fanffe, Capitaine de Cavallerie au Régiment de Turenne. 5°. Louis de Pottiers, Chanoine de Liége.

Voyez les Preuves p. lxviij.

MAULEON porte de gueule au lyon d'or, armé & lampassé de sable.

VIII. CATHERINE DES SALLES, Chanoinesse de Bouxieres, épousa le 5 de Septembre 1623, François de Mauleon de la Bastide, Maréchal des Camps & Armées de Charles IV. tué à la bataille de Paffenhove. Il étoit fils de Louis Charles de Mauleon de la Bastide, Ecuyer de Henry Duc de Lorraine, & Gouverneur de Gondrecourt, & de Christine de la Mothe. Catherine des Salles s'allia en secondes nôces à Denys de Bethune.

CHAPITRE V.

Claude des Salles II. du nom, Baron de Rorté, Seigneur de Vaucouleur, de Malpierre, de Tourailles, d'Ugny, de Gonvaux, &c. Colonel du Régiment du Bassigny, Conseiller d'Etat du Roy T. C. Gentilhomme de sa Chambre, Gouverneur de Vaucouleur, & Ambassadeur en Suede, en Pologne, &c.

CHEVALIER porte d'azur à une bande abaissée d'argent, terminée d'un croissant de même, côtoyée de 3 molettes à 8 rais d'argent, 2 en chef & une en pointe.

CLAUDE des Salles fut un des plus illustres personnages de son temps. Il se distingua dans les Armes, & se fit admirer dans les Négociations. Sa valeur l'éleva à la Charge de Colonel du Régiment du Bassigny. Marie de Medicis alors Régente, lui confera cet emploi en 1616.

Voyez les Preuves, page lxxv.

Le 16 Janvier 1618, Henry des Salles son pere le maria à Anne Chevalier de Malpierre, fille de François Chevalier, Seigneur de Malpierre, de Daillecourt, de Tourailles, Gentilhomme ordinaire de la Chambre du Roy T. C. son Ambassadeur dans les Pays-bas, Gouverneur de Vaucouleur, Controlleur general des Fortifications de Champagne & de Brie, & de Claude de Choiseul-Beaupré.

Quoique cette alliance, à la considerer du côté paternel, ne fût pas tout à fait proportionnée, elle n'étoit pas néanmoins indigne du Baron de Rorté. La Maison de Choiseul ne s'étoit pas fait un scrupule de mêler son sang avec celui des Chevalier. Celle d'Ernecourt, alliée à celles de Sampigny, de Raigecourt, de Desarmoises, de Housse, de Vatronville, de Haraucourt, ne crut pas se dégrader en donnant Catherine d'Ernecourt à Joseph Chevalier, Vicomte d'Abbeville, Seigneur de Malpierre, pere de François. Pierre de Brulart, des Marquis de Genlis, ne regarda pas comme un deshonneur, d'épouser Madelaine Chevalier, fille du Vicomte d'Abbeville. Ces exemples sembloient autoriser Claude des Salles. D'ailleurs, à regarder la noblesse des Chevalier en elle-même, elle est ancienne, & d'une origine immémoriale. La preuve s'en fit en 1583, par les ordres de François de Lorraine Comte de Vaudémont, Régent de l'Etat, à la diligence du Bailly & du Procureur General de Vosges, & à la Requête de Claude, Guillaume & Pierre Chevalier, petits-fils d'Etienne Chevalier, que le malheur des temps & les disgraces de la fortune avoient obligé de faire des actes de dérogeance. Ils justifierent alors par titres originaux, qu'ils étoient descendus de Guillaume Chevalier, qui vivoit en 1477, & qui vivoit en Gentilhomme, possedant fiefs, & jouïssant de tous les droits de noblesse, à Fontenois, lieu de son origine.

Ces alliances se lisent sur le Mausolée érigé à la mémoire de François Chevalier, & de Claude de Choiseul sa femme, dans l'Eglise des Dominicains de Toul.

Voyez les Preuves, p. lxxxj. & suiv.

Voyez les Preuves p. xciij.

Voyez les Preuves p. lxxxix.

Sur la démonstration de cette filiation noble, bien établie, Arrêt du Conseil d'Etat intervint, qui la reconnut, & qui réhabilita cette branche de la Maison des Chevalier, dite de Légeville. L'autre qui s'étoit toujours maintenuë dans sa pureté, n'eut pas besoin de la grace du Prince. La noblesse avoit coulé sans interruption de Guillaume premier, à Guillaume deuxiéme, Seigneur de la Tour des Lombards; de celui-ci elle étoit passée à Dominique Chevalier, pere de Joseph Vicomte d'Abbeville, neveu d'Etienne Chevalier, le même que la necessité de ses affaires avoit engagé dans le Commerce.

Voyez les Preuves p. xcj. & lxxx. vers.

De sorte que la condition d'Anne Chevalier, sans être égale à celle du Baron de Rorté, ne lui étoit pas si fort inférieure, qu'elle dût par son mêlange avilir celle de son époux. Aussi voyons-nous dans tous les Actes publics, Joseph Chevalier porter la qualité d'Ecuyer. En 1608, les Gentilhommes & la Voyez les Preuves, p. xcj. Justice de Fontenois firent honneur à l'ancienneté de sa noblesse, dans un acte juridique, & déclarerent qu'il avoit été le premier de sa famille, qui passa de Lorraine en France.

Voyez les Preuves p. xcij. Henry II. lui accorda des Lettres de naturalité en 1554. Son mérite l'éleva à la qualité de Commissaire general des vivres és Voyez les Preuves page lxxxij. Camps & Armées de Sa Majesté; il lui procura plusieurs Commissions honorables, & d'autres Charges importantes, qu'il soutint par beaucoup de talens, à la satisfaction du Monarque.

Ibid. C'est le témoignage qu'en rendit Henry III. en 1581, lorsqu'il voulut récompenser dans la personne du fils, les grands services que son pere avoit rendus à l'Etat. Quels qu'ils ayent été, le fils les surpassa encore, soit dans les fonctions de Gouverneur de Place, soit dans le cours de ses Ambassades dans les Pays-bas, auprés du Duc de Parme, soit dans la Charge de Gentilhomme de la Chambre.

Voyez les Preuves p. cvij. Anne de Malpierre, femme du Baron de Rorté, servit à sa maniere l'Etat, en qualité de Dame d'honneur d'Anne d'Autriche Reine & Regente du Royaume de France.

Voyez les Preuves p. xcvij. Un des grands avantages que le Baron de Rorté rencontra dans son alliance avec Anne de Malpierre, fut l'entrée que son Beau-pere lui donna dans les secrets de la Politique & des Négociations. L'étenduë de l'esprit de Claude des Salles, guidé par un maître consommé dans les affaires importantes qu'il avoit maniées sous trois Regnes, le mit bien-tôt en état de succeder à son Beau-pere. Celui-ci le produisit à la Cour, où il avoit acquis la confiance de Louis XIII. Il fit connoître la capacité de son Gendre, connu d'ailleurs par sa bravoure, & lui ménagea l'Ambassade de Suede en 1639. La Reine Christine gouvernoit alors le Royaume, sous la direction de cinq grands Officiers. Il ne falloit pas moins que la supériorité du génie du Baron de Rorté, pour une Commission si délicate, où il y avoit des esprits si différens & si partiels à ménager. Des Salles se les concilia, & affermit la Reine dans cet attachement pour la France, qu'elle avoit

avoit hérité de Gustave Adolfe son pere. De là vint le Traité de conféderation, conclu le 30 de Juin 1641 à Hambourg, entre la France & la Suede. Il n'eut pas moins de part au Traité d'alliance qui se fit au mois d'Octobre entre Louis XIII. la Reine de Suede, & George Ragoski, contre l'Empereur Ferdinand III.

En 1643. Il pacifia, avec M. de la Thuillerie, les différens de la Suede & du Dannemark. Il étoit dés lors Conseiller d'Etat, & avec cette double qualité qu'il méritoit également, il fut envoyé, le 12 de Décembre de la même année, à la Haye, pour y ménager les intérêts du Roy.

Voyez les Preuves p. cvij.

Avant que le Congrés fût ouvert à Osnabruk, Louis XIV. y dépêcha le Baron de Rorté en 1644. avec le titre d'Envoyé, pour veiller pendant les préliminaires à la conservation des droits de sa Couronne & de ses Alliez. Sa presence parut si necessaire aux Plénipotentiaires de Mesmes & Servien, qu'ils supplierent le Roy lui de faire continuer sa résidence pendant les Dietes, pour s'aider de ses sages conseils & de ses lumieres. Louis XIV. le lui ordonna: mais ses fatigues de voyages & ses applications continuelles, depuis douze ans d'Ambassade, tantôt en Suede, tantôt en Dannemark, en Pologne & en Hollande, épuiserent de telle sorte le Baron de Rorté, qu'il fut obligé de solliciter son rappel, pour venir chercher du soulagement dans son pays natal.

Voyez les Preuves p. cviij.

Le Roy y consentit; & le Baron de Rorté accablé de maladies, arriva à Malpierre en 1646. A peine sa santé chancelante lui permit-elle de se rendre à la Cour; il y alla pourtant, & il y reçut de la Régente toutes les marques d'estime & d'honneur. A son retour il mourut à Malpierre au mois de May de l'année 1648, laissant à sa famille de grands exemples de fidélité, de capacité & de vertus; mais en même temps des dettes si considérables, qu'il avoit contractées pour soutenir la dignité de son caractére dans les pays étrangers, que sans les répis que sa veuve obtint du Roy, sans les précautions qu'elle avoit eues de mettre à couvert ses biens patrimoniaux, à la faveur d'une Sentence de séparation, les creanciers auroient englouti la succession entiere.

Le Couvent des PP. Tiercelins de Vaucouleur revére & reconnoît pour ses Fondateurs Claude des Salles & Anne de Malpierre, qui en jetterent les fondemens le 23 Janvier 1630. Au mois de May de l'année 1632, le Chapitre provincial, en acceptant la fondation, en fit ses remerciemens aux Fondateurs.

Aprés la mort de Claude des Salles, sa veuve fit procéder, au Présidial de Chaumont, à la creation des tuteurs de ses enfans; comparoissans pour eux & en leurs noms Jean de Ludre, Chevalier, Comte d'Afrique; Evrard des Salles, Chevalier, Baron de Gouhécourt; Louis de Choiseul, Chevalier, Baron de Beaupré; François de Choiseul, Marquis de Germay, Jean Desarmoises, Seigneur de Commercy & de Jauny, Louis Desarmoises, Seigneur de S. Baslemont; Antoine Desarmoises, Baron d'Autrey, tous parens; & par Sentence du 16 Juin 1648, Anne de Malpierre fut nommée tutrice & gardienne-noble de Louis des Salles, fils mineur; & Dominique Barrois, Avocat, fut établi curateur aux actions seulement que la Dame de Malpierre pourroit avoir contre son fils mineur, en conséquence de son Contract de mariage.

Voyez les Preuves p. cviij.

Voyez les Preuves p. cix.

Le 8 Janvier 1663. Anne de Malpierre fit ses foy & hommages à Charles IV. pour la Seigneurie de Gonvaux.

En 1680, le 18 Juillet, elle fit une transaction avec son fils aîné, pour la somme d'onze mille huit cens livres, dont elle lui étoit redevable; & le 13 de May 1685, elle déceda dans son Château de Malpierre, agée de 86 ans. Elle fut inhumée prés de son mary, dans la Chapelle castrale de la Paroisse de Rigny-la-Salle.

ENFANS DE CLAUDE DES SALLES, & d'Anne Chevalier de Malpierre.

I. FRANÇOIS DES SALLES, Baron de Rorté, dont il sera parlé dans le Chapitre suivant.

II. HENRY-CHRETIEN DES SALLES, dit le Baron de Malpierre, suivit pendant quelques années son pere en Suede & en Dannemark. Il étoit avec lui au Congrés d'Osnabruk en 1645, & fut envoyé vers le Roy sous le passeport des Plénipotentiaires. Aprés avoir exécuté sa Commission, il prit le party des Armes, & fut Capitaine de Cavallerie dans le Régi-

Voyez les Preuves p. cviij.

ment de Marchin. Les belles actions qu'il fit dans ce poste, lui valurent en 1649 une pension de deux mille livres. On le tira de ce Régiment, pour être Lieutenant Colonel du Régiment de Boutteville. En cette qualité, il se trouva à la Bataille de Rethel en 1650, & il y fut tué à la vingt-huitiéme année de son âge, n'ayant pas été marié.

III. CLAUDE DES SALLES épousa, le 13 Mars 1640, Jean Comte de Ludres Seigneur de Richarmenil, de Paroye, & de Clayeure en partie. Ce mariage se fit en l'absence du Baron de Rorté, & en vertu de sa procuration. La Maison de Ludres porte les Armes de Bourgogne. Des Génealogistes l'ont fait sortir des Cadets de cette Maison. Quoi qu'il soit mal-aisé d'en justifier à present la filiation par Titres, on peut pourtant encore prouver, par ceux qui restent, que cette Maison est trés ancienne, trés illustre, & même alliée aux Maisons Souveraines.

Voyez les Preuves p. cx.

LUDRES porte bandé d'azur & d'or de six piéces, l'Ecu bordé & dentelé de gueule.

IV. LOUIS DES SALLES, fut destiné à l'état Ecclesiastique par son pere, qui lui fit avoir le Prieuré de S. Thiebault. Il s'y destina ensuite lui-même, en embrassant l'ordre de S. Dominique.

CHAPITRE VI.

François des Salles, Baron de Rorté, Seigneur de Malpierre, de Vaucouleur, d'Ugny, de Charmisey, Capitaine d'une Compagnie de Chevaux-legers, Lieutenant Colonel du Régiment de Clanleu, &c. Gouverneur de Vaucouleur.

AUCY porte d'argent au sautoir de gueule, accompagné aux quatre pointes d'une croix d'or, recroisetée au pied fiché, au lion de sable rempant & brochant sur le tout, chargé sur la cuisse droite d'un écusson d'or.

FRANÇOIS des Salles fit ses premieres Campagnes dans le Régiment de Vernancourt, en qualité de Capitaine d'Infanterie. Le Baron de Rorté son pere l'en fit sortir, pour prendre le Gouvernement de Vaucouleur, pendant ses Ambassades. Louis XIII. lui en dépêcha la Commission, le 20 de Fevrier 1640; & il en remplit les devoirs l'espace de six années avec tant de vigilance, & dans des temps si difficiles, que Louis XIV. sur la démission du Baron de Rorté, lui en confia le Gouvernement absolu, le 30 de Mars 1647.

Voyez les Preuves, page cxij.

Voyez les Preuves, page cxiij.

Quoi que le Commandement d'une Place frontiere de la Lorraine, exposée aux insultes des partis de Charles IV. fournît assez souvent à François des Salles des occasions de combat, il ne suffit pourtant pas à son grand cœur. Des guerres plus sérieuses lui convenoient mieux. Il le témoigna à la Cour de France, laquelle profitant de la bonne volonté de François des Salles, lui expedia, le 20 Décembre de la même année, un Brevet de Capitaine

Capitaine d'une Compagnie de Chevaux-legers de quatre-vingt dix Maîtres, pour la commander sous les ordres du Comte d'Aletz Colonel General de la Cavallerie Legere de France.

Cette Compagnie, & celle du Baron de Malpierre son frere, furent incorporées, l'une dans le Régiment de Créquy, l'autre dans celui de Marchin, & toutes deux allerent servir en Espagne & en Catalogne sous le commandement du Comte d'Harcourt & du Duc d'Enguien. Ces deux freres se trouverent au siége de Tortose, & s'y distinguerent. Ils servirent ensuite en Catalogne sous le Comte de Marchin en 1649. Ils se comporterent avec tant d'honneur, & avec une telle bravoure dans cette expédition, que l'aîné, à l'issüe de la Campagne, fut fait Lieutenant Colonel du Régiment de Clanleu, & le cadet eut la même Charge au Régiment de Boutteville. François des Salles, qui avoit commencé si glorieusement sa carriere, fut obligé de la quitter, par rapport au mauvais état où Claude des Salles son pere avoit mis les affaires de sa maison. Il ne laissa pas de se faire un nom dans les Armes, & de s'acquerir assez de crédit dans la Cour de France, pour obtenir du Roy, en considération de ses bons services, l'exemption de tous logemens de guerres & de tailles, pour les Seigneuries de Rigny-la-salle & d'Ugny.

Voyez les Preuves p. cxiv.

Voyez les Preuves p. cxvij.

En 1655, le 14 d'Août, il rendit à Sa Majesté ses foy & hommages pour la Baronie de Rorté, & pour la Seigneurie de Charmisey.

Voyez les Preuves p. cxiv.

Dés le 15 de Mars de l'année 1639, François des Salles avoit épousé Marie d'Aucy, fille de Jean d'Aucy Seigneur de Vroncourt, & de Bonne de Serocourt. La Maison d'Aucy, originaire de Bourgogne, passa en Lorraine au commencement du quinziéme siécle, & y finit en masles sur le milieu du dix-septiéme. Elle étoit considerable en elle-même, & par ses alliances avec les maisons de Clugny, de la Baume, de Mandre, de Bétisy. Henry d'Aucy, le premier qui fit souche en Lorraine, fut Senêchal & Gouverneur de la Mothe. Il laissa de son mariage avec Agnés de Wisse, 1°. Jeanne d'Aucy, alliée à Jean de Sandrecourt, d'où sortit Catherine de Sandrecourt, épouse de Christophe de Ligniville, & mere de Philippe-Emanuel de Ligniville, Grand-Prevôt de Remiremont. 2°. Ferry d'Aucy, qui eut d'Agnés de Beget, de la Maison des Por-

Ibid.

Voyez les Preuves p. cxvij. & suiv.

cellets, Henry d'Aucy, grand Gruyer de Bar, & Pere de Henry d'Auçy marié à Florimonde de Quilly, desquels sortirent Jean & Henry d'Aucy. Le premier fut Seigneur de Vroncourt, & eut de Bonne de Serocourt, Marie d'Aucy alliée en 1639, à François des Salles Baron de Rorté.

De ce premier coup d'œil, on ne peut juger qu'avantageusement de la Maison d'Aucy. On en jugea de même à l'examen des Preuves de Philippe Emmanuel de Ligniville, pour sa réception à la dignité de Grand-Prevôt de Remiremont, & à l'Aprébendement de Catherine de Ligniville sa sœur, au même Chapitre. La Charge de Gruyer de Bar, qu'on nommeroit aujourd'hui Grand Maître des Eaux & Forêts, n'a été remplie autrefois que par des personnes de grande condition, dans les Duchez de Lorraine & de Bar. En 1481, Pierre du Fay, Seigneur de Bazoilles, étoit Gruyer de Lorraine. A lui succéda en 1520 Errard de Domp-martin; aprés lui, en 1548, François de Tavagny fut revêtu de cet emploi; & il eut pour successeur, en 1550, Nicolas de Domp-martin. Celui-ci fit passer sa Commission, en 1554, à Louis Desarmoises Seigneur d'Autrey. En 1568, François de Domp-martin la posseda. En 1588, elle fut conferée à François de Savigny Seigneur de Montreux. En 1589, Claude de Reinack, Seigneur de S. Bassemont, l'exerça; il s'en démit en 1603 en faveur de Jacob de Haraucourt son gendre, Seigneur de Bayon.

Layette du Tresor de S. A. R. intitulée : *Grand Gruyer de Lorraine.*

La Charge de Gruyer de Bar fut établie par le Duc Jean II. le 8 Fevrier de l'année 1464. Dans l'idée du Prince, elle ne devoit être remplie que par des personnes de qualité. Aussi l'a-t-elle toujours été jusqu'en 1642, la derniere année de la vie de Jean de Nettancourt, Comte de Vaubecourt, nommé Gruyer de Bar en 1605.

Florimonde de Quilly *, grand'mere de Marie d'Aucy, étoit issuë d'une noblesse ancienne du Barrois. Dés le temps de la Reine Iolande, mere de René II. Jean de Quilly, demeurant à Gondrecourt, est qualifié de Noble par cette Princesse, en 1482. Jean de Quilly, petit-fils de Jean I. parut, au nom de la Noblesse du Barrois en 1580, dans l'Assemblée qui se tint alors pour la redaction de la Coutume du Bassigny Lorrain; & en 1589 il fut convoqué aux Etats generaux par le Duc Charles III. le 19 Fe-

* QUILLY porte d'argent à la bande d'azur chargée de 7 quilles d'or, accompagnée de 2 roses au naturel, 1 en chef & l'autre en pointe.

vrier. De ce Jean de Quilly vint Henry de Quilly, mort Colonel au service de Charles IV. ayant eu de son mariage avec Elisabeth de Nave, fille de François de Nave & de Claude de Dailly, François de Quilly Seigneur de Taillancourt, décedé Capitaine au Régiment Royal, & pere de Madelaine de Quilly, unique héritiere du nom & des Armes de sa Maison.

Bonne de Serocourt *, mere de Marie d'Aucy, étoit fille de Jean Jacques de Serocourt Seigneur d'Ourches, Bailly de Toul, & de Charlotte de Serval †, fille de Nicaise de Serval, Seigneur de Talmard & de la Grangete, & de Marie de Renessons. En 1577, au temps de la recherche de la Noblesse, résidoit en la Prévôté d'Estain George de Serval, Ecuyer Seigneur de la Chapelle-aux-bois, fils de George de Serval Ecuyer, Archer des Ordonnances du Roy T. C. Il portoit les mêmes Armes, & il étoit de la même Maison que Nicaise, & Pierre de Serval son frere. Ce dernier avoit épousé Ursule de Serocourt, fils de Claude de Serocourt Seigneur d'Ourches, & de Catherine Pseaume, niéce de Nicolas Pseaume, Evêque de Verdun.

* SEROCOURT porte d'argent à la bande de sable, accompagnée de 7 lozanges de même, 4 en chef & 3 en pointe.

† SERVAL porte d'argent au cerf volant de gueule surmonté de trois étoiles de même.

Voyez les Preuves p. cxxiij.

La Maison de Serocourt, autrefois partagée en Serocourt, de Serocourt, Serocourt des Romains, Serocourt d'Ourches, Serocourt d'Erize, est si illustre & si connue, que son nom seul fait la preuve de sa haute noblesse. Il n'est point de Colleges nobles en Lorraine, où elle ne soit jurée, il n'y en a point où elle ne le puisse être. De nos jours ce grand nom s'est éteint, & est allé se fondre dans des Maisons étrangeres.

Voyez les Preuves p. cxxiv.

François des Salles mourut le 16 de Mars 1688, & fut inhumé dans la Chapelle castrale de la Paroisse de Rigny-la-Salle. Marie d'Aucy sa femme déceda le 11 Avril 1707, âgée de 88 ans, & élut par humilité sa sépulture prés de la porte de la même Eglise. Ils eurent de leur mariage, les Enfans qui suivent.

ENFANS DE FRANCOIS DES SALLES, & de Marie d'Aucy.

I. CLAUDE-GUSTAVE-CHRETIEN DES SALLES, dont il sera parlé au Chapitre qui suit.

II. JOSEPH DES SALLES, dit de Malpierre, tué au service de la France, étant Lieutenant au Régiment de Souches.

III. FRANÇOIS DES SALLES, qui aura son Chapitre particulier.

IV. FRANÇOISE DES SALLES, Religieuse du Tiers-Ordre de S. Dominique.

V. ANNE-MARIE DES SALLES, Dame en l'Abbaye de Poulangy.

VI. BONNE-THERESE DES SALLES, Religieuse de S. Dominique.

CHAPITRE VII.

Claude-Gustave-Chretien des Salles, Marquis de Rorté, Gouverneur de Vaucouleur, Mestre de Camp de Cavallerie pour le service du Roy T. C. Ensuite Conseiller d'Etat, & Premier Gentilhomme de la Chambre de S. A. R. puis Marêchal de Lorraine & Barrois.

VALLEROT porte d'argent à cinq merlettes de sable, 2. 1 & 2.

PENDANT que Claude des Salles étoit en Suede auprés de la Reine Christine, Marie d'Aucy sa Bru, étant accouchée de son premier enfant, pria son Beau-pere d'en être le Parein: mais le Baron de Rorté, qui étoit fort bien auprés de la Reine, la supplia de vouloir faire l'honneur à son Petit-fils de le nommer au baptême. Sa Majesté reçut avec plaisir le compliment du Baron de Rorté; elle commit, pour tenir

nir de sa part l'enfant sur les fonts, & voulut que l'Ambassadeur l'accompagnât par procureur, dans cette cerémonie, en qualité de Parein.

L'enfant fut donc nommé Claude-Gustave-Chretien. Le premier de ces noms lui fut donné par son Grand-pere, les deux autres par la Reine; l'un, en mémoire du défunt Roy de Suede, & le dernier à cause qu'il étoit celui de la Mareine.

Henry-Chretien des Salles, qui se trouvoit alors à la suite de son Pere dans la Cour de Suede, fut député * par la Princesse, pour la représenter dans cette fonction; elle le chargea aussi de presens pour son filleul.

Voyez les Preuves page cxxviij.

* le 10 d'Août 1641.

Aussi-tôt que les années le permirent, Claude-Gustave-Chrétien des Salles prit le parti des Armes. En 1664, il alla en qualité de Volontaire servir l'Empereur contre les rebelles de Hongrie. Il retourna depuis en France; & pour se mieux façonner au mêtier de la Guerre, il servit d'Aide de Camp sous le Marêchal de Crequy, dans le temps qu'il commandoit un corps de six mille hommes dans le pays de Treves, d'où il se rendit au Siége de Lisle.

En 1668, le Roy T. C. ayant resolu de mettre sur pied un Régiment Allemand de Cavallerie sous le nom de Furstemberg, gratifia le Marquis de Rorté du commandement d'une Compagnie, en considération des services qu'il avoit déja rendus, & des preuves qu'il avoit données de sa valeur, de sa vigilance, & de son courage. Il fut tiré de ce Régiment, pour être incorporé dans celui de Coulanges; & de celui-ci, il eut ordre de passer, avec sa Compagnie, en 1672, dans le Régiment du Marquis de Ragny, dont il fut Major, n'y ayant point pour lors de Lieutenant Colonel dans les Régimens de Cavallerie.

Voyez les Preuves, ibid.

Les grandes actions du Marquis de Rorté durant ses Campagnes de Flandres & de Hollande, & sur lesquelles on m'impose silence, engagerent le Roy à lui conferer gratuitement, le 3 de Septembre 1675, la Charge de Mestre de Camp & de Colonel du Régiment de S. Aoust. Il servit en cette qualité, jusqu'à la Paix de Nimégue *, & l'on sçait avec quelle réputation.

Voyez les Preuves, page cxxix.

* 1679.

La tranquillité dont la France jouit alors, la procura au Marquis de Rorté. Ses forces affoiblies par les travaux de 30 ans de guerre, & par deux années de maladies, ne lui permirent pas de suivre son humeur belliqueuse, quand la France reprit les armes. Il fut neanmoins cité à l'Ariere-ban à cause de ses fiefs, en 1689. Il s'en excusa auprés du Duc de Luxembourg, qui lui répondit, qu'*ayant si bien servi à la guerre, on ne devoit pas le regarder comme un homme d'Arriere-ban :* Que ses raisons de dispense étoient d'ailleurs si légitimes, qu'il ne devoit pas s'inquiéter de cette indiction.

Voyez les Preuves p. cxxx.

LEOPLOD I. Duc de Lorraine & de Bar, & qui s'étudia, à son avénement au Trône, à remplir son Conseil d'Etat de gens expérimentez & habiles, ayant connu par le suffrage du public, & par lui-même, la superiorité d'esprit & la probité du Marquis de Rorté, qui en ce temps-là faisoit sa résidence dans une de ses Terres de Lorraine* lui confera la Charge de Conseiller d'Etat †. Pour l'attacher d'autant plus à sa Personne, il lui donna le lendemain l'Office de Premier Gentilhomme de sa Chambre, vacant par la mort de Maximilien de Choiseul, Marquis de Meuse.

* Bullegnéville où il a fondé un Couvent de Recolets.

† 15 May 1701.

Voyez les Preuves page cxxxj.

Le 12 de Fevrier de l'année 1706, il le promut à la dignité de Marêchal de Lorraine & Barrois, vacante par le trépas de Henry Comte de Tornielle.

Voyez les Preuves p. cxxxij.

Le premier de Juin 1676. le Marquis de Rorté épousa Huguette de Vallerot, fille de Claude de Vallerot, Chevalier Seigneur de Flameran, de Senecey, de Chaffaut & d'Isome, Lieutenant Colonel commandant le Régiment d'Epernon, & de Marthe Tixerand. Il a eu de son mariage les enfans cy-aprés dénommez.

Voyez les Preuves, p. cxxxiij. & suiv.

ENFANS DE CLAUDE-GUSTAVE-CHRETIEN des Salles Marquis de Rorté, Marêchal de Lorraine & Barrois, & de Huguette de Vallerot.

I. MARIE DES SALLES, Dame Religieuse de Poulangy, décedée en 1714.

II. JEAN DES SALLES, Seigneur d'Isome, &c. non marié.

III. ELISABETH DES SALLES, mariée le 21 de Decembre 1712, à Claude-Henry Palatin de Dio, Marquis de Mont-perou, ci-devant Lieutenant Colonel du Régiment de Mortemare.

Porte fascé d'or & d'azur de six piéces.

Genealogie de la Maison de Dio, originaire de Bourgogne.

JEAN DE DIO, Palatin de Bourgogne, épousa, du consentement de Philippe de Bourbon son oncle, le 4 Janvier 1487, Marie de Traves.

JACQUES PALATIN DE DIO, Seigneur de Montperou & de Brest, épousa, le 4 Janvier 1515, Jeanne de la Guiche, fille de Pierre de la Guiche, Seigneur de Chaulmont, Chevalier des Ordres du Roy T. C. Capitaine de 50 Hommes d'Armes, Maître & General de l'Artillerie de France, & de Marie de Traves.

CLAUDE PALATIN DE DIO, Chevalier de l'Ordre du Roy T. C. Gentilhomme de sa Chambre, Lieutenant de Cent Hommes de ses Armes, Seigneur de Montperou, épousa en premiéres noces Pierrone de Malin, dont il n'eut pas lignée; & en secondes, le 19 de Decembre 1583, Catherine de Leltouf de Pradine, fille de Jacques de Leltouf, Seigneur de Pradine & de Sirot, Chevalier de l'Ordre du Roy, Gentilhomme de sa Chambre, & de Marguerite de S. Marcel.

JACQUES DE DIO, Chevalier de S. Jean de Jerusalem, Comandeur de Ste Anne, Ambassadeur de la Religion prés de Henry III. Roy de France.

PHILBERT DE DIO, Président au Parlement de Paris en 1579.

CHARLES DE DIO, Président de la Châbre des Comptes de Paris.

JEAN PALATIN DE DIO, marié à Louïse de Chantemerle, dont il eut Françoise de Dio, épouse de François de Damas, fils de Leonor de Damas, Marquis de Thianges.

JACQUES PALATIN DE DIO, Baron de Montperou, épousa, le 20 Novembre 1599, Eleonore de Damas, fille de François de Damas, Chevalier, de l'Ordre du Roy T. C. Capitaine de cent Hommes d'Armes des Ordonnances de S. M. Baron de Thianges & de Chalancey, & de Françoise Palatine de Dio.

FRANÇOIS-ELEONOR PALATIN DE DIO, Comte de Montperou, Seigneur de la Roche & de Montmore, Colonel d'Infanterie pour le service du Roy T. C. épousa, le 29 Septembre 1641, Eleonore de Damas, fille de Jean de Damas de Digoine, Baron de Montmore, & d'Antoinette de Bouton de Chamilly,

NOEL PALATIN DE DIO, Marquis de Montperou, Colonel du Regiment de Cavalerie de Montperou, épousa N... de Colligny,

CLAUDE-ANTOINE PALATIN DE DIO, Comte de Montmore, Seigneur d'Essenlsey, de Rochefort, &c. épousa, le 2 Janvier 1670, Eleonore du Mayne, fille de Philbert du Mayne, Comte du Bourg, Capitaine de cent Hommes d'Armes pour le service du Roy T. C. & d'Eleonore de Damas de Thianges.

HENRY-FRANÇOIS PALATIN DE DIO, Comte de Brest, reçu Chevalier de Malthe le 17 Août 1666.

FRANÇOIS-ELEONOR PALATIN DE DIO, Marquis de Montperou, Lieutenant General des Armées du Roy T. C. Mestre de Camp General de sa cavalerie.

HENRY-CLAUDE PALATIN DE DIO, Marquis de Montperou, ci-devant Lieutenant Colonel du Regiment de Mortemare, épousa, le 21 Decembre 1712, Elisabeth des Salles, fille de Claude-Gustave-Chrétien des Salles, Marquis de Rorté, & de Huguette de Vallerot.

CLAUDE-ELEONOR PALATIN DE DIO, Marquis de Montperou, né le 28 Août 1713.

DENYS DE DIO, Comte de Montmore, Lieutenant Colonel du Regiment Royal Cavalerie.

NICOLAS FRANÇOIS DE DIO, reçu Chevalier de Malthe le 11 Decemb. 1690.

NOEL Comte de DIO, Capitaine de Cavalerie au Regiment Royal.

FRANÇOIS-MARIE DE DIO Chanoine Côte de S. Pierre de Macon.

ELEONOR DE DIO épouse de François de Buseuil de Corvaux.

MARGUERITE DE DIO.

CLAUDE DE DIO.

CHAPITRE VIII.

François des Salles II. du nom, Marquis de Bullegnéville, Seigneur de Vaucouleur, de Malpierre, d'Ugny, de Mars-la-Tour, &c. Bailly du Pont-à-Mousson, Capitaine Commandant une Compagnie des Chevaux-legers de la Garde de S. A. R. &c. ci-devant Capitaine de Cuirassiers pour le service de l'Empereur.

FICQUELMONT porte d'or à trois pals de gueule, abaissez, surmontez d'un loup passant de sable.

FRANÇOIS des Salles entra dans le service de France dés sa jeunesse, & apprit sous la conduite de son frere Claude-Gustave-Chrétien Marquis de Rorté, les élemens de l'Art Militaire. Il fut Cornette, de là Mestre de Camp, & fit en cette qualité la Campagne de 1684, qui fut celle du Siége de Luxembourg.

Comme sa premiere vocation l'appelloit à l'Ordre de Malthe, & que ses parens n'avoient pas jugé à propos de la seconder, il chercha à s'en dédommager, en portant les armes contre le Turc. La guerre étoit enflammée en Hongrie; les Gentilhommes même de France, entraînez par le zéle, ou touchez des motifs de la belle gloire, y couroient en foule. François des Salles les imita: en l'an 1685 il passa en Hongrie, se rendit auprés du General Baron de Mercy son parent, & servit en qualité de Volontaire durant trois Campagnes. Le Prince de Commercy l'attacha à son Régiment, en lui donnant une Lieutenance.

nance. Huit mois aprés, il en sortit, pour prendre le commandement d'une Compagnie dans le Régiment de Ste Croix, dont Charles V. le gratifia avec distinction, pour remplacer le Comte de Gournay, tué pendant le Siége de Bellegrade.

Dans ces trois états differens, sous lesquels François des Salles parut en Hongrie, il y acquit la réputation d'un homme brave & intrépide, durant le cours de douze Campagnes. Il se trouva au siége de Neuhausel, à la bataille de Gran, à la prise de Zolnok, d'Arrat & de Ségédin; puis il fut envoyé par le General de Mercy, rendre compte à S. A. S. Charles V. des progrés de la Campagne, que ce General continua tout l'hyver, & des dispositions des Places ennemies, dont il avoit lui-même été faire les découvertes. Il assista au siége de Bude, & combattit, sous les ordres de ce même General, le secours que les Turcs y conduisoient. Il se trouva à la canonade d'Esseck, à la bataille de Mohatz, à celle de Nissa sous le Prince Louis de Bade; au choc de Widin, au siége de Bellegrade, à la fameuse bataille de Salankemen, où le Régiment de Ste Croix fit des prodiges de valeur. En un mot, il n'y eut point d'action d'éclat à laquelle il n'ait pris part, & où il ne se soit signalé par sa valeur.

Il s'étoit frayé par ses exploits le chemin aux premieres Charges, & il alloit être nommé Lieutenant Colonel, lorsque la Reine Duchesse, sollicitée par les instantes priéres de la famille des Comtes de Rorté, l'obligea, malgré sa resistance, & sa noble émulation qui l'affectionnoit au service, de retourner au pays. Mais avant son départ, la Princesse voulut lui donner des marques de son estime, & récompenser ses services, en lui accordant un Brevet* de Commandant des Chevaux-legers de la Garde de son Fils, avec promesse de l'en mettre en possession, aussi-tôt que le Duc seroit rétabli dans ses Etats.

* du 17 Mars 1696. Voyez les Preuves, p. cxxxv.

La promesse de la Mere fut une loy pour le Fils. A son avénement à la Couronne, il ratifia le choix de la Reine; & la même année 1698, S. A. R. dépêcha le Comte de Rorté à Vienne, donner avis de la consommation de son mariage. Il étoit aussi chargé d'autres affaires secretes, dont il s'acquitta à la satisfaction de son Maître.

En 1706, le 26 de Fevrier, il fut promû à la Charge de

Voyez les Preuves p. cxxxvj.

Bailly du Pont-à-Mousson, sur la démission d'Anne-Honoré du Chastelet, Marquis de Trichâteau, Capitaine d'une Compagnie des Gardes du Corps de S. A. R.

En 1708, le 16 Fevrier, S. A. R. érigea la Terre & Prévôté de Bullegnéville, composée de neuf villages, sans y comprendre le Chef-lieu, en titre de Comté, en considération des services de François des Salles. Le 8 Juin de la même année, en conséquence d'une nouvelle acquisition de Seigneuries, unies par François des Salles au Comté de Bullegnéville, S. A. R. décora ce fief du titre de Marquisat.

Voyez les Preuves p. cxxxvij. & suiv.

En 1703, le 10 de Juillet, François des Salles Comte de Rorté épousa Catherine Louise de Ficquelmont, Dame Chanoinesse & Comtesse de Remiremont, fille de René Louis de Ficquelmont Seigneur de Mars-la-Tour, de la Tour en Voivre, &c. & de Marie-Therese de Lambertye, & a eu de son mariage les enfans qui suivent.

Voyez les Preuves page cxlj.

Voyez les Preuves, p. cxliij. & suiv.

ENFANS DE FRANCOIS DES SALLES II. DU NOM, & de Catherine Louise de Ficquelmont.

I. Claude-Gustave-Chretien des Salles, Marquis de Bullegnéville, né le 8 Juillet 1706.

II. Françoise des Salles.

III. Marie des Salles.

IV. Nicolas des Salles, mort en bas âge.

CHAPITRE IX.

Henry des Salles, Chevalier Baron des Vouthons, Colonel d'un Régiment de Cavallerie, & d'un d'Infanterie, pour le service du Duc Charles IV.

D'AUTRY porte d'or à deux meufles de Leopard de gueule, l'un en chef & l'autre en pointe, écartelé en sautoir d'azur, à un bezan d'argent.

HENRY des Salles étoit fils puîné de Henry des Salles, & d'Elisabeth de Merodes, dont il a été parlé au Chapitre IV. Ses premiers engagemens l'attacherent au service de France, & sa valeur l'éleva à la Charge de Colonel d'Infanterie. Mais comme elle suffisoit à plus d'un commandement, le Roy Louis XIII. lui donna encore la conduite d'un Régiment de Carabins.

Les divisions étant survenuës entre la France & la Lorraine, Charles IV. pour les raisons que l'on sçait, en devint l'ennemi. Ses sujets prirent party pour leur Prince. Henry des Salles fut un des plus zelez, & des plus prompts à se déclarer pour le Souverain dont il étoit vassal. La proscription de Charles, l'enlévement de ses Etats, le risque de perdre ses biens, & d'être enveloppé dans la déroute du Duc, ne l'empêcherent pas d'en suivre la fortune. Il reçut garnison Lorraine dans ses Châteaux; il passa lui-même avec ses Troupes dans l'Armée du Prince, & le servit avec une constance à toute épreuve. Sa retraite irrita Louis XIII. Il fit assiéger le Château des Vouthons le 4 de No-

Inventaire de Serre p. 1188.

vembre de l'année 1635, par le Colonel Gassion, qui s'en rendit maître aprés quatre jours d'attaque : il abandonna la garnison commandée par le Capitaine la Fontaine, à la discrétion de ses troupes. Les meubles & les effets du Baron des Salles furent aussi en proye à l'avidité du soldat ; & ce fut dans cette occasion que les plus beaux & les plus anciens Titres de la Maison des Salles, furent à la mercy des Victorieux.

Ce desastre ne rebuta point ce fidele Sujet. Il ne fut pas même effrayé de la confiscation de ses Terres au profit du Comte Gassion. Il continua son service aux dépens de sa fortune, de celle de sa famille, & de sa vie.

Il avoit épousé, le 22 d'Août 1623, Marie-Madelaine d'Autry, fille de Jean d'Autry, Chevalier, Baron dudit lieu, Seigneur de Genicourt, Conseiller du Roy en ses Conseils d'Etat & Privé, & de Claude de Merlin, comme il se voit par le Contract suivant.

Il eut de son mariage les enfans ci-aprés rappellez.

ENFANS DE HENRY DES SALLES, & de Marie Madelaine d'Autry.

I. MARIE DES SALLES, fille d'honneur de Marguerite de Lorraine, Duchesse d'Orleans.

II. LOUIS DES SALLES, qui suit.

Contract de Mariage de Henry des Salles Seigneur des Vouthons, celui qui fait la division des Branches ; avec Marie-Madelaine d'Autry. Du 22. Août 1623.

PArdevant nous Maîtres Antoine Fleury & Esaye Rouyer, Notaires jurez au Tabellionage de Bar, Sont comparus en leurs personnes Honoré Seigneur Messire Henry des Salles, Chevalier, Baron dudit lieu, fils d'honoré Seigneur Messire Henry des Salles, Chevalier, Baron de Rorté & Coussey, Seigneur des Vouthons haut & bas, Dainville, Berthléville, Landaville, Epiey, Girauviller, &c. & de feuë honorée Dame Dame Elisabeth de Merodes Baronne de Merodes, Preische, Comtesse de Mont-Saint-Jean, Dame de Fontenoy, &c. assisté dudit Seigneur Baron de Coussey son pere ; de Messire Claude des Salles, Chevalier, Baron de Rorté, Seigneur de Malpierre, &c. son frere aîné ; d'honoré Seigneur François de Mauleon, Seigneur de Tassigny, d'Autigny-la-Tour, &c. d'une part. Et Demoiselle Marie-Madelaine d'Autry, fille

fille d'honoré Seigneur Messire Jean d'Autry, Chevalier, Baron dudit lieu, Seigneur de Genicourt, Condé, Grand-han, Ouchery, &c. Conseiller du Roy en ses Conseils d'Etat & privé, & d'honorée Dame Dame Claude de Merlin, ses pere & mere, demeurans à Paris; assistée desdits Seigneur & Dame d'Autry, de Messire Pompone d'Autry, Chevalier de l'Ordre du Roy, son frere; noble & venerable Personne Messire René de Merlin, Prieur de Haréville & de S. Thiebault, son oncle; honorée Dame Dame Anne de Genicourt, veuve de feu honoré Seigneur Messire Nicolas de Haraucourt, vivant Senêchal de Lorraine, sa tante paternelle; honoré Seigneur Messire René de Stainville, Chevalier Seigneur de Sorcy, le Montoy en partie, & d'honorée Dame Antoinette de Merlin son épouse, ses oncle & tante maternels; d'honorée Dame Dame Anne d'Haraucourt sa cousine germaine, épouse d'honoré Seigneur Messire Henry de Livron, Chevalier Baron de Ville, Premier Gentilhomme de la Chambre de S. A. d'honoré Seigneur Messire François d'Anglure, Chevalier Seigneur de Guyonville, Rosoy, Pisseloup, & d'honorée Dame Louise de Merlin son épouse, ses oncle & tante maternels; d'honoré Seigneur Messire Philippe d'Anglure, son cousin germain; d'honorée Dame Dame Jeanne de Mailly, veuve de Messire Henry de l'Hoste, vivant Chevalier de l'Ordre du Roy, Lieutenant des Gardes du Corps de Sa Majesté, aussi son cousin germain; & d'honorée Dame Iolande de Nettancourt, Baronne d'Escot mere de ladite de Mailly. Ledit Sieur Baron d'Autry pere, ensemble lesdits Sieur & Dame de Guionnelle comparans en personne, & les autres comparans par ledit Sieur de Guionnelle, soy disant avoir charge d'eux, pour faire la presente assistance; & reconnurent les Parties avoir fait & font par ces Presentes les Conventions & Promesses de Mariage qui s'ensuivent. C'est à sçavoir . . . .

Fait & passé à Bar en la maison dudit Seigneur d'Autry, environ les dix heures du matin, le mardy 22 d'Août 1623. & ont les Parties & Assistans signé à la Minute.

Signé, FLEURY, & ROUYER *avec Paraphe.*

CHAPITRE X.

Louis Comte des Salles, Seigneur des Vouthons, de Genicourt, de Condé, Bailly du Baſſigny, Lieutenant Colonel du Régiment de Marchin, &c. Conſeiller d'Etat de S. A. R.

LOUVIERS porte d'or à la faſce de gueule, accompagnée de trois têtes de Loup de carnation, 2 & 1.

LE credit de Claude des Salles en Cour de France, les ſervices qu'il lui rendoit dans ſes Négociations étrangeres, furent favorables à Louis des Salles dans la décadence des affaires de ſa famille. L'oncle touché des malheurs de ſon neveu, s'employa auprés de la Régente, pour lui faire reſtituer les Seigneuries de ſon pere, & il s'y intéreſſa ſi efficacement, qu'il obtint pour le fils la grace qu'on avoit refuſée au pere.

Pour s'affermir dans la poſſeſſion de ſes biens, il entra dans le ſervice de France, & leva une Compagnie de Cavallerie. Il fut enſuite fait Lieutenant Colonel du Régiment de Marchin, & Bailly du Baſſigny.

En 1665, le 12 d'Octobre, il épouſa Marie de Louviers, fille de Louis de Louviers, Chevalier, Seigneur de Maurevert, Chevalier d'honneur de la Reine, & de Marie le Prevôt de Champroſe. Il eut de ſon mariage les enfans qui ſuivent.

ENFANS DE LOUIS COMTE DES SALLES, & de Marie de Louviers.

I. LOUIS DES SALLES, dont il sera parlé au Chapitre XI.

II. MARIE-ANNE DES SALLES, mariée en 1705 à Charles-Ignace Comte de Nettancourt, Seigneur de Bettancourt, Baron de Fresnel, Chambellan de S. A. R.

NETTANCOURT porte de gueule au chevron d'or.

III. ELISABETH-FRANÇOISE DES SALLES, alliée en 1709, à Balthazar Comte de Ravenel, Capitaine de Cuirassiers pour le service de Sa Majesté Imperiale; à present Chambellan de S. A. R.

RAVENEL porte de gueule à six Croissans, posez en deux pals & surmontez chacun d'une étoile, & une étoile en pointe; le le tout d'or.

IV. JEAN-FRANÇOIS DES SALLES, mort en Catalogne, Capitaine de Dragons au Régiment d'Ouartigny.

V. N... DES SALLES, Dame en l'Abbaye de Poulangy.

Contract de Mariage de Louis Comte des Salles, Seigneur des Vouthons, de Génicourt, &c. avec Marie de Louviers, du 12 Octobre 1665.

PArdevant Antoine Beaunier, Notaire Royal Garde-notes hereditaire au Châtelet de Melun, demeurant à Chaume en Brie, furent presens en leurs personnes Haut & Puissant Seigneur Messire Louis des Salles, Chevalier, Seigneur Baron des Vouthons haut & bas, Génicourt, Condé, & autres lieux, fils de haut & puissant Seigneur Messire Henry des Salles, Chevalier Baron des Vouthons, Colonel d'un Régiment de Cavallerie & d'Infanterie pour le service du Roy, & de Dame Marie-Madelaine d'Autry ses feus pere & mere, assisté en la presence & du consentement de haut & puissant Seigneur Mre Charles d'Autry, Chevalier, Vicomte de Lesignan, & Bez, Baron d'Autry, Seigneur de Grand Han, Ouchery, Condé, la Barre-aux-boeufs, & autres lieux, son oncle maternel; haute & puissante Dame Dame Christine d'Autry, épouse de haut puissant & Seigneur Mre François de Brouilly, Chevalier, Marquis d'Ouartigny, Lieutenant Genéral, & Lieutenant de Roy en ses provinces de Champagne & de Brie, Seigneur Marquis dudit Ouartigny, Bazoches, Vicomte de Villers-heron, Courtemont, & autres lieux, sa tante maternelle; haute & puissante Dame Dame Antoinette de Brichanteau, épouse de haut & puissant Seigneur Messire François d'Escots de l'Hotel, Chevalier, Marquis d'Escots, Seigneur d'Escots, de Semontier, Loncourt, Lonchamp, Milers, Champignol, Lizines, Sougnolles, & autres lieux, sa cousine germaine; haut & puissant Seigneur Messire Gaston de l'Hotel, Chevalier Marquis d'Escots: Et Demoiselle Marie de Louviers, fille de feu Messire Louis de Louviers, vivant Chevalier, Seigneur de Maurevert, Mongimont, Crene, & autres lieux, & de Dame Marie le Prevôt veuve dudit Seigneur de Maurevert; assistée en presence & du consentement de ladite Dame le Prevôt sa mere; haut & puissant Seigneur Messire Louis de Louviers, Chevalier, Seigneur de Maurevert, S. Mery, Crenes, Mongimont, & autres lieux, Conseiller du Roy, Capitaine au Régiment des Gardes Françoises de Sa Majesté; haut & puissant Seigneur Messire François Dominique de Louviers, Chevalier Seigneur de Mongimont, & autres lieux, Capitaine & Aide-Sergent-Major esdites Gardes Françoises, ses freres; haut & puissant Seigneur Messire François de Louviers, Chevalier, Seigneur de Veauchamp, Serechamp, le Toul, Fontaine-au-bron, & autres lieux, premier Ecuyer Ordinaire du Roy, demeurant ordinairement à Paris à l'Ecurie du Roy, son cousin germain du côté paternel; haut & puissant Seigneur Messire Hector du Plessis, Chevalier, Seigneur de la Breteche, Lamery, la Bozée, S. Hilaire, & autres lieux, son cousin germain du côté maternel; haute & puissante Dame Dame Claude de Meaux, veuve de feu haut & puissant Seigneur Philippe de Brichanteau, vivant Chevalier, Seigneur Baron de Lignieres, & autres lieux, Capitaine des cent Suisses de Son Altesse Royale, sa cousine paternelle; haut & puissant Seigneur Messire Barthelemy Huault, Chevalier, Seigneur de Champrond, Bernay, & autres lieux, à cause de Dame Madelaine le Vayer son épouse, son cousin issu de germain du côté maternel; haut & puissant Seigneur Messire Leon de Mazoier, Chevalier, Seigneur de Verneuil, Montlignon, Montguillon, & autres lieux, Maître d'hôtel Ordinaire de la Reine, son cousin du côté paternel pour elle: Lesquels Seigneur & Demoiselle futurs époux ont promis eux prendre & épouser l'un l'autre par foi, loy, & Sacrement de Mariage . . . . Fait & passé au Château de Maurevert, ès presence de Maître Jean de Cambous, Prêtre & Curé de Chaulmes; de Louis du Pré demeurant à Maurevert témoins, qui ont avec lesdites Parties & Notaire signé sur la Minute des Presentes, le 12 Octobre 1665 avant midi.

Signé, BEAUNIER.

CHAPITRE

CHAPITRE XI.

Louis II. Comte des Salles, Seigneur des Vouthons, de Genicourt, de Maurevert, Capitaine de Cavallerie au Régiment de Boufflers, Bailly de Gondrecourt, &c.

DEs sa jeunesse Louis II. Comte des Salles embrassa la profession des Armes. Ses infirmitez ne lui en firent pas interrompre le mêtier. Il n'y eut que la Paix generale de Riswick, & l'avénement de LEOPOLD I. à la Couronne de Lorraine, qui lui firent quitter le service de France, pour se donner tout entier à celui de son Souverain. Son zele a mérité que S. A. R. l'honorât de la dignité de Chambellan, & de Bailly de Gondrecourt.

En 1694, le 24 de May, étant encore alors Capitaine de Cavallerie au Régiment de Boufflers, il épousa à Paris Denyse-Agathe de Louviers, sa cousine germaine, Fille de Louis de Louviers, Seigneur de Maurevert, de Creine, de Mery, Capitaine aux Gardes du Roi T. C. Bailly & Gouverneur des Villes de Melun & Moret, & de Denyse de Mouceau. Il a de son mariage les Enfans qui suivent.

ENFANS DE LOUIS II. COMTE DES SALLES, & de Denyse-Agathe de Louviers.

I. ALEXANDRE-LOUIS DES SALLES, ci-devant Page de S. A. R. à present Lieutenant au Régiment du Roy.
II. CHARLES-PHILIPPE DES SALLES.
III. CHARLES-IGNACE DES SALLES.
IV. MARIE-ROSALIE DES SALLES.

Contract de Mariage de Louis II. Comte des Salles, avec Denyse-Agathe de Louviers. Du 24 May 1694.

PArdevant les Conseillers du Roy Notaires Garde-notes en son Châtelet de Paris, soussignez; furent presens haut & puissant Seigneur Messire Louis Comte des Salles, Chevalier, Seigneur des Vouthons, Genicourt, Condé, & autres lieux, Grand Bailly du Bassigny Barrois, & haute & puissante Dame Marie de Louviers son épouse, qu'il autorise à l'effet des Presentes, demeurans ordinairement aux Vouthons en Barrois, presentement en cette Ville, en la maison Cour de Rouen chez Madame la Marquise d'Ouartigny, Paroisse S. André des Arcs, stipulans pour Messire Louis Comte des Salles leur fils unique, majeur, âgé de 25 ans, Capitaine d'une Compagnie de Cavallerie entretenuë pour le service du Roy, presentement à Paris; pour ce present, & de sa pure & libre volonté pour lui, & en son nom, d'une part; & Demoiselle Denyse-Agathe de Louviers fille majeure âgée de 25 ans, fille de Messire Louis de Louviers, vivant Chevalier Comte de Maurevert Capitaine au Régiment des Gardes Françoises de Sa Majesté, Gouverneur & Bailly des Ville & Château de Melun & Moret, & de Dame Denyse de Mouceau aussi défunte, ses pere & mere . . . . Lesquelles Parties, en la présence & de l'avis de leurs parens & amis ci-aprés nommez, sçavoir, Dame Christine d'Autry veuve de Messire . . . . . de Brouilly Chevalier, Seigneur & Marquis d'Ouartigny, Lieutenant pour S. M. en la Province de Champagne; Demoiselle Pulcherie de Brouilly d'Ouartigny fille, cousines desdits Sieur & Dame des Salles; Me François de Braine, Chevalier, Seigneur de Bonbon, Mongé, &c. cousin, & ci-devant curateur de ladite Demoiselle . . . . . . Ont pour raison du futur mariage d'entre ledit Seigneur des Salles & ladite Demoiselle Denyse-Agathe de Louviers, convenu du present Contract sous les clauses & conditions ci-aprés exprimées. C'est à sçavoir . . . . . Fait & passé à Paris en la maison de ladite Demoiselle future épouse, le 24 jour de May 1694. & ont signé la minute des Presentes, demeurée en la garde & possession de Prieur, l'un des Notaires soussignez.

Signé, PRIEUR. & AVELINE, *avec Paraphe.*

Louviers porte d'or à la fasce de gueule, accompagnée de 3 têtes de loup de carnation, 2 & 1.

GENEALOGIE

De la Maison de Louviers, dressée par Monsieur d'Hozier.

GUY DE LOUVIERS, Seigneur de Maurevert.

NICOLAS DE LOUVIERS, Seigneur de Maurevert, Maître des Requêtes de l'Hôtel du Roy, mort le 15 Nov. 1493. épousa Michelle d'Isle, morte le 10 Oct. 1459, tous deux enterrez à Maurevert.

JEAN DE LOUVIERS, Chanoine de N. D. de Paris.

CHARLES DE LOUVIERS, Seigneur de Nangy & du Châtel, épousa N...

CATHERINE de Louviers, femme de Henry de Clutin.

JEANNE de Louviers, femme d'Antoine de Ragnies, Seigneur de Poussé.

JEAN DE LOUVIERS, Seigneur de Maurevert, Pannetier de France, mort le 28 de Janvier 1516, épousa Guillemette de Corbie, fille de Guillaume de Corbie, Président à Mortier, & depuis Premier Président du Parlement de Paris, & de Jeanne de Longueil, morte le 25 Oct. 1527. enterrez à Maurevert.

MARIE DE LOUVIERS, femme de Claude de Meaux.

NICOLAS DE LOUVIERS, Seigneur de Grigny, Canne Forests, Prévôt des Marchands en 1468. mort & enterré à S. Innocent, épousa Marie Chevalier, veuve de Claude le Boulanger Premier Président, enterrée à Grigny.

SEBASTIENNE, ANTOINETTE, & DIANE de Louviers, Religieuses.

JEANNE de Louviers, femme de Nic. Sanguin, Seigneur de Livry.

GUILLAUME de Louviers, Seigneur de Maurevert, mort le 22 Août 1545. marié le 3 Avril 1516 à Marie de Touchet, enterrée à Maurevert.

NICOLAS de Louviers Chanoine de N. Dame de Paris.

JEANNE de Louviers, femme de Nicolas des Lyons, Seigneur d'Espaux.

NICOLAS de Louviers, Chevalier, Seigneur de S. Mery, Echanson du Roy, mort le 6 Août 1540. épousa Bien-venuë de Champrond, morte le 8 Avril 1540. enterrée à S. Mery en Brie.

RADEGONDE de Louviers, femme de Jean de Baranson, Seigneur de Varenes.

BIEN-VENUE de Louviers, femme de Pierre des Friches Seigneur de Brasseuse.

JEAN de Louviers, Chanoine de N. D. de Paris.

NICOLAS de Louviers Seigneur de Maurevert, mort le 21 Juin 1564. épousa Charlotte de Postel, fille de Jean de Postel Seigneur d'Ormoy, & de Marie Sanguin.

MICHEL de Louviers, Seigneur de la Forest, Forest, & de la Ville de Chaume en partie, mort le dix-neuf d'Octobre 1656. épousa Madelaine de Blain.

CLAUDE de Louviers, Chevalier, Seigneur de Maureyert, Saint Mery, Montgimont, &c. Gouverneur de Laon & Laonnois, mort le 2 de Septembre 1578. épousa, le vingt-cinq de Janvier 1543 Françoise de Romain, morte le 3 Decembre 1593. enterrez à S. Mery en Brie.

CHARLES de Louviers, Seigneur de Maurevert, de Malvoizine, &c. Chevalier de l'Ordre du Roy T. C. marié le 28 Septembre 1561 à Marguerite d'Aquino, fille d'Antoine Marquis de Coratte, Prince de Castillon, &c. & d'Isabelle Caracciol, fille de Jean Prince de Melphe & de Venouze, d'Ascolie & de Soria, Maréchal de France.

CLAUDE de Louviers, Seigneur de la Forest, Forest, de la Ville de Chaume en partie, marié le 5 Novembre 1591 à Madelaine Granger.

LOUIS de Louviers, Chevalier, Seigneur de S. Mery, Montgimont, mort le 2 Novembre 1592. épousa Françoise le Jeune, enterrée à Saint Mery en Brie.

PHILBERT de Louviers, Chevalier, Seigneur de S. Mery & de Montgimont, mort le 25 Septembre 1662 sans alliance.

CATHERINE de Louviers, mariée le 28 Janvier 1565 à François de Conty, Seigneur de Roquencourt.

ELEONORE de Louviers, femme de Jacques de Brunefay, Seigneur de Corbuge.

FRANÇOIS de Louviers, Chevalier, Seigneur de Maurevert, de Vauchamp, Cherchamp, &c. épousa le 1 Janv. 1591 Françoise de Bastemant; mort le.... Decembre 1625. & son épouse le vingt-six de Fevrier 1634. enterrez à Maurevert.

HELENE de Louviers, femme de Charles de Hasseville, Chevalier, Seigneur de Vauchamp qu'il vendit à son beau-frere.

JACQUES de Louviers, Chevalier, Seigneur de Vauchamp, Cherchamp, &c. épousa, le 5 Janvier 1626 Marie de la Motte de Montberard. Mourut le 10 Septembre 1636. enterré aux Cordeliers de Compiegne. Elle mourut le 5. Decemb. 1670. enterrée à Retonge en Brie.

LOUIS de Louviers, Chevalier, Seigneur de Maurevert, Saint Mery, &c. Chevalier de la Reine, épousa, le 19 de Septembre 1631, Marie le Prevost de Champroze. Mourut le quinze de Decembre 1652. & son épouse le vingt-quatre Janvier 1684. enterrez à Maurevert.

FRANÇOIS de Louviers, Chevalier, Seigneur de Vauchamp, Cherchamp, le Toul, S. Mery, Montgimont, &c. I. Ecuyer Ordinaire du Roy, épousa, le 29 Oct. 1678 Marie-Elisabeth de Louviers. Mourut le 12 Juillet 1702. & fut enterré à Vauchamp; & elle mourut le 23 Janvier 170... enterrée à S. Paul à Paris.

CLAUDE de Louviers, Chevalier de Malthe, Commandeur de Troye en Champagne.

LOUIS de Louviers, Chevalier, Seigneur de Maurevert, Crene, S. Mery, Montgimôt, Capitaine aux Gardes, Bailly & Gouverneur des Villes & Châteaux de Melun & Moret, épousa, le 12 Septembre 1662, Denyse du Monceau; mourut le 5 Avril 1684, & elle le 12 Fevrier 1693. enterrez à Maurevert.

FRANÇOIS-DOMINIQUE de Louviers, Chevalier, Seigneur de Montgimôt, Major aux Gardes, mort de ses blessures devât l'Isle le 20 Sept. 1667. enterré dâs cette Ville en l'Eglise S. Pierre.

LOUIS-HENRY de Louvier Chevalier Seigneur de Crene, mort sur mer le 1 Janvier 1665.

JEAN de Louviers Chevalier de Malthe, mort le 21 Oct. 1660

MARIE de Louviers, femme de Louis Côte des Salles, Chevalier Seigneur des Vouthons, Genicourt, &c. Bailly d'Epinal, Conseiller d'Etat d'Epée de S. A. R. de Lorraine.

Trois Fils, dont deux Chevaliers de Malthe, tous trois morts en bas âge.

MARIE-CHARLOTE de Louviers, épousa, le 10 Octob. 1704 Charles-Nicolas Saladin d'Anglure, Comte d'Etoges.

AGATHE de Louviers, Religieuse au Pont aux Dames.

DENISE-RENEE de Louviers, épousa, le 20 Juillet 1712, Henry-Bernard de Chevriere; Marquis de S. Vallier; Colonel d'un Regiment d'Infanterie.

MARIE-ELISABETH de Louviers; épousa, le 29 Octobre 1678, François de Louviers Chevalier, Seigneur de Vauchamp, &c. son cousin.

DENISE-AGATHE de Louviers, épousa le 4 Novembre 1694, Louis Comte des Salles, son cousin germain.

LOUIS Comte des Salles, Chevalier, Seigneur des Vouthons, Boncourt, Maurevert, Crenne, Courtemont, Dompmartin, Baron de Bazoche, &c. a épousé, le 4 Novemb. 1694 Denise-Agathe de Louviers, sa cousine germaine.

PREUVES DE LA GENEALOGIE DE LA MAISON DES SALLES.

PIERRE DES SALLES.

EXTRAIT DE LA GENEALOGIE DE LA MAISON des Salles, par M. d'Hozier.

CETTE Maison est éteinte depuis quelques années en Bearn, par la mort du Seigneur des Salles, le dernier de son nom en cette Province; qui remit l'an 1620, sous l'obeïssance du feu Roy, la ville de Navarreins, dont il étoit Gouverneur pour les Religionnaires.

PIERRE, fils d'Antoine Seigneur des Salles, Gouverneur de Navarreins & de Pau, & d'Anne de Rouillac, lequel aprés avoir été élevé Page de la Chambre de Louis XI. & l'avoir suivi à la Bataille de Montlhery l'an 1465, se retira auprés de René Duc de Lorraine, qu'il servit à la Bataille de Nancy l'an 1477, & épousa l'an 1490 Nicolle Dame de Vernancourt, de Gombervaux, & de trente-deux autres Seigneuries, remariée l'an 1512 à Jean d'Igny, Chevalier Seigneur de Rizocourt & d'Anglu, & que Jean Seigneur de Vernancourt, & Estiennette de Bellemagnen ses pere & mere, avoient accordée auparavant, le 11 Avril 1483, à Philbert fils aîné de Messire Guillaume du Chastelet, Chevalier Seigneur de Saint Amant. Les enfans qui sortirent de ce mariage, furent Marguerite des Salles, Dame de Vernancourt, alliée le 27 Mars 1519 à Théod de Mandelot Seigneur de Passy; & PHILIPPE des Salles, Seigneur de Gombervaux, & de 80 autres Seigneuries en partie, Bailly de Vosges, Capitaine du Neufchasteau, & Chambellan d'Antoine Duc de Lorraine, &c.

Contract de Mariage de Nicole de Vernancourt avec Philbert du Chastelet, du 11 Avril 1483.

Inseré dans la Sentence de l'Officialité de Toul, rapportée cy aprés.

VIndrent presens en leurs personnes honorés Escuyers, Phelibert du Chastellet, jeune fils puisné de tres honoré Seigneur Monsieur Messire Guillaume du Chastellet, Chevalier Seigneur de Sainct Amand; ledit Phelibert aagié d'environ de dix huit à dix-neuf ans, en son nom d'une part. Jehan de Warnancourt, aussi Escuyer, Seigneur dudit Warnancourt & de Gombervaux; & Damoiselle Estiennette de Bellemegnien, fille de Jaques de Bellemegnien Escuyer, sa Femme & Espouse, Pere & Mere de Damoiselle Nicole de Warnancourt leur fille ainée, naturelle & legitime, aagiée d'environ cinq ans; ladite Damoiselle Estiennette licentiée & suffisamment authorisée dudit Seigneur son Mary; laquelle licence elle a receu & pris agreablement; ledit Jehan Seigneur de Warnancourt se faisant & pourtant fort pour & de ladite Damoiselle Nicole sa fille ainée & mandre d'aage d'autre part. Et reconnurent icelles Parties és noms & qualités que dessus, avoir fait, appointié & accordé les Traités & Accords de Mariage que s'ensuit. C'est à sçavoir, que ledit Phelibert prendra & auera par Mariage à Femme & Espouse ladite Damoiselle Nicole à saincte Eglise par parolles de present & de futur, elle estant en aage competant de Mariage, faire & consumer selon Dieu & saincte Eglise, & pareillement ladite Damoiselle Nicole ledit Phelibert, sans quelconque contradiction, à peine chacune partie de la somme de deux mille écus d'or du coing du Roy notre S^{r} de reffus & repentement que pairoit & paira Partie contredisant, differant & refusant de vouloir proceder ausdites Espouselises & consummation dudit Mariage, à Partie requerant & voulant icelui faire & consumer, dont pour ce ledit Phelibert a obligié & hypotecqué ses biens presens & advenir. Et ledit Jehan Seigneur de Warnancourt, pareillement a obligié tous les siens biens, mobles, Terres & Seignories, tant dudit Gombervaulx, que autres presens & avenirs, pour de la part de ladite Damoiselle Nicole sa fille: Et en cas que ledit Phelibert & Damoiselle Nicole procederont audit Mariage & Espouselises jusques à consummation d'icelui . . . .

Pour & à quoy parvenir, ledit Seigneur de Warnancourt s'est trais pardevers ledit Phelibert du Chastellet jeune Escuyer né & procreé dudit Messire Guillaume, fils de tres honoré Seigneur Monsieur Messire Errart du Chasteller, à son vivant Chevalier, pourtant baniere; & de Dame Yolant de Haracourt sa Dame Espouse, fille de feu tres honoré Seigneur Monsieur Messire Jacques de Haracourt à son vivant Chevalier, & de ceux de Ville, qui sont des plus grands Nobles Seigneurs & fort linage & d'amys qui soient és Pays de Barrois & Lorraine; Ont pour ces causes & raisons accordé, donné, ceddé, quitté & transporté, donnent, ceddent, quittent & transportent pour tousjoursmais hereditablement en don de nopces & de Mariage faisant de ladite Damoiselle Nicole leur fille ainée avec ledit Phelibert, à ladite Damoiselle Nicole ses hoirs naturez & legitimes, nez & procreez de leurs corps en leurdit Mariage, à tenir, joïr, succeder & posseder aprés le deceds & trespas dudit Monsieur de Warnancourt, & que ledit Mariage sera consumé pour tousjours; tous les Tiltres, Blasons, Terres & Seignoiries, Rentes & Revenus, tant dudit Warnancourt, Gombervaulx, & autres, que ledit Jehan Seigneur dudit Warnancourt at, tient & possede presentement, scituez tant au Royaulme de France comme au Duché de Bar & de Lorraine, & autre part, à luy obvenus & escheus, tant de succession de Pere, Mere, Oncle, Parens, & d'acquisitions, comme autrement; & aussi ceux que tiendra, auera & possedera au jour & heure de sondit deceds & trespas; ensemble tous ses autres biens, mobles, debtes, Gaageres & Chatels, pourveu que ladite Damoiselle Estiennette sa femme & espouse auera & emportera pour tous droits tant de docts, doüaire, comme autres choses qu'elle pourroit & devroit prendre & avoir de & par le deceds & trespas dudit Seigneur de Warnancourt son mary en sa succession hereditaire & mobiliaire, la somme de cent livres de rente monnoye de Barrois, la vie d'elle durante, à prendre, lever & exiger chacun an sur ce que ledit Monsieur de Warnancourt son mary a, tient & possede és lieux, Villes, Bans, Finages & Territoires de Honcourt & Mallancourt, de Mars, de Chaumont devant Damvillier, de Longuyon, & de la Riviere de Vacherouville, de Ougny & Ansemont en la Prevôté de Souillieres ; ensemble la Maison, Grange, Jardins, Pourpris d'icelle, scitué en la Ville de Chardoigne ; ensemble les Preys, Terres & Gaignage appartenant à ladite Maison. Et on cas que lesdits cent livres, monnoye de Barrois, ne se pourroient asseuir chacun an des deniers & rentes venant d'iceux lieux, ledit Monsieur de Warnancourt son mary à laditte Damoiselle assigne le sourplus de prendre & lever sur ses deniers & rentes de son domaine dudit Chardoigne chacun an ; lesquelles Terres & Seignoiries desdits lieux, excepté celle dudit Chardoigne, elle tenra & possedera sa vie durant en regie & gouvernement comme Douairiere, & pour lever lesdits deniers, & si emportera & avera de & sur lesdits biens mobles avec ce ses joyaux, coffres, saintures & habillemens, la tierce partie partable contre lesdits Phelibert & Damoiselle Nicole, moyennant & parmy ce qu'elle dés maintenant & pour lors aprés ledit deceds & trespas de sondit Mary, elle a renoncé & renonce par ces presentes, de l'autorité & licence dudit Seigneur de Warnancourt son Mary, laquelle licence & auctorité elle a prins & reçeu en elle agreablement, comme dit est dessus, à tous droits de docts, douaire, interests, & autres droits & choses quelconques qui luy pourroient & deveroient à cause de sondit Mariage & par ledit deceds de sondit mary & autrement, competer, appartenir, subvenir, escheoir, & qu'elle pourroit ou voudroit quereler, demander ou prétendre à la cause dicte, moyennant aussi que ladite Damoiselle Estiennette sera & demourera quicte & déchergée de toutes & singulieres cherges, debtes, actions & poursuites, & choses quelconques que l'on luy pourroit faire, prétendre & demander comme Doüairiere par & à cause dudit Seigneur de Warnancourt son mary ; & avec ce, se son plaisir est de demourer & résider aprés le deceds de sondit mary avec ledit Phelibert & Damoiselle Nicole sa fille, lesdits Philibert & sa femme à leurs despens la doient traicter, garder, norrir & entretenir comme leur mere. Et pour ce que Jehanne, fille puisnée dudit Monsieur de Warnancourt, & de ladite Damoiselle Estiennette, née, procreée comme sadite sœur, est menuë & de petite complexion, soit mise & entretenuë Femme d'Eglise en Religion, pour aider à subvenir à ses necessités, & pour accroissance de son bien, & que dés sa nativité elle fut advouée & donnée à ladite Eglise & Religion, en cas qu'elle y voudra être & demourer, ledit Seigneur de Warnancourt luy a donné & donne la somme de vingt frans de rente, monnoye de Barrois, par chacun an sa vie durant : & en cas qu'elle ne voudroit être & demourer Religieuse Femme d'Eglise, & qu'elle vouldroit ou vouldra être & demourer au Siécle & mariée, elle auera & emportera qui luy a donné & donne pour une fois, elle estant en aage de prendre, avoir & épouser mary, la somme de trois mille frans monnoye de Lorraine, à compter douze gros par chacun franc & seize deniers par chacun gros ; & avec ce, en cas que sondit Pere iroit de vie à trespas auparavant qu'elle fust en Religion ou mariée, lesdits Phelibert & ladite Damoiselle Nicole sa sœur la doient & deueront entretenir & norrir jusques à ce qu'elle soit en aage d'être en Religion ou à mariage ; desquelles sommes ils seront, soient & demoureroient chargiez les luy payer, en cas que sondit Pere ne les luy auroit à son vivant payé & assigné souffisamment, laquelle Damoiselle tanroit & auroit, dont elle leveroit les proffits des Terres & Seigneuries de Warnancourt & les appartenances Vigneulles & Vittemont, par maniere de gagiere, & obligez jusques à la payé & enterinement de ladite somme ; laquelle somme lesdits Phlebert & Damoiselle Nicole, leurs hoirs & ayans cause, pourront payer à trois termes & payemens; c'est assçavoir à chacun terme mil frans, monnoye que dessus, toutes & quantes fois qui leur plaira, & que oportunité leurs sera, & reprandront leurditte Terre; & pour ce que par adventure à cause de ladite donation, cedz, quittement & transport fait par ledit Seigneur de Warnancourt à ladite Damoiselle Nicole sa fille & don de nopces & de mariage faissant avec ledit Phelibert des Titres, Armes, Blasons, Terres & Seignouries que dessus, par la venuë & nativité d'aucun hoir masle fils cy-aprés procreé & descendu dudit Seigneur de Warnancourt en leal Mariage, ou autre cas, par quoy question ou different se puissent ou pourroient sourdre & mouvoir, par quoy laditte Damoiselle Nicole, sondit Mary & Heritiers ne pourroient joïr, avoir & posseder en tout ou en partie à leur proffit, & ne sortissent icelles donnation, cession & transport à leur proffit plein effet, en ce cas ledit Seigneur de Warnancourt a donné & donne à ladite Damoiselle Nicole sa fille par don de nopces & de mariage faisant & consummant par la maniere que dit est avec ledit Phelibert, la somme de dix mille écus d'or du coing du Roy de France notre S[r] pour une fois, à compter & par nombre vingt-cinq gros monnoye coursable on Pays de Lorraine par chacun écu, à prendre & payer ladite somme de dix mil écus tout à une seule fois ausdits Phelibert & Damoiselle Nicole sa femme, & si seront & demouront, sont & demeurent dés maintenant pour lors quittes & deschargez de payer les charges & sommes de deniers cy-dessus déclarées pour le mariage & mise en Religion, Damoiselle Jennette de Warnancourt, & autres sommes de deniers dont ils pourroient être chargiez par ce present Traitié & Accord, mais en seroit ou seroient tenus & chargiez ceux ou celuy qui emporteroit & succederoit lesdits Titres, Armes & Blasons dudit Seigneur de Warnancourt: Et pour icelle somme de dix mil écus avoir, prendre, lever & exiger par la maniere que dit est par lesdits Phelibert & Damoiselle Nicole sa femme, ledit Monsieur de Warnancourt leurs a abouté, hypotecqué & mis en main dés maintenant pour lors qui seroit allé de vie à trépas, & dont y possedera jusques alors sa vie durant, ses Châteaux, Places, Seigneuries, Rentes, Terres & Revenus & appartenances de Gombervaulx, Ugny, Longchamp, Chardoigne, Coursey & Gohecourt, pour par lesdits Phelibert & Damoiselle Nicole, eux estans en mariage comme dit est, & aprés le deceds & trépas dudit Seigneur de Warnancourt dés maintenant pour lors d'iceux heritages prendre la possession, & aprés sondit trépas avoir, lever & exiger tous les proffits, fruits, droits, revenus & émolumens comme gagiere & par maniere d'obligation hypotecque, & en joïr jusques à parfaite & entiere solution & payement à eux fait de ladite somme desdits dix mil écus d'or, tout à une seule fois, & par la maniere que dit est, sans ce que lesdits Phelibert & Damoiselle Nicole, leurs hoirs & ayans causes, fussent ou soient tenus de jamais desdits fruits, proffits & émolumens venus & escheus d'icelles Terres & Seignoiries aucune chose restituer, payer ou répondre, ne de ladite somme desdits dix mil écus d'or, pour ce aucune chose diminuer ou rabattre, & en seront & demeuront, sont & demeurent par ces presentes quittes & déchargiez, ensemble desdites autres charges de ladite Damoiselle Jennette de Warnancourt, tant desdits trois mil frans pour sondit mariage, & vingt frans de rente viagere en cas qu'elle voudroit être & demourer en l'Eglise & Religion par la maniere que dessus: Et aussi ledit Phelibert a promis & promet à ladite Damoiselle Nicole de Warnancourt, esperant d'être sa femme, compagne & épouse, que en cas ledit mariage consumé luy laissera, qu'elle emportera ou auera par tout ses biens mobles, debtes & heritages, en cas qu'il iroit premier de vie à trespas, quelle doüaire Coustumier, sans luy en oster ou rescinder aucune chose, tel & quel qu'il est de coustume entre les Nobles des Pays de Barrois & Lorraine en tel cas: Et au cas que ladite Damoiselle iroit de vie à trespas sans hoirs de son corps, ledit Phelibert sera tenu luy & ses hoirs rendre, payer & restituer tout à une fois lesdits dix mil écus d'or aux hoirs, heritiers ou ayans cause de ladite Damoiselle Nicole, si comme tout ce disoient lesdites

dites Parties reconnoiſſans chacun en ſon endroit ſoy, & de tout ce que deſſus dit eſt, ſe tindrent iceux recognoiſſans pour bien contans pardevant leſdits Jurés, promettantes leſdites Parties recognoiſtre és noms qu'ils procedent, & en tant que à un chacun d'eulx touche & peut toucher par leur foy pour ce donnée corporellement és mains deſdits Jurés, les Traités, appointemens & choſes deſſus déclairées, tenir & avoir pour agreable, ferme & eſtable & vaillable à toujours ſans contrevenir, & leſdits Traités & appointemens deſſuſdits conduire, garentir, délivrer & deffendre l'une Partie à l'autre chacun ſelon ſa qualité envers & contre toutes perſonnes, juſques à droit de tous troubles ou empêchemens quelconques que fais, mis ou donnés ſeroient l'une Partie contre l'autre en quelque forme ou maniere que ce ſoit, ores ne pour le temps avenir; ſi ont promis & obligés Biens, &c. Renoncé, &c. *In forma*, &c. Ce fut fait le xj. jour d'Avril l'an mil quatre cens quatre-vingt & trois, aprés Paſques.

Sentence renduë par l'Official de Toul le 14 Juillet 1489, en caſſation du Mariage de Nicole de Vernancourt avec Philbert du Châtelet.

IN Nomine Domini. Amen. Proceſſus & Acta Cauſe matrimonialis, ſeu ſeparationis ventilate Tulli coram Nobis Officiali Curie Tullenſis, per & inter nobilem Juvenculam Domicellam Nicolam de Warnancourt, inſtantem ſeu actricem reclamantem, ex una; & nobilem virum Philibertum de Caſtelletto, Tullenſ. Diœc. ejuſdem Nicole, ut fertur, deſponſatum, de & ſuper nullitate, inefficacia & invaliditate certarum conventionum & promiſſionum, ſeu ſponſaliorum matrimonialium inter eos de matrimonio contrahendo dudum per violentiam eidem Nicole, tunc in minoritate annorum matrimoniis aptorum conſtitute, nec annos nubiles attingenti, ut pretenditur factam & illatam, & alias, abſque conſenſu vero & debito ipſius Nicole factarum & habitarum, ſeu factorum & habitorum, rebuſque aliis in actis & proceſſibus cauſe hujuſmodi latius deſignatis, & premiſſorum occaſione defendendum, ſeu reclamatum partibus, ex altera, facti & habiti, factaque & habita, ſub ſigillo Curie noſtre Tullenſis, & ſigno manuali Dilecti & fidelis noſtri honorabilis Viri Johannis Poireſſonii de Revyneyo, Clerici Civis Tullenſis publici ſacris apoſtolicâ imperiali auctoritatibus atque Curiarum Eccleſiaſticarum Tullenſium Notarii, & cauſarum matrimonialium ejuſdem noſtre Curie Tabellionis jurati, ad id commiſſi & deputati, ſequuntur in hunc modum.

UNIVERSIS & ſingulis preſentem Proceſſum inſpecturis, viſuris, lecturis, pariter & audituris. Officialis Curie Tullenſis notum facimus & manifeſtum, &c.

TAMDEM adveniente die jovis nonâ predicti menſis Julii, atque comparentibus in Judicio Tulli, coram nobis Officiali Curie Tullenſis prefato, in dicta Curia, horâ cauſarum manè conſuetâ, loco noſtro ſolito ad jura reddenda & cauſas audiendas pro tribunali ſedentibus, prenominatarum partium & antedictarum Procuratoribus, nominibus procuratoriis earumdem & pro ipſis.

Nos verò Officialis prefatus, inſtante Procuratore jam dicte Nicole inſtantis, memoratum Jacobum Thierieti, procuratorem ejuſdem Philiberti defendentis, ſi quidquam adverſus & contra preinſertum tractatum, ſic ut prefertur pridem in modum probationis productum & exhibitum, ac perſonas & dicta Teſtium in cauſa hujuſmodi pro parte ejuſdem Nicole inſtantis productorum, receptorumque juratorum & examinatorum, dicere, objicere, proponere & allegare vellet, verbo aut in ſcriptis interrogavimus: offerentes eidem indulgere, dareque & concedere terminum competentem ad id peragendum. Qui quidam Jacobus Thierieti, Procurator, & eo nomine jam dicti Philiberti defendentis, nobis duxit reſpondendum, & reſpondit ſe nihil contra hujuſmodi tractatum ac perſonas, & dicta Teſtium eorumdem verbo aut in ſcriptis dicere, excipere objicereque, proponere vel allegare velle. Et idcirco Procurator memorate Nicole de Warnancourt instantis, audità hujusmodi responsione nobis factâ in presenti matrimoniali causa, conclusit, ac pro concluso habuit, petens à nobis similiter cum eodem concludi & pro concluso haberi in eadem causa: cujus petitioni tamquam juste & rationi consone annuentes, Nos Officialis prefatus, desiderantes causarum coram nobis pendencium accelerationem & expeditionem, premissis attentis duximus in causa presenti cum procuratore dicte Domine Nicole instantis, concludentis & concludi petentis, concludendum, & conclusimus, ac hujus tenore processûs concludimus, pro conclusoque habuimus & habemus, in eadem procuratore adverse partis nihil in contrarium dicente aut objiciente. Datum & actum in eadem Curia, cum eisdem procuratoribus, quibus supra nominibus, anno & die jovis immediate supradictis. *Signatum* POIRESSONII.

Finaliter autem adveniente die Martis ejusdem mensis Julii, atque comparentibus in judicio Tulli coram nobis Officiali Curie Tullensis prefato, ad jura reddenda & causam hanc audiendam pro tribunali sedentibus, dictis partibus principalibus, seu earum procuratoribus predictis, per nos seu de mandato nostro ad actum infra scriptum prefixa & assignata comparuerunt in judicio Tulli coram nobis Officiali Curie Tullensis prefato, memorati partium antedictarum procuratores nominibus procuratoriis earumdem & pro ipsis, nostram sententiam diffinitivam in presenti causa dari, ferri & pronunciari petentes, & instanter postulantes, quorum quidem procuratorum petitioni tamquam juste & rationi consone annuentes, Nos Officialis memoratus cupientes huic cause finem imponere, visis primitus . . . . . & cognitis per nos ad plenum ipsius . . . . ad nostram diffinitivam sententiam . . . . . matrimoniali causa ferendam . . . in presentia Procuratorum . . . . ad hoc de mandato nostro per hujusmodi . . . . Tabellionem citatorum in scriptis . . . , processus tenore proferimus in hunc modum: CHRISTI NOMINE INVOCATO, per hanc nostram sententiam diffinitivam, quam in causa matrimoniali ventilata Tulli coram nobis Officiali Tullensi inter Domicellam Nicolaam de Warnancourt instantem & reclamantem ex una, & nobilem virum Philibertum de Castelleto Scutiferum, reum sive defendentem, partibus ex altera visis & cum diligentia preponderatis hujusmodi cause actis, processibus, attestationibus & munimentis ac aliis que nos & animum nostrum moverunt movereque de jure potuerunt & debuerunt, jurisperitorum freti consilio, ac solum Deum pre oculis habentes, ferimus in his scriptis, dicimus, pronunciamus, decernimus & declaramus, pretensum contractum, seu conventiones matrimoniales, sive desponsationes inter dictas partes factos & habitos, seu factas & habitas, cum indesecutis, fuisse & esse temerarios, illicitos, nullos, iniquos & injustos, temerariasque, illicitas, nullas, in quas & injustas, ac de facto presumptos . . . . necnon violentos & violentas . . . . . ipsas. Non licuisse eisdem . . . . . alios fecisse, vel adhuc . . . . prout de facto processerunt revoquandos, & annullandos fore, ac revoquamus & annullamus, dicteque Instanti ad alia matrimonii vota convolandi, si convolare voluerit, licentiam concedendam, & concedimus; etiam dictum Philibertum ad de super infra duos menses proxime venturos sibi procurandam de tanto excessu ac excommunicationis sententia, quam inde contraxit, absolutionem, ac alio mense immediate sequenti nobis de illa fidem litteratoriè faciendam, nec non in expensis pro parte dicte domicelle instantis in hujusmodi causa legitime factis condempnandum fore, & condempnamus, expensarum predictarum taxatione nobis imposterum reservatâ: quâ quidem sententiâ diffinitivâ sic ut prefertur per nos Officialem prefatum, scripto lata & promulgata prefatus magister Claudius Lesane, ejusdem domicelle Nicole instantis & reclamantis Procurator, & pro ea gracias nobis de bona justicia referens, litteras in forma . . . . de fieri atque tradi sub sigillo dicte nostre Curie petiit: quas eidem concessimus, & per . . . . cause Tabellionem fieri . . . . . in quorum . . . . . fidem, robur & testimonium premissorum, sigillum dicte Curie Tullensis unà cum signeto cereo decreti nostri, & signo manuali jam dicti Johannis Poiressonii, presentis cause Tabellionis, presenti processui duximus apponendum. DATUM & actum Tulli, anno In-

La pourriture a rongé la marge de cette Piece.

carnationis Dominice millesimo quadringentesimo octuagesimo nono, Indictione septimâ, die verò Martis predictâ decimâ quartâ dicti mensis Julii, Pontificatûs sanctissimi in Christo Patris & Domini nostri Domini Innocentii, divinâ Providentiâ Pape octavi anno quinto, præsentibus in prolatione ejusdem sententiæ nobilibus Viris Domino Warrico de Leceyo * Milite, Ferrico de Savigneyo Scutifero, Gerardino Bourgeti de Vodio *, & Johanne .... juniore, Tulli commorantibus .... Tullensibus Nottariis jurat. Testibus ad premissa vocatis specialiter & rogatis. *Signatum* POIRESSONII.

* *de Lucy.*

* *Void.*

Extrait de la Genealogie imprimée de la Maison de Savigny, dediée à Antoinette & Catherine de Savigny, filles de Varry de Savigny, Seigneur de Lémont, & de Damoiselle Antoinette de Florainville : La premiere mariée depuis à Nicolas de Roucelz, Seigneur de Varneville ; & la seconde, à Jean de Nettancourt, Seigneur de Vaubecourt.

SAVIGNY est la premiere de vos lignes, qui commence à Guillaume de Savigny, qui épousa Dame Marguerite de Lenoncourt, desquels est fait mention à ung Tableau pendant en l'Eglise de l'Isle *, dont s'ensuit la Copie.

* *Abbaye en Barrois.*

Cy gist Noble Ecuyer Nicolas de Savigny, fils de Noble Ecuyer Jean de Savigny, & de Dame Alix de Warnancourt, Seigneur & Dame dudit Savigny, Tonnoy, Lémont, Rosne & Chardogne en partie ; lequel Jean de Savigny fut fils de Messire Guillaume de Savigny, Chevalier, & de Dame Marguerite de Lenoncourt ; & ladite Demoiselle Alix de Warnancourt, fille d'Eustache de Warnancourt, & de Damoiselle Jeanne de Nancey, sœur de Noble Ecuyer Jean de Nancey, Seigneur de Gomberval ; & trépassa ledit Nicolas le 17 May 1479.

Le susdit Guillaume de Savigny & Marguerite de Lenoncourt eurent un fils nommé Petit-Jean de Savigny, qui épousa Alix de Warnancourt, fille d'Eustache de Warnancourt, qui tant a fait parler de soy ; lequel Eustache étoit fils de Jean de Warnancourt & d'une fille de Montmorency ; partant Warnancourt & Montmorency font la huitiéme & neuviéme lignes. Sur ce je vous renvoye en la Chapelle de votre Maison de Leymont.

Ibidem.

Wernancourt porte d'argent à 3. faces de gueule.

Extrait de la Genealogie de la Maison de Vernancourt, par le Sieur Houat Heraut d'Armes de Lorraine.

JEAN DE VERNANCOURT épousa Gillette de Montmorency, Dame d'Orne.

EUSTACHE DE VERNANCOURT, Seigneur d'Orne, de Passavant, &c. épousa Jeanne de Nancey, fille d'Andreu de Nancey Seigneur de Gombervaux, & d'Alix de Chardogne, Dame de Leymont.

JEAN DE VERNANCOURT, Seigneur de Chardogne, de Leymont, de Gombervaux, &c. épousa Etiennette de Bellemagnien.

ALIX DE VERNANCOURT épousa Petitjean de Savigny, dont il eut Jean de Savigny, marié à Anne de Nourroy, desquels est issuë la ligne des Savigny de Leymont, fonduë dans celle de Lénoncourt-Blainville.

NICOLE DE VERNANCOURT, mariée en premiéres noces à Philippe des Salles, Gouverneur de Dampvillers, &c. & en secondes à Jean d'Igny, Seigneur de Rizaucourt, dont elle eut Catherine Abbesse de St. Hoilde, & N... d'Igny, dit le Capitaine de Rizaucourt.

CATHERINE morte de la peste à Gombervaux.

JEANNETE destinée à l'état Religieux, côme il se voit par le Contract de mariage de sa sœur Nicole avec Philbert du Châtelet.

Partage de la Succession de Jean de Nancey, entre Jean de Savigny, à cause d'Alix de Vernancourt sa femme, & Jean de Vernancourt son frere, niepce & nepveu de Jean de Nancey, le 10 Juin 1477.

A Tous ceux qui ces presentes Lettres verront & orront. Robert Bodemays Licentié és Loix, Garde du Scel du Duchie de Bar, Salut. Sçavoir faisons que pardevant Jehan de Rouve & Mengin Baudin jurés & establis ad ce faire de par notre Seigneur le Duc de Bar, en son Tabellionnage de Bar, Vinrent & comparurent personnellement Nobles Hommes Jehan de Warnancourt Seigneur dudit lieu, Jehan de Savigny Seigneur dudit Savigny en partie, & Damoiselle Aalix de Warnanconrt sa femme; sœur germaine d'iceluy, licentiée & auctorisée dudit Jehan de Savigny son marit quant aux choses suivantes passer & accorder, & laquelle licence elle a reçu agreablement en elle; lesquels ont recongnus que comme question & different fussent entr'eux meûs, pour & à cause de la succession immobiliaire tant en heritaiges de fieds de ligne, comme d'acquets delaissés par le trespas de feu Jehan de Nancey leur oncle, en son vivant Seigneur de Gombervaulx; laquelle succession disoit & prétendoit ledit Jehan de Savigny, à cause de ladite Damoiselle Aalix sa femme, à luy competer & appartenir pour la moitié, au moyen & par vertu de certain don fait par lesdits Jehan de Nancey à ladite Damoiselle Aalix, contenu & declairé en certain Codicil par luy fait au lict mortel, icelle moitié partant contre ledit Jehan de Warnancourt voulant être & appartenir à ladite Damoiselle Aalix, nonobstant Coutume & Usaige ad ce contraires: Et ledit de Warnancourt au contraire disoit que tous lesdits Fieds par ledit Jehan de Nancey delaissiés à luy pour le tout, doivent competter & appartenir comme hoir masle tant de Coutume comme de raison par luy proposées & alleguées: Pour lesquels differens & questions terminer & mettre à fin, eussent prins & esleus pour arbitres ou amiables appaisanteurs honorables Hommes & sages Mes Nicolas Cuissette, Procureur du Roy nostre Sire ou Bailliage de Vitry, Nous Robert Bodemais Lieutenant du Bailly de Bar, Jehan Venredy, & Nicole Merlin Licentié és Loix; au moyen desquels eux oys bien au long, sont condescendus & escheus en accord & appointement touchant icelle succession & differant qui est tel; Que ledit de Warnancourt auera & emportera ... le Chastel & Fortresse, Terre & Seigneurie de Gombervaux, les Terres arables, les Corvées de Rigny, les Preys, les Bois, le Village, Terres & Seigneuries de Gugny sur Meuse, la Forte Maison & Place étant illec, avec toutes les appartenances desdites Seigneuries de Gombervaux & Ugney en toutes choses & droits Seigneuriaux, ainsi que les avoit & tenoit ledit feu Jean de Nancey à l'heure de son trespas; avec ce aura & emportera la Terre & Seigneurie de la Ville de Longchamp en tous droits Seigneuriaux, seul & pour le tout.... Et lesdits Jehan de Savigny & Damoiselle Aalix, à cause d'elle, auront & emporteront..... la Tour & Fortresse, Terre & Seigneurie des Villes de Leymont & de Fontenoy, avec leurs appartenances en tous droits de Seigneurie.... ainsi qu'avoit & tenoit ledit feu Jean de Nancey leur oncle à l'heure de son trespas.... auront aussi & emporteront pour le tout ung Gaignage, qu'avoit & tenoit ledit de Nancey en son vivant en la Ville de Neufville sur Orne, prés dudit Leymont.... ensemble toute la Seignorie, & le droit que ledit feu Jehan de Nancey avoit & pouvoit avoir au lieu, ban & finage de Nicey..... Et au regard de la Terre & Seigneurie de la Ville de Chardogne, ledit de Warnancourt préalablement & hors parson aura & emportera pour le tout, la Maison & appartenance que avoit leurdit feu oncle en ladite Ville, devant le Pressoir joignant au grand chemin tirant à Gemicourt,

court, avec les Terres, Preys & Vignes appartenans à ladite Maison, & au Gagnaige d'icelle, & tout le surplus & résidu d'icelle Ville & Seigneurie tant en Justice, homaiges... sera & appartenra au susdit Jean de Savigny, sadite femme, leurs heritiers & ayans cause, & audit Jean de Warnancourt, sesdits heritiers & ayans cause, chacun par moitié; & le surplus de toutes leurs autres Terres, Seigneuries.... délaissées par ledit Jean de Nancey leur oncle, tant en Duchie de Bar, Lorraine, Comté de Champaigne, Marquisé du Pont, Duchié de Luxembourg, Eveschié de Verdun.... se partiront par moitié audit Jean de Warnancourt; & pour l'autre moitié à ladite Damoiselle Aalix sadite sœur... Toutes lesquelles choses, & une chacune d'icelles, lesdites Parties, & mêmement ladite Damoiselle Aalix, licentiée, comme dit est, ont tenus, passés & accordés, tiennent & accordent par ces presentes pour agreables, fermes & stables à tousjours, pour elles, leursdits hoirs & ayans causes, & promis à garantir, se mestier est, l'une à l'autre lesdits partaiges jusques à droit, sans contrevenir en aucune maniere par eulx, ou leursdits hoirs, audit traité, partaige, accord ou appointement, sous l'obligation de tous leurs biens meubles & non meubles, presens & advenir, par tout où qu'ils soient & puissent être trouvés; lesquels quant à ce elles ont soubmis & soubmettent en la juridiction & contrainte du Roy notre Sire, de notredit Seigneur le Duc de Bar, & de tous autres Seigneurs quelconques espirituels & temporels, en renonceant quant à ce fait à toutes choses quelconques que l'on pourroit dire, alleguer ou proposer contre la teneure de ces presentes Lettres, & specialement au droit disant generale renonciation non valoir. En témoin de ce, Nous que dessus, par le rapport & relation desdits Jurés, avec leurs seings manuels cy mis, avons scellé ces presentes Lettres du Scel dudit Duchie de Bar, sauf tous droits. Ce fut fait l'an de grace Notre Seigneur mil quatre cens soixante dixsept, dix jours on mois de Juin. Ainsi signé, J. DE ROUVE, & M. BAUDIN.

Extrait des Registres des Patentes de René II. Roy de Sicile, Duc de Lorraine, Bar, &c. Reg. 3. pag. 324.

LE 26 de Decembre 1489, le Roy a conferé la Charge de Capitaine & Gouverneur de la Ville & Château de Dampviller, à Jean de la Morelle Pannetier, sur la résignation de Pierre des Salles, Seigneur de Gombervaux.

Pierre des Salles & Nicole de Vernancourt sa femme, empruntent 400 frans, monnoye de Bar, à Olry de la Landre, & à Marguerite de Lucy sa femme; & pour seureté de la rente, ils hypothequent leurs Seigneuries de Honcourt, de Malencourt, &c. le 17 Decembre 1490.

A Tous ceux qui ces presentes Lettres verront & orront. Robert Bodemays Licentié en Loix, Garde du Scel du Duchié de Bar, Salut. Sçavoir faisons que pardevant Claude Drowin & Christophe Lietart Jurés & establis ad ce faire de par notre Seigneur le Duc de Bar, en son Tabellionnage de Bar, Vinrent & comparurent personnellement Nobles Conjoings Pierrot des Salles.... Escuyer, Seigneur de Gombervaulx, Honcourt, Malencourt, Chastencourt, & Marré en partie; & Damoiselle Nicolle de Warnoncourt sa femme, fille & heritiere de feu

Jehan de Warnoncourt, en son vivant Seigneur desdites Villes & lieux dessusdits; icelle Damoiselle Nicolle licentiée & auctorisée souffisamment de sondit mary quant ad ce faire, passer & créenter; laquelle licence & auctorité elle a prinst & receupt en elle agreablement, presens lesdits Jurés, lesquels ont recognu, que pour aucuns leurs grans affaires & avoir argent à leur besoing & necessité, ils avoient & ont bien & lealment vendu, ceddé, quitté, alienné, delaissé & transporté, & par la teneur de ces presentes Lettres vendent, ceddent, quittent, aliennent, delaissent & transportent dés maintenant & pour tousjours perpetuellement, à Nobles & honorés Conjoings Oulry de Landres, Seigneur dudit lieu & de la Terre de Pierrefiĉte en partie, present stipulant & recepvant, & à Demoiselle Margueritte de Lucey sa femme, pour tenir & posseder heritablement à tousjours par eulx, leurs hoirs & ayans cause, la somme de vingt-quatre frans, monnoye coursable ondit Duchié de Bar, à compter douze gros de ladite monnoye pour ung franc, de droite rente ou cense annuelle & perpetuelle, payable & rendable chacun an au jour & terme de Noël, dont le premier terme & paiement sera & commencera au jour & terme de Noël, qui sera l'an mil quatre cens quatre vingt & unze, & ainsi d'an en an & de terme en terme à tousjours, & icelle rente avoir, prendre & parcevoir par les mains desdits achetteurs, ou leur certain commandement, ayant ces presentes, sans avoir autres Lettres de procuration, en & sur telle part & portion que lesdits Vendeurs constituans ont, doivent & peuent avoir, & qui leur compete & appartient en toutte la Terre & Seigneurie, hommes, hommaiges, censes, rentes, revenus & prouffits quelconques des Villages de Honcourt, Malencourt en la Prevosté de Sainĉte Manehoult; encor sur ce qu'ils ont à Marre en la Prevosté de Clermont; encor sur telle part & portion que lesdits reconnoissans ont, peuent & doivent avoir en la Seigneurie, rentes, prouffits & revenus qu'ils ont à Chastaincourt auprés dudit Marre; encor sur tel droit, part & portion que lesdits Vendeurs ont sur la Riviere de Vacheroville, auprés de Verdun; & sur ce qu'ils ont, peuent & doivent avoir sur la Terre & Seigneurie de Chaulmont, auprés de Damvilliers, en la Prevosté de Mengiennes, des premiers & plus clers deniers desdites Terres, Seigneuries, censes, rentes & revenus dessusdits, & sur chacune piece & parte pour le tout, avant que iceux Vendeurs y puissent aucune chose demander, prandre ou lever: Et on cas que deffault auroit de chacun an bien payer icelle rente de vingt-quatre frans, tels que dessus, audit jour & terme, lesdits Achetteurs, leurs hoirs & ayans causes, Procureurs ou Commis, pourroient & pourront aller ausdites Terres & Seigneuries, rentes, censes & revenus dessusdits, & à chacune piece & partie pour le tout, & icelles, ou partie d'icelles, vendre ou faire vendre & executer, selon l'Us & Coustume de la Ville & Chastellenie de Bar, en deffaut de rente ou cense non payée, lesdites Terres & Seigneuries, rentes & revenus dessusdits partans alencontre desdits Achetteurs qui y ont les semblables parçons: Et est fait ce present vendaige pour & parmi la somme de quatre cens frans, monnoye de Barrois, que lesdits Vendeurs en ont confessés avoir eu & receu desdits Achetteurs, & dont ils se tindrent pour contans & bien payez tout à leur grey; Et de ce qui est contenu en cedit vendaige, s'en sont lesdits Vendeurs devestus, demis & dessaisis, & en ont vestus & saisis lesdits Achetteurs par la délivrance de ces presentes Lettres; Et ont promis lesdits Vendeurs, pour eux, & pour leurs hoirs, sous l'obligation de tous leurs biens meubles & immeubles, presens & advenir, par-tout où qu'ils soient & puissent être trouvés, à garantir cedit vendaige ausdits Achetteurs, & à leurs hoirs à tousjours, envers touttes gens, jusques à droit; & de ce à tenir fermement s'en sont lesdits Vendeurs soubmis & soubmettent en la Juridiĉtion & contrainte de notredit Seigneur le Duc de Bar & de tous autres Seigneurs: Et pour ce que les Terres, Seigneuries, censes, rentes, revenus & choses dessusdittes, sont tenuës & mouvans en Fied de plusieurs Seigneurs, dont ils meuvent, lesdits Vendeurs leur ont prié, supplié & requis, prient, supplient & requierent, que leur plaisir soit ratifier, confirmer, approuver, corroborer, consentir & accorder ausdits Achetteurs le present vendaige & acquest de rente,

& la infeoder comme Seigneurs desdits Fieds. En témoin de ce, Nous Garde dessusdit, par le rapport & relation desdits Jurés, avec leurs seings manuels cy mis, avons scellé ces presentes Lettres du Scel dudit Duchie de Bar, sauf tous droits. Ce fut fait l'an de grace Notre Seigneur mil quatre cens quatre-vingt & dix, dixsept jours on mois de Decembre. Signés DROWIN & LIETART, avec paraffes, & scellées.

Lettres de Surrannation accordées par Charles VIII. Roy de France, à Pierre des Salles, Seigneur de Gombervaux, & à Nicole de Vernancourt, au sujet du Moulin de Chalames, le v. de Mars 1491.

CHARLES par la grace de Dieu, Roy de France : Au Bailly de Chaumont ou à son Lieutenant, Salut. Lumble supplication de nos bien amés Pierre de Salles, Seigneur de Gombervaulx, & Nicolle de Warnancourt Damoiselle sa femme, avons receüe, contenante comme à cause de ladítte Seigneurie de Gombervaulx, de toute ancienneté aux Prédecesseurs dudit Suppliant Seigneurs dudit lieu, competoit & appartenoit les Corvées & Terrages de Montigny le hault, dit Fortcul, & de Chalames la grande, devant la Vancelere, où anciennement chacun Habitant desdites Villes estoit tenu de faire les corvées & service de leurs charuës, chevaux, harnois, & de leurs personnes, ainsi que font & sont tenus faire les Habitans de Rigny la Salles, & auquel lieu de Chalames y avoit ung Moulin assis & scitué sur la riviere de Meuse & devant ledit Chalames, qui estoit de la riviere dudit Gombervaulx, & de toute ancienneté de ladite Seigneurie de Gombervaulx : mais advint que LX ans x ou environ devant les guerres de Bourgongne, lesdits lieux, ensemble ledit Moulin, furent bruslés par nos Ennemis, & fut tout mis en destruction, & les Habitans d'iceux lieux chassez & habandonnés le Pays, & encor de present y a bien peu d'edifices, sinon que depuis dix ou douze ans en ça, ledit Suppliant estant encores mineur & en bas aage, feu Perrin Ambellet a construit & reedifié ledit Moulin, & reffait de son auctorité privée ou aultrement sans tiltres, & depuis est allé de vie à trespas & delaissé sa veufve & autres ses enffans, lesquels s'efforcent tenir ledit Moulin & en avoir les fruits, & lequel Suppliant depuis aucun temps en ça, a été conjoinct par mariage avec ladite Nicolle, à cause de laquelle ladite Terre leur appartient ; & depuis que icelle Terre est venüe en leurs mains, ils ont recouvrés les Lettres & Tiltres, par lesquels appert que ledit Moulin est des appartenances d'iceluy lieu, Terre & Seigneurie de Gombervaulx, & appartient audit Suppliant : Et combien que lesdits Supplians ayent sommés & fait sommer & requerir lesdites Veufve & Habitans d'eulx desister & departir dudit Moulin & leur delaisser, neantmoins ils en ont été refusans, soubs coleur de la joïssance qu'ils en disent avoir eüe, & qui ne doit préjudicier ausdits Supplians, actendu la minorité d'icelui Suppliant, durant laquelle ledit Moulin a été reedifié & mis en nature au desceu dudit Suppliant, & avant le recouvrement de sesdites Lettres, ainsi que lesdits Supplians Nous ont fait remontrer humblement, requerans sur ce notre grace & provision. Pourquoy Nous ces choses considerées, volans relever lesdits Supplians de toutes pertes & dommages, & en ce leur subvenir, vous mandons & pour ce que ledit Moulin & choses dont est question sont assis en vos Bailliage, pouoir & ressort, commettons par ces presentes, que lesdites Parties presentes ou appellées, ou Procureurs pour elles, s'il vous appert ledit Moulin être d'ancienneté des appartenances de ladite Terre & Seigneurie de Gombervaulx, & par ce appartenir ausdits Supplians, vous en ce cas contraigniés ou faites contraintes réellement & de fait ladite veufve d'iceluy feu Ambellet & sesdits enffans & heritiers ou bien tenans, à eulx departir dudit Moulin, & en souffrir & laisser joïr & user lesdits Supplians comme de leur propre chose, dommaine & heritages, ensemble des appartenances & deppendances d'icelui, & ce par prinse, vente & exploitation de leurs biens & autres voies & manieres deües & raisonnables; & en cas d'opposition faites & administrés aux Parties, icelles oyes bon & brief droit & accomplissement de justice : car ainsi Nous plaist-il estre fait, & ausdits Supplians l'avons octroiés & octroions de grace especiale par ces presentes, nonobstant la possession & joyssance que lesdits deffunt & sesdits veufve & heritiers ont eüe durant la minorité desdits Supplians, que ne volons à iceux Supplians nuire ne préjudicier, mais en tant que mestier est ou seroit les en avons relevés & relevons de grace especiale par ces presentes, Us, Stille, Rigueur de Droit & Lettres subreptices à ce contraires. Mandons & commandons à tous nos Justiciers, Officiers & Subjets, que à Vous, vos Commis & deppuctés en ce faisant obeyssent & entendent diligemment. Donné à Paris le cinquiéme jour de Mars, l'an de grace mil quatre cens quatre-vingt onze, & de notre Regne le neufviéme. Par le Roy, à la relation du Conseil. Signé, AMYS.

Accord entre Pierre des Salles & Jean de Savigny, Oncle de Nicole de Vernancourt, au sujet de la Seigneurie de Rebeuville, du 6 Octobre 1494.

A Tous ceux qui ces presentes Lettres verront ou ouieront, Salut. Nous Jean de Savigney, Escuyer, Seigneur de Leymont, & Pierre des Salles, aussi Escuyer, Seigneur de Gombervaulx, Seigneurs par indivis de la petite Seigneurie de Rebeufville, &c. Certifions & faisons à sçavoir à tous qu'il appartiendra, que comme par cy-devant fut esperé à mouvoir certain Procés entre nous lesdits Seigneurs & nos Bourgeois & Subjets de ladite petite Seigneurie de Rebeufville, touchant de leurs Crouées, que depuis long-temps iceux nosdits Subjets ne nous avoient payées, avec d'autres choses que leurs prétendions demander & actionner, causes que par la remontrance d'aucuns gens de biens & notables personnes dujourd'huy datte des presentes Lettres, tant à la faveur desdites remontrances, que eu regard à l'entretenement de nosdits Hommes & Subjets, par bonne, meure & longue deliberation de conseil sur ce eue, avons fait appointement, traicté & accord avec nosdits Hommes & Subjets d'icelle petite Seigneurie, en la maniere cy-aprés escritte, speciffiée & declarée : C'est assçavoir premier, que nosdits Hommes & Subjets qui de present & pour l'advenir sont & seront demeurans & faisans leurs residences desous nous en ladite petite Seigneurie de Rebeufville, chascun ménage entier nous sera tenu payer par chacun an pour toutes choses quelconques, que nous & nos successeurs Seigneurs d'icelle petite Seigneurie leurs pourrions demander tous, touchant la Taille qu'ils nous doivent, que pour raison desdites Crouées, la somme de quatre gros, monnoye de Lorraine, à compter seize deniers pour chacun gros; l'homme veufve deux gros, & la femme veufve aussi deux gros : Et si d'adventure ils estoient deux ou trois ménages demeurans en une maison, & à un feu neanmoins chacun ménage, nous payeront lesdits quatre gros; & pareillement l'homme ou la femme veufve, demeurans avec leurs enfans ou autres aucun feu, chacun deux gros; à payer lesdits quatre gros & deux gros chacun an perpetuellement par nosdits Subjets & leurs successeurs aprés eux, à nous lesdits Seigneurs, & à nos successeurs Seigneurs d'icelle Seigneurie aprés nous, ou à notre certain commandement de par nous, à deux termes l'année; c'est assavoir la moitié au jour de la S. Remy chef d'Octobre, & l'autre moitié au jour de Pasques, & ainsi d'an en an & de terme en terme à toujoursmais : Et par ainsi faisant & moyennant ce, iceux nosdits Hommes & Subjets

Subjets d'icelle petite Seigneurie, seront quittes envers nous lesdits Seigneurs de toutes autres choses que nous leurs voudrions plus autrement quereller ne demander, reservé toutesfois touchant de leurs autres rentes ou censes que chacun an ils nous doient & sont tenus sur leurs heritages se paye, & doient avec pour chacun homme chacun an une geline, que de toute ancienneté ils nous doient au jour des Chandelles, jour de la Purification Notre Dame, qu'ils nous seront tenus payer, comme d'ancienneté ils ont accoutumé faire : En outre plus ne pourront aucun de nosdits Hommes & Subjets qui auront prise Bourgeoisie en notredite petite Seigneurie eulx en aller ny absenter d'icelle, qu'ils ne nous soient tenus rendre & payer pour cause de leurdite bourgeoisie, la somme de dixhuit deniers tournois, sur peine en tant qu'il ne les nous payera, & que au chief d'un an ou deux ils retournoient audit Rebeufville, ne pourroient iceux Bourgeois ou Bourgeoise faire entrecours : Et sera le Maire d'icelle petite Seigneurie franc & exempt desdits quatre gros, pourveu qu'il nous sera tenu ausdits Seigneurs, ou à nos Commis, rendre bon & fidel compte de nous droictures d'icelle petite Seigneurie, si comme toutes & une chacune les choses dessusdites, leurs circonstances & deppendances, nous lesdits Seigneurs recongnoissons certiffions avoir faictes & passées ausdits Hommes & Subjets en la forme & maniere cy-dessus declarées, assçavoir le Maire Poiresson Parisot, Jean Salomon, Thiery Salmon, Michel Poiresson, Jean Mengeot, Claude Thieriot dit Lestuler, Mougeot Parisot, Parisot fils, Mougenet, Thiery Salmon le jeune, Thiery Parisot, à ce faire comme nosdits Hommes & Subjects d'icelle petite Seigneurie stipulans & acceptans ledit Traité & appointement, & dont ils nous requierent lesdits Seigneurs avoir ces presentes nous Lettres, que leurs avons octroyées & passées sous nous Sceaux armoiés de nous Armes pendantes à double queüe à cesdites presentes, que furent faites l'an de grace Notre Seigneur mil quatre cens quatre-vingt & quatorze, le sixiéme jour du mois d'Octobre ; Et en outre avons requis à notre amey Jean Joly Tabellion du Roy de Sicile notre Sire, y faire mettre & appendre le Scel dudit Seigneur Roy, desdits Tabellionnage de Chastenoy & du Neufchastel ; ce que je ledit Tabellion ay fait, sauf tous droits, témoin mon seing manuel cy mis à la requeste desdits Seigneurs les an & jour devant dits, ainsi signé J. JOLY, avec paraffe, & scellés comme dessus en cire rouge & verte, à la reserve d'un à double queüe de parchemin pendantes.

Foy & homage rendus au Roy René II. par Pierre des Salles, pour les Seigneuries de Chardogne, de Longchamp & des Vouthons, scituées dans le Barrois, le 26 Novembre 1504.

RENÉ par la grace de Dieu, Roy de Jerusalem & de Sicile, Duc de Lorraine & de Bar, Marchis, Marquis du Pont, Comte de Provence, de Vaudemont, Daubmalle, &c. A tous qui ces presentes Lettres verront, Salut. Sçavoir faisons que cejourd'huy datte de cestes, le Sieur Pierre des Salles .... Seigneur de Gombervaulx a reprins de Nous, & Nous a fait les foy & hommage & serment de fidelité qu'il estoit tenu Nous faire des Terres & Seigneuries de Chardongnes, Longchamps, Wothon le hault, & Wothon le bas, à luy appartenants, à cause de sa femme ; lesdites Terres & Seigneuries mouvans de nos Fiefs : C'est assavoir ledit Chardongnes du Chastel de Bar, Longchamps de notre Chastel de S. Mihiel, & lesdits Wothons le haut & le bas, de notre Chastel de Gondrecourt, de toutes leurs appartenances & deppendances, & generallement de tout ce qu'il peut tenir en Fief de Nous, à cause de notredit Duchie de Bar, à quoy Nous l'avons receu, sauf notre droit & l'aultruy, & luy enjoing d'en donner son denombrement & adveu en notre Chambre des Comptes à Bar dedans quarante jours aprés la datte de cestes. Si donnons en mandement à nos tres chers & feaulx Conseillers, President & Gens de nos Comptes de Bar, Baillys de Bar, de S. Mihiel, & du Bassigny, Procureurs & Receveurs generaux de notredit Duchie, que si par faulte de debvoir non fait & denombrement non baillé, lesdites Terres & Seigneuries, leurs appartenances & deppendances estoient saisies ou empeschées, ils luy en fassent incontinent & sans delay lever la main, & tous aultres empêchements y mis: Car tel est notre plaisir. En témoin de ce, Nous avons à cesdites presentes, signées de notre main, fait appendre notre Scel. Donné au Neufchastel le vingt-sixiéme jour de Novembre l'an mil cinq cents & quatre. Ainsi signé RENE'. Par le Roy, les Seneschal de Lorraine & President de Nancy presents, ALEXANDRE, *Registrata* GEUFFROY.

La presente Coppie est extraicte de mot à mot du Registre des Lettres Patentes expediées sous le grand Scel des Armes de Lorraine és années 1502, 1503, 1504, & 1505, fol. 141. recto, lequel Registre est dans la Chambre du Tresor des Chartres de son Altesse en son Château de Nancy; ce que le soubsigné Commis, Garde dudit Tresor, certifie être veritable. A Nancy, le dixhuitiéme Novembre mil six cent soixante-huit. Signé VIGNOLLES.

Foy & homage rendus par Pierre des Salles au Roy René II. le 26 Novembre 1504, pour les Terres & Seigneuries possedées dans le Duché de Lorraine.

RENE' par la grace de Dieu, Roy de Hierusalem & de Sicile, Duc de Lorraine & de Bar, Marchis, Marquis du Pont-à-Mousson, Comte de Provence, de Vaudemont, Daubmalle, &c. A tous qui ces presentes Lettres verront, Salut. Sçavoir faisons que cejourd'huy datte de cettes, le Sieur Pierre des Salles Escuyer, Seigneur de Gombervaulx, a reprins de Nous, & Nous a fait les foy & hommage & serment de fidelité qu'il estoit tenu nous faire, de ce qu'il tient en Fief de Nous, à cause de sa femme, en notredit Duchie de Lorraine, à quoy nous l'avons receu, sauf notre droit & l'aultruy, & luy avons enjoing d'en bailler son adveu & denombrement en la Chambre des Comptes de Lorraine à Nancy dedans quarante jours aprés la datte de cettes. Si donnons en mandement à nos tres chers & feaulx Conseillers, President & Gens de nos Comptes de Lorraine, Baillys, Procureurs, Receveurs generaux, Prevôts, leurs Lieutenans, Substituts, & tous autres nos Officiers Justiciers, & chacun d'eulx sy comme à luy appartiendra; Que sy par faulte de debvoir non fait, aulcunes choses appartenantes audit Pierre des Salles estoient saisies ou empeschées, luy en fassent incontinent & sans delay lever la main, & tous aultres empeschements y mis: Car tel est notre plaisir. En témoing de ce, Nous avons à cesdittes presentes, signées de notre main, fait appendre notre Scel. Donné au Neufchastel le vingt-sixiéme jour de Novembre l'an mil cinq cens & quatre. Signé RENE', Par le Roy, les President & Seneschal de Lorraine presents, ALEXANDRE, *Registrata*, GEUFFROY, *pro* CHATEAUNEUF.

La presente Coppie est extraite de mot à mot du Registre des Lettres Patentes expediées sous le grand Scel des Armes de Lorraine, és années 1502, 1503, 1504, & 1505, fol. 141. verso; lequel Registre est dans la Chambre du Tresor des Chartres de son Altesse en son Chasteau de Nancy; ce que le soubsigné Commis, Garde dudit Tresor, certifie être veritable. A Nancy, le dixhuitiéme Novembre mil six cens soixante-huit. Signé VIGNOLLES.

Extrait du Mandement en parchemin, d'Antboine, de glorieuse memoire Duc de Calabre, de Lorraine & de Bar, Marchis, Marquis du Pont, Comte de Provence & de Vaudemont, du 22 Novembre 1519, Signé Antboine, & scellé du grand Seau en cire vermeille, à queüe pendante; addressé aux Reverendes Dames Abbesse & Couvent de l'Eglise de Saint Pierre aux Nonnains, à Metz.

ANTHOINE par la grace de Dieu, Duc de Calabre, de Lorraine & de Bar, Marchis, Marquis du Pont, Comte de Provence & de Vaudemont, &c. A Reverendes nos bien amées en Dieu Abbesse & Couvent de l'Esglise Saint Pierre aux Nonnains à Metz, Salut & dilection. Comme par privileges introduits, & sans interruption ne infraction observez & gardés de si long-temps, qu'il n'est memoire du contraire, ne du commencement, il nous loise & appartienne, à cause de nos Prédecesseurs Ducs de Lorraine, dont Dieu ayt les ames, nommer & presenter après nostre advenement en nosdits Duchés en chacune Abbaye de la fondation de nosdits Prédecesseurs en nosdits Duchez, un Suppost pour y estre receu & prébendé : Sçavoir vous faisons, que nous informés du beau commencement en discipline de la personne de Damoiselle Claude des Salles, fille naturelle & legitime de feu Pierre des Salles & de Damoiselle Nicolle de Warnoncourt, & de sa vie & suffisance; icelle Claude par vertu dudit privilege, avons nommée & nommons, & à vous presentons pour estre prébendée en vostredite Esglise, de la fondation de nosditz Prédecesseurs Ducs de Lorraine. Si vous prions & requerrons, &c.

Jean d'Igny Seigneur de Rizaucourt & d'Anglu, deuxiéme Epoux de Nicole de Vernancourt, fait foy & homages au Duc Antoine, le 7 May 1512, pour les Seigneuries & les Fiefs qu'il tenoit du chef de sa femme, à Luneville, Einville, Vitrimont, &c.

ANTHOINE par la grace de Dieu, Duc de Calabre, de Lorraine & de Bar, Marchis, Marquis du Pont, Comte de Provence, de Vaudemont & de Blamont, &c. A tous ceux qui ces presentes Lettres verront, Salut. Sçavoir faisons que aujourd'huy datte de cestes, notre trés cher & feal Messire Jean d'Igny, Chevallier, Seigneur de Rizocourt & d'Anglu, Nous a fait les foy, hommage & serement de fidelité que tenu nous estoit faire, de ce qu'il tient en Fied de Nous, à cause de Damoiselle Nicolle de Warnaincourt sa femme, és lieux de Luneville, Einville au Jars, Chanteheu, Houyviller, Victrimont, Vigneulles, Malzeville, Marcheville, Coussey, Gohecourt, Rebeuville, & Noncourt, & touttes leurs appartenances; le tout scitué & assis en notre Duchie de Lorraine, & generalement de tout ce qu'il peut tenir, à cause de sadite femme, en nostredit Duchie de Lorraine, que soit mouvant de nosdits Fiefs; semblablement de ce qu'il peut tenir, à cause de saditte femme, és lieux de Vothon le haut & Vothon le bas, à Deinville, & sur la Vente de notre Ville de Gondrecourt; pareillement le Broussey en Bloys, Girauvilliers, Baudonvillers, & Pargney sur Meuse; le tout mouvant de Nous, à cause de notre Chastel & Prevosté de Gondrecourt, avecques ce de tout ce qu'il tient à la cause que dessus, au lieu de Lonchamp en notre Prevosté de Saint Mihiel, & generallement par tout notre Duchie de Bar, à quoy l'avons receu, saulf notre droit & l'aultruy, & luy avons enjoinct d'en bailler son denombrement & adveu en chacune de nos Chambres des Comptes de Lorraine & Barrois dedans quarante jours après la datte de cestes. Si donnons en mandement par ces mêmes presentes, à tous nos Baillys, Prevôts, Procureurs & Receveurs, & autres nos Officiers desdits Duchies, leurs Lieutenans, & chacun d'eulx si comme à luy appartiendra, que si par deffaut de debvoir non fait & denombrement non baillié, tout ou partie de ce qu'il tient en Fied de Nous, à cause de sadite femme, en nosdits Duchies de Lorraine & Barrois, és lieux cy-devant speciffiés & declairés, ou autre part, estoit saisy & empeschie, & non pour autre cause, luy en lievent ou facent incontinant & sans delay lever la main, & tous empeschements y mis: Car tel est notre plaisir. En témoing de ce, Nous avons à ces presentes, signées de notre main, fait mettre & appendre notre Scel. Donné en notre Ville de Nancy le dix-septiéme jour de May l'an mil cinq cens & douze. Signé ANTHOINE. Et sur le reply, Par Monseigneur le Duc, les Evêque & Comte de Toul, Seneschal de Barrois, Bailly de Nancy, & de Vosge, Cappitaine de l'Artillerie, & autres, presents. Signé ALEXANDRE, & à côté. *Registrata* CHASTEAUNEUF.

Extrait de l'Epitaphe de Nicole de Vernancourt, inhumée dans l'Eglise d'Ugny, prés de Gombervaux.

CY gist Dame Nicole de Vernancourt, Dame de Gombervaux, d'Ugny, de Chardoigne, & dudit Vernancourt; qui trépassa l'an MDXVI. le xv. jour de Septembre.

PHILIPPE DES SALLES.

EXTRAIT DE LA GENEALOGIE DE LA MAISON des Salles, par M. d'Hozier.

PHILIPPE DES SALLES, Seigneur de Gombervaux, & de quatre-vingt autres Seigneuries en partie, Bailly de Vosges, Capitaine du Neufchasteau, & Chambellan d'Antoine Duc de Lorraine, dont la premiere femme Jeanne, fille de Pierre de Maugiron, & d'Yolande de Savigny, Dame de Valfroicourt, mourut sans enfans, le 30 Octobre 1530, aprés le deceds de laquelle, il en eut six de Renée de Haussonville la seconde, veuve en deuxiémes nôces l'an 1565 de François des Boves, Seigneur de Rambercourt, Gouverneur de S. Dizier, remariée en troisiémes à Jean de S. Belin, Seigneur de Thivets, Maistre d'Hostel du Roy, Chevalier de son Ordre, & Gouverneur de Monteclair, & fille de Gaspard de Haussonville, Gouverneur, & Bailly de Blamont, & de Nancy, & d'Eve de Ligneville. JEAN des Salles l'aîné, Seigneur de Gombervaux, l'an 1562, & Capitaine de Vaucouleur pour le Roy, l'an 1570, ne laissa de Marguerite du Hautoy, fille de Philippe, Seigneur de Recicourt, & de Claude de Nettancourt, qu'Antoinette des Salles, Dame de Gombervaux, qu'elle porta par son mariage, du 8 Janvier 1594, à Simon de Myon, Seigneur de Barisey, Conseiller d'Estat, Chambellan, & Gouverneur de la personne de Charles III. Duc de Lorraine, & Administrateur des Estats de Guillaume Duc de Cleves: Christophle des Salles le second, Seigneur de Vernancourt, Bailly & Gouverneur de de Vitry, épousa Claude de Lucy, mere de Henry des Salles, Seigneur de Vernancourt, duquel & de Françoise de Medard d'Aunoy, sont issus Claude des Salles, mort à Brisac, Colonel d'Infanterie pour le service du Roy, sans alliance; Anne-Elisabeth des Salles, élevée fille d'honneur de Madame doüairiere, Duchesse d'Orleans, & mariée à Jacques Turpin, Marquis de Crissé; Marie-Catherine des Salles, Gouvernante des Filles d'Honneur de Madame Doüairiere, & alliée à Pierre de la Rabe Seigneur du Lude; & Emerentiane des Salles, femme de François du Fresne, Seigneur de Gueridrevin. Claude des Salles le troisiéme, fut Seigneur de Coucey; Chrétienne des Salles, l'ainée des filles, estoit veuve dés l'an 1562, de Philbert Seigneur de Mypont, Chevalier; Madelene des Salles épousa Antoine des Boves, Seigneur de Rambercourt: Guillemette des Salles, estoit veuve aussi de René de Beauvau, Baron de Roltay, l'an 1594: & Loüise des Salles la derniere, vivoit l'an 1573.

Attestation du Greffier des Assises de Nancy, par laquelle il est justifié que Philippe des Salles, & ses descendans, y ont eu rang & seance en qualité d'anciens Chevaliers.

LE Greffier des Assises souscript, aprés la recherche qu'il a fait de la Maison des Salles, Rortey, & Coussey, és Registres desdites Assises, certifie avoir rencontré en l'Assize tenuë à Nancy le neufviéme jour d'Octobre mil cinq cens trente un, pardevant Messieurs de l'ancienne Chevalerie, un nommé Philippe des Salles Sieur de Gombervaulx, & continué en plusieurs Assizes; comme aussi un nommé Jean des Salles, Sieur de Gombervaulx, en l'Assize du 16 de Juin 1567. Et en l'Assize tenuë audit Nancy le 15 Juin 1573, un nommé Jean des Salles, Sieur de Gombervaulx; en l'Assize tenuë audit Nancy le dernier jour de Novembre 1598. un nommé Claude des Salles, Sieur de Gohécourt; en l'Assize tenuë audit Nancy le 16 Juin 1603. un nommé Henry des Salles, Sieur de Coussey, & continué en plusieurs Assizes. En l'Assize du 12 de Juin 1617, un nommé Claude des Salles, Baron de Rortey, & continué en plusieurs Assizes. En l'Assize du 9 de Septembre 1624, un nommé Claude des Salles, Sieur de Vernancourt, est rencontré en plusieurs Assizes. En l'Assize du 22 Janvier 1629, un nommé Henry des Salles, Sieur des Vouthons. Fait à Nancy le vingt-huitiéme Aoust mil six cent soixante-cinq. *Signé* HOUAT, Greffier des Assizes, avec paraphe.

Epitaphe de Dame Jeanne de Maulgiron, premiere femme de Philippe des Salles.

CY gist* Dame Jeanne de Maulgiron, femme de honoré Seigneur Philippe des Salles, Ecuyer Seigneur de Gombervaulx, qui trépassa l'an 1530. le 30 Octobre.

* *En l'Eglise d'Vgny.*

Extrait de la Genealogie de la Maison de Maulgiron, par Balthazar Houat, Herault d'Armes de Lorraine.

JEAN DE MAULGIRON, Seigneur de Bosserville, Grand Ecuyer de Lorraine, épousa Jeanne de Lénoncourt, fille de Collart de Lénoncourt, Seigneur dudit Lieu, & de Paroye, & d'Ermengarde de Raville.

FRANÇOISE DE MAULGIRON, veuve d'Antoine de Landres, épousa Galliot de Lisseras, Maître d'Hôtel de Renée de Bourbon, Duchesse de Lorraine. Elle mourut le 30 May 1527.

PIERRE DE MAULGIRON, Seigneur de Bosserville & de Lénoncourt en partie, &c. épousa Iolande de Savigny, fille de Ferry de Savigny & de Salomone du Châtelet. Il deceda le 11. Avril 1511.

N... DE MAULGIRON, Chanoinesse de Remiremont.

JEAN DE MAULGIRON, Porte-Enseigne du Duc de Guise, mourut le 3 de May 1542, sans laisser posterité de Marie du Maret.

MARGUERITE DE MAULGIRON, mariée à Philippe des Salles, Seigneur de Gombervaux, &c.

Extrait du Livre intitulé : Les Genealogies des tres illustres & tres puissans Princes les Ducs de Lorraine, Marchis, avec le discours des Alliances & Traités de Mariages en icelle Maison de Lorraine, jusques au Duc François dernier decedé ; Dedié à tres illustre Prince Charles tiers de ce nom, Duc de Lorraine, Marchis ; par Edmond du Boullay son premier Herault & Roy d'Armes, avec Privilege. A Paris, on les vend au Palais en la Gallerie, comme on va en la Chancellerie, en la Boutique de Jehan Longis, 1549.

ELIZABET D'AUSTRICHE.

MESSIRE Phelippe des Salles, Chevallier, Seigneur de Gombervaulx, Capitaine du Neufchasteau, portoit la Baniere d'Austriche à destre, pour septiéme ligne paternelle du feu Prince (François I. Duc de Lorraine) comme vous la voyés Blasonnée en ce present Escu.

Extrait des Registres du regne de Charles III. Duc de Lorraine & de Bar, par Quiriace Fournier, de l'année 1560. p. 177.

DON de la Charge de Capitaine de la Ville & Chastel du Neufchateau, vacante par la mort de Philippe des Salles, Seigneur de Gombervaux, &c. à Charles de Lenoncourt Ecuyer de l'Ecurie de S. A. le 16 Juillet 1560. à Fontainebleau. Signé CHARLES. MERLIN Secretaire.

Ascensement perpetuel de quelques Heritages scituez à Rebeufville, par Jean de Savigny, & Philippe des Salles, Seigneurs comparsoniers, le 26 Novembre 1540.

SCACHENT tous que en la Cour Monseigneur le Duc de son Tabellionnage de Chastenoy & du Neufchatel, pour ce personnellement estably, honorés Seigneurs Messire Jean de Sawigny, Chevalier, Seigneur de Leymont, &c. Seneschal de Barrois ; & Messire Philippes des Salles aussi Chevalier, Seigneur de Gombervaulx, &c. eulx deux Seigneurs de Rebeufville en partie, &c. lesquels ont recongnu & confessé de leur plain gré, sans force, seduction, ne aulcunes contraintes, qu'ils ont baillés & delaissés, & par ces presentes baillent & delaissent pour tousjoursmais à titre de rente, cense annuelle & perpetuelle, au Maire Nicolas Hardy le jeune, Claudot Hardy son frere, Mengin Hucguenin, & Thouvenin Parisot, tous demeurans audit Rebeufville, preneurs & reteneurs audit tiltre, pour eulx, leurs hoirs, successeurs & ayans causes, les heritages cy-aprés escripts & speciffiés, qu'ils disent être leurs Crouées, situés & assis au Ban & Finage dudit Rebeufville. Et premier, Une Piece de terre contenante six quarts, ou plus, seant en lieu dit au Cougnot Viardin, entre Jean, Pierre & Nicolas Thieriot, d'une part ; les hoirs Noël Parmentier & Mougeon veufve de feu Jean Wiay, d'autre part. Item, Quatre jours de terre, ou plus, lieudit on Vault, entre Thiery, Nicolas & Jean Paynot, d'une part. Item, quatre jours de terre, ou plus, seans. . . . . Mougeotte veufve Jean Chauvelot, d'une part ; & Jean Peynot, d'autre part. Item, quatre . . . . . . seants devant Dovainvaulx, dessous le . . . . Bourlier, d'une part ; & Isabelle veufve Mengin Palleny, d'autre. Item, deux jours de terre, ou plus, assis on Rondelon, entre l'Usuaire de Ville, d'une part ; & l'heritage desdits Seigneurs, d'autre. Item, une piece de terre, tant en terre arrable, que treiche, contenant quarante jours, ou plus, seant dessous ledit Dovainvaulx lieudit en la Quoirelle, joindant à Jean Pierre dudit Rebeufville, d'une part ; & Jean Morise & les Tournieres, d'autre part ; appointant du bout dessus aux Vignes tirantes à la Voye du Vault le Prestre. Item, encor une autre piece d'heritage, aussi tant terre arrable, que treiche, contenante huit jours, ou huit jours ou environ, seant dessoubs le Viellouze, entre Thiery Nicolas & les hoirs Jean Thiebault, d'une part ; & les pointes des Vignes dudit lieu de la Viellouze, d'autre part. Item, trois jours de terre ou environ, seante dessoubs Cravefeu, entre la Terre S. Martin, d'une part ; & les Tournieres, d'autre. Et generallement touttes autres terres arrables & treiches que lesdits Seigneurs ont & peuvent avoir ondit Ban & Finage de Rebeufville, qui ne sont par cy-devant & esté arrentés ny accensés : Et sont faits lesdits Bail, laix & accensement perpetuel, moyennant & parmy ce que lesdits Preneurs l'un l'autre, un pour l'aultre, & un chacun d'eulx seul pour le tout, leurs hoirs, successeurs & ayans cause, sont & seront tenus en rendre, payer & delivrer par chacun an, & tous les ans à tousjours ausdits Seigneurs Laisseurs, leurs hoirs, successeurs & ayans cause, ou leur Mayeur en la petite Seigneurie dudit Rebeufville, au jour & terme de Feste de Nativité de Notre Seigneur, la quantité de dixhuit rezeaulx d'Avoine lealle & marchande, bien purgée, vannée & haultonnée, mesure dudit Neufchastel de rente & cense annuelle & perpetuelle ; le premier terme & payement commanceant audit jour de Nativité Notre Seigneur prochainement venant, & ainsy continuant d'an en an & de terme en terme à toujours : En laquelle quantité d'Avoyne ny a & n'aura aucunes choses contenuës ne comprinses des aultres Avoynes de rentes qui sont deües ausdits Seigneurs, tant en ladite petite Seigneurie, que en la grande Seigneurie dudit Rebeufville ; Et avec ce, sont & seront encor tenus iceulx Preneurs l'un l'autre, l'un pour l'autre, & un chacun d'eulx seul & pour le tout, leursdits hoirs & ayans causes, de bien & deüement retenir, maintenir, soutenir & deffendre lesdites terres heritages, de sorte qu'ils ne soient en rien diminués ny en iceux aucune chose entreprins; ce qui est en treiche, le mettre & convertir en nature de labeur; & au pardessus, les bien & deuëment labourer, cultiver, fiember, amander, assaisonner & mettre en bon & suffisant estat, tellement que ladite rente s'y puisse à toujours prandre & recepvoir, sur peine de les en priver & expulser, & de les contraindre à les mettre és estats dessusdits, & aux arrierages qui en seront deus de terme. . . . . au contraire . . . . . leurs foys données sur ce corporellement en lieu de serment, & sur leurs honneurs & obligation de tous leurs biens quelconques meubles & immeubles, Terres, Seigneuries, Rentes, Censes & Revenus presens & advenir, par tout tenir, faire tenir, & avoir à toujours pour agreable, ferme & stable lesdits Bail, laix & accensement, & iceux garantir ausdits Preneurs, leursdits hoirs & ayans causes contre & envers tous jusques à droit, sans jamais aller ne venir au contraire en maniere quelconque, en satisfaisant & fournissant toutesfois par lesdits Preneurs, leursdits hoirs & ayans cause, aux choses dessusdites & chacunes d'icelles; soubmettans quant à ce lesdits Seigneurs Laisseurs tous leurs biens aux Jurisdictions & contraintes de mondit Seigneur Duc, de ses Justices, & autres, comme chose adjugée en droit, touttes exceptions arriere mises. En témoin de quoi, & à la requête desdits Sieurs Laisseurs, sont ces presentes Lettres scellées du Scel dudit Tabellionnage, sauf tous droits. Ce fut fait le vingt-sixiéme jour de Novembre mil cinq cens quarante, presents honorés Seigneurs Messire René de Beauvau, Chevalier, Seigneur de Rorthey, & Jean de Guermanges, Escuyer, Seigneur de Bioncourt en partie, &c. Capitaine de Preuny, tesmoings. Ainsi signé J. PICCART.

Vente d'une couppe de Bois dans la Forest de Chardogne, au profit de Renée de Haussonville, veuve de Philippe des Salles, Seigneur de Gombervaux, &c. le 13 Septembre 1562.

A Tous ceux qui ces presentes Lettres verront & orront. François Paviette Controlleur de la despence ordinaire de l'Estat de notre tres redoubté Seigneur Monseigneur le Duc de Calabre, de Lorraine, Bar, Gueldres, &c. & Garde du Scel du Duchie de Bar, Salut. Sçavoir faisons que pardevant Nicolas Lombard & Humbert Mathieu Jurés & establis ad ce faire de par notredit Seigneur le Duc de Bar, en son Tabellionnage dudit Bar, comparurent en leurs personnes Alexandre Jolly, Remy Foron, Mengin Forel, Mengin Carrez, Nicolas Michault, Nicolas Philippes, Mathieu Guillaumel, Andreux Doulcette, & Fremin Aurechon Laboureurs, tous demeurans à Chardongne, lesquels ont recongnus & recongnoissent tous ensemble être tenus payer à honorée Dame Dame Renée de Haussonville vefve & relicte de feu honoré Seigneur Philippes des Salles, en son vivant Escuyer, Seigneur de Gombervaulx, Ugny, Warnancourt, Chardogne en partie, &c. stipulant par Me Martin le Marlorat Docteur és Loix, demeurant à Bar, la somme de quatre cens vingt-huit frans neuf gros, monnoye Barrois, assavoir deux cens quatorze frans quatre gros deux blans au jour du lendemain de Pasques prochainement venant que l'on dira mil cinq cens soixante-trois; & deux cens quatorze frans quatre gros deux blans au jour de Feste de S. Martin d'Hyver suivant, en attendant le Noël prochain ondit an mil cinq cens soixante-trois, & c'est pour la couppée & levée de trente-cinq arpents de Boys appartenans à ladite Dame, qu'est scitué & assis on Finaige dudit Chardongne, lieudit à la Fosse Mariotte, aultrement appellé Morluz, entre les Boys de notre tres redoubté Seigneur

gneur Monseigneur le Duc de Lorraine, &c. d'une part, & les Terres arrables dudit Finage, d'autre part, que ladite Dame a vendu ausdits recongnoissans pour ladite somme desdits quatre cens vingt-huit frans neuf gros payables comme dessus . . . . . . & de ce à tenir fermement s'en sont lesdits debteurs soubmis & soubmettent en la Jurisdiction & contrainte de notredit Seigneur le Duc de Bar, & de tous autres Seigneurs. En témoing de ce, Nous Garde dessusdit, au rapport & relation desdits Jurés, avec leurs seings manuels cy mis, avons scellé ces presentes Lettres du Scel dudit Duchie de Bar, sauf tous droits. Ce fut fait & passé audit Chardongne, l'an mil cinq cens soixante-deux, le treiziéme jour du mois de Septembre. Signé N. LOMBART, & H. MATHIEU, avec paraffes, & scellé.

Procuration donnée par Renée de Haussonville, veuve de Philippe des Salles, pour transiger avec Affrican d'Haussonville son frere, du 5 Octobre 1561.

A Tous ceux qui ces presentes Lettres verront. Jehan Mongeot Prevost en Garde de par le Roy notre Sire de la Prevosté de Vaucouleur, & Garde de par ledit Seigeur du Scel de ladite Prevosté, Salut. Sçavoir faisons, que pardevant Nous Garde dudit Scel, & Guillemin de Rameru, Escuyer, Nottaire estably de par le Roy notre Sire en ladite Prevosté, fut presente en sa personne Madame Renée de Haussonville, vefve de feu Messire Philippe des Salles, Chevallier, en son vivant Seigneur de Gombervaux, en son nom, & encore comme Tutrice & ayant la garde noble, gouvernement & administration des personnes & biens des enfans mineurs d'ans dudit deffunt & d'elle; laquelle Dame esdits noms a fait, creé, nommé, ordonné & estably ses Procureurs generaux & certains Messagiers especiaulx Thouvenin le Clerc . . . .
ausquels Procureurs & chacun d'eulx, ladite Dame Constituante esdits noms a donné & donne pouoir & puissance d'ester en jugement & hors jugement pour ladite Constituante, & sa personne representer, excuser & assurer ses causes, droits, poursuivre, & mener à fin sy mestier est. . . . .
à sesdits Procureurs, ou l'un d'eulx, & par especial ladite Dame Renée de Haussonville esdits noms, a donné & donne audit Thouvenin le Clerc son Procureur pouvoir & puissance de traiter, chevir, composer, convenir & accorder avec Noble Sr Messire Affrican de Haussonville, Chevallier, Seigneur & Baron d'Ormes, pour la somme de cinq cens escus d'or sol. vallans deux mil frans Barrois, desquels ledit Sieur Baron d'Ormes est redevable envers ladite Dame Constituante esdits noms, d'argent à luy presté par ledit deffunt des Salles & ladite Dame Constituante, & icelle somme assurer, affecter avec ledit Sieur Baron d'Ormes, sur quelque piece de ses Seigneuries, par vendition, obligation, ou autrement, ainsi que ledit Thouvenin trouvera être à faire pour le meilleur & le plus assuré au prouffit de ladite Dame . . . . . Promettant icelle Dame Constituante esdits noms. . . . avoir & tenir pour bien aggreable, ferme estable à toujours, tout ce que par ledit le Clerc sondit Procureur sera fait, dict . . . . En témoing de ce, Nous Garde dudit Scel avons signé & scellé cesdites presentes avec ledit Rameru Nottaire. Ce fut fait & passé le septiéme jour d'Octobre l'an mil cinq cens soixante un. Signé MONGEOT, & RAMERU, avec paraffes.

Genealogie de la Maison de Haussonville, dressée sur les Titres; par M. Hierosme Ignace Marquis de Thuisy, Seneschal de Reims, Maître des Requêtes de l'Hôtel du Roy Tres-Chrétien, &c.

Haussonville porte d'or à la Croix de gueule, fretée d'argent. Supports, deux Cygnes au naturel. Cimier, un Cygne courbé de même.

I. MESSIRE Renier de Haussonville, Chevalier, Seigneur dudit lieu, Pargney, & autres lieux, vendit en 1266, à Thibaut Comte de Bar, les droits qu'il avoit aux Seigneuries de Dongermain, Marbaische, & Auberville devant Briey, & il fut caution l'année suivante, avec autres Seigneurs, de l'execution d'un Traité entre Ferry Duc de Lorraine, & Henry & Valeran enfans du Comte de Luxembourg; il étoit frere d'Alexandre de Haussonville, Chanoine de Toul, avec lequel il fit un Accord en 1275, & fut Pere de

2. Vautier de Haussonville, Chevalier, Seigneur dudit lieu & de Tonnoy, mort en 1335. Il avoit épousé N.... de Ristes, Sœur de Messire Burniques Sire de Ristes, Chevalier, mary de Jeanne de Blamont, & dont Burnequin de Haussonville son neveu partagea la succession en 1343. Vautier eut de son mariage

3. Burnequin de Haussonville, Seigneur dudit lieu & de Tonnoy, qui vivoit en 1322, & qui épousa en premieres nôces Marguerite de Beguen; & en secondes, Hawise de Varize, laquelle étoit veuve en 1355, & fut mere de

4. Jean de Haussonville premier du nom, Chevalier, Seigneur dudit lieu, de Tonnoy, de Varize, & autres lieux, Senéchal de Lorraine. Il vivoit en 1389 avec Marguerite de Deuilly sa femme, Dame de Purnes, Rappels, & autres lieux, fille de Messire Colart de Deuilly. Il rendit en ladite année 1389, une declaration à Henry de Blamont, de quinze florins de rente, à prendre sur les ventes de Deneuvre, avec promesse, en cas de rachat, de les réassigner sur la Taille de Varize ou autre chose de leur franc alleu, mesme sur la Terre de Haussonville. Il rendit en 1398, à Ferry de Lorraine Comte de Vaudemont, les foy & homages des Seigneuries de Purnes & de Rappels, & aussi des droits qu'il avoit, à cause de sa femme, aux lieux de Fraisnes, S. Fremin, S. Mansuy, & autres lieux. Il fut choisi Arbitre en 1423, entre Charles Duc de Lorraine, & Robert de Sarrebruche, Seigneur de Commercy. Il vivoit encore en 1432, & il épousa en secondes nôces, Alix de Chamblay. Il eut pour fils,

5. Jean de Haussonville II. du nom, Chevalier, Seigneur de Haussonville, de Tonnoy, Senechal & Maréchal de Lorraine, qui épousa en premieres nôces Catherine de Chastel sur Mozelle, Dame de They sous Vaudemont; & en secondes, Ermenson d'Autel, avec laquelle il vivoit en 1419, fille de Jean d'Autel, Seigneur d'Aspremont, & de Jeanne d'Aspremont, Dame dudit lieu. Ils fonderent l'Eglise Collegiale de Haussonville; & le Concile de Basle confirma en 1439 cette Fondation. Jean eut du premier lit, 1. Jacques de Haussonville, Chevalier, Seigneur dudit lieu, & de Monstreuil le sec; mort sans enfans en 1455; inhumé à Mirecourt. 2. Marguerite, mariée en premieres nôces au Seigneur de Beaufremont; & en secondes, à Jacques Seigneur de Savigny, Bailly de Vosges. Et Hellwin de Haussonville, aussi mariée deux fois: la premiere, à Jean de Banestorf; & la seconde, au Seigneur de Raville. Du second lit de Jean de Haussonville & d'Ermenson d'Autel, sont issus, Gaspard Baron de Haussonville, mort sans posterité de Marguerite de Haraucourt sa femme, fille de Jean, Seigneur de Haraucourt, & d'Iolande de la Mark. Balthazar qui suit. Ermenson de Haussonville, mariée à Ferry de Savigny, Seigneur dudit lieu, Maréchal de Lorraine. Louïse, femme de Jacques de Savigny; inhumée à Bonfay en 1483. Et Iolande de Haussonville, mariée en premieres nôces en 1440 à Jean de Luxembourg; & en secondes, à Jean de Toulon, Chevalier, Seigneur de Morey, Voué de Nomeny.

6. Balthazar de Haussonville, Chevalier, Baron dudit lieu & de Turquestein, Seigneur de Tonnoy, vivoit en 1488 avec Anne d'Anglure sa femme, fille de Simon, dit Saladin d'Anglure, Seigneur d'Estoges, Conseiller & Chambellan du Roy; & d'Isabeau du Chastelet, Dame de Melay & d'Essey. Il fit en ladite année 1488, un échange avec le Duc de Lorraine, de ce qu'il possedoit, à cause de sa femme, en la Seigneurie de Pargney sous Prigny. Il eut de son mariage, Gaspard qui suit. Georges Vicaire general de l'Evêque de Metz en 1528, Abbé de Moyen-Moutier & de S. Clement de Metz. Simon, dont il sera parlé aprés son frere aîné. Jean, dont il sera fait mention ensuite. Claude, Evêque de Sisteron; mort le 31 Août 1531. Jeanne, Religieuse en l'Abbaye de S. Pierre de Metz, dont elle fut eluë Abbesse, l'an 1521.

7. Gaspard, Baron de Haussonville, Gouverneur de la Ville & Comté de Blamont, en 1510, Bailly de Nancy & de Toul, épousa Eve de Ligneville, remariée à Jean de Ludres, Seigneur de Richardmesnil, & fille de Henry, Seigneur de Ligneville, Bailly de Vosges ; & de Marguerite Wisse de Gerbeviller, dont il eut trois filles ; sçavoir, Anne de Haussonville, mariée le 26 Aoust 1539, à Georges de Nettancourt, Chevalier, Seigneur de Vaubecourt, & autres lieux. Marguerite, mariée en premieres nôces, en 1541, à Claude de Beauvau, Seigneur de Moignéville, dont elle étoit veuve en 1544 ; & en secondes, à Jean du Chastelet, Seigneur de Thons, Chevalier des Ordres du Roy, Gouverneur de Langres, & Maréchal de Lorraine. Elle fonda un Service & une Messe diurnale en l'Eglise Collegiale de saint Pierre de Bar, le 28 Juin 1559. Et Renée de Haussonville, mariée trois fois ; la premiere, à François des Boves, Seigneur de Rambercourt ; la seconde, à Philippes des Salles, Chevalier, Seigneur de Gombervaux ; & la troisiéme, à Jean de S. Belin, Seigneur de Thivets, Chevalier de l'Ordre du Roy.

7. Simon de Haussonville, Chevalier, Baron dudit lieu, & de Turquestein, Seigneur de Tonnoy en partie, second fils de Balthazar & d'Anne d'Anglure, épousa Marguerite de Lendres Dame d'Orne, fille d'Oulry Seigneur de Lendres, & d'Ide d'Orne Dame dudit lieu. Il mourut le 17 May 1526, & fut enterré à Haussonville, laissant pour fils

8. Claude de Haussonville, Chevalier, Baron dudit lieu, d'Orne & de Turquestein ; étoit marié, en 1541, avec Jeanne de Mailly, fille d'Africain de Mailly, Chevalier, Baron d'Escots & de Clinchamp, Chevalier d'Honneur au Parlement de Bourgogne, & Bailly de Dijon, & d'Anne de Melligny. Il eut de son mariage Africain qui suit. Nicole, mariée à Georges, Seigneur de Savigny, Chevalier de l'Ordre du Roy : Et Marguerite, mariée en premieres nôces à Pierre du Fay, Seigneur de Bazoilles ; & en secondes, avec Antoine de Louvain, Seigneur de Rognac, duquel étant veuve en 1575, elle prit l'Habit de Religieuse au Couvent de sainte Claire de Neufchasteau.

9. Africain de Haussonville, Chevalier, Baron dudit lieu, d'Orne, de S. Georges & de Turquestein, Maréchal de Lorraine, Chambellan & Conseiller d'Etat du Duc, Gouverneur de la Ville & Citadelle de Verdun & Pays Verdunois, épousa en premieres nôces, le 23 May 1556, Marguerite de Choiseul, fille de Pierre, Baron d'Aigremont & de Meuze, & d'Anne de S. Amadour Dame de Beaupré ; & en secondes, Bonne de Courbon. Il vivoit encore en 1594, ayant eu du premier lit Africain de Haussonville, Baron d'Orne, mort sans alliance. Paul, Chevalier de Malthe ; & Jacob, mort sans avoir été marié. Jean, qui suit. Et Ursule de Haussonville, Dame de Tichémont ; mariée le 25 Novembre 1573, à Jean de Nettancourt, Baron de Vaubecourt, son cousin du 3. au 4.

10. Jean de Haussonville troisiéme du nom, Baron dudit lieu, d'Orne, de S. Georges & de Turquestein, Maréchal des Camps & Armées du Roy, Gouverneur & Lieutenant general pour Sa Majesté à Verdun & Pays Verdunois, épousa Chrétienne du Chastelet, fille d'Oulry du Chastelet, Chevalier, Seigneur de Deuilly & de Gerbeviller, & de Jeanne de Scepeaux. Il est mort sans enfans, au mois de Juin 1607, ayant fait son Testament le 29 May précedent, & il est enterré en l'Eglise des Carmes de Gerbeviller. Il fit l'adoption de Nicolas de Nettancourt, Comte de Vaubecourt, son petit-neveu, par Acte du 2 Juillet 1605, pour la conservation de son nom & de ses armes.

7. Jean de Haussonville, Chevalier, Seigneur d'Essey lez Nancy, de Haussonville & de Tonnoy en partie, Senéchal de Lorraine, & Bailly de Metz, troisiéme fils de Balthazar, Baron de Haussonville, & d'Anne d'Anglure, épousa en 1535, Catherine de Heu, Dame d'Essey, laquelle étoit veuve en 1548, & fille de Nicolas de Heu, Seigneur de Maleroy, & de Marguerite de Brandebourg, dont il eut un fils & trois filles : sçavoir Balthazar, qui suit. Claude de Haussonville, Dame dudit lieu en partie, mariée à Gaspard de Marcossey, Seigneur dudit lieu, & de Going, Grand Ecuyer de Lorraine, & Bailly de Clermont, avec lequel elle vi-

voit en 1580. Jeanne, Dame d'Essey, & de Tonnoy en partie, mariée le 18 Decembre 1546, à Jean de Savigny, Seigneur de Rosne, Grand Ecuyer de Lorraine, & Bailly de Nancy, & Anne de Haussonville, Abbesse de S. Pierre de Metz.

8. Balthazar de Haussonville, Chevalier, Baron d'Essey, Gouverneur de Nancy, & Grand-Maître d'Hôtel du Duc de Lorraine, épousa le dernier Février 1561, Anne de Salm, remariée le 27 Aoust 1564, à François de Coligny, Comte de Montfort, Seigneur d'Andelot, Colonel General de l'Infanterie Françoise, & fille de Jean Comte de Salm, Maréchal de Barrois, & de Louïse de Stainville. Il mourut sans enfans.

Extrait de ce qui se trouve écrit, avec les Ecussons & Armes gravées, cy-aprés dépeintes sur une Tombe posée à l'entrée d'une Chapelle appellée la Chapelle des Seigneurs du Chastelet, sous l'invocation de Notre-Dame de Réconfort, qui est au Chœur, à main droite en entrant de l'Eglise des PP. Cordeliers du Neufchâteau.

AU LECTEUR.

QUEL que tu sois, passant, arreste un peu icy,
Et d'un cœur tout devot rallumé de pitié,
Prie, reprie encor, que de Christ l'amitié
Veuille aprés le trépas à tous faire mercy.

Icy sont les huit lignées de défunte Dame Renée de Haussonville, & du Seigneur son Pere.

Cy gist honorée Dame Dame Renée de Haussonville, veuve d'honoré Seigneur Messire Philippe des Salles, Seigneur de Gombervaux, Coussey, &c. laquelle trépassa le 12 Janvier 1594. Priez Dieu pour elle.

Homologation du partage des biens de Philippe des Salles, entre Jean, Christophe, Claude, Gaspard, & Madelaine, ses enfans, en datte du 16 Aoust 1573.

A Tous ceux qui ces presentes Lettres verront. Jean de Gondrecourt Escuyer, Conseiller du Roy notre Sire, Lieutenant Particulier és Bailliage & Siege Presidial de Chaumont en Bassigny, Salut. Sçavoir faisons que le seiziéme jour du mois d'Aoust mil cinq cens soixante & treize, Entre Jean des Salles, Seigneur de Gombervaux, demandeur en Emologation de partage, comparant en personne par maître Laurent Beseau son Procureur, d'une part : Et Noble Seigneur Claude de Reignacq, Seigneur de S. Balmont; Louïs de Lucy, Seigneur dudit lieu, és noms, & comme Tuteur & Curateur de Christophe fils mineur d'ans de feu Messire Philippe des Salles, en son vivant Chevalier, Seigneur dudit Gombervaulx; & Claude des Salles, Escuyer, Seigneur de Couxey, défendeurs ; comparans lesdits Seigneurs de Reignacq & de Lucy esdits noms, par Maître Gerard Fagotin ; & ledit Claude des Salles, par Maître Jean Luprey leurs Procureurs, d'autre part ; Parties ouyes, mesmement lesdits Deffendeurs par leursdits Procureurs, en vertu des Procurations speciales cy-aprés inserées, & le tout communiqué au Procureur du Roy, qui a dit que veüe la déclaration d'iceux Deffendeurs, mesmement desdits Tuteur & Curateur pour le bien desdits Mineurs & accommodation desdits partages, qu'ils n'avoient moyens pour empescher l'émologation d'iceux, avons iceux partages émologués & émologuons, & en temps que besoin seroit ou seroit, y avons interposés & interposons notre Decret, pour doresnavant joüir respectivement par lesdittes Parties de leurs parts & portions, selon qu'ils sont contenus par lesdits partages & lots qui en sont faits par les Experts, & convenus à la confection d'iceux séparément & à part & admis, faisant deffences ausdites Parties d'eulx cy-aprés troubler ou empescher en la joüissance de leursdits Lots, qu'ils garantiront l'un à l'autre selon leur nature, pour y avoir recours toutes & quantes fois que besoin sera ; avons ordonné & ordonnons, que lesdits partages & procurations seront inserés en cestes, & le tout delivré aux Parties pour leur servir & valloir cy-aprés de Tiltres. C'est le rapport de tout Lot de partage de la succession immobiliaire de feu Messire Philippe des Salles, en son vivant Chevalier, Seigneur de Gombervaux, fait par nous Pierre Simony, Anthoine de Bourgogne, & Claude Boursier, convenus & ordonnés par Vous Monsieur le Bailly de Chaumont, ou votre Lieutenant, par votre appointement du onziéme Octobre mil cinq cens soixante douze, rendu entre Jean des Salles, Seigneur de Gombervaux, demandeur en matiere de partage, d'une part : Et Nobles Seigneurs Claude de Reignac, Seigneur de S. Balmont; Louis de Lucy, Seigneur dudit lieu, Tuteur & Curateur de Christophe des Salles, fils mineur d'ans dudit deffunt ; & Claude des Salles aussi fils mineur dudit Seigneur, deffendeurs d'autre part, pour faire & dresser lesdits Lots. Ce qu'avons fait, suivant les appretiation & estimation auparavant par nous faites de ladite succession, ainsi par la maniere & forme qu'ensuit.

En premier lieu, nous n'avons fait aucune distraction des droits d'ainesse appartenans à Jean des Salles, fils aîné dudit Seigneur deffunt, au moyen des offres par luy faites en cette partie, sur lesquelles les Sieurs Deffendeurs esdits noms ont à revenir, ains seulement du reste de la masse de ladite succession immobiliaire, de laquelle avons fait le premier Lot, qui aura & prendra la Seigneurie de Gombervaulx, avec l'étenduë de ſon bouverot, & . . . . monte à unze mil trente-cinq frans ſix gros Barrois, cy . . . . xj$^{m.}$ xxxv$^{fr.}$ vj$^{gr.}$

Girauvilliers & Badonvilliers	vij$^{m.}$ ix$^{c.}$ vj$^{fr.}$ vij$^{d.}$
Ugny, trente-quatre mil deux cens trente-trois frans ſix gros, cy	xxxiiij$^{m.}$ ij$^{c.}$ xxxiij$^{fr.}$ vj$^{gr.}$
Les Dixmes de Vaucouleur	viij$^{m.}$ v$^{c. fr.}$ vj$^{gr.}$
Rigny la Salle	ij$^{c.}$ xlv$^{fr.}$ x$^{gr.}$ vj$^{d.}$
Brouſſey en Blois	vij$^{m.}$ viij$^{c.}$ lij$^{fr.}$ iiij$^{gr.}$
Pargney ſur Meuze	xj$^{m.}$ vij$^{c.}$ l$^{fr.}$ j$^{gr.}$ iiij$^{d.}$
La Maiſon de Bar	iij$^{m.}$ viij$^{c. fr.}$
L'autre moitié de la debte de Mr de Melay.	ij$^{c.}$ l$^{fr.}$
La petite Voivre	iiij$^{c. fr.}$
Somme totale	iiij^{xx} ix$^{m.}$ v$^{c.}$ xxvij$^{fr.}$ vj$^{gr.}$

Ledit Lot demeurera à charge du tier du Douaire de maditte Dame . . . . plus demeure ce preſent Lot chargé de payer à Damoiſelle Magdelaine des Salles, Sœur deſdits Enfans, la ſomme de ſept mil trois cens trente-trois livres ſix ſols huit deniers tournois, pour un tier de la ſomme de vingt-deux mil livres tournois, pour laquelle ledit Jean des Salles a acquis de ladite Damoiſelle ſon dobte de mariage & portion hereditaire dudit feu Meſſire Philippe, & de Gaſpard des Salles, Frere deſdits Enfans, par Contrat paſſé le trentiéme Juin mil cinq cens ſoixante douze, dont leſdites Parties nous ont fait apparoir, du proffit duquel ledit Jean des Salles ſera tenu ſe déporter, & en faire ceſſion & tranſport, ſy fait n'eſt, à ſeſdits deux freres, chacun pour un tiers; & moyennant & le droit d'aineſſe qu'il a ceddé & quitté au ſecond Lot cy-aprés, ledit ſecond Lot a auſſi quitté & delaiſſé audit premier Lot, les portions Seigneuries des Villes de Vouthon le haut & Vouthon le bas; ſy ſera tenu le troiſiéme Lot acquitter le tier de ladite ſomme, montant à ſept mil trois cens trente-trois livres ſix ſols huit deniers tournois, laditte Damoiſelle des Salles, enſemble des arrerages qui en ſont & ſeront deubs cy-aprés, juſques au plein payement dudit Contract, le tout aux peines indictes par ledit Contract. Eſt encor tenu ledit premier Lot, de décharger la Terre & Seigneurie de Pargney ſur Meuze, de la ſomme de trois mil frans, pour avoir eſté pour pareille ſomme hypotecquée envers feu Guiot Mouginot & Marie Simonin.

Demeurent au reſte francs & quittes de toutes charges, excepté foncieres & ordinaires.

Le ſecond Lot aura & prendra la Seigneurie de Chardongne, en ce qu'elle appartient audit deffunt, pour trente mil cinq cens dix-neuf frans neuf gros huit deniers Barrois, icy . . . . xxx$^{m.}$ v$^{c.}$ xix$^{f.}$ ix$^{gr.}$ viij$^{d.}$

Lonchamp.	v$^{m.}$ vij$^{c.}$ iiij^{xx} xij$^{fr.}$ ij$^{gr.}$ ij$^{d.}$
La Forge de Dainville.	iiij$^{m. fr.}$
La Recepte de Gondrecourt	viij$^{c.}$ lxij$^{fr.}$ v$^{gr.}$ v$^{d.}$
Couſſey.	viij$^{m.}$ vij$^{c.}$ xliiij$^{fr.}$ vij$^{gr.}$ ix$^{d.}$
Gouhecourt	xiij$^{c.}$ xxvij$^{fr.}$ viij$^{gr.}$
Noncourt	vj$^{c.}$ xxxvj$^{fr.}$ iij$^{gr.}$
Rebeuville en la grande & petite Seigneurie	xvj$^{c.}$ lxxv$^{fr.}$ xvj$^{gr.}$ j$^{d.}$
La Maiſon du Neufchâteau	iij$^{m.}$ vj$^{c. fr.}$ vj$^{gr.}$
Le Gaignage de Ste Geneviéve	ij$^{m.}$ xl$^{fr.}$ vj$^{gr.}$
La Tuillerie de Bouc	vj$^{c.}$ xxvj$^{fr.}$
La moitié de la debte de Mr de Melay.	ij$^{c.}$ l$^{fr.}$
Signeulle	vj$^{m.}$ iiij$^{c.}$ xxxvj$^{fr.}$ j$^{gr.}$
Vittrymont	iiij$^{m.}$ ij$^{c.}$ xv$^{fr.}$ v$^{gr.}$ ij$^{d.}$

Chanteheu	xj c. lxxiij fr. ix gr.
Vouthon haut	xiiij m. vj c. lij fr. ij gr.
Vouthon bas	ij m. iiij c. fr. ij gr. v d.

Duquel Lot demeurent distraites les portions de Seigneurie appartenantes audit deffunt esdits Vouthon haut & Vouthon bas, pour être jointes au premier Lot de Gombervaux ; d'autant que l'Accord fait entre lesdits Jean des Salles & Claude des Salles, du vingtiéme Février mil cinq cent soixante & treize dernier, pour recompense du droit d'ainesse dudit Jean des Salles audit Chardoigne, & pour l'acquitter du tier des deniers dottaux de laditte Damoiselle Magdelaine des Salles leur sœur, ledit Claude luy auroit laissé lesdites Seigneuries de Vouthon le haut & Vouthon bas, selon qu'il est dit au premier Lot.

Demeurera aussi redevable ledit present Lot, du tiers du douaire de Madame Renée de Haussonville leur mere.

Plus est tenu ledit present Lot, de décharger la Terre & Seigneurie de Couxey de deux mille frans *Barrois* vers les *Heritiers* dudit feu *Guiot* Mouginot.

Au surplus, franc & quitte de touttes charges & hypotecques, fors des foncieres & ordinaires.

Le troisiéme Lot aura ladite Seigneurie de Vernancourt, pour quarante-deux mil huit cens soixante-quatre frans un gros Barrois, ...

cy	xlij m. viij c. lxiiij fr. j gr.
La Seigneurie de la Follie	ix m. vij c. j fr. vij gr. v d.
Haulcourt & Malancourt.	xiiij m. vj c. lxij fr. xj gr.
Nay	iiij m. iiij c. iiij xx xiiij fr. ix gr.
Dugny & Hanssemont	xvj c. xxxiij fr. iiij gr.
La Gagnage de Domp-Remy	iiij m. fr.
Marcheville	iij m. ij c. fr. vj g.
Margeville	ij m. vj c. xxj fr. v gr.
Challigny	iiij m. lxviij fr. ix gr.
La Maison de Nancy	xvj c. fr.
Huvillier	xv c. xxxij fr. j gr. x d.
Le Gagnage de Lunéville	ij c. l fr.

Et pour autant que la susdite Seigneurie de la Follie est chargée de soixante quinze frans Barrois de rente, à cause de la fondation d'une Chappelle, scis à S. Didier, & qui n'avoit esté déduite par l'évaluation de ladite Follie, a esté donné pour recompense de ladite rente, dix-huit cens frans ditte monnoye sur la debte & obligation du Sieur Baron de Haussonville, assignée en forme de rente censiere, constituée sur telle part & portion qu'il a audit Haulcourt & Mallancourt, montant à deux mille frans ditte monnoye, sur laquelle revient icy à compter deux cens frans, pour ce icy . . . . ij c fr.

Plus, pour l'entier parachevement, sera payé ausdits Tuteur & Curateur audit nom, manuellement & comptant, cent cinquante-un frans un gros douze deniers ; sçavoir, le premier Lot seize frans sept gros cinq deniers ; & par le second Lot, six vingt quatorze frans sept gros, qui font lesdits . . . . . clj fr. j gr. xij d.

Ledit present Lot demeurera par ce moyen franc & quitte & déchargé de sa part de cinq mil frans, dont les Seigneuries de Pargney sur Meuze, & Couxey, sont hypotecquées és mains de Guiot Mouginot & Marie Simonin sa femme.

Ledit Lot nonobstant chargé du tier du Douaire de Madame Renée mere desdits Enfans.

Plus, demeure ledit Lot chargé du tier de la somme de vingt-deux mil livres, revenant à la somme de sept mil trois cens trente-trois livres six sols huit deniers tournois, pour le payement du dotte & mariage de ladite Damoiselle Magdelaine des Salles, Sœur desdits Enfans, payables du premier jour du mois d'Aoust, que l'on dira mil cinq cent soixante dixsept, avec sa part & portion d'unze cens livres tournois, qui est de trois cens soixante-six livres treize sols quatre deniers, à payer par chacun an, & jusques à la solution & payement du sort principal; lesquelles trois cens soixante-six livres treize sols quatre deniers se commanceront à payer, & ce pour le premier terme au premier jour d'Aoust, qu'on dira mil cinq cens soixante treize . . . . le tout suivant & aux charges contenuës en la vendition & transport, que moyennant ce, ladite Magdelaine des Salles en a fait audit Jean des Salles, Sieur de Gombervaulx, le trentiéme de ce mois de Juin mil cinq cent soixante douze, selon que lesdites Parties nous ont montré par le Contract sur ce fait, au proffit duquel ledit Jean des Salles sera tenu de partir, & en faire cession à sesdits freres chacun pour un tier; & moyennant les choses susdites demeure quitte & déchargé de touttes charges, fors les foncieres & ordinaires.

Lesdits Lots par nous faits, ayant égard aux prérogatives, preéminence, sterilité & fertilité desdites choses, suivant l'appretiation qu'en avons faite & affirmé cydevant en nos loyautés & conscience, en laquelle nous semble que pour accommoder lesdites Parties, & éviter l'incommodité qui pourroit reussir, si lesdits Lots estoient jettés au sort, il est necessaire que ledit premier Lot joint avec le droit d'ainesse de la Maison de Gombervaux appartienne audit Jean des Salles, le second Lot appartienne audit Claude des Salles, & le troisiéme à Christophe des Salles; le tout delaissé ausdites Parties respectivement de proche en proche de leursdites Maisons de Gombervaux, Vernancourt & Chardoigne . . . . . . le tout toutefois sous le bon plaisir de Messieurs les Gens du Roy, pour y avoir tel égard qu'il leur plaira pour le bien desdittes Parties, & seulement pour l'acquit de la charge à nous defferée.

En témoing de quoy Nous avons signé ces presentes le premier jour de Juillet mil cinq cent soixante treize. Signé enfin Simony, de Bourgongne & Boursier, avec paraffes.

Presenté & affirmé par lesdits Simony, de Bourgongne & Boursier en personnes, pardevant Nous Jean de Gondrecourt, Escuyer, Conseiller du Roy notre Sire, Lieutenant Particulier au Bailliage de Chaumont, cejourd'huy neufviéme jour de Juillet mil cinq cent soixante & treize, comme est porté en l'Act de cejourd'huy, signé enfin de Gondrecourt, & Renaut, Commis, avec paraffe.

Sçachent tous que cejourd'huy datte des presentes, en presence d'honnorable homme Jean Royer, Secretaire & Tabellion general au Duché de Lorraine, demeurant à Nancy, soubscript, & des témoins cy-bas nommés, fut present en sa personne honoré Seigneur Louis de Lucy, Seigneur dudit lieu, de Taisey . . Maître d'Hôtel ordinaire de Monseigneur le Duc notre souverain Seigneur, au nom & comme Tuteur de Christophe des Salles, fils de feu honoré Seigneur Philippe des Salles, vivant Chevallier, Seigneur de Gombervaulx, lequel a fait & constitué pour son Procureur general & special Gerard Fagotin Procureur au Siege Presidial de Chaumont, auquel constituant audit nom, a donné plein pouvoir & . . . .

Fait & passé audit Nancy, l'an de grace Notre Seigneur 1573, le 27 Juillet, presens haut & puissant Seigneur Messire Claude, Comte de Salm, Baron de Brandebourg, Seigneur de Faulquemont, Conseiller & Chambellan de mondit Seigneur; honorés Seigneurs Claude de Cernay, Seigneur dudit lieu, Seigneur François de Dompmartin, Escuyer, Seigneur dudit lieu, témoins sur ce speciallement appellés & requis. Signé enfin N. Royer, avec paraffe, & scellé en cire verte à double queüe pendante.

S'ensuit Procuration pareille de Claude de Regnac, Seigneur de S. Bassemont.

Foy

Les anciens Chevaliers de Lorraine, entre lesquels est Philippe des Salles, donnent une Attestation, par laquelle il conste que le Duc Antoine a uni à la Couronne plusieurs bagues & joyaux, jusqu'à la valeur de cent mille escus. Le vingt-sixiéme jour de Novembre 1540.

NOUS Jehan Comte de Salme, Seigneur de Viviers, Mareschal de Barrois; René, Comte de Chalant, Seigneur de Bauffroymont; Philippe de Thaun, Seigneur de la Pierre, Bailly d'Almaigne; Jehan de Hohensels, Seigneur de Ripoltzkirch, Seigneur de Richiecourt; Jehan d'Aguerre, Baron, Seigneur de Vienne, grand Chambellan; George, Seigneur de Crehange & du Puttange; Jehan de Savigny, Seigneur de Leymont, Seneschal de Barrois; Damp Henry de Haraucourt, Abbé de Bousonville; Gerard de Haraucourt, Seigneur d'Ubxy & de Masgnieres, Bailly de Nancy; Jehan de Hassonville, Seigneur d'Essey & de Turckenstein, Bailly de l'Evesché de Metz; Olry Wisse, Seigneur de Gerbeviller; Errard de Paffenhoffen, Seigneur de Thelod, Bailly du Comté de Vaudemont; Jacques du Chastellet, Seigneur de Sorcy, Bailly de S. Mihiel; François de Bassompierre, Seigneur dudit lieu, Bailly de Vosges; Eloff de Beauvau, Seigneur de Manonville, Bailly de Bar; Humbert de Doncourt, Seigneur de Gironcourt, Bailly du Bassigny; Pierre de Haraucourt, Seigneur de Paroy, & Capitaine de Vaucouleur; René de Beauvau, Seigneur de Rortel, Maistre d'Hostel ordinaire & Capitaine de Darney; Pierre du Chastellet, Seigneur de Deuilly; Nicolas de Lutzelbourg, Seigneur de Fleville; Claude de Beauvau, Seigneur de Sandacourt, Maistre d'Hostel ordinaire; Loys de Lenoncourt, Seigneur de Gondrecourt & de Serre; Jean de Ligniville, Seigneur dudit lieu; & Philippe des Salles, Seigneur de Gombervau: Faisons sçavoir & certiffions ouvertement à tous presents & à venir, Que tres illustre, tres hault & tres puissant Prince & Seigneur Monseigneur ANTHOINE, Duc de Calabre, Lorraine, Bar, & de Gueldres, & nostre tres redoubté & souverain Seigneur, ayant ce jourd'huy fait assembler les trois Estats de ses Pays, en la grande Salle de sa Cour à Nancy, en nos presences, a dit & proferé ces parolles ou semblables en substance, comme s'ensuit: Que dez long-temps sa grace & deffuncte son Espouse tres illustre Princesse & Dame Madame Renée de Bourbon, Duchesse desdits Pays, cui Dieu absolve, eussent conjointement par ensemble fait plusieurs beaux acquests de bagues & joyaux en pierreries, perles & en or, pour prés de quatre-vingts à cent mil Ecus soleil, dont en icelles pieces en y avoit une quantité speciale de bonnes & grosses estimées à cinquante mil Ecus, cy-aprés specifiées, son vouloir & intention estre de les mettre, joindre, unir & incorporer à sondit Duché de Lorraine, aux conditions contenuës en ses Lettres Patentes, que en nos presences il a fait lire, & ordonné estre faites & expediées soubs son grand Sceau, dont la teneur s'ensuit de mot à mot. ANTHOINE par la grace de Dieu, Duc de Calabre, Lorraine, Bar & Gueldres, Marchis, Marquis du Pont, Comte de Provence, de Vaudemont, de Zutphen, &c. Sçavoir faisons, comme ainsi soit que pendant le mariage d'entre Nous & feuë nostre tres chere & tres amée compaigne & Espouse Dame Renée de Bourbon, que Dieu absoust, ayant fait par ensemble plusieurs beaux acquests de bagues & joyaux en pierreries, perles & or, pour prés de quatre-vingt à cent mil Ecus soleil, dont entre icelles pieces en ayons nombré & eslu une quantité speciale bonnes & grosses pieces d'estimation à cinquante mil Ecus, cy aprés dénoncées & déclarées piece pour piece; desirans, comme tousjours avons fait, & que tenus sommes, le bien, proffit & augmentation de cestuy nostre Duché de Lorraine, Avons de nostre propre mouvement, pleine puissance & entiere volonté, comme bien nous loise faire, & ce par bon advis & meure déliberation de conseil des Gens des trois Estats de nosdits Pays, estans cejourd'huy assemblez en cette nostre Ville de Nancy, toutes lesdites pieces, & chacunes d'icelles, ainsi cy-dessoubs specifiées, adjoint, mises, données, unies & incorporées, & par la teneur de ces presentes, adjoindons, mettons, donnons, unions & incorporons à nostredit Duché de Lorraine à perpetuité, comme le propre heritage & membre d'iceluy Duché, sans que icelles pieces ne aucunes d'icelles en soient jamais ostées, transmises, transportées, venduës ne engagées en aucune maniere, soit pour doüaire, droict de meubliere ny autrement, nonobstant la Coustume de nostredit Duché notoirement observée, que le survivant des Conjoincts payent & emportent meubles & debtes, à quoy voulons & avons en cestuy endroit derogé & derogeons par vertu de cesdites presentes; mais pour autant que nostre intention n'est vouloir frustrer les Doüairieres, cas advenant, soit de nos Enfans, des leurs, & tous autres nos hoirs & successeurs Ducs de Lorraine d'autres leurs droits, ains qu'ils vivent & ayent les biens que de droit & de coustume leur peut advenir & escheoir, Voulons & declarons que cas advenant d'une Doüairiere de nosdits Enfans, hoirs & successeurs Ducs de Lorraine, ayans & possedans lesdits bagues & joyaulx, icelle Doüairiere, pour & en recompence desdites pieces cy-aprés specifiées, ait & emporte la somme de quinze mil frans monnoye de nos Pays; sçavoir, douze gros comptez pour chacun franc, pour une fois & non plus avant sur aucunes desdites bagues & joyaulx; à quoy elle se debvra arrester & contenter, nonobstant ladite Coustume, ny Contract & Traité de mariage qui se pourroit faire au contraire, sans toutesfois deroger à ce que par la Coustume ou Traicté de mariage luy pourroit subvenir en autre chose, hors mises lesdites pieces, & tout ce que dessus avons statué & ordonné, statuons & ordonnons estre inviolablement entretenus & satisfait par nosdits Enfans, leurs hoirs & successeurs Ducs de Lorraine, par le serment qu'ils seront attenus audit Duché de augmenter iceluy, comme ils cognoistront que faisons par la teneur de cesdites presentes: Et s'ensuivent lesdites pieces: Une Croix double de diamans où il y a neufs pieces, une grosse poincte au milieu dessus une grosse table taillée; un Treangle en table tenant du cœur, & six pointes de diamans; un gros Rubis balet avec une grosse perle; une Esmeraude avec trois perles; une Fleur de lis de cinq pieces de diamans en tables avec trois perles; un gros Ruby balet percé; sept vingt dixhuit Perles; huict Roses de diamans & une Pencée de diamans; une Ceinture de douze tables de diamans; vingt-quatre Perles avec des Cordelieres d'or entre deux, le tout enchassé en or; une Ceinture & Dizain où il y a vingt-deux balets Rubis tant tables que Cabouchons; douze Ceintures d'esperance, faites de perles; & une Croix à l'antique de diamant, avec trente-deux Perles, estans deux à deux parmy & une hoppe fil d'or. Toutes les Pieces cy-dessus enchassées en or. En tesmoing de ce, Nous avons à icelles, qui sont signées de nostre main, fait mettre & appendre grand Seel. En nostre Ville de Nancy, l'an mil cinq cent quarante, le vingt-sixiéme jour de Novembre, Signé ANTHOINE. Au reply desdites Lettres, Par Monseigneur le Duc, &c. les Barron d'Aguerre, Seigneur de Vienne le Chastel, grand Chambellan, Bailly de Clermont, President des Comptes de Lorraine, & autres presens, & pour Secretaire D. Menger. *Registrata.* J. Beurges. Aprés la lecture desquelles & que avons trouvé le vouloir & intention de nostredit Seigneur estre tres salutaire, & bonne & grosse augmentation & fortiffication de cestuy son Duché de Lorraine, de ses hoirs & successeurs, Avons de ce bien voulu donner tesmoignage de tout le contenu à la Requeste, mesmement de nostredit Seigneur, comme ceux de la Chevalerie de sesdits Pays, soubs les seings manuels de chacun de Nous, & seellés de nos Seaulx armoyés de nos armes; Que furent faites & données, le vingt-sixiéme jour de Novembre l'an mil cinq cent quarante. Signés Jehan, Comte de Salme; René, Comte de Challants, P. de Thaun; George, Seigneur de Crehanges & de Puttange ; Henry de Haraucourt ; J. de Haſſonville, de Paffenhoffen ; F. Baſſompierre ; René Beauvau, Doncourt, Pierre du Chaſtellet, L. de Lenoncourt, J. Ligniville, Ph. Des Salles, de Lutzelbourg, & ſeellé.

La preſente Copie eſt priſe d'un parchemin ſigné, tiré de la Layette cottée Bagues unies, *qui eſt au Treſor des Chartres de Son Alteſſe Royale en ſon Chaſteau de Nancy, & s'y conforme ; par moy Commis à la garde dudit Treſor, ſous-ſigné. Audit Nancy le trentiéme Janvier mil ſept cent quatorze.* Signé BLONDELOT.

Foy & homage rendus au Roy Charles IX. par Jean des Salles, pour les Seigneuries de Gombervaux & d'Ugny, le 14 Octobre 1573.

A Tous ceux qui ces preſentes Lettres verront. Jean des Salles Eſcuyer, Seigneur de Gombervaulx & Ugny, Salut. Sçachent tous que je tiens & advouë tenir en plein Fief, foy & hommage du Roy notre Sire, à cauſe de ſon Chaſtel & Chatelnie de Vocouleurs, les Terres, Seigneuries & choſes qui s'enſuivent, leſquelles ſont en Fief de denger, ſuivant la Couſtume du Bailliage de Chaumont en Baſſigny, au dedans duquel leſdittes choſes ſont aſſiſes, ainſi & par la maniere que ſont les autres Fiefs de la Prevôté & Chaſtelnie ; Et premierement la Forteresſe ou forte Maiſon dudit Gombervaulx, encloſe & environnée de foſſés, avec les Granges, Bergeries, Beuveries, Marechauſſées & Eſtableries, Maiſons, Colombier, Edifices, & autres Maiſonnemens aſſis & eſtans devant laditte forte Maiſon, eſquels Maiſonnemens demeurent mes Gaigneurs, Mettayers & Serviteurs . . . .

Item, je tiens & advouë tenir comme deſſus, en Fief, foy & hommage du Roy notredit Sire, la Tour & forte Maiſon d'Ugny, environnée de foſſés, avec les Granges, Mareſchauſſées, Beuveries, Bergeries, & autres Edifices & Maiſonnemens ſceant devant laditte forte Maiſon . . . .

En témoing deſquelles choſes j'ay ſigné ces preſentes de ma main, & ſcellé de mon Scel, armoirié de mes armes, le quatorziéme jour d'Octobre mil cinq cens ſoixante treize. Signé en fin JEAN DES SALLES GOMBERVAUX.

Jugement du Duc Charles III. en qualité d'Arbitre convenu pour le reglement des interêts civils prétendus par Dame Marguerite du Hautoy ſur Jean Comte de Salm, au ſujet de la mort de Jean des Salles, Seigneur de Gombervaux, Epoux de laditte Dame. Du 16. May 1582.

CHARLES par la grace de Dieu Duc de Calabre, Lorraine, Bar, Gueldres ; Marchis, Marquis du Pont à Mouſſon, Comte de Provence, Vaudemont, Blamont, Zutphen, &c. A tous ceulx qui ces Preſentes verront, Salut. Comme pour le cas de mort advenu le dix-huictieme Septembre mil cinq cens ſeptante cinq en la perſonne de feu Jean des Salles, en ſon vivant Sieur de Gombervault, difficulté ſeroit intervenuë entre noſtre tres cher & feal Couſin Jean Comte de Salm, & Dame Marguerite du Haultoy, vefve & relicte dudit Sieur de Gombervault, ſur la ſatisfaction des intereſts civils, qu'elle, tant en ſon nom, qu'ayant la garde-noble de ſes enfans, prétendoit luy appartenir ; deſquels noſtredit Couſin au contraire diſoit n'eſtre attenu, & qu'à l'occaſion de ce icelles Parties fuſſent en voye d'entrer en altercas & longue involution de procés : Pour à ce prouveoir &

remedier, & mesme pour nourrir entre elles une bonne concorde & union, & leur retrancher toute matiere & subject d'inimitié; aurions du consentement d'icelles trouvé bon d'interposer sur ce nostre volonté, & Nous entremettre de les rendre & mettre d'accord. Pour ce est-il que s'étant icelles submis de tenir pour ferme, stable & agreable ce qu'il Nous plairoit d'en dire & ordonner, Avons dit & déclaré, disons & déclarons, qu'icelle Damoiselle, pour elle & sesdites filles, cessera dés maintenant toutes recherches & poursuites pour ledit pretendu interest touchant ledit cas de mort dudit Sieur de Gombervault son Marit, contre nostredit Cousin le Comte de Salm, ses hoirs, successeurs, & ayans cause, & tous autres qu'il appartient, sans jamais prétendre d'eulx aucune chose pour ce regard, ny moins les interpeller, poursuivre ny actionner par quelque voye que ce soit de Justice ny autrement: Et qu'en respect & consideration de ce, sera baillé & délivré promptement & comptant à ladite Damoiselle de Gombervault, pour elle & sesdites filles, la somme de dix mil francs monnoye coursable en nostredit Duché de Lorraine, & dont elle fournira de quittance à la décharge d'iceluy nostre Cousin, de sesdits hoirs, successeurs & ayans cause, & tous autres qu'il appartiendra: au moyen duquel present Appoinctement, lesdites Parties demeureront en bon accord & union, & seront quittes l'une envers l'autre de toutes poursuites & actions pour ledit cas, lequel par ce moyen demeurera assoupy, comme chose non advenuë; à quoy lesdites Parties ont acquiescé, avec promesses reciproques, & obligations de tous leurs biens respectivement pour l'entretenement & garantye des choses susdites. Pour le regard de quoy, & pour l'execution du contenu esdites Presentes, Donnons en mandement à tous nos Baillys, Prevosts, Mayeurs, leurs Lieutenans, Procureurs, Officiers, Justiciers, & autres qu'il appartiendra, observer, maintenir, & effectuer le tout de point en point selon sa forme & teneur, sans y mettre ou donner, ny souffrir estre fait, mis ou donné ores ny pour le temps advenir aucun trouble, destourbier ou empeschement au contraire. Car ainsi Nous plaist. En tesmoing de quoy, Nous avons à cesdites presentes, signées de nostre main, fait mettre & appendre nostre grand Seel. Données en nostre Ville de Nancy, le dix-huitiéme jour du mois de May mil cinq cent quatre-vingt & deux.

Signé CHARLES.

Et le mesme jour sont comparus pardevant Nous nostredit Cousin le Comte de Salm en personne; comme aussi nostre tres cher & feal Messire African de Haussonville, Conseiller en nostre Conseil d'Estat, & Mareschal de Barrois, fondé de Procuration speciale de la susdite Damoiselle Margueritte du Haultoy, ainsi qu'il Nous a fait apparoir & entendre par la lecture intelligible d'icelle, qui en a esté faite en nostre presence, & laquelle avons voulu estre inserée & rapportée de mot à mot à la fin des presentes: Et ont les susdits, sçavoir, nostre Cousin en son nom, & ledit Seigneur de Haussonville au nom & comme Procureur de ladite Damoiselle Margueritte du Haultoy aggreé & receu nostre appoinctement, & promis de le tenir & avoir pour agreable, ferme & stable; comme sy c'estoit chose jugée & terminée par Arrest en Jugement contradictoire; promettant sur leur foy & honneur n'y contrevenir en façon ou maniere que ce soit, directement ou indirectement. Pour assurance de quoy, & afin que la chose en fust de tant plus authorisée, Avons, à la supplication desdites Parties, derechef signé de nostre propre main cesdites presentes, & fait contresigner par l'un de nos Secretaires des Commandemens les an & jour que dessus. S'ensuit la teneur de la susdite Procuration. A tous ceulx qui ces presentes Lettres verront: Jacques Cordier Garde pour le Roy nostre Sire, des Seaulx Royaulx de la Prevosté de Vaucouleur, Salut. Sçavoir faisons, que pardevant Hector Tremel & Simon Duplessis Notaires Royaulx en ladite Prevosté, comparut en sa personne Dame Margueritte du Haultoy, veuve de feu honnoré Sieur Jean des Salles, en son vivant Chevalier, Sieur de Gombervault, & recognut volontairement, sans contrainte ny seduction aucune, que tant en son nom que comme Tutrice legitime

legitime & ayant la garde-noble de Damoiselles Guillemette & Anthoinette des Salles, filles mineures d'ans dudit deffunt & d'elle, desquelles elle se fait fort en cette partie, & promet leur faire ratiffier & advoüer le contenu des presentes quand elles seront parvenuës en aage de majorité, sy mestier fait; elle a creé, constitué & estably, crée, constituë & establit par ces presentes, Messire Affrican de Haussonville, Baron dudit lieu, & d'Orne, Conseiller de Monseigneur le Duc de Lorraine en son Conseil d'Estat, & Mareschal de Barrois, pour Procureur, Facteur & Negociateur special & irrevocable d'Elle & de sesdites Filles, seul & pour le tout; & au nom d'Elle, en la qualité que dessus, luy donne plein pouvoir, aucthorité, commission & mandement special de se presenter & comparoir pardevant tres hault, tres puissant & tres magnanime Prince Monseigneur le Duc de Lorraine & de Bar, &c. à qui auroit plû, de sa bonté coustumiere, prendre la peine de rendre Messire Jean Comte de Salm, Baron de Vivier, Mareschal de Lorraine, Gouverneur de Nancy, d'accord avec Elle sur les prétentions qu'Elle a tousjours eu d'avoir justice pour interest civil d'elle & de sesdites Filles, à l'occasion de la mort advenuë en la personne dudit Sieur de Gombervault son marit, à quoy ledit Sieur Comte sembloit ne se vouloir incliner qu'avec cognoissance de cause pardevant sa Justice, au jugement de laquelle il se submettoit; mais cette voye eust pris trop long traict avec grands frais & retardement des affaires de ladite Dame constituante & de sesdites Filles, & illecq supplier & requerir tres humblement l'Altesse de mondit Seigneur, d'ordonner sur ledit different comme il verra estre expedient, acquiescer à tout ce que par Son Altesse en sera dit & ordonné, & l'aggréer, en promettant au nom de ladite Dame constituante, & en la qualité que dessus, l'entretenement & garantie à tousjours envers tous & contre tous, recevoir ce que par Son Altesse pourra estre ordonné pour Elle & sesdites Filles, soit en deniers ou autrement; en passer, bailler & accorder quittance pleniere & valable pour l'acquit & décharge dudit Sieur Comte de Salm, de ses hoirs, successeurs & ayans cause, & de tous ceulx qu'il appartiendra, avec toutes renonciations aux droits introduits en faveur des femmes & mineurs, oppositions, appellations quelconques, & à toutes autres choses qui pourroient tendre à infirmer & rendre sans effet ce qu'il auroit plu à Son Altesse ordonner sur ce fait, & de tout ce qui en seroit ensuivi, & faire au surplus en ce cas & en ses circonstances ainsi que Procureur deüement estably peult & doibt faire, & comme ladite Constituante pour Elle, & és noms que dessus, feroit, sy Elle y estoit en personne, posé ores que ledit cas eust requis mandement plus special qu'il n'est cy-dessus declaré. Promettant icelle Constituante tant en son nom qu'en la qualité susdite, par sa foy & sur son honneur, de tenir & avoir à jamais & irrevocablement pour ferme, stable & aggreable tout ce que sera en ce que dit est & sesdites circonstances, fait, advoué, consenty, reçu, quitté, renoncé, promis, & generalement passé par sondit Procureur, & mesme de ratiffier ce qui aura esté aggreé en vertu de cestes par sondit Procureur, sy besoing fait, & de s'arrester & tenir absolument & sans aucune contradiction à ce qu'il plaira à Son Altesse en ordonner, soubs l'obligation de tous & un chacun les biens, Terres & Seigneuries d'Elle & de sesdites Filles, meubles & immeubles presens & à venir par tout, comme de chose clairement jugée en jugement contradictoire, & de tout, aux fins de tous dépens, dommages & interests; renonceant à toutes exceptions de fait & de droict, & à quelconques autres choses faisantes au contraire desdites presentes, singulierement au droict que dit que generale renonciation ny vault que speciale ne precede. En tesmoing de quoy avons, à la relation des Notaires soubsignez, seellé ces presentes du Seel Royal de ladite Prevosté; Que furent faites & passées au Chastel de Gombervault, à dix heures du matin, le seiziéme jour de May mil cinq cent quatre-vingt deux; & a ladite Constituante signé la minutte de ces presentes. Signé Duplessis & Hector Tremel, seellée en cire verte du Seel Royal de ladite Prevosté de Vaucouleur à double queuë pendant. Signé CHARLES. Par Monseigneur le Duc, &c. C. Guerin, avec paraffe. Et sur le reply eſt eſcrit : Par Monſeigneur le Duc, &c. Guerin avec paraffe, *Regiſtrata.* Henry, avec paraffe, & ſeellé du grand Seau de cire rouge à double queuë de parchemin pendant.

La preſente Copie eſt priſe d'un parchemin ſigné, tiré de la Layette cottée Salme premiere, *qui eſt au Treſor des Chartres de Son Alteſſe Royale en ſon Chaſteau de Nancy, & s'y conforme; par moy Commis à la garde dudit Treſor, ſous-ſigné. Audit Nancy le trentiéme Janvier mil ſept cent quatorze.* Signé BLONDELOT.

Marguerite du Hautoy veuve de Jean des Salles, Seigneur de Gombervaux & d'Ugny, & mere de Guillemette des Salles, mariée à René de Beauvau, Baron de Rortey, & d'Antoinette des Salles, ſes filles, fait une Tranſaction avec les Habitans d'Ugny, le trente-uniéme Janvier 1593.

A Tous ceux qui ces preſentes Lettres verront. Jehan Richellot, Commis des Sceaux Royaux de la Ville & Prevoſté de Vaucouleur, Salut. Sçavoir faiſons, que pardevant Maiſtres Simon Dupleſſis & Nicolas Martin, Nottaires Royaux en ladite Prevôté, furent preſens & comparans en leurs perſonnes honorée Dame Margueritte du Haultoict, veſve de feu honoré Sieur Jehan des Salles, luy vivant Chevallier, Seigneur de Gombervaulx, Ugny, Dame dudit Gombervaulx & Ugny, demeurante audit Gombervaulx; laquelle tant en ſon nom, que comme Mere & Tutrice & ſe portant fort de Dame Guillemette des Salles, veſve de feu honoré Sieur René de Beauvau, en ſon vivant Seigneur & Baron de Rortey, & de Damoiſelle Anthoinette des Salles ſes filles, promettant de leur faire ratiffier & aggréer les choſes cy aprés declairées, ſi beſoing fait, touttes & quantes fois que requis en ſera, ſous l'obligation de tous ſes biens meubles & immeubles, preſens & advenirs, d'une part. Et les Manans & Habitans du Village dudit Ugny, pour ce aſſemblés au ſon de la cloche & à la maniere accouſtumée, pour traicter de leurs affaires comme ils ont dit; & iceux Habitans eſtans aſſemblés ſe ſont tranſportés au Chaſtel dudit Gombervaulx, où eſtans, ladite Communauté a comparu par . . .

. . . .

leſquelles Parties ont dit & recognus qu'elles eſtoient en voye d'entrer en grande involution de procés pour raiſon de certaines rentes de grains deus par leſdits Habitans d'Ugny, &c. . . . .

Promettans, &c. . . . .

Fait & paſſé au Chaſtel dudit Gombervaulx, devant midy, le dernier jour de Janvier mil cinq cent quatre-vingt & treize; & a ladite Dame du Haultoict ſigné en la minutte des preſentes; comme auſſi leſdits Habitans pour partie, l'autre ayant declaré n'avoir l'uſage de ſigner. Signé DUPLESSIS, avec paraffe.

Articles & conditions ſous leſquels Charles III. Duc de Lorraine reſtituë le Château de Rorté à Guillemette des Salles, veuve de René de Beauvau, & fait évacuer ſa Garniſon. Le 15 Juillet 1592.

EN la preſence de Nous Simon Dupleſſis & Nicolas Martin, Notaires Royaux en la Prevoſté de Vaucouleurs, ſoubſignez, Eſt comparuë en ſa perſonne honnorée Dame Guillemete des Salles, veuve de feu honnoré Sieur Regné de Beau-

(Page xxxiv.)

Porte d'argent au Lion de gueules, la queuë nouée, passée en sautoir, armé, lampassé & couronné d'or.

Genealogie de la Maison du Hauttoy, dressée sur les Titres par M. L. D. F. A.

FRANÇOIS DU HAUTTOY vivoit environ l'an 1375, & épousa Anne de la Vaux.

- **JACQUEMIN DU HAUTTOY**, épousa Lyse de Saulmonieux.
  - **NICOLAS**, Prieur de S. Vincent de Metz.
  - **JEAN DU HAUTTOY**, Seigneur de Jametz en partie, & de Recicourt, marié à Comtesse Jandelincourt.
    - **GERARD DU HAUTTOY**, Seigneur de Recicourt, I. Maitre d'Hôtel de la Reine de Sicile, épousa Marguerite de Frankeville.
      - **PHILIPPE DU HAUTTOY**, Seigneur de Récicourt & de Nubécourt, épousa Claude de Nettancourt, fille de Nicolas de Nettancourt, & d'Anne d'Espense.
        - **NICOLAS**, Senéchal du Barrois, Conseiller d'Etat, & Chambellan du Duc de Lorraine; mort sans laisser lignée d'Anne de Lénoncourt sa femme.
        - **GERARD**, Abbé de Chaumousey, décedé le 30 Août 1586.
        - **MARGUERITE**, épouse de Jean des Salles, Seigneur de Gombervaux.
        - **FRANÇOIS**, Seigneur de Nubecourt, Vaudoncourt, Gentilhôme de la Chambre du Roi T. C. & Chevalier de son Ordre, épousa Nicole de Beauvau, fille d'Alof, & de Claude de Ludres.
          - **GEORGE-FRIDERIC**, Chevalier de l'Ordre du Roy T. C. Mestre de Camp de ses Armées, & Seigneur de Nubécourt, épousa, 1. Madelaine de la Routte, Dame de Clemery. 2. Anne de Saint Ignon.
            - *I. Lit.* **HENRIETTE** du Hauttoy, épouse de Theodore du Hauttoy.
            - *II. Lit.* **PHILIPPE** du Hauttoy, Seigneur de Nubécourt, Colonel de Cavalerie en France, épousa en 1656 Antoinette Desarmoises.
              - **FRIDERIC-HYACINTHE** du Hauttoy, Seigneur de Nubecourt, marié à Françoise de Tournebulle de Bussy.
            - **NICOLAS** du Hauttoy, Seigneur de Boinville & de la Grange-le-Comte, &c. Comte de Brugny, épousa en 1667 Marie-Charlotte du Hauttoy.
              - **ROCH** du Hauttoy, Comte de Brugny, décedé en 1708 sans lignée.
          - **FRANÇOISE**, Abbesse de Bouxiéres.
          - **ABRAHAM** du Hauttoy, Seigneur de Récicourt, épousa en 1603 Marguerite de Plaine.
            - **CLAUDE** du Hauttoy, Seigneur de Récicourt, de Rigny. Marié 1. en 1635 à Anne-Dorothée de Landres de Briey. Il prit une deuxiéme alliance avec Marie de Cutey.
              - **FRANÇOIS** du Hauttoy, Seigneur de Tichemont, Baron de Landres, marié en 1663 à Susanne Constant, Dame de Francfossé.
                - **DOROTHÉE**, épouse du Marquis de Beon.
              - **JEAN-PAUL** du Hauttoy, Seigneur de Gussainville, Bailly de Longwy & du Charollois, mort à Paris en 1705, avoit épousé Anne-Louise de la Grange.
                - **PIERRE-PAUL-MAXIMILIEN** du Hauttoy, Chambellan du Duc de Lorraine, grand Senéchal de Lorraine & Barrois, Conseiller Chevalier au Parlement de Nancy.
                - **LOUIS**, Chambellan du Duc de Lorraine, & Capitaine de Cuirassiers pour le service de l'Empereur.
                - **MARIE-ANNE** du Hauttoy, épouse de Nicolas de Beauvais, Lieutenant Colonel de Cavalerie en France, & Seigneur de S. Pirremont.
          - **JONATHAS** du Hauttoy Seigneur de Vaudoncourt, épousa en 1605 Marguerite du Hauttoy, fille de Henry, & de Blanche de Landres.
            - **JEAN-ALBERT** du Hauttoy, Seigneur de Vaudoncourt, de Haviguy, a épousé Salomone de Manteville.
              - **FRANÇOIS** du Hauttoy, marié à Barbe de Landres.
                - **CLAUDE-ALBERT** marié à Catherine-Charlotte de Heulles.
                - **LOUIS**, marié à N. de Carpentier de Villechome.
                - **ANNE-FRANÇOISE** du Hauttoy, épouse de Jacques-François de Camus, Chevalier, Seigneur de Reballe.
              - **FRIDERIC**, Lieutenant Colonel de Cuirassiers, mort sans posterité.
              - **LOUIS** décedé Capitaine de Cuirassiers au Regiment de Taffe non marié.
              - **ELEONOR** du Hauttoy, épouse de Mathieu de Manicville, Chevalier.
              - **N. & N.** du Hauttoy, filles.
            - **FRANÇOIS** du Hauttoy a épousé en 1637 Catherine de Landres.
          - **MARGUERITE & PHILIPPE**, Chanoinesses de Remiremôt.
          - **JUDITH**, femme de Peter Ernest, Baron de Mercy.
          - **ANNE**, femme de Didier de Landres.
        - **GEORGE**, Chevalier de Malthe, martyrisé par les Turcs en 1561.
      - **MARGUERITE**, épouse de Gilles de Savilly.
    - **MARIE DU HAUTTOY**, femme de Jean de Gorcey.
  - **SAUBLET DU HAUTTOY**, épousa Louise de Stainville.
    - **LOUISE DU HAUTTOY**, femme de Thomas de Failly, Seigneur d'Esne.
  - **GILLES DU HAUTTOY**, marié à Barbe de Luzy.
    - **GUILLAUME DU HAUTTOY**, Seigneur de Luzy & de Ville en Voivre, épousa Alix de Failly.
      - **GEORGE DU HAUTTOY**, Seigneur de Luzy, épousa Jeanne de Pouilly.
        - **GUILLAUME DU HAUTTOY** II. du nom, Seigneur de Luzy & d'Inor, épousa en 1557 Anne de Housse.
          - **THEODORE DU HAUTTOY**, Seigneur de Luzy, &c. épousa Henriette du Hauttoy, de la Branche de Clemerey.
            - **CHARLES-LAURENT DU HAUTTOY**, Seigneur de Clemerey, de Ville en Voivre, épousa, 1. en 1643. Anne des Combles; 2. Antoinette-Henriette de Bronn de Montagu.
              - *I. Lit.* **CHARLES-FRANÇOIS-PHILIPPE** du Hauttoy, Seigneur de Clemery, Grand Maître de l'Artillerie de Lorraine, marié en 1669 à Marguerite-Isabelle de Savigny, à present Gouvernante des Filles d'honneur de S. A. R. Madame la Duchesse de Lorraine.
                - **HENRIETTE-ELISABETH**, marié à Philippe Arnould, Comte de Ligniville.
                - **JEAN-BAPTISTE-GASTON**, Seigneur de Clemery, Chambellan du Duc de Lorraine; marié à Charlotte de Rune.
                - **CHARLES-FRANÇOIS**, Capitaine de Cavalerie au Regiment de Vaubonne.
                - **NICOLAS-HENRY**, Chambellan du Duc de Lorraine, & Capitaine de Cuirassiers pour le service de l'Empereur.
                - **HENRIETTE**, Fille d'honneur de Madame la Duchesse de Lorraine, à present mariée à N... de Gorcy, Seigneur de Pagny, Chambellan de S. A. R.
              - *II. Lit.* **CHARLES-EMANUEL** du Hauttoy Chevalier de S. Maurice, & de l'Annonciade, mort en 1676, Page du Duc de Savoye.
              - **ANTOINETTE LOUISE**, femme de Jean-Ignace de Cleron, Baron de Saffre & d'Haussonville, Conseiller Chevalier au Parlement de Lorraine, & Grand Maître de l'Artillerie.
              - **JEAN-HENRY** du Hauttoy, Chambellan de l'Empereur, Colonel d'un Regiment de Cuirassiers, & General de ses Batailles, marié en 1709 à Jacobine de Frankenberg.
          - **MARGUERITE** femme de Jonathas du Hauttoy.
      - **GUILLAUME DU HAUTTOY**, Chevalier de Malthe, & Commandeur de Marbotte.

vau, luy vivant Chevalier, Seigneur & Baron de Rortey, demeurant à Gombervaulx, tant en son nom que comme Tutrice & ayant la garde-noble des Enfans mineurs d'ans d'elle & dudit deffunt, laquelle a recognu & confessé, dit & déclaré que par cy-devant elle auroit fait telle & si instante requête à SON ALTESSE qu'il luy plust remettre és mains d'elle le Chasteau dudit Rortey, pour en joüir & disposer elle & les siens comme de leur propre : de sorte que enfin Sadite Altesse pour plusieurs bonnes considerations, notamment pour la compassion qu'il a eu de sa viduité, & de la minorité de sesdits Enfans, auroit Sadite Altesse consenti, permis & accordé que la garnison du Chasteau dudit Rortey soit ostée, & ladite Maison & Chasteau remise franche & libre és mains de ladite Dame Guillemette des Salles, sous les charges & conditions cy-aprés déclarées, & pour lesquelles stipuler, auroit été envoyé de la part de Sadite Altesse Noble Homme Pierre Daudenet, Conseiller & Secretaire des siens, pour aussi faire sortir la garnison dudit Rortey, aprés que ladite Dame aura fait les promesses, submissions & affirmations des articles qui ensuivent, assavoir :

Que ladite Dame de Rortey pourvoyera tellement à la garde & conservation du Chasteau dudit Rortey, que nul des Ennemis de Sadite Altesse ne pourra s'en emparer, ny mesme n'y recevra aucuns de ses Ennemis, ou autres du party contraire, ny ne les favorisera en façon ou maniere que ce soit, ny supportera par intelligence ou autrement en chose quelconque qui puisse préjudicier au service de Sadite Altesse, ses Subjets & Estat.

Davantage, que s'il vient en la connoissance de ladite Dame quelque desseing ou entreprise qui se pourroient faire au préjudice du service de Sadite Altesse, de sesdits Subjets & Estat, elle sera tenuë d'en donner promptement avis à Sadite Altesse.

De plus, ladite Dame fera nourir ses Enfans en la Religion Catholique, Apostolique & Romaine tant & si longuement qu'ils seront avec elle ; comme au semblable ladite Dame fera pour son égard, sans permettre ny recevoir autres personnes au Chasteau dudit Rortey faisant profession de la nouvelle opinion, qui s'entend pour y resider ou y intronisér ladite Religion nouvelle.

A condition toutesfois que les Vilages & Subjets dépendans de la Seigneurie dudit Rortey, seront tenus de payer les contributions ordinaires, à quoy ils sont cottisez pour l'entretenement des Garnisons des Places où par cy-devant ils ont accoustumé de contribuer.

Et tout ce que dessus ladite Dame a promis d'observer le tout, sans en rien y contrevenir, & ce à peine que Sadite Altesse fera, sy bon luy semble, saisir de nouveau ledit Chasteau de Rortey, rentes & revenus en dépendans.

Tous lesquels Articles cy-dessus ladite Dame a dit les avoir bien & deüement entendu, aprés que d'iceulx luy en a esté faite lecture par l'un des Notaires soubsignez, l'autre present. Et a promis & promet d'observer lesdits Articles : Et d'abondant ayant ladite Dame levé la main, & juré en son Ame, à peine de la damnation d'icelle, satisfaire ausdits Articles & effectuer le contenu en iceux, en les entretenant & gardant inviolablement de poinct en poinct de tout son pouvoir. De laquelle declaration, promesse & affirmation, ledit Sieur Daudenet, au nom de Sadite Altesse, & suivant le pouvoir & mandement qu'il a d'icelle, faict en son Conseil à Nancy, le quatorziéme jour des present mois & an, signé CHARLES : & plus bas, De la Ruelle, avec paraphe, comme il Nous a apparu par l'exibition d'iceluy, Nous a requis le present Acte, que luy avons octroyé en cette forme, pour servir & valoir ce que de raison. Fait & passé au Chasteau dudit Gombervaux, aprés midy, le quinziéme jour de Juillet mil cinq cens quatre-vingt & douze ; & s'est ladite Dame soubsignée avec nous Notaires susdits. Signé G. Des Salles, Duplessis & Martin, avec paraphes.

Je soubsignée Dame de Rorthez, reconnois que la Garnison qui estoit à ma Maison & Chasteau dudit Rorthez, de la part de Son Altesse, est sortie cejourd'huy environ les huit heures du matin, & suivant l'ordonnance & permission de Sadite Altesse, & ledit Chasteau demeure en ma charge & garde, que je promets faire au contenu des Articles & promesse cy-devant par moy passées. En tesmoing de quoy j'ay signé ceste audit Rorthez, le dix-huitiéme jour de Juillet mil cinq cent quatre-vingt & douze. Signé DES SALLES.

La presente Copie est prise d'un papier signé, tiré de la Layette cotté le Neufchasteau & Chastenoy premiere, *qui est au Tresor des Chartres de Son Altesse Royale en son Chasteau de Nancy, & s'y conforme; par moy Commis à la garde dudit Tresor, soubsigné. Audit Nancy le trentiéme Janvier mil sept cent quatorze.* Signé BLONDELOT.

Guillemette des Salles, & son Epoux Jean de Lavardin, vendent quelques Heritages à François, Chevalier, Seigneur de Malpierre, le 2 Octobre 1598.

A Tous ceux qui ces presentes Lettres verront. Didier Lorrain Garde des Seaulx Roiaulx de la Prevosté de Vaucouleur, Salut. Sçavoir faisons que pardevant Maître Simon Duplessis Nottaire Royal en ladite Prevosté, furent presens en leurs personnes honoré Seigneur Jean de Lavardins, Chevallier du Roy, Gentilhomme ordinaire de sa Chambre, Seigneur de Bourotte, la Fontenelle, Ugny & Girauvilliers, demeurant audit Ugny, Prevosté de Vaucouleur; & Dame Guillemette des Salles son Epouse, de luy licenciée & auctorisée quand à ce, lesquels l'un l'autre, l'un pour l'autre, un chacun d'eulx seul pour le tout, renonceans au benefice de division, discution, priorité & ordre de droit, ont recongneu & confessé avoir vendu, ceddé, quicté, transporté, & promettent garentir pour toujours, à honoré Seigneur François, Chevallier, Seigneur de Malpierre, d'Aillecourt, Tourailles, &c. demeurant audit Malpierre, Paroisse de Rigny la Salle lés ledit Vaucouleur, ad ce present & acceptant pour luy Dame Claude de Choiseul son Epouse, pour eulx, leurs hoirs & ayans causes, les pieces de pray cy aprés declairées, assçavoir, &c.

. . . .

Cette vente faite moyennant la somme de cent quatre-vingt treize Escus pour tout, que lesdits Vendeurs ont confessés avoir eu & receu desdits Acquesteurs, & dont ils se tiennent pour contans & bien payés, & en ont quitté & quittent lesdits Acquesteurs, leurs hoirs, & ayans cause, si comme ils ont dit, promettans lesdits Vendeurs, par leur foy & serment, sous l'obligation de tous leurs biens meubles & immeubles, presens & avenirs, tenir & avoir la presente vente pour agreable, & icelle garantir à tousjours ausdits Sieurs Acquesteurs, & leurs hoirs, à peine de tous dépens, dommages & interests; Renonceans, &c. En témoing de quoy avons, à la relation du Nottaire soubsigné, scellé ces presentes du Scel Royal de ladite Prevosté. Ce fut fait & passé audit Ugny, en la Maison Seigneuriale desdits Sieur & Dame Vendeurs, à quatre heures aprés midy, le deuxiéme jour d'Octobre mil cinq cens quatre-vingt dix-huit; & ont lesdits Sieurs Vendeurs signé à la minutte des presentes, en presence de Maître Louis Prevot, Procureur desdits Sieur & Dame Vendeurs, & de Didier Madot, Mayeur dudit Ugny, & y demeurant, & ledit Prevot demeurant à Rortey. Signé DUPLESSIS, & scellé.

Jean

Jean de Lavardin, & Guillemette des Salles son épouse, hypotecquent la Seigneurie d'Ugny, à François, Chevalier, Seigneur de Malpierre, pour la seureté d'une rente de huict Ecus quarante-trois sols six deniers. Du 2 Octobre 1598.

Porte de Gueule à 3 Fleurs de Lys d'or 2 & 1.

A Tous ceux qui ces presentes Lettres verront. Didier Lorrain, Garde pour le Roy notre Sire, des Sceaux Royaux de la Prevosté de Vaucouleur, Salut. Sçavoir faisons, que pardevant Simon Duplessis, Nottaire Royal en ladite Prevosté, Furent presens en leurs personnes honoré Seigneur Jehan de Lavardin, Chevallier du Roy, Gentilhomme ordinaire de sa Chambre, Sieur de Bourotte, la Fontenelle, Ugny & Girauvilliers, demeurant audit Ugny, Prevosté de Vaucouleurs; & Dame Guillemette des Salles son épouse, de luy licentiée & authorisée quant à faire & passer ce que s'ensuit... Lesquels ont recognus & confessés l'un l'autre, l'un pour l'autre, un chacun d'eulx seul pour le tout: Renonceans... Avoir vendus, constitués, assis & assignés perpetuellement & pour tousjours, à honoré Sieur François, Chevalier, Sieur de Malpierre, d'Aillecourt, Tourailles, & Mont-le-vignot, Gentilhomme ordinaire de la Chambre du Roy, demeurant audit Malpierre, Paroisse de Rigny-la-Salle lés Vaucouleur, à ce present & acceptant, pour luy, Dame Claude Choiseul son épouse, pour eux, leurs hoirs & ayans cause, la somme de huit Escus quarante-trois sols six deniers tournois de rente annuelle & perpetuelle, à les avoir, prendre, lever, gaiger & percevoir par chacun an, en & sur tous & chacuns leurs biens meubles & immeubles presens & advenirs, & par especial en & sur la Terre & Seigneurie du Village d'Ugny & ses deppendances, laquelle demeure à cet effet obligée, affectée & hypotecquée: payable ladite rente à chacun jour de Feste S. Remy, dont le premier terme & payement sera & commancera au jour de Feste S. Remy prochain venant, & continuer . . . .
Cette presente vente & constitution de rente faite moyennant le prix & la somme de cent quatre Escus quarante-trois sols quatre deniers tournois, que lesdits Sieurs Vendeurs ont confessés avoir eus & receûs desdits Sieurs Acquesteurs, moyennant qu'ils ont racheptés une rente de vingt Escus, qu'ils avoient constituée envers lesdits Sieurs Acquesteurs, racheptable de la somme de deux cens quarante Escus, passée pardevant moy Nottaire soussigné, en datte du neufviéme jour de Juillet mil cinq cens quatre-vingt dix sept, laquelle demeure nulle & casse, & comme non advenuë, & la presente demeure en sa force & vertu; & moyennant ce, lesdits Vendeurs se sont de ladite somme de cent quatre Escus quarante-trois sols quatre deniers tournois tenus & tiennent pour comtans . . . . .
Promettans lesdits Sieur & Dame Vendeurs par leurs foy & serment, sous l'obligation de tous leurs biens meubles & immeubles, presens & advenir, tenir & avoir pour agreable la presente constitution de rente, & icelle tenir, entretenir, payer & satisfaire à chacun desdits jours de S. Remy . . . . . .
Renonceans lesdits Sieur & Dame Vendeurs à toutes choses contraires à ces presentes; & par especial ladite Dame Guillemette des Salles, de la licence que dessus, a renoncé au droit de Velleian, à l'Epistre *Divus Adrianus*, à l'Authentique *Si qua mulier*, & à tous autres droits faits & introduits en faveur des femmes, à elle données à entendre par le Nottaire, qu'est à dire que femme mariée ou non mariée ne se peut obliger pour aultruy, ny mesme pour son propre mary, si elle n'a renoncé ausdits droits. En tesmoing de quoy avons, à la relation du Nottaire soubsigné, scellé ces presentes du Scel Royal de ladite Prevosté. Fait & passé audit Ugny, en la Maison Seigneurialle desdits Sieur & Dame Vendeurs, à quatre heures aprés midy, le deuxiéme jour d'Octobre mil cinq cens quatre-

vingt & dix-huit, & ont touttes les Parties signés en la minutte originale, en presence de Maistre Louis Prevot Procureur desdits Sieurs Vendeurs, demeurant à Rortey, & de Didier Madot Maire dudit Ugny, & y demeurant, qui se sont soussignez en laditte minutte originale comme Témoins. Signé DUPLESSIS, avec parasse.

LUCY Maison de nom & d'armes en Lorraine, sous le Marquisat de Pont-à-Moussons, porte d'argent à 3. Liens de sable, armés & lampassés de gueule 2. & 1.

GENEALOGIE DE LA MAISON DE LUCY,

Extraite des Memoires de M. Mauljean, Eschevin de Nancy, & du Livre de la Noblesse de Lorraine & de Bar, par M. Husson.

MAHEU DE LUCY vivoit en 1381, & avoit droit de percevoir annuellement 26 livres sur les Assises de Rouvroy, en qualité d'heritier de Messire Jean d'Amelecourt, Chevalier; & de Dame Agnés de Tencry sa femme, ses Oncle & Tante.

JEAN DE LUCY, Chevalier, épousa Marguerite, fille de Jean, Seigneur de Dombasle, & de Jeanne de Marcheville. Il signa en 1415, le 13 Decembre, avec les anciens Chevaliers, la Promesse de reconnoître pour Heritieres de Charles I. Duc de Lorraine, les Princesses Isabelle & Catherine ses filles.

MAHEU DE LUCY, Chevalier, Seigneur de Lucy & de Dombasle, épousa Catherine de Savigny, fille de Guillaume de Savigny, & de Marguerite de Lenoncourt.

VARY DE LUCY, Chevalier, Seigneur de Dombasle, épousa Jeanne de Savigny, fille de Jacques de Savigny, & de Marguerite de Haussonville.

CLAUDE DE LUCY épousa 1°. Huet de Vatronville. 2°. Vautrin de Nettancourt.

MAHEU DE LUCY, Chevalier, Seigneur de Dombasle, vivoit encore en 1530. Il fut Maître d'Hôtel du Duc Antoine, & épousa Claude de Craincourt, fille d'Androüin de Craincourt, & de Helvide de Serieres,

JACQUES DE LUCY.

VARRY DE LUCY, Protonotaire, & Prieur Commendataire de Flavigny.

VARRY DE LUCY, Seigneur de Dombasle, épousa Jeanne de Savigny, fille de Jacques, Bailly de Vosge.

EVE DE LUCY, femme de Perrin de Haraucourt, Seigneur de Chambley & de Germiny.

MARGUERITE DE LUCY, femme de Nicolas de Lutzelbourg.

HENRY DE LUCY, Seigneur de Tezey, épousa Nicole de Tourotte, fille de Jean de Tourotte, Chevalier, Seigneur de Conflans & de Buzy.

HENRY DE LUCY, marié à Catherine de Hessen, fille de Henry de Hessen, & de Catherine de Savigny.

LOUIS DE LUCY, Seigneur de Tezey, marié 1° à Louïse de Balan. 2° à Barbe de Chahanay. 3° à Garderete de la Hayville.

RENÉ DE LUCY, Seigneur de Belmont sur Vaire.

JEAN DE LUCY, Seigneur d'Amelecourt.

3. Lict.

CLAUDETE DE LUCY, femme de Christophe des Salles, Chevalier, Bailly & Gouverneur de Vitry decedé en 1585.

GUYON DE LUCY, Seigneur de Tezey, mourut sans avoir eu lignée de Catherine de Boulan.

ANNE DE LUCY, femme de Jean d'Eltouff, Seigneur de Pradines.

GENEALOGIE DE LA MAISON DE MYON,

dreßée sur les Titres, par M. d'Hozier.

Porte écartelé d'or & de gueule.

JEAN, Seigneur de Myon, mourut en 1200, & fut inhumé à Montbauſon.

. . . .

RENAUD, Seigneur de Myon, l'un des deſcendans de Jean, épouſa Jeanne de Grachaux, & fut inhumé chez les Dominicains de Montbauſon, en 1402.

HUGUENIN, Seigneur de Myon, épouſa Guillemette de Vilguindry, & déceda en 1414.

ESTIENNE DE MYON, Seigneur d'Equevilley, Châtelain d'Avilley, & de Conflans en Bourgogne, épouſa Marguerite de Bougne.

THIEBAUT DE MYON, Seigneur d'Equevilley, Châtelain d'Avilley, & de Conflans, épouſa 1°. en 1514 Eſtiennette de Viry. 2°. Bonne de Vaivre, dont il eut

CHARLES DE MYON, Seigneur d'Equevilley, le premier qui s'établit en Lorraine, & qui épouſa Claudine de Barizey, fille d'Adrien, Seigneur de Barizey, & Voué de Brixey, & de Jeanne de Frenels.

SIMON DE MYON, Seigneur de Couſſey, Gentilhomme de la Maiſon de Charles II. Duc de Lorraine, Maître d'Hôtel du Duc François I. Comte de Vaudémont, & lequel épouſa en 1566 Anne de Roucels, fille de Livier de Roucels, Seigneur de Varneville, & de Gertrude de Bamelbourg.

PHILIPPE DE MYON, allié à Huguette des Barons, Dame de Rozieres.

LOUIS DE MYON, Seigneur de Couſſey, marié à Antoinette des Barons.

SIMON DE MYON II. Seigneur de Barizey, de Couſſey, de la Grandfaux, &c. Conſeiller d'Etat, Chambellan de Charles III. Duc de Lorraine, Gouverneur de ſa perſonne, puis Adminiſtrateur des Etats de Guillaume Duc de Cleves, épouſa le 20 Mars 1609, Antoinette des Salles, fille de Jean, Seigneur de Gombervaux, & de Marguerite du Hautoy.

CLAUDETTE DE MYON, femme de Claude d'Oiſellet, Seigneur du Pont.

ANTOINE DE MYON, qui a épouſé en 1602, Diane de Beauvau, fille de Jean, Seigneur de Panges, Conſeiller d'Etat, & Chef des Finances du Duc de Lorraine, & de Marie de Salſede.

LOUIS DE MYON, Baron d'Ovilley.

MARIE, épouſe du Seigneur de Wartigny.

I. Lit. RENE' DE MYON.

II. Lit. JEAN-PHILIPPE DE MYON, Baron de Gombervaux, Lieutenant Colonel du Regiment de Soulz, marié à Anne du Halt.

DIANE DE MYON, épouſe de Charles Perrin.

FRANÇOIS mort ſans poſterité.

ELISABETH épouſe de Jacques de Havart, Lieutenant de Roy au Gouvernement de Toul.

GABRIEL DE MYON, Baron de Gombervaux, Page de François II. Duc de Lorraine, puis l'un de ſes Gentilshommes, Chevalier de S. George de Rougemont, Colonel d'Infanterie en France, Lieutenant de Roy au Gouvernement de Sedan, épouſa en 1629 Chriſtine Richard de Clevant, Sœur d'Anne Richard, femme du Marquis de Fabert.

GABRIEL-ABRAHAM DE MYON, Baron de Gombervaux, épouſa en 1663 Marie-Charlote Lardenoy-de-Ville, fille de Philippe Lardenoy-de-Ville, Seigneur de Porchereſſe, & de S. Remy en Ardennes, & d'Anne de Gorcey.

CHARLES DE MYON, Lieutenant au Regiment de Piémont, mort non marié.

FRANÇOIS, Chanoine de la Cathedrale de Metz.

DIEUDONNE', mort Cornette au Regiment d'Allamont.

GABRIEL DE MYON, Baron de Gombervaux, Capitaine au Regiment de Lenoncourt, a épouſé en 1693, Françoiſe de Drouet, fille de Pierre de Drouet, Seigneur de Sainte Liviere, Meſtre de Camp, Brigadier & Inſpecteur de la Cavallerie de France, & de Marie Gabrielle de Broſſart.

GABRIEL-DOMINIQUE. CHARLES-FRANÇOIS. MARIE FRANÇOISE DE MYON.

CLAUDE DES SALLES I. DU NOM.

EXTRAIT DE LA GENEALOGIE DE LA MAISON des Salles, par M. d'Hozier.

CLAUDE DES SALLES, Seigneur de Coucey, Baron de Gouhécourt, & Mareſchal de Camp ſous Henry IV. qu'il ſuivit dans toutes ſes guerres, laiſſa de ſa femme Catherine de Riviere, Dame de Mercy, fille de Claude de Riviere, Seigneur d'Eſſey, Bailly de S. Mihiel, & de Marguerite de Mercy, Sarra des Salles, mariée le 31 Août 1594, à Jean de Beauvau, Seigneur d'Epenſe; Loüiſe des Salles, Dame de Mercy, l'an 1595, & femme de Claude de Verrieres, Seigneur de Montbras, & d'Amanty, Capitaine de cinquante hommes d'armes d'Ordonnances, & Henry qui ſuit.

Repriſes de la Seigneurie de Coucey, & de celle de Longchamp, par Claude des Salles, le 15 Fevrier 1573.

NICOLAS de Lorraine, Duc de Mercueur, par la grace de Dieu, Marquis de Nomeny, Comte de Vaudémont & de Challigny, Lieutenant General pour notre trés amé Seigneur & Neveu Charles, par la meſme grace de Dieu, Duc de Calabre, Lorraine, Bar, Gueldres, Marchis, Marquis du Pont, Comte de Provence, Vaudemont, Blamont, &c. Zutphen, &c. A tous ceux qui ces Preſentes verront, Salut. Sçavoir faiſons que cejourd'huy datte de cettes, notre cher & bien amé Claude des Salles, Seigneur de Couſſey & Lonchamp en partie, a reprins de Nous, & Nous a fait les foy, hommages & ſerment de fidelité que tenu eſtoit faire, de tout ce qu'il tient en Fief dudit Seigneur notre Neveu au Bailliage de S. Mihiel, & generallement és Duchez de Lorraine & Barrois, à quoy l'avons fait recepvoir par Reverend Pere en Dieu Meſſire Pierre du Chaſtelet, Eveſque & Comte de Toul, Chef du Conſeil, ſauf le droit dudit Seigneur notre Neveu & celuy d'autruy, & lui avons fait enjoindre d'en bailler ſes adveux & dénombrements en la Chambre des Comptes de Barrois dedans quarante jours prochains; & ſuivant la datte de ceſtes, par leſquelles donnons en mandement à nos chers & bien amés les Bailly de S. Mihiel, Preſident & Gens du Conſeil & des Comptes, Procureur general de Barrois, & à tous autres Juſticiers & Officiers dudit Seigneur notre Neveu qu'il appartiendra: Que ſi par faulte de repriſe, devoir non fait ou dénombrement non donné, leſdits Fiefs, ou partie d'iceulx, eſtoient ſaiſis ou empeſchez, ils lui en levent incontinent la main à pur & à plein, en remettant le tout au priſtin eſtat & deub; Car ainſi nous plaiſt. En teſmoing de quoy, Nous avons à ceſdittes Preſentes, ſignées de notre propre main, fait mettre & appendre le grand Scel dudit Seigneur notre Neveu. Données à Nancy le quinziéme jour du mois de Febvrier mil cinq cens ſoixante & treize, avant Paſques. Ainſi ſigné NICOLAS, & ſur le reply, Par Monſeigneur le Duc de Mercueur, Lieutenant General, &c. les Sieurs Eveſque & Comte de Toul, Chef du Conſeil, & de la Mothe Maiſtre des Requeſtes Ordinaire, preſents; contreſigné pour Secretaire M. Henry. *Regiſtrata, Idem.*

La

La presente Copie est extraite de mot à mot du Registre des Lettres Patentes, expediées sous le grand Scel des Armes de Lorraine, en l'année 1574, fol. 32. recto; lequel Registre est dans la Chambre du Tresor des Chartres de S. A. en son Château de Nancy; ce que le soubsigné Commis, Garde dudit Tresor, certiffie estre veritable. Audit Nancy, le dix-huitiéme Novembre mil six cens soixante-huit. Signé VIGNOLLES.

Foy & homage rendus à Charles III. Duc de Lorraine, par Claude des Salles, pour les Seigneuries des deux Vouthons, & de Dainville-aux-Forges, le 6 Avril 1576.

CHARLES par la grace de Dieu, Duc de Calabre, Lorraine, Bar, Gueldres, Marchis, Marquis du Pont à Mousson, Comte de Provence, Vaudemont, Blamont, Zutphen, &c. A tous ceux qui ces presentes verront, Salut. Sçavoir faisons, que cejourd'huy datte d'icelles, notre cher & bien amé François de Bourgongne, Licentié en Loix, au nom & comme Procureur de notre tres cher & feal Claude des Salles, Seigneur de Gohecourt, fondé de Procuration speciale passée pardevant D. Guenard Tabellion, sous le Scel de notre Cour & Tabellionnage de ce lieu, en datte du vingtiéme jour du mois de Mars en dernier, de laquelle Nous est apparu, a reprins de Nous, & Nous a fait les foy, hommage & serment de fidelité qu'iceluy des Salles estoit tenu faire des Terres & Seigneuries de Voton le haut & le bas, la Forge d'Ainville, & generallement de tout ce entierement qu'il tient & possede mouvant de Nous en Fief en nos Duchez de Lorraine & Barrois, à quoy l'avons fait recevoir par notre tres cher & feal Conseiller & Chef de notre Conseil Reverend Pere en Dieu, Pierre du Chastellet, Evesque & Comte de Toul, saulf notre droit & l'aultruy, & luy fait enjoindre d'en bailler ses adveux & dénombrements en la Chambre de nos Comptes desdits Duchez qu'il appartiendra, dedans quarante jours aprés la datte de cestes. Si donnons en mandement à nos amés & feaux Conseillers les President & Gens de nosdits Comptes, Baillis, Prevosts, Procureurs, Receveurs generaux & particuliers, leurs Lieutenans & Substituts, & tous autres Officiers, Justiciers, Vassaux, Hommes & Subjets qu'il appartiendra: Que si par faulte de reprinse, debvoir non fait, ou dénombrements non baillez, lesdits Fiefs, ou partie d'iceulx, estoient saisis ou empeschez, ils en levent incontinent la main à pur & à plein audit des Salles, remettant le tout en son pristin estat & deub: Car ainsi Nous plaist. En tesmoing de quoy Nous avons à cesdites presentes, signées de notre main, fait mettre & appendre notre grand Seel. Données en notre Ville de Nancy, le sixiéme jour d'Avril mil cinq cens soixante seize. Ainsi signé CHARLES, & sur le reply est escrit, Par Monseigneur le Duc, &c. le Sieur de la Mothe Maistre des Requestes present; contresigné M. Henry. *Registrata, Idem.*

La presente Copie est extraite de mot à mot du Registre des Lettres Patentes, expediées sous le grand Scel des Armes de Lorraine, en l'année 1576, fol. 3. recto; lequel Registre est dans la Chambre du Tresor des Chartres de S. A. en son Chasteau de Nancy; ce que le soussigné Commis, Garde dudit Tresor, certiffie estre veritable. Audit Nancy, le dixhuitiéme Novembre mil six cens soixante-huit. Signé VIGNOLLES.

RIVIERE *porte d'argent au chef emmanché de sable.*

Extrait de la Genealogie de la Maison de Riviere, par Balthazar Houat, Herault d'Armes de Lorraine.

GUILLAUME DE RIVIERE épousa en 1475 Marie de Custine.

JEAN DE RIVIERE, Seigneur d'Essey, Echanson du Roy René II. & Gouverneur d'Einville, decedé en 1510, épousa Nicole des Armoises, fille de Jacques, & d'Eve de Sampigny.

CLAUDE DE RIVIERE, Seigneur d'Essey, Seneschal de Lorraine, Capitaine & Prevost de Dun, en 1523, le 23 Janvier, épousa 1°. N. fille d'Aubert, bâtard de Lorraine. 2°. Beatrix de Craincourt, fille de Robert, & de Marguerite de Jussy. 3°. Catherine de Harenge, remariée à Foucaut de Joyeuse, Comte de Grandpré.

2. Lict.
MARGUERITE DE RIVIERE, épouse de Ferry de Jaulny.

3. Lict.
CLAUDE DE RIVIERE, Seigneur d'Essey, de Vatimont, & de Letricourt, Capitaine de Dun, Bailly de S. Mihiel: Charge qu'il remit à Perrin de Vatronville, lors qu'en 1556 il fut pourvû de la dignité de Seneschal du Barrois, vacante par la mort de Claude de Beauvau, Seigneur de Sandecourt; avoit épousé Marguerite de Mercy. fille d'Antoine de Mercy, & de Marguerite de Merode.

DANIEL DE RIVIERE, decedé à l'âge de 17 ans, l'an 1581, non marié.

CATHERINE DE RIVIERE, mariée à ~~Philippe~~ Claude des Salles, Seigneur des Vouthons, de Coussey, &c.

Vente de la moitié de la Seigneurie de Rebeufville, par Claude des Salles, & Catherine de Riviere sa femme, à Jean Monginot, le 4 May 1577.

SCACHENT tous qu'en la Cour Monseigneur le Duc notre Souverain Seigneur de son Tabellionage de Chastenoy & du Neufchastel, pour ce personnellement estably honoré Seigneur Claude des Salles, Seigneur de Gouhecour seul, Coussey en partie, &c. se faisant & portant fort de Damoiselle Catherine de Ripviere sa femme & épouse, par laquelle il a promis faire ratiffier & émologuer le contenu és presentes, toutes & quantes fois qu'il en sera requis, sy mestier est; lequel volontairement sans contrainte aucune, a reconnu & confessé avoir vendu, & par ces presentes vend pour toujours perpetuellement sans rappeller, à noble homme Jean Monginot, demeurant audit Neufchastel, & à Demoiselle Anne Martin sa femme, absents, stipullans & acquestans par moy Tabellion soubscript, pour eulx, leurs hoirs & ayans causes, la moitié par indivis de la grande Seigneurie du Village de Rebeufville, Ban & Finage d'illec, partable pour l'autre moitié contre Monsieur de Bourlémont, comme elle se contient & comporte en moyenne & basse Justice, Amendes, Tailles, Fours, Ripvieres, en Rentes, Cens, Revenus d'or & d'argent, Grain, Vin, Chapons, Poulles, & autres droits d'icelle, & generallement tout ce entierement que peut appartenir & deppendre desdites deux Seigneuries en quelques droits, heritages, rentes & revenus tant de Fief que roture que ce soient ou puissent estre, & se trouver, sans en aucune chose reserver ny retenir, chargez du droit de fidelité envers notredit souverain Seigneur, & au demeurant franches & quittes de touttes charges quelconques: Et a été fait ce present vendage pour & moyennant le prix & somme de deux mil trois cens frans de principal, & quatre frans aux vins, le tout monnoye de Lorraine, que ledit Sieur Vendeur a confessé avoir eû & receû desdits Acquesteurs, dont il s'est tenu pour comtant & bien payé à la creantation des presentes; desquelles deux Seigneuries iceluy Sieur Vendeur s'en est desaisy & depossessionné, & en a mis en possession réelle & actuelle lesdits Acquesteurs par la tradition des presentes; voulant & entendant par cestes, que les Officiers & Hommes d'icelle Seigneurie obeïssent à l'advenir & pour tousjours ausdits Acquesteurs, leurs hoirs, successeurs & ayans causes, comme auparavant cestes faisoient audit Sieur Vendeur; lequel Sieur Vendeur a promis par sa foid & sur son honneur, soubs l'obligation de tous & un chacun ses biens meubles, immeubles, Terres, Seigneuries, rentes & revenus presens & advenir par tout, de tenir, faire tenir, & avoir à tousjoursmais ledit present vendage pour agreable, ferme & stable, sans jamais aller, faire aller, souffrir ne permettre estre allé au contraire en maniere que ce soit ou puisse estre, & le garantir, conduire & deffendre de tous troubles & empeschements quelconques ausdits Acquesteurs, leursdits hoirs, successeurs & ayans causes, contre & envers tous jusques à droit, soubmettant quant à ce tous sesdits biens aux Jurisdictions, forces, & contraintes de mondit Seigneur le Duc, de ses Justices, & de touttes autres, comme pour chose congnuë & adjugée par droit, toutes exceptions arriere-mises. En tesmoing de quoy sont cesdittes presentes scellées du Scel dudit Tabellionnage, sauf tous droits; que furent faites & passées pardevant moy Jean de Bourgogne Tabellion Juré és Bailliage de Nancy, Vosges, & Comté de Vaudemont, le quatriéme jour du mois de May, l'an de grace Notre Seigneur mil cinq cens soixante dix-sept, presents honnêtes hommes Jean Roze, demeurant à Vaubecourt, Gerard Jasquemard, dit le Camus, Soldat, demeurant à Vassy, & Nicolas Gratieux, Jardinier, demeurant à Vaucouleur, témoins à ce appellés & requis; signé en fin J. de Bourgongne., avec paraffe, & scellé comme dessus en cire rouge à doubles queües de parchemin pendantes.

Accord entre Claude des Salles, Seigneur de Coussey, de Gouhecourt, & des Vouthons, d'une part; & Henry des Salles, Seigneur de Vernancourt, d'autre; au sujet du Doüaire de Renée de Haussonville. Du 7 Juin 1602.

A Tous ceux qui ces presentes Lettres verront. Didier Lorrain, Garde des Seaulx Royaulx de la Prevosté de Vaucouleur, Salut. Sçavoir faisons, que pardevant Maistre Nicolas Martin, Nottaire Royal en ladite Prevosté, furent presens en leurs personnes honorés Seigneurs Claude des Salles, Seigneur de Gouhecourt, des Voulton, Couxey, &c. demeurant audit Couxey, d'une part; & Henry des Salles, Escuyer, demeurant à Vernancourt, d'autre part: Et recongnurent que pour assoupir & terminer tous Procés & differents meus & à mouvoir entre lesdittes Parties, pour ce que ledit Seigneur de Gouhecourt prétendoit avoir payé plusieurs & grandes sommes de deniers, pour & au nom & en l'acquit de feu honoré Seigneur Christophe des Salles, vivant Bailly de Vitry, Seigneur dudit Vernancourt, Pere dudit Sieur Henry des Salles, tant à deffuncte Dame Renée de Haussonville, Mere desdits Seigneurs de Gouhecourt & Vernancourt, pour son Doüaire, que montoit par an à la somme de sept cens frans Barrois, evalué à la somme de cent cinquante-cinq Escus & demy trois sols quatre deniers, laquelle somme luy estoit assignée prendre pour la part dudit Seigneur deffunt, sur les Terres & Seigneuries de Honcourt & Malancourt venduës audit Seigneur de Gouhecourt par ledit Sieur deffunt de Vernancourt, franches & déchargées de toutes choses quelconques; & que depuis lesdites Terres & Seigneuries se seroient trouvées chargées dudit Doüaire, pour lesquelles décharger ledit Seigneur deffunt de Vernancourt auroit assigné & constitué ladite rente sur la Terre & Seigneurie dudit Vernancourt, circonstances & deppendances d'icelle, & generallement tous ses aultres biens ; & ledit Seigneur Henry des Salles pretendoit que ledit Seigneur de Gouhecourt auroit receu au surplus grande somme de deniers de Dame Philippe de Ludre, Dame & Doüairiere de S. Amand, appartenant audit Seigneur Henry des Salles, de la vente faite à ladite Dame par ledit Seigneur de Gouhecourt ; & ledit Sieur Henry des Salles, de partie des Terres & Seigneuries de Gerbeviller, Bazemont, appartenantes audit Seigneur Henry des Salles, & autrement : lesdites Parties ayans prins sur ce advis de leurs Parents & bons Amis, s'en sont accordés ainsy que s'ensuit : Sçavoir est, qu'ils demeurent quittes les uns envers les aultres, tant desdits differents cy-dessus cottés, que de touttes autres choses quelconques qu'ils ont heeus affaire par ensemble jusques à huy, & demeurent touttes autres Transactions faites entr'eux, fors la presente, pour vaine & casse, & comme chose non advenuë : Et ledit Seigneur de Gouhecourt a quitté & déchargé au proffit dudit Sieur Henry des Salles, pour luy, ses heritiers & ayans causes, la Terre & Seigneurie de Vernancourt, & ses aultres biens, de sesdites prétentions ; & à cet effet, a mis és mains dudit Seigneur Henry des Salles, ses Contracts, Quictances, & autres Pieces qu'il avoit sur les Pieces dudit deffunt, & particulierement sur les Terres & Seigneuries dudit Vernancourt, & dont lesdites Parties se tiennent pour comtant. Sy comme les Parties ont dit, stipulez & acceptez ; ce que lesdites Parties ont aussi acceptés ; promettans tenir & avoir pour agreable, ferme & stable ce que dessus, à peine de tous dépens, dommages & interests ; obligent respectivement tous & un chacun leurs biens meubles & immeubles presens advenirs, renoncent à touttes choses contraires à ces presentes. En tesmoing de quoy, avons à la relation dudit Martin Nottaire, qui a signé la minutte de ceste & la presente grosse, comme exerçant le Tabellionnage de ladite Prevosté, scellé ces presentes du Scel Royal de ladite Prevosté. Fait & passé au Chasteau de Lisle en bras, le vingt-septiéme jour du mois de Juin mil six cent deux, environ les neuf heures du matin ; & se sont lesdites Parties soussignées en ladite minute avec ledit Nottaire, suivant l'Ordonnance. Signé MARTIN, avec paraffe.

EPITAPHE DE CATHERINE DE RIVIERE, femme de Claude des Salles.

EPITAPHE d'honorée Dame Catherine de Riviere, en son vivant femme à honoré Seigneur Claude des Salles, Seigneur de Gouhecourt, Couxey, & ce lieu, laquelle Dame mourut le quinziéme Febvrier mil cinq cens quatre-vingt & trois.

Les soussignés Curé des Voutons haut & bas, Maire, Procureur Fiscal, & Greffier desdits lieux, certiffient à tous qu'il appartiendra, que l'Extrait cy-dessus est conforme, & se rapporte de mot à autre à l'intitul de l'Epitaphe de feüe Madame de Riviere, femme audit Seigneur Claude des Salles, vivant Seigneur de ce lieu ; laquelle Epitaphe est posée en l'Eglise de Vouthon le haut, à main gauche en entrant au dessous du Maître Autel ; & à côté sont les Armes des seize quartiers.

Fait

Fait à Vouthon le haut, cejourd'huy quatriéme Aouſt mil ſix cent ſoixante-neuf, ſous le ſeing du Sieur Curé, les nôtres, & celuy de notre Greffier. Signé Baudin, Curé des Vouthons; Rouyer, Mayeur; Viart, Pr. Rouyer, Lieutenant; & Soyez, Greffier des Vouthons, avec paraffe.

Traité de Mariage entre Sara des Salles, fille de Claude des Salles, & Jean de Beauvau, Seigneur de Rorté & d'Epence. Du 14 Avril 1594.

SCACHENT tous que pardevant Nous Charles Sartorme & Aaron de Marſal Nottaires Royaux en la Ville & Cité de Metz, reſidens audit lieu, ſouſſignez; Furent preſens en leurs perſonnes honorée Dame Magdelaine d'Eſpence vefve de feu Alophe de Beauvau, en ſon vivant Chevallier, Seigneur de Rorthey & Merigny, honoré Seigneur Jean de Beauvau, fils dudit deffunt & de ladite Dame deffuncte, aſſiſté de Alophe de Beauvau ſon frere; honoré Seigneur Claude des Salles, Chevallier, Seigneur de Gouhecourt; Damoiſelle Sara des Salles, fille dudit Seigneur Claude des Salles, & de deffuncte Dame Catherine de Riviere ſon épouſe; laditte Sara ſuffiſamment licentiée & autoriſée par d'hond. Sieur; honoré Seigneur Henry des Salles, fils dudit Seigneur de Gouhecourt, & frere de ladite Damoiſelle Sara; Damoiſelle Louïſe des Salles auſſi leur ſœur; honorée Dame Marguerite de Riviere, vefve de feu Ferry de Jaulny, en ſon vivant Chevallier, Seigneur dudit lieu; leſquels ont recongnus que pour parvenir au Mariage eſperé d'entre ledit Jean de Beauvau & ladite Damoiſelle Sara des Salles, ils avoient volontairement, ſans force ou contraintes, & avant que faire aucune promeſſe dudit Mariage, traité, conclud, arreſté & accordé les pactions, couſt, conventions, telles que s'enſuivent. C'eſt aſſçavoir qu'aprés incontinent la Benediction nuptialle & conſommation dudit Mariage, leſdits Conjoints ſeront uns & communs en tous biens meubles, & conqueſts immeubles qu'ils feront conſtant leur Mariage, pour eſtre partagez entre le ſurvivant & les heritiers du prémourant égallement, nonobſtant les Coutumes du Bailliage de Vitry, & autres conformes, auſquelles, & à chacune d'icelles, ont leſdites Parties dérogés pour ce regard: En faveur & contemplation duquel Mariage, ladite Dame Magdeleine d'Eſpence a donné, aſſigné & promet garentir audit Seigneur Jean de Beauvau ſon fils, ce acceptant, le Chaſtel & Maiſon forte, la Baſſecour, Jardins, Vignes, Preys, Terres labourables, Moulins à eaux & à vent, Haute Juſtice, moyenne & baſſe, & Seigneurie dudit lieu d'Eſpenſe, & generallement tout ce qui compette & appartient à ladite Dame, audit Chaſtel, Village, bien, finage & territoire dudit Eſpence, excepté les meubles; pour joüir dudit don & aſſigné, tant par ledit Jean ſon fils, que ſes hoirs & ayans cauſes, en tous droits, proprieté & poſſeſſion, comme de la choſe propre dés à preſent irrevocablement; & ſi outre ce, ladite Dame d'Eſpence donne & aſſigne audit de Beauvau ſon fils, la Terre, Juſtice, & Seigneurie de . . . . . en quoy qu'elle puiſſe conſiſter, & tout ce qui eſt aſſis luy peut appartenir au Village, ban & territoire dudit lieu, avec les Garennes & Eſtangs, même celuy de Roucy preſt, pour joüir par ledit Jean de Beauvau, ſes hoirs & ayans cauſe dés à preſent, en tous droits de fond, proprieté & poſſeſſion, excepté l'uſufruit; duquel uſufruit ladite Dame joüira ſa vie durant, ſuivant la reſervation par elle faite: Et encore ladite Dame a donné & aſſigné audit Jean de Beauvau ſon fils, la Terre, Juſtice & Seigneurie du Poix en Champagne, avec le Moulin, Garennes, & ce qu'elle a d'heritages aſſis au Village, Ban, Finage & Territoire dudit lieu, pour en joüir par ledit de Beauvau ainſi, & à la reſervation des uſufruits, au profit de ladite Dame ſa vie durant comme deſſus: Et avec ce, ladite Dame a donné & aſſigné audit Sieur de Beauvau ſon fils, les Bois appellés la Teſte S. George, tenant d'un bout aux Terres du Viel Dampierre; & d'autre bout, aux Preys ſus Eſves, d'une part, aux Baicts de Sivry au long du foſſé qui conduit au grand Petit Regny, qui eſt d'autre part aux Terres de la Cenſe du grand Lin aux Bois de la Franche Saulx, & au petit Bois de Beaulieu, pour en joüir par ledit de Beauvau, dés à preſent, en tous droits de fond & proprieté, comme dit eſt, à charge de l'uſufruit, que ladite Dame s'eſt reſervé pendant ſa vie durant deſdites Terres & Seigneuries aultres que dudit Eſpence, & aprés ſa mort eſtre ledit uſufruit conſolidé à ſa proprieté, & demeurer le tout audit de Beauvau; & neanmoins durant le temps dudit uſufruit pour ledit de Beauvau, y prendre bois pour le chauffage de ſa maiſon, & autre qui s'y pourra trouver propre, pour eſtre appliqués & employez aux reffections & réparations de ladite Maiſon d'Eſpence: Leſquelles donnations ſont faites & aſſignées par ladite Dame audit de Beauvau ſon fils pour tout le partage & droit ſucceſſif qu'il pourra prétendre és ſucceſſions tant dudit deffunt Elophe de Beauvau ſon pere ja eſcheües, que ladite Dame d'Eſpence ſa mere à eſcheoir, auſquelles ledit Jean de Beauvau, moyennant ce que deſſus, a quitté & renoncé; & outre ce, conſent & accorde que leſdites donnations & aſſignés à luy faits, ſortiſſant nature de partage, ſeront hypotecqués, tenus & chargés comme les autres lots & partages que ladite Dame entend faire & aſſigner à ſes autres enfans mâles, ou enfans d'iceux, de partie la ſomme qui reſte à payer pour le mariage des Sœurs dudit Jean de Beauvau, ſelon & à proportion de la plus ou moins valleur qui ſe trouvera eſtre de ſon lot au regard des autres, aprés que la priſée & evaluation d'un chacun d'iceux en ſera faite: Et d'autant que René de Beauvau repreſentant la perſonne de René de Beauvau ſon pere, en ſon vivant fils aîné de ladite Dame d'Eſpence, au cas qu'il ſurvive ladite Dame ſon ayeule, pourroit à l'advenir prétendre que ledit Chaſtel & Maiſon forte d'Eſpenſe luy appartiendroit par droit d'aîneſſe, ſuivant la Coutume du Bailliage de Vitry,

& qu'il opteroit pluſtoſt ladite Maiſon, que celle de Benigpont aſſize au Bailliage, laquelle eſt de moindre valeur, ledit Jean de Beauvau pour ladite mieux valluë a quitté & renoncé au quart qui luy compette & appartient au Chaſtel & Maiſon forte de Merigny enclos des murailles, jardin devant la porte, prés dudit jardin & vigne dudit lieu, ſi mieux n'ayme ledit René de Beauvau prétendre deux cens cinquante livres de rente ſur ce qui peut appartenir audit Jean de Beauvau en la Terre, Juſtice & Seigneurie de Rorthey, Chermizey & . . . . . leſquelles deux cent cinquante livres de rente ou quart de maiſon de Merigny comme deſſus, ledit Jean de Beauvau quitte & cedde pour ladite recompenſe audit mineur ſon neveux abſent & ſtipulant par ladite Dame d'Eſpenſe ſon ayeule ; le tout au cas que ledit René de Beauvau mineur ſurvive ladite d'Eſpenſe ſon ayeule ; autrement, où ladite Dame le ſurvivroit, ledit quart de la maiſon de Merigny clos de murailles, jardin, prey, vigne, & deux cens cinquante livres de rente, demeureront audit Jean de Beauvau, d'autant que ledit mineur mourant avant ladite Dame ſa grande mere, & ſans enfans de loial mariage, n'a aucun droit d'aîneſſe ſur les biens d'icelle ; & ſy a eſté accordé que les meubles de ladite Dame entend laiſſer & donner audit Jean de Beauvaux ſon fils, pour s'accommoder, ſeront priſés & evalués, afin que chacun de ſes autres fils, ou enfans d'iceux, en ayent autant à l'advenir : & où, aprés le deced de ladite Dame, & que chacun de ſes fils, ou enfans d'iceux, en avoient receus pour pareille ſomme que ledit Jean de Beauvau, ſy en trouvera reſter en la ſucceſſion mobiliaire en icelle, ſera ledit reſte partagé entre leſdits Jean de Beauvau, ſeſdits freres, ou leurs enfans, nonobſtant les renonciations que deſſus. Que ſi ledit Jean de Beauvau decede auparavant ladite Dame d'Eſpenſe ſa mere, ſans enfans dudit mariage ou d'autre ; en ce cas, & où il n'y auroit aucune alienation deſdites donnations cy-deſſus ſpecifiées, qui ayent eſté faites par ledit Jean de Beauvau, icelles retourneront à ladite d'Eſpenſe ſa mere, en tous droits de proprietés & poſſeſſion, pour diſpoſer du contenu en icelles ainſi que bon luy ſemblera, & qu'elle peut faire auparavant que les avoir donné. En faveur, auſſi en contemplation duquel mariage ledit Claude des Salles, Seigneur de Gouhecourt, du conſentement dudit Henry & Loüiſe des Salles ſes enfans, a donné & aſſigné irrevocablement à ladite Damoiſelle Sara des Salles ſa fille, la part & portion de la Maiſon, Terre, Juſtice & Seigneurie de Vatimont, appartenances & deppendances d'icelle, ſans aucune choſe réſerver de ce qui ſouloit appartenir à ladite deffunte Dame Catherine de Riviere, qui reſte rachepter & raqueſter par ledit Sieur de Gouhecourt, pour en joüir dés à preſent par ladite Damoiſelle Sara des Salles, ſes hoirs & ayans cauſe, pour tousjours, en tous droits de fond, proprieté & poſſeſſion, comme de la choſe propre : Et outre ce ledit Seigneur Claude des Salles, de même conſentement deſdits Henry & Loüiſe ſes enfans, donne & aſſigne à ladite Damoiſelle Sara des Salles ſa fille, le tier en la part & portion qui ſouloit appartenir à deffunte honorée Dame Renée de Hauſſonville, vefve en premieres nopces de deffunt honoré Seigneur Philippe des Salles pere & mere dudit Seigneur Claude des Salles, és Terres, Maiſons, Seigneuries & Juſtices de Gerbeviller & Bazemont, avec leurs appartenances & deppendances, ſans aucune choſe réſerver dudit tier de la ſucceſſion de ladite Hauſſonville, eſcheu audit Seigneur de Gouhecourt eſdits lieux : Et avec ce, a ledit de Gouhecourt donné & aſſigné à ladite Damoiſelle Sara ſa fille, la Maiſon eſcheutte à ſeſdits enfans à la Ville de Sedan, par le deced de feüe Madame de Joyeuſe leur grande mere, pour joüir deſdites donnations par ladite future Epouſe, comme deſſus, dés à preſent pour tousjours, & moyennant leſquelles ladite Damoiſelle Sara des Salles a quitté & renoncé, au proffit dudit Sieur Henry des Salles ſon frere, ce acceptant pour luy & ſes enfans procreez en legitime mariage, à la ſucceſſion dudit Sieur de Gouhecourt leur pere, & au reſidu de la ſucceſſion de ladite deffunte Catherine de Riviere leur mere, excepté pour le regard des biens que honorée Dame Catherine de Harange, à preſent femme du Seigneur Comte de Grandprey, & auparavant vefve de feu honoré Seigneur Claude de Riviere, biſayeul maternel de ladite

Damoiselle Sara, possede & tient par droit de doüaire dudit deffunt son mari de Riviere ; esquels biens, aprés que ledit doüaire sera esteint, ladite Damoiselle Sara partagera avec lesdits Henry & Loüïse, & semblablement en touttes autres successions collateralles qui pourront cy-aprés escheoir audit Henry, Sara & Loüïse, selon les Coutumes des lieux où les biens desdites successions seront assis : Et neanmoins si lesdites donnations & assignés faits par ledit de Gouhecourt à ladite Damoiselle Sara sa fille, a été convenu & accordé, que partie d'icelle & jusques à la concurrence de quinze mil frans Barrois, sortiront nature de meubles entre lesdits Conjoints, soit que les choses ainsy données demeurent tousjours en nature d'heritage, soit qu'elles soient venduës ou eschangées, pour estre ladite somme de quinze mil frans Barrois apportée & appliquée en la communauté desdits Conjoints, & icelles ou partie desdites Terres Seigneuries, jusques à la concurence de ladite somme, partagée également entre le survivant & les heritiers du prémourant, n'étoit que ladite Damoiselle Sara survescust ledit Sieur de Beauvau son futur Epoux, & qu'il n'y eust enfans de leur mariage, auquel cas elle prendra par préciput & avant partage, la somme de cinq mil livres, faisant le tier desdits quinze mil frans, pour luy sortir nature de propre, demeurans les autres dix mil frans en nature de meubles comme dessus ; & moyennant ce, ledit Seigneur de Gouhecourt demeure déchargé de vestir, habiller & faire les festins de nopces de sadite fille ; ensemble de la reddition de compte, & de tout ce qu'il pourroit estre tenu envers ladite Damoiselle Sara, à cause de la tutelle & garde-noble d'icelle que ledit Seigneur de Gouhecourt administre : Et sera tenu ledit Seigneur d'Espense d'habiller ladite Damoiselle Sara d'habits nuptiaux, selon sa qualité, & faire le festin de nopces. Et pareillement en faveur & contemplation dudit Mariage, ladite Dame Marguerite de Riviere a voulu & ordonné que lesdits Henry son neveux, Sara & Loüïse ses niepces & heritiers présumptifs, ce stipulant & acceptant de la licence & congé de leurdit pere, succedans à la succession universelle de ladite Dame de Riviere, & partageront son heredité entr'eux, en la mesme façon qu'ils pourroient faire par la Coutume des lieux en ligne directe, & comme si ladite Dame Margueritte estoit leur propre mere ; en sorte que lesdits enfans, & ceux d'eulx ou de l'un d'eulx, puissent representer en ladite succession leur pere ou mere, nonobstant que la Coutume des lieux és lignes collateralles excluë les filles, ayans freres vivans, de la succession collateralle ; ausquelles Coutumes, & mesmement aux particulieres de Clermont, S. Mihiel & Barrois à toutes autres Coutumes à ce contraires, a ladite Dame Marguerite, ensemble lesdits Henry, Sara & Loüïse des Salles ont renoncés & renoncent pour ce regard ; & outre ce, ladite Dame Margueritte a donné & promet délivrer ausdits futurs Conjoints, presents & acceptans, comme dit est, la somme de mil écus en meubles, & argent monnoyé. Pareillement ledit Seigneur de Gouhecourt, outre ce que dit est, assigne à ladite Loüïse sa fille, ce acceptante par la licence dudit Seigneur de Gouhecourt son pere, la Baronnie, Chastel, Terre & Seigneurie de Mercy, assize au Duché de Luxembourg, ses deppendances, selon & ainsy que ladite Baronnie, Terre & Seigneurie de Mercy sont escheuttes & advenuës ausdits Henry, Sara & Loüïse des Salles, par la succession de leurs prédecesseurs, sans rien réserver ny hors, pour par ladite Loüïse en joüir dés à present pour sa part & portion hereditaire en la succession paternelle à escheoir & maternelle à escheutte ; renonceant au surplus d'icelles successions au proffit dudit Henry des Salles, & ses enfans procréez en legitime mariage, réservé que ladite Loüïse partagera és biens possedés par ladite Dame de Grandprey, & autres successions collateralles, comme ladite Sara, selon qu'il est dit cy-devant : Et sera tenu ledit Sieur de Gouhecourt de faire valloir ledit partage de ladite Loüïse, & le rendre égal à ce qui est assigné à ladite Sara, pour les rendre égales : Et en cas que Doüaire ait lieu, ledit Seigneur Jean de Beauvau a doüé ladite Damoiselle Sara sa future Epouse, de la somme de deux cens écus de rente annuelle sa vie durant de doüaire préfix, & de la moitié de la Maison d'Espence, pour en joüir par elle en droit de doüaire & d'usufruit, à charge de l'entretenir

de

de réfections & réparations, que usufruitieres, en bon pere de famille, sont tenus faire ; duquel doüaire préfix ladite future Epouse s'est contentée, & à celle fin a renoncé au doüaire Coutumier introduit par ladite Coutume de Vitry, & autres, esquelles ledit Seigneur d'Espence pourroit avoir des biens assis sujets au doüaire ; lequel doüaire préfix sera repris & receu par ladite Damoiselle Sara sur le revenu de ladite Terre & Seigneurie d'Espence, qui du consentement dudit de Beauvau, & de ladite Dame d'Espence sa mere, demeure liée & affectée à cette fin ; sauf toutes fois où il n'y auroit Enfans dudit Mariage, qu'en ce cas ladite future Epouse aura le choix d'opter ou ledit doüaire préfix, ou le Coustumier, selon que bon luy semblera ; & en outre, où que l'un ou l'autre desdits doüaire aura lieu, ladite Damoiselle Sara prendra son chauffage pour elle & sa famille audit Espence, & tous autres especes de bois necessaires pour réparer & entretenir ladite Maison d'Espence & ses deppendances esdits bois : Et au cas que ledit futur conjoint ou l'un d'eulx vendent ou alienent aucun de leurs fonds pour la commodité ou bienseance de leurs Maisons, on pour la necessité, il sera rétabli sur les biens de leur communauté, hormis les quinze mil livres & bien de ladite Damoiselle, qui doivent demeurer en communauté, selon qu'il est dit cy-devant. Toutes lesquelles conventions, pactions, donnations & partages ont esté faits & accordés, promis & stipulés par toutes lesdites Parties cy-devant nommées, mesmement par ledit Jean & Elophe de Beauvau ; Henry, Sara, Loüise des Salles, par la licence & authorité de leur pere & mere, tant pour la commodité & bienseance de leur Maison, que pour parvenir audit Mariage d'entre ledit Sieur Jean de Beauvau & ladite Damoiselle Sara des Salles ; lequel Mariage autrement ne se fust accordé ; ains par le moyen & en consequence desdits Convenans, donneront portions & partages cy-devant mentionnés. Ledit Sieur Jean de Beauvau a dés à present reçu pour sa femme & loyale épouse ladite Damoiselle Sara, laquelle aussi accepte dés à present ledit Jean de Beauvau pour son marit & loyal Epoux, & reïteront lesdites promesses de Mariage en face de l'Eglise, si comme lesdites Parties disoient & ont recognus pour estre vray : Pour entretenement & effet desquelles conventions, donnations, partages & pactions, & pour leur fait promesse chacun à son égard, ont obligés tous leurs biens meubles & immeubles presens & advenirs, & specialement ledit Sieur de Gouhecourt en son pur & privé nom, de faire valloir entre ses enfans, ou enfans de ses enfans, la forme de succeder à ladite Dame Margueritte de Riviere, selon la volonté de ladite Dame, & qu'il a été cy-dessus declaré : Et pour insinuer ces presentes par-tout où il sera necessaire, toutes lesdites Parties, & une chacune d'icelles respectivement, ont constitué leurs Procureurs le porteur de cettes, auquel elles donnent tout pouvoir & mandement special, pour & au nom desdites Parties, & d'une chacune d'elles respectivement, requerir & consentir l'insinuation du present Contract & donnation y mentionnée, pardevant tous Juges & toutes Cours & Jurisdiction qu'il appartiendra : pour plus grande approbation & témoignage de toutes les choses susdites, ont esté les presentes scellées du Scel commun de ladite Ville & Cité de Metz, où elles furent faites & passées à cinq heures aprés midy, chez honoré Sieur Bertrand de Monnias, Seigneur dudit lieu, Baron & Capitaine d'une Compagnie des vieilles Bandes Françoises, estant pour le service du Roy en Garnison en ladite Ville de Metz, à ce present, le quinziéme jour du mois d'Avril, l'an mil cinq cent quatre-vingt quatorze ; & ont toutes les Parties soubsignés la minutte des presentes demeurée és mains dudit Sortorme ; Ainsi, Magdelaine d'Espence, Claude des Salles, Gouhecourt, Margueritte de Riviere, Beauvau, d'Espence, Sara des Salles, Henry des Salles, Loüise des Salles, A. de Beauvau, Bertrand de Monnias.

N

Reprises faites par Henry des Salles, Seigneur des Vouthons, Landaville, &c. & Damoiselles Sara des Salles, & Louïse des Salles, ses Sœurs, de tous les Fiefs & Seigneuries à eux appartenans dans le Bailliage de S. Mihiel. Du 4 Novembre 1595.

CHARLES par la grace de Dieu, Duc de Calabre, Lorraine, Bar, Gueldres, Marchis, Marquis du Pont-à-Mousson, Comte de Provence, Vaudemont, Blamont, Zutphen, &c. A tous qui ces presentes verront, Salut. Sçavoir faisons que cejourd'huy dattes de cestes, notre tres cher & feal le Sieur Nicolas de Haraucourt de Haudonviller, Chambellan des Nostres, a reprins de Nous, tant au nom, & comme Procureur du Sieur Henry des Salles, Sieur des Vouthons & Landaville, que de celuy duquel il se porte fort, du Sieur Jean de Beauvau, Seigneur d'Espence, Naclieu, & à cause de Damoiselle Sara des Salles sa femme, & Louïse des Salles, Dame de Mercy, Frere & Sœurs; & Nous a ausdits noms ledit Sieur de Haraucourt, fondé de Procuration speciale à cet effet à Nous apparuë, en datte du vingtiéme jour du mois d'Octobre dernier mil cinq cens nonante-cinq, & scellée du Scel de notre Tabellionnage de Nancy, fait les foid, hommage & serment de fidelité, que lesdits Sieur & Damoiselles des Salles estoient tenus Nous faire, à cause des Terres de Fief & Seigneuries mouvantes de notre Duché de Bar, à eux escheües & obvenuës en notre Bailliage de S. Mihiel, par le decés de feüe Dame Margueritte de Riviere leur Tante maternelle, elle vivante Doüairiere de Jaulny; à quoy l'avons fait recevoir par notre tres cher & feal Cousin le Sieur Comte de Salm, Mareschal de Lorraine, & Gouverneur de Nancy, & enjoindre d'en donner & fournir dans trois mois, suivant la datte de cestes, les dénombremens en notre Chambre des Comptes de Barrois, selon qu'en tel cas est requis, sauf en tout notre droit & l'aultruy. Si donnons en mandement à nos Baillys, President, Gens du Conseil & desdits Comptes de Barrois, Prevosts, Procureurs generaux & particuliers, leurs Lieutenans & Substituts, Receveurs, & tous autres nos Officiers, Justiciers, Hommes & Sujets qu'il appartiendra, que sy par faute de reprinse, devoir non fait ou dénombrement non baillé, lesdites Terres & Seigneuries, ou partie d'icelles, estoient saisies ou empeschées, ils en levent incontinent la main, remettant le tout en son pristin estat & deub; car ainsi Nous plaist. En témoin de quoy, Nous avons à cesdittes presentes, signées de notre main, fait mettre & appendre notre grand Scel. Données en notre Ville de Nancy, le quatriéme jour du mois de Novembre mil cinq cens quatre-vingt quinze. Signé CHARLES; Sur le reply est escrit, Par Monseigneur le Duc, &c. les Sieurs Comte de Salm, Mareschal de Lorraine susdit; de Bourbonne grand Chambellan; de Mailhanne, Bailly de l'Evesché de Metz; de Mondreville; de Lenoncourt, Prieur de Lay; de Neuflotte, President des Comptes de Lorraine; & Bardin, Maistre aux Requestes ordinaire, presents. Contresigné Terrel. *Registrata*, L. Henry.

La presente Copie est extraite de mot à mot du Registre des Lettres Patentes, expediées sous le grand Scel des Armes de Lorraine, en l'année 1595, fol. 157. recto, lequel Registre est dans la Chambre du Tresor des Chartres de Son Altesse, en son Chasteau de Nancy; ce que le sous-signé Commis Garde dudit Tresor, certifie veritable. Audit Nancy, le 18 Novembre 1668. Signé J. VIGNOLLES.

HENRY DES SALLES.

EXTRAIT DE LA GENEALOGIE DE LA MAISON des Salles, par M. d'Hozier.

HENRY DES SALLES, Filleul de Henry IV. Seigneur de Coucey, Baron de Gouhecourt, Comte de Mont S. Jean en Luxembourg, Guidon des Gensdarmes du Duc de Boüillon, & duquel, & de sa femme Elizabeth de Merode, sœur de Françoise de Merode, femme de Jean Comte de Groesbeck; de Catherine de Merode, femme de Jean d'Olembruge de Duras, Baron de Rooſt; d'Anne de Merode, femme de Maximilien, Baron de Zoëtrenne, Neveu du deffunt Electeur de Treves; & de Marguerite de Merode, femme de Jacques de Salmier, Baron de Malleroy, filles d'Everard, Baron de Merode, & de Mahaud de Rhingraff, sortirent neuf enfans. *François* des Salles, l'aîné, mourut jeune. *Claude* des Salles, le second, fut Baron de Roltay. *Henry*, Baron des Salles, le troisiéme, Seigneur des Vouthons, Colonel de deux Regimens d'Infanterie, & de Cavalerie, pour le service du Roy, & Capitaine d'une Compagnie de Carabins, épousa Marie Madeleine Vincent de Genicourt, fille de Jean, Baron d'Autry, Conseiller du Roy en tous ses Conseils, Maistre des Requestes ordinaire de son Hostel, & de Claude Merlin, & a laissé d'elle *Marie* des Salles, cy-devant Fille d'honneur de Madame doüairiere; & *Loüis* des Salles, Seigneur des Vouthons, Capitaine & Major, puis Lieutenant Colonel du Regiment de Marsin, qui a de sa femme Marie de Louviers, fille de Loüis, Seigneur de Maurevert, & de Marie le Prevost, *Loüis*, & *Jean-François* des Salles. *Philippes* des Salles, le quatriéme, Baron de Dainville, est mort sans enfans qui l'ayent survécu, d'Anne, fille de Henry de Guiltrin, Colonel de Cavalerie, & d'Anne d'Ourne en Luxembourg. *Everard* des Salles, le cinquiéme, Baron de Gouhecourt, & Lieutenant Colonel du Regiment d'Infanterie du Baron des Salles son frere, a laissé d'Anne du Mesnil de Vaux, avec laquelle il fut marié le 25 Février 1631, fille de René du Mesnil, Seigneur de Montdeval, Lieutenant pour le Roy, au Gouvernement & Pays de Toul, & de Lucie Françoise de Baillivy, *Loüis-Christophle* des Salles, Baron de Gouhecourt, Cornette au Regiment d'Espence, allié avec Antoinette des Armoises, fille d'Antoine, Seigneur de Fleville, Lieutenant Colonel d'Infanterie pour le service du Duc de Lorraine, & d'Estiennette de Boulangier; *Claude-François* des Salles, cy-devant Garde du Corps du Roy; *Antoine-Remy* des Salles, Seigneur de Dainville, Lieutenant au Regiment d'Infanterie de Schomberg en Portugal; & *Dieu-donné*, & *Loüise-Christine* des Salles, femme de N. . . . de la Chapelle, Capitaine Reformé dans l'Escadron de Calvaux. *François* des Salles, le sixiéme, fut Prieur d'Hareville, & de S. Thibaud. *Marguerite* des Salles, l'aînée des filles, fut alliée à Nicolas de Raigecourt, Baron de Bremoncourt, Grand Maistre de l'Artillerie de Lorraine; & fonda ensuite les Annonciades de Liege, où elle se fit Religieuse. *Catherine* des Salles la seconde, Dame à Bouxieres, épousa François de la Bastide de Mauleon, Seigneur d'Autigny, tué Mareschal de Camp dans l'Armée de Lorraine, à la Bataille de Paphaut, au Palatinat. Et *Elizabeth* des Salles, la derniere, vivoit encore l'an 1634, avec Denis de Pottiers son mary, Comte de Voigney, Baron de Fanfe, Gouverneur de Boüillon, Ministre d'Estat de l'Electeur de Cologne, son Ambassadeur en France, & remarié à Barbe de Poüilly, fille de Simon Marquis d'Esne, Mareschal de Barrois, & de Françoise de Bermand. Il a eu de sa premiere femme, Ferdinand de Pottiers, Comte de Voigney, mort Gouverneur pour le Roy, du Quesnoy; Claude de Pottiers, Abbé de Cheminon en Champagne, Archidiacre de Famenne, & Chanoine, grand Tresorier, & Conseiller d'Estat de l'Evêque de Liege; Charles-Maximilien, Comte de Pottiers, Gouverneur de Bouillon, qui a épousé Jeanne d'Orjault, fille de François, Seigneur de Hauteville, & de Catherine d'Estourmel, fille de Françoise de Blanchefort. François de Pottiers, Baron de Fanse, Capitaine au Regiment de Cavalerie de Turenne; & Louis de Pottiers, mort Chanoine de Liege.

Traité de Mariage entre Henry des Salles, & Elizabeth de Merode, fille d'Everard, Baron de Merode, & de Mahaut de Rougraffe. Du 20 Novembre 1595.

PArdevant Nous Charles Certorius & Aaron de Marsal Nottaires Royaux en la Ville de Mets, soussignés; Furent presens en leurs personnes honoré Seigneur Henry des Salles, Sieur des Vothons, Landaville, &c. fils d'Honoré Seigneur Messire Claude des Salles, Chevallier, Seigneur de Gouhecourt, Coussey, &c. Et de deffunte Dame Catherine de Riviere épouse dudit Seigneur de Gouhecourt; ledit Seigneur Henry des Salles émancipé tant par ledit Seigneur son Pere, par Act passé audit lieu de Vothon, l'unziéme jour de Mars dernier, pardevant Michel le Comte & Nicolas Noblesse, Nottaires au Bailliage de Bassigny & Siege de Gondrecourt en Barrois, que par decret de S. A. de Lorraine, en datte du dernier jour dudit mois de Mars, verifié audit Siege de Gondrecourt le dixiéme d'Avril aussi dernier passé: Et encor ledit Seigneur authorisé particulierement à l'effet du present Traité dudit Seigneur de Gouhecourt son Pere, suivant la déclaration d'iceluy passée audit Vouthon pardevant ledit Noblesse Nottaire, & de Nouzand, le sixiéme jour du present mois de Novembre, dont Nous est apparu, & assisté de noble homme Mr François Barrois, Licentié és Droits, Prevost pour le Roy notre Sire, de Vaucouleur, son conseil, d'une part: Et Damoiselle Elizabeth de Merodes, fille de deffunt honoré Seigneur Messire Everard, Chevallier, Baron de Merodes; & de deffuncte honorée Dame Dame Mahault de Rugraffe: laditte Damoiselle Elizabeth majeure & joüissante de ses droits, assistée d'honorée Dame Dame Elizabeth de Merodes, Dame de Malberg & de Haulteville sa Tante, à present residente en cette Ville de Metz, d'autre part. Lesquelles Parties reconnurent, que pour parvenir au Mariage esperé d'entre ledit Seigneur Henry des Salles, & laditte Damoiselle Elizabeth de Merodes, ont de leur plein grez & volonté, sans force ny contrainte, & avant que faire aucune promesse dudit Mariage, traictés, conclu ds & accordés les pactions, clauses & conventions telles que s'ensuivent: C'est asçavoir, qu'incontinent aprés la Benediction nuptialle & consommation dudit Mariage, lesdits Conjoints seront uns & communs en tous biens meubles, acquests & conquests immeubles qu'ils feront constant leur mariage, pour à la dissolution d'iceluy estre partagés également entre le survivant & les enfans & heritiers du prémourant, nonobstant touttes Coutumes, ausquelles pour raison de ce, lesdites Parties ont dérogés; sauf que si ledit Seigneur futur époux survit, il prendra par préciput & avant partage, ses habits, armes & chevaux, avec deux chambres garnies des meubles qui se trouveront dans leur communauté. Reciproquement si laditte Damoiselle future épouse survit, elle prendra par préciput, & avant partage, deux chambres garnies desdits meubles qui se trouveront en leur communauté, avec ses habits, bagues & joyaulx à son usage, & son coche avec quatre chevaux & enharnachements necessaires. Pourra toutes fois icelle Damoiselle, si bon luy semble, renoncer à laditte communauté desdits meubles & acquests; quoy faisant, demeurera quitte des debtes passives d'icelles; & neanmoins prendra sur icelle communauté sondit préciput, à sçavoir deux chambres garnies, habits, bagues & joyaulx,

joyaulx, coche & chevaux enharnachez, selon que dit est. En faveur & contemplation duquel Mariage, & pour cause d'iceluy, ladite Dame de Haulteville, pour la bonne amitié qu'elle porte à ladite Damoiselle sa Niepce, luy a ceddé, quitté & remis, & par ces presentes luy cedde, quitte & remet tout ce entierement que laditte Damoiselle sa Niepce luy pourroit estre attenuë pour une quatriéme partie en la succession dudit deffunt Messire Everard de Merodes son pere, pour & à cause des droits de partages prétendus par ladite Dame sur tous les biens en general dudit Seigneur deffunt son frere, en suivant les Sentences, Jugements & provision qu'elle en a cy-devant obtenus, sans déroger toutefois ny préjudicier à icelles, pour le regard de ses autres Niepces, Sœurs & Coheritiers de ladite Damoiselle Elizabeth : Et en outre, ladite Dame de Haulteville a declaré, qu'elle veut & entend que ladite Damoiselle sa Niepce, ou ses enfans procreez de ce Mariage, & qui descenderont d'eulx, luy succedent pour le tout en tous ses biens meubles & immeubles, en quelque part qu'ils soient trouvés assis & scitués, & qui se trouveront delaissés par ladite Dame au jour de son trespas, & desquels elle n'auroit disposé (ce que ladite Dame se réserve pouvoir faire à sa volonté) & aprés ses debtes, funeraux & legs testamentaires deûment payés & acquités ; à la charge neanmoins que lesdits futurs Conjoints luy rendront l'honneur & l'obeissance telle que bons enfans doivent à leur mere. A été aussi convenu & accordé, que sur le fond & biens immeubles de ladite Damoiselle, partie d'iceux, & jusques à la concurrence de la somme de vingt mil frans Barrois, sortiront nature de meubles entre lesdits Conjoints, soit que lesdits biens demeurent en leur nature, ou soit qu'ils soient vendus ou eschangés, pour estre ladite somme de vingt mil frans Barrois apportée & appliquée en ladite communauté desdits Conjoints, & icelle somme ou partie desdits biens immeubles, jusques à la concurrence & valleur de ladite somme partagée égallement entre le survivant & les enfans du premier decedé : & au cas qu'il n'y ait enfans dudit Mariage, & que ladite Damoiselle survive ledit Sieur son futur Epoux, le present article n'aura point de lieu.

Pourra neanmoins ladite Damoiselle disposer de tout entierement ses biens, de quelque nature ils soient, tant au proffit de son marit, que autre que bon luy semblera, par testament, ou donnation à cause de mort, demeurante icelle Damoiselle dés à present à cet effet, comme pour lors, licentiée & authorisée & hors de la puissance de sondit marit, nonobstant toutes Coutumes des lieux à ce contraires, ausquelles lesdites Parties ont dérogés & dérogent par ces presentes, & sans qu'il soit besoin que pour ce faire, elle ait par cy-aprés de luy autre permission, licence & authorité : Et au cas que Douaire ayt lieu, & qu'il y ait Enfans dudit Mariage, ladite Damoiselle prendra par droit de doüaire préfix en forme d'usufruit sa vie durante, la somme de quinze cens frans Barrois de rente annuelle, avec la Maison forte & Chastel de Vothon le haut, bassecourt, courtils, & tout ce qui en deppend, avec son chauffage és bois communaux, pour en joüir aussi par forme d'usufruit sa vie durante, à charge de l'entretenir selon que Doüairiere est tenuë de faire ; renonceant à cet égard, au proffit desdits Enfans, au douaire Coutumier ; laquelle rente de quinze cens frans sera assignée à ladite future Epouse, pour le recevoir par ses mains sur ladite Terre & Seigneurie de Vothon, & autres biens dudit Sieur futur Epoux de proche en proche ; à cet effet, ledit Sieur futur Epoux a specialement obligé & hypotecqué ladite Terre & Seigneurie des Vothons, & autres Terres & Seigneuries à luy cy-devant, & dés le douziéme du mois de Mars dernier, ceddés & transportés par ledit Sieur de Gouhecourt son pere, par Act passé audit lieu & Chastel de Vothon par lesdits le Comte & Noblesse Nottaires, pour les causes & aux charges & conditions contenuës, ledit Act de cession & transport insinué és Registres dudit Bailliage de Bassigny audit Siege de Gondrecourt, le vingt-sixiéme jour d'Octobre dernier, & confirmé par sadite déclaration cy-devant mentionnée, en datte du sixiéme jour du present mois de Novembre, & lesquels Acts & déclarations sont inserées à la fin du present Contract : Et au cas qu'il n'y ait enfans du present Mariage, ladite future Epouse sera doüée du doüaire préfix de la somme de deux mil cinq cens frans Barrois sur les biens dudit Sieur futur Epoux, avec la maison & ses deppendances de Vothon, selon que dit est; & lesquels deux mil cinq cens frans luy seront assignés, pour les lever par ses mains sur les Terres & Seigneuries les plus proches de ladite Maison forte de Vothon, & de proche en proche comme dit est, si ladite Damoiselle n'ayme mieux choisir & opter le doüaire Coustumier, ce qui demeure en son choix, au cas comme dit est qu'il n'y ait enfans: Et au cas que lesdits futurs Conjoints, ou l'un d'eulx, vende ou aliene aucun de leurs fonds, ou heritage, Terres & Seigneurie pour la necessité, commodité ou bienséance de leur Maison, le prix en sera rétabli sur les biens de la communauté, hormis pour les vingt mil frans Barrois qui doivent demeurer en ladite Communauté, selon qu'il est dit cy-dessus.

Toutes lesquelles conventions, pactions, promesses ont esté faites & acceptées par lesdites Parties respectivement, & sans lesquelles le present Mariage ne se fût fait: Et en consequence d'icelles, ledit Sieur Henry des Salles a dés à present reçu pour sa femme & loyale Epouse ladite Damoiselle Elizabeth, laquelle aussi a dés à present receu ledit Sieur Henry des Salles pour son mary & loyal Epoux, & promis de reïterer lesd. promesses en face d'Eglise le plûtôt que faire se pourra. Si comme, &c. Promettans, &c, Obligeans biens, &c. Renonceans, &c. Fait & passé à Metz, au domicil de lad. Dame de Haulteville, le vingtiéme jour de Novembre, à cinq heures aprés midy, l'an mil cinq cens quatre-vingt quinze, en la presence & assistance de noble homme & sage Messire Denis le Bey, Sieur de Batilly, Conseiller du Roy, & President, Commis par Sa Majesté en ladite Ville & Pays Messein; Henry de Jeneppe, Escuyer, Sieur dudit lieu, & autres assistans témoins & bienveillans des Parties, & Desidery Villerme; lesquelles Parties & assistans cy-dessus nommés, ont signés à la minutte des presentes, & les Nottaires susdits; ladite minutte demeurée és mains du soubsigné. Signé DE MARSAL, Nottaire Royal.

Commission du Parlement de Paris, donnée à Claude des Salles, Chevallier, Baron de Rorthé, fils de Henry des Salles, CHEVALIER DES ORDRES DU ROY. *Du 8 Novembre 1647.*

LOUIS par la grace de Dieu, Roy de France & de Navarre: Au premier notre Huissier ou Sergent sur ce requis, Salut. De la partie de notre bien amé Conseiller en nos Conseils d'Estat, Messire Claude des Salles, Chevalier, Seigneur Baron de Rorthey, & cy-devant Ambassadeur pour notre service en Suede, Nous a esté exposé, qu'il est poursuivi pardevant nos amez & feaux Conseillers tenans notre Cour de Parlement à Paris, à la requeste de Dame Gabrielle d'Ardre, Dame Baronne de Malberg, vefve de feu Messire Charles de Haracourt, vivant Seigneur & Baron de Chambley, heritiere de feu Messire Florimond d'Ardre son frere, qui estoit heritier de feüe Dame Catherine de Malberg leur mere, vivante heritiere de feu Messire Bernard de Malberg son cousin germain, pour voir déclarer executoire contre luy certain Arrest de Notreditte Cour du 10 Octobre 1587, rendu au proffit de ladite deffunte Dame Catherine de Malberg, allencontre de deffunte Dame Elizabeth de Merode, Dame de Haulteville, mere dudit Bernard de Malberg, tout ainsi qu'il estoit allencontre de ladite deffunte Dame de Haulteville; ce faisant qu'il soit passé outre à la liquidation & estimation des fruits adjugés par ledit Arrêt, prétendus perceus par ladite deffunte Dame de Haulteville, & condamné en rendre & restituer le prix & somme, avec tous dépens, dommages & interests: Et bien que ladite demande ne concerne ledit Sieur Exposant, pour n'estre heritier de deffunt Messire HENRY DES SALLES, vivant CHEVALIER DES ORDRES DU ROY son pere, mais seulement heritier en partie de ladite Dame de Merode sa mere avec les Sieurs & Dame ses freres & sœurs ; neanmoins ladite Dame de Chambley auroit obtenu Arrest allencontre dudit Exposant le cinq Decembre dernier, par lequel ledit Arrest du dix Octobre quatre-vingt-sept, auroit esté declaré executoire allencontre dudit Exposant, comme il estoit contre ladite deffunte Dame de Haulteville, & ordonné que conformément à iceluy il sera procedé & passé outre à la liquidation & estimation des fruits adjugés par ledit Arrest, sauf audit Sieur Exposant son recours contre ses coheritiers, & autres qu'il advisera bon estre, laquelle demande ledit Sieur Exposant desireroit sommer & dénoncer ausdits Sieurs & Dames ses freres & sœurs, qui sont heritiers simples dudit deffunt Sieur Henry des Salles & de ladite deffunte Dame de Haulteville leur mere, & consequemment tenus d'acquitter & indemniser ledit Exposant de ladite demande & condamnation, ce qu'il ne peut faire s'il ne luy est pourvû, humblement requerant nos Lettres à ce necessaires. Pour ce est-il que Nous te mandons & commettons par ces presentes adjourner & assigner à certain & competant jour en Notredite Cour de Parlement lesdits Sieurs & Dames freres & sœurs dudit Exposant, & tous autres qu'il appartiendra, pour eux voir condamner chacun pour telle part & portion qu'ils sont heritiers desdits deffunts Seigneur Henry des Salles & Dame de Haulteville leur pere & mere, & hypotecquairement pour le tout faire cesser la demande & prétention de ladite Dame de Chambley, prendre le fait & cause dudit Seigneur Exposant, & d'icelles l'en acquitter, indemniser & dédommager, avec tous dépens, dommages & interests soufferts & à souffrir, & aux dépens, tant en demandant, deffendant, que de la presente sommation ; & en outre proceder comme de raison : de ce faire te donnons pouvoir. Donné à Paris, le huitiéme jour de Novembre, l'an de grace mil six cens quarante-sept, & de notre Regne le cinquiéme. Par le Conseil, Signé DUFRESNE.

Testament d'Elizabeth de Merode, veuve des Barons de Malberg & de Hauteville, par lequel elle institue son heritiere Elizabeth de Merode sa Niepce, femme de Henry des Salles, Baron de Rorté. Du 14 Mars 1597.

AU Nom de Dieu, Amen. Sçachent tous qui ces presentes Lettres verront & orront, que les an, mois & jour cy-aprés escrits, Nous Jeremye Grand Jambe Citoyen & Amant de Metz, & Aaron de Marsal, Nottaire Royal, residans audit lieu, estans appellez & requis de la part d'honorée Dame Dame Elizabeth de Merodes, vefve & relicte des deffunts Seigneurs Barons de Malberg & de Haulteville, de nous transporter en sa maison audit Metz, en la ruë du Four de Cloistre, où estans parvenus & montez en la chambre de ladite Dame, elle nous auroit representé comme pieça elle est affoiblie de maladie en son corps, & neanmoins saine d'esprit & de jugement ; à raison de quoy, & affin de n'estre prévenuë de mort (laquelle est autant certaine à toute creature, que son heure incertaine) sans avoir ordonné de ses affaires, cependant qu'elle en a bonne connoissance, nous a requis d'expedier en forme deuë & authentique tout ce qu'elle nous déclareroit estre de sa derniere volonté : à quoy estans disposés comme personnes publiques, elle a premierement exposé, &c. . . . .

. . . .

Item, ladite Dame a donné & donne aux Sieurs de Batilly & Jolly, qu'elle a cy-devant nommé, prié & requis pour executeurs de cette sienne derniere volonté, à chacun la somme de cent cinquante Escus d'or sol, en consideration des bonnes amitiés qu'elle a receu d'eulx, & pour recomoissance de la charge qu'elle leurs commet par le present son Testament ; & de l'areste de tous & chacun les biens meubles, debtes, gagieres, robbes, bagues, joyaux, or, argent, acquests, conquests, Terres & Seigneuries, droits, actions, & autres choses generalement quelle elle soit, appartenans à lad. Dame testatrice. Aprés toutes les donnations cy-dessus faites accomplies, en a ladite Dame testatrice institué & institue sa seule & universelle heritiere honorée Dame Elizabeth de Merodes sa Niepce, fille de feu honoré Sieur Messire Everard de Merodes, Seigneur d'Ellevaux, & femme d'honoré Sieur Henry des Salles, Seigneur des Vouthons, &c. & ce en faveur de la bonne affection & obeïssance qu'elle luy a tousjours renduë . . . .

. . . .

Fait & passé à Metz, le Vendredy quatorziéme jour de Mars, à cinq heures aprés midy, l'an mil cinq cent quatre-vingt dix-sept, &c. Signé J. G. Jambe & de Marsal, Nottaires.

Jugement du Grand Conseil de Malines, rendu entre Henry des Salles, Seigneur de Coussey, & Dame Elizabeth de Merode son épouse ; Contre Conrad de Soëteren, Seigneur de Preysches ; Dame Marguerite de Merode son épouse ; Dame Anne de Merode, Dame de la Vaux ; & Messire Everard de Duras, Seigneur de Roost, époux de Marie de Merode. Du 21 Novembre 1615.

VEU au Grand Conseil des Archiducs nos Souverains Seigneurs & Princes, le Procés instruit pardevant Commis de la Cour, entre Messire Conrard de Soeteren, Seigneur de Preysches marit & Bail de Dame Marguerite de Merodes, demandeur en convention, & deffendeur en reconvention, ayant sous benefice de Requeste validée pour civile, fourni ses Memoires & Production, & suppliant par autre Requeste aussi validée pour civile, presentée le vingt-sixiéme de May dernier, ayant sous benefice d'icelle posé faits nouveaux, & exhibé titres debattus par Partie, d'une part : Et Dame Anne de Merode, Dame de la Vaulx, Suppliante par Requeste validée pour civile, du douziéme de Juillet seize cent quatorze ; ensemble Messire Everard de Duras, Sieur de Roost, marit & Bail de Dame Marie de Merode, adjournez & deffendeurs en convention, & demandeurs en reconvention, ayans sous benefice d'autre Requeste aussi validée pour civile dudit douziéme de Juillet seize cent quatorze, esclaircy & augmenté leurs Conclusions reconventionnelles ; & par autre Requeste semblablement validée pour civile, presentée le troisiéme de Janvier seize cens quinze, exhibé titres, le tout debattu par Partie, d'autre part. Veües aussi les Procedures tenues entre ledit de Soeteren demandeur en matiere de garant, d'une part : Et Messire Henry de Salles, Seigneur de Coussey, marit & bail de Dame Elizabeth de Merode, deffendeur d'autre : ensemble lesdits adjournés de tierce part, jointes audit Procés par ordonnance dudit Commis, du vingtiéme Aoust dernier. Les Archiducs auparavant disposer sur l'emprinse dudit garand, ordonnent au Procureur dudit des Salles d'exhiber procure speciale ou act d'aggreation de ce qu'il a emprins ledit garand, & consenty au decretement d'icelle emprinse ; & sans préjudice de ce, faisans droit sur ledit Procés, & rejettant ladite Requeste validée pour civile de l'Impetrant, du vingt-sixiéme de May seize cens & quinze, ensemble les faits posez par icelle ; déclarent iceluy Impetrant non recevable en ses fins & conclusions prinses à la charge des Adjournez ; & intherinant à iceux Adjournez leurdite Requeste, du douziéme de Juillet seize cens quatorze, rejettant celle du mesme jour de ladite

dite Dame de la Vaulx ; & faisant droit sur leur premiere demande en reconvention, déclarent icelle Dame de la Vaulx non-recevable, ny fondée és fins & conclusions prinses sous benefice de ladite Requeste, & en absolvent ledit Impetrant, lequel sera tenu, & le condamnent Leurs Altesses, de se deporter & departir, au proffit dudit de Duras, des biens non feodaulx ny de noble tenement, si aucuns y a comprins en ceux sur lesquels est assigné le legat de sept mil daldres, laissé aux enfans de feu Everard de Merode, par le Testament de feüe Dame Magdelaine de Schauwenbourg, Vicechanceliere de l'Empire ; desquels biens, en cas de besoin, liquidation sera faite pardevant ledit Commis, & de rendre compte & reliqua des fruits & revenus en perçûs depuis le trespas d'icelle Dame, au lieu de la cinquiéme part competante à ladite Dame Marie de Merode audit legat de sept mil daldres, par dessus telle autre part & portion que peut appartenir aussi à icelle Dame au mesme legat, du chef de feu Robert de Merode, Seigneur dudit de la Vaulx son frere, dont sera faite semblable liquidation en conformité, & sur les charges & conditions portées tant par l'obligation dudit feu Robert, du quatriéme de Mars quinze cens quatre-vingt six, exhibée par l'Impetrant sous cottation de la lettre C. que par l'appointement fait entre les heritiers d'iceluy Robert, le quinziéme de Septembre quinze cens quatre-vingt dix, dont ledit Impetrant a exhibé Coppie authentique sous cottation de B. 2. ou bien au lieu de ce, payer audit de Duras lesdites parts & portions au susdit legat, avec les interests à l'advenant du denier seize ; depuis le vingt-troisiéme de Septembre quinze cens quatre-vingt trois, jour du trespas de ladite feüe Dame Magdelaine de Schauwenbourg, jusques au fournissement du capital desdites parts & portions respectivement, & ce au choix & option d'iceluy Impetrant, qui sera tenu le faire en dedans deux mois ; déclarant ledit de Duras plus avant non-recevable ny fondé : Et au regard des autres demandes & conclusions reconventionnelles desdits Adjournés, leurs Altesses condamnent lesdits Impetrans de leur payer part & portion telle que par liquidation à faire en conformité desdites obligation & appointement sera trouvée leur appartenir respectivement au legat de mil florins laissé par le Testament de ladite Dame Magdelaine de Schauwenbourg audit feu Robert de Merode, & les arrerages à l'advenant de cinquante florins par an, ensuitte d'iceluy Testament, & depuis tel temps que par la liquidation sera trouvé iceux arrerages estre deubs ; déclarans lesdits Demandeurs en reconvention en leurs ulterieures fins & conclusions prinses en ce regard non recevables ny fondez ; si condamnent ledit Impetrant de payer à chacun desdits Demandeurs une quatriéme part en la somme de six cens d'aldres legatés par ladite Dame Magdelaine de Schauwenbourg aux Filles dudit feu Everard de Merode, par son Codicil du douziéme de Juin quinze cens quatre-vingt & deux, avec l'interest à l'advenant du denier seize, depuis ledit trespas d'icelle Testatrice, ou bien de rendre compte & reliquat à leur proffit, du revenu des Dixmes d'Halligen & Elffingen, à l'advenant de semblables parts ; & en outre, de leur rendre, & à chacun d'eux, telle part & portion qui leur compete és biens mentionnés par leur cinquiéme demande reconventionnelle, & par les trente-uniéme, trente-deuxiéme, trente-troisiéme, & trente-quatriéme articles de leurs Memoires, avec les fruits & levées en perceus depuis ledit trespas, dont semblablement il sera tenu de rendre compte & reliquat ; & auparavant arrester ladite part, & faire droit sur les deuxiéme & sixiéme demandes reconventionnelles touchant les meubles que seroient esté en la maison de Preysches, au jour du deced de ladite de Schauwenbourg & la succession de Dame Elizabeth de Merode, Dame d'Hauteville, Leurs Altesses ordonnent audit Impetrant de dire pertinemment sur ledit trente-troisiéme article, & aux Parties de comparoir pardevant ledit Commis, qui les reglera & besognera en conformité d'aucuns poincts advisés d'office, pour ce fait, son besoigne veu, & rapport oüy, estre en ce regard fait droit, ou autrement appointé, comme sera trouvé convenir, & réservant les dépens jusques à définitive, en cé que demeure indécis ; condamnant lesdits de Soeteren & Dame de la Vaulx chacun en l'amende desdites Requestes validées pour civiles ; celle dudit Soeteren presentée aprés la conclusion en cause. Prononcé à Malines, le vingt-uniéme jour de Novembre seize cens quinze.

Signé VANDER SCHELDE.

Reprises faites par Henry des Salles, Seigneur des Vouthons, de la Seigneurie de Dainville. Du 5 Decembre 1598.

CHARLES par la grace de Dieu, Duc de Calabre, Lorraine, Bar, Gueldres, Marchis, Marquis du Pont-à-Mousson, Comte de Provence, Vaudemont, Blamont, Zutphen, &c. A tous ceux qui ces presentes verront, Salut. Sçavoir faisons, que cejourd'huy dattes de cestes, notre tres cher & feal Nicolas de la Rochette, Sieur de Tollaincourt, a reprins de Nous ; au nom, & comme Procureur du Sieur Henry des Salles, Seigneur des Vouthons, fondé de Lettres de Procuration à cet effet, icelle passée sous le Scel de nostre Prevosté de Gondrecourt, en datte du penultiéme jour du mois de Novembre dernier, à Nous apparuë, & Nous a fait les foid, hommage & serment de fidelité, que ledit Sieur des Salles estoit tenu faire de tout ce qu'il a & peut avoir en droit de Seigneurie à Dainville & deppendance en nostre Prevosté de Gondrecourt, consistant en droits de haute Justice, moyenne & basse, hommages, rentes & revenus, tant en deniers, grains, poullailles, moulins, forges, traicte de myne, avec ses charges de cent frans Barrois par an, estangs, cours d'eaux, preys, bois, & forests, cens, & autres droits à luy appartenans, mouvans de Nous, à cause de nostre Chastel de Gondrecourt, plus amplement exprimées par Lettres d'Echange faites & passées entre luy & nostre tres cher & feal Cousin Jean Comte de Salm, Conseiller en nostre Conseil d'Estat, Mareschal de Lorraine, & Gouverneur de Nancy ; icelles en datte du quatriéme jour du mois de Novembre dernier mil cinq cens quatre-vingt dix-huit ; lesquelles en tant que Nous touche avons approuvé & confirmé, approuvons & confirmons selon leur forme & teneur, & fait recevoir lesdits foids & hommages & serment de fidelité par nostredit Cousin, & enjoindre d'en bailler ses adveux & dénombremens en nostre Chambre des Comptes de Bar, dedans six mois aprés la datte de cestes. Si donnons en mandement à tous nos Baillys, President, Gens du Conseil & desdits Comptes de Bar, Prevosts, Procureurs generaux & particuliers, & tous autres nos Justiciers, Officiers, leurs Lieutenans, Vassaux, Hommes & Sujets qu'il appartiendra ; Que si par faute de reprinse, debvoir non fait, ou denombrement non baillé desdits droits qu'il a audit Dainville & deppendances, mouvans de Nous, comme dit est, ils estoient, ou partie d'iceux, saisis ou empeschés, ils en levent & fassent lever incontinent la main à pur & à plein audit Sieur des Salles, remettant le tout en son premier estat & deub, sauf toutes fois nostre droit & l'aultruy ; car ainsi Nous plaist. En témoin de quoy, Nous avons à cesdittes presentes, signées de nostre main, fait mettre & appendre nostre grand Scel. Données en nostre Ville de Nancy, le cinquiéme jour du mois de Decembre mil cinq cent quatre-vingt dix-huit. Signé CHARLES ; Sur le reply est escrit, Par Monseigneur le Duc, &c. Contresigné Terrel. *Registrata*, M. Bouvet, *pro* C. Bouvet.

La presente Copie est extraite de mot à mot du Registre des Lettres Patentes, expediées sous le grand Scel des Armes de Lorraine, en l'année 1598, fol. 220. recto, lequel Registre est dans la Chambre du Tresor des Chartres de Son Altesse, en son Chasteau de Nancy ; ce que le sous-signé Commis Garde dudit Tresor, certifie être veritable. Audit Nancy, le 18 Novembre 1668. Signé J. VIGNOLLES.

Reprises faites par Henry des Salles, Seigneur des Vouthons, de la Seigneurie de Coussey. Du 5 Decembre 1598.

CHARLES par la grace de Dieu, Duc de Calabre, Lorraine, Bar, Gueldres, Marchis, Marquis du Pont à Mousson, Comte de Provence, Vaudemont, Blamont, Zutphen, &c. A tous ceux qui ces presentes verront, Salut. Sçavoir faisons, que cejourd'huy datte de cestes, Nostre tres cher & feal Nicolas de la Rochette, Sieur de Tollaincourt, a reprins de Nous, au nom & comme Procureur du Sieur Henry des Salles, Seigneur des Vouthons, &c. fondé de Lettres de Procuration à cet effet; icelle passée sous le Scel de nostre Prevosté de Gondrecourt, en datte du penultiéme jour de Novembre dernier, à Nous apparuë, & Nous a fait les foy, hommage & serment de fidelité que ledit Sieur des Salles estoit tenu Nous faire, de telle part & portion qu'il peut avoir en la Terre & Seigneurie de Couxey, Bailliage de Nancy, & deppendances, consistant en haute, moyenne,& basse Justice, censes, rentes & revenus, fours, moulins, bois, rivieres, & autres droits, mouvans de Nous, à cause de nostre Duché de Lorraine, & à luy appartenans, ainsi qu'il appert par Lettres d'acquisition qu'il en a faites du Sieur Henry de Ludres Richardmenil, &c. icelles en datte du deuxiéme jour du mois de May dernier, lesquelles avons approuvé & confirmé, approuvons & confirmons selon leur forme & teneur, & fait recevoir lesdits foy & hommage & serment de fidelité par notre tres cher & feal Cousin le Sieur Comte de Salm Conseiller en nostre Conseil d'Estat, Mareschal de Lorraine, & Gouverneur de Nancy, & fait enjoindre d'en bailler ses adveux & dénombrements en nostre Chambre des Comptes de Lorraine, dedans six mois aprés la datte de cestes. Si donnons en mandement à tous nos Baillys, President, Gens desdits Comptes de Lorraine, Prevosts, Procureurs generaux & particuliers, & tous autres nos Officiers, Justiciers, leurs Lieutenans, Vassaux, Hommes & Sujets qu'il appartiendra; Que si par faute de reprinse, devoir non fait, ou dénombrement non baillé desdits droits qu'il a acquis audit Couxey & deppendances, ils estoient, ou partie d'iceux, saisis ou empeschez, ils en levent & fassent lever incontinent la main à pur & à plein audit Sieur des Salles, remettant le tout en son premier estat & deub, sauf toutes fois nostre droit & l'aultruy; car ainsi Nous plaist. En témoing de quoy, Nous avons à cesdittes presentes, signées de nostre main, fait mettre & appendre nostre grand Scel. Données en nostre Ville de Nancy, le cinquiéme jour du mois de Decembre mil cinq cens quatre-vingt dix-huit, Signé CHARLES. Sur le reply est escrit, Par son Altesse, contresigné Terrel. *Registrata*, M. Bouvet, *pro* C. Bouvet.

La presente Copie est extraite de mot à mot du Registre des Lettres Patentes, expediées sous le grand Scel des Armes de Lorraine, en l'année 1598, fol. 221. verso; lequel Registre est dans la Chambre du Tresor des Chartres de S. A. en son Chasteau de Nancy; ce que le soussigné Commis, Garde dudit Tresor, certiffie estre veritable. Audit Nancy, le dixhuitiéme Novembre mil six cens soixante-huit. Signé J. VIGNOLLES.

Adjudication de la Baronnie de Rorthey, faite à Henry des Salles, Seigneur de Coussey. Du 18 Nov. 1604.

L'An mil six cens quatre, le Jeudy dixhuitiéme jour du mois de Novembre, par continuation du jour d'hier, à cause de la Ferie Monsieur S. Agnien, premier Siege des Jours ordinaires du Bailliage de Chaumont, qui ont commencé pour presentations le Lundy d'aprés la S. Martin quinziéme jour dudit mois de Novembre pardevant Nous Estienne Perrot, Escuyer, Sieur du Fresnoy, Conseiller du Roy nostre Sire, Lieutenant general audit Bailliage, en presence de Edme Mynot Commis au Greffe d'iceluy: Est comparu noble homme Florentin Rouyer, Bourgeois de Nancy, par de Marisy son Procureur, assisté de Maistre François Gourtiere son Avocat & conseil, lequel Nous a dit & remontré, que faute de luy faire payement par feu Messire René de Beauvau, vivant Chevallier, Sieur & Baron de Rorthey, de la somme de six mil quatre cens vingt frans Barrois, faisant monnoye du Roy, la somme de quatre mil deux cens soixante dix-neuf livres, dûs audit Royer, par obligation passée sous le Scel du Tabellionnage de Nancy, le vingt-quatriéme Novembre mil cinq cens quatre-vingt deux, declarée executoire comme si elle estoit passée sous Scel Royal & authentique, par Sentence renduë en ce Bailliage le 30 jour de Juillet 1585. plus, de la somme de sept cens quatre-vingt quatre frans d'une part; deux cens frans d'autre, & trois cens soixante-sept frans deux gros huit deniers Barrois, revenantes lesdites trois sommes à treize cens cinquante un frans deux gros huit deniers, monnoye de Lorraine, & en monnoye de France, neuf cens livres seize sols quatre deniers aussi deus par ledit feu Sieur de Rorthey, en dattes des sixiéme Aoust & deuxiéme Octobre 1583, & douziéme Mars 1584, tenuës pour recognües & confessées par Act de ce Bailliage des Jours ordinaires d'iceluy, commenceans pour presentation le Lundy 29 Juillet 1585, expedié le trentiéme dudit mois; au nantissement desquelles sommes portées par lesdites Cedulles, ledit feu Sieur Baron de Rorthey a esté condamné par Sentence renduë en cedit Bailliage le 14 Aoust 1585, & ses Cautions reçuës par Act du 9 Novembre audit an. Plus, de la somme de vingt Escus un tier quatre deniers, reduits à soixante-une livres quatre deniers, pour dépens adjugés par ladite Sentence du 14 Aoust, & taxés le 9 Novembre audit an 1585; auroit ledit Royer pour lesdites sommes, & en vertu desdites Lettres obligatoires, Sentences & Executoire de dépens, fait mettre en Criées par Henry Mayre, Sergent Royal audit Bailliage, le Chastel, Seigneurie & Baronnie dudit Rorthey, & choses en deppendantes, consistant en haute Justice, moyenne & basse, deniers, terres, preys, chenevieres, jardins, censes, rentes, poulles, chappons, grains, moulins, rivieres, bois, & toutes autres choses generallement quelconques deppendantes de ladite Baronnie, sans aucune chose excepter ny reserver; lesquelles Criées, qui furent commancées le 19 Decembre 1585, faites & parfaites, auroient esté verifiées par Act de cedit Bailliage, du 5 Mars 1586, & ayant esté ledit feu Sieur de Rorthey adjourné & readjourné, pour voir dire que ladite Terre mise en Criée seroit venduë, ne seroit comparu, contre lequel fut donné deux deffauts; & sur iceux Jugement le trentiéme & penultiéme Decembre 1588, par lequel il fut décheu & déclaré forclos d'empescher la vente & adjudication de ladite Terre & Baronnie de Rorthey, ses appartenances & deppendances; & neantmoins ordonné qu'avant proceder à ladite vente, Dame Magdelaine d'Espence, vefve de feu Messire Alophe de Beauvau, pere dudit René de Beauvau, seroit appellée pour estre ouye sur l'opposition par elle formée audit decret, tant en son nom, que comme Mere & ayant la garde-noble des enfans mineurs d'ans dudit deffunt Alophe de Beauvau & d'elle, laquelle ne seroit aussi comparu, & contre

contre elle auroit esté donnés deux deffauts ; par vertu desquels elle fut par Sentence renduë en cedit Bailliage, le 19 May 1599, declarée décheüe & forclose d'empescher ladite vente & adjudication de ladite Terre de Rorthey ; & par le mesme Jugement fut dit, que sans avoir égard à l'appel interjetté depuis le decés dudit feu René de Beauvau, par Messire Jean de Lavardin, Chevallier, Sieur dudit lieu, & par Dame Guillemette des Salles son épouse, auparavant vefve dudit deffunt Sieur de Rorthey, tant en son nom, que comme Mere, Tutrice & ayant la garde-noble des Enfans mineurs d'ans dudit deffunt & d'elle, & des Jugemens donnés au proffit dudit Royer contre ledit René de Beauvau ; que ladite Terre & Baronnie de Rorthey, ses appartenances & deppendances, seroit venduë en cedit Bailliage dedans la quarantaine, sauf la quinzaine pour le plein sellé . .

. . . .

par Maistre Claude Fouyn aussi Procureur audit Bailliage en personne, au nom & comme Procureur de Messire Henry des Salles, Chevallier, Sieur de Couxey, en vertu de sa Procuration specialle, du dix-septiéme jour des presens mois & an, à sept mil livres à luy coppé, moyennant ladite somme de sept mil livres, sauf le Mercredy des prochains jours d'aprés la S. Martin d'hyver prochain, & a esleu son domicil, comme aussi les autres Parties, és maisons de leurs Procureurs audit Chaumont . . . .

Et le Vendredy neufiéme jour de Decembre audit an mil six cens cinq . . . .

Est comparu Maximilien de Beauvau, Seigneur de Begnipont, par Cheret son Procureur, en vertu de Procuration speciale qu'il a exhibé, qui a dit que par cydevant, il a obtenu Jugement à son proffit de la sixiéme partie de ladite Seigneurie de Rorthey, ou telle autre part qui luy peut appartenir par le deced de feu Alophe de Beauvau son pere, de la distraction qu'il requeroit luy estre faite de sadite part & portion ; que depuis il auroit fait partage avec ses coheritiers, par lequel luy seroit advenu autres Terres que celle dudit Rorthey, au moyen de quoy il n'a plus rien dans ladite Terre, & se déporte de la distraction qui a esté faite à son profit ; n'empesche que les Criées ne sortissent effet, & que ladite vente de ladite Terre soit faite pour le tout, dont il a requis Act, & que ladite Procuration soit inserée en nostre present Procés verbal ; ce que luy avons octroyé, & ordonné que ladite Procuration sera inserée . . . . .

. . . .

a quoy s'est presenté Messire Claude d'Anglurre, Chevallier, Sieur de Bourlemont, par Pillot l'aîné son Procureur, fondé de sa Procuration speciale, qui a enchery ladite Terre à quatorze mil livres, pourveu qu'elle soit déchargée du Douaire & de touttes autres charges, & a éleu son domicil en la maison dudit Pillot. . . . .

faute d'autres Encherisseurs a esté la Coppe continuée au Mercredy des prochains jours. . . . . En quoy faisant, s'est presenté ledit Messire Henry des Salles, Sieur de Couxey, par ledit Maistre Claude Fouyn son Procureur, fondé de sa Procuration speciale, qu'il a exhibée, qui a repeté sa mise de ladite somme de neuf mil trois cens trente-trois livres six sols huit deniers, aux charges dudit douaire & des frais desdites Criées, dont l'Adjudicataire est tenu, aprés plusieurs publications faites, & qu'il ne s'est trouvé ny presenté autres plus hauts Mettans & Encherisseurs, avons audit Sieur de Couxey vendu, coppé & adjugé, vendons, coppons & adjugeons par ces presentes ladite Terre & Seigneurie de Rorthey, ses appartenances & deppendances, sans rien réserver, & ce moyennant ladite somme de neuf mil trois cens trente-trois livres six sols huit deniers, ausdites charges dudit douaire & des frais desdites Criées, dont l'Adjudicataire est tenu, à quoy satisfaire & à consigner ledit prix dedans le temps de l'Ordonnance, avons ledit Sieur de Couxey condamné & condamnons de son consentement. . . . .

Fait sous nostre seing & celuy dudit Mynot Commis, les & an & jour susdits. Signé PERROT & MYNOT, Commis.

Lettres de Jussion du Roy Henry IV. aux Presidents & Maistres des Comptes de Paris, d'entheriner ses Patentes, par lesquelles il faisoit remise à Henry des Salles du Quint & requint, dûs à Sa Majesté pour l'acquisition de la Baronie de Rorté. Du mois de Février 1606.

HENRY par la grace de Dieu, Roy de France & de Navarre : A nos amez & feaux Conseillers les Gens de nos Comptes à Paris, Salut. Par nos Lettres Patentes du vingt-neuviéme Juillet dernier, & pour les causes y contenuës, Nous avons fait don & remise à nostre cher & bien amé le Sieur de Coussey, des droits de Quints, requints, & autres droits & devoirs Seigneuriaux qui Nous peuvent appartenir, à cause de l'acquisition qu'il a faite de la Terre & Seigneurie de Rortez, relevant de Nous, à cause de nostre Chasteau de Montesclaire, & Vous ayant nosdites Lettres esté presentées, affin de l'en faire joüir, comme il Vous estoit mandé; mais au lieu de ce faire, vous auriez par vostre Arrest du vingt-septiéme du present mois, ordonné que l'Impetrant joüiroit de l'effet & contenu en icelles pour les deux tiers seulement : Et d'autant que nostre vouloir & intention est que ledit Sieur de Coussey joüisse entierement de nostredit Don & remise, suivant & conformément à nosdites Lettres : A ces Causes, Nous vous mandons, ordonnons & tres expressement enjoignons par ces presentes, signées de nostre main, que sans vous arrester ny avoir égard à vostredit Arrest, ny attendre de Nous autre plus exprés commandement que cesdittes presentes, que Nous voulons vous servir de premiere, seconde & finalle jussion, vous ayez à proceder purement & simplement à l'entherinement & verification d'icelles nosdittes Lettres, selon leur forme & teneur, & du contenu faire joüir & user ledit Sieur de Coussey pleinement & paisiblement, sans plus y user d'aucune difficulté, restrinction ny modiffication, nonobstant que telle nature de deniers soit destinée à autres effets, que tels dons ne se verifflent que pour la moitié ou les deux tiers, & touttes autres Lettres, Mandements, Ordonnances, Deffences & Reglemens à ce contraires; ausquels attendu que c'est remise, Nous avons dérogés & dérogeons par ces presentes; Car tel est nostre plaisir. Donné à Paris, le . . . . jour de Février, l'an de grace mil six cent six, & de nostre Regne le dix-septiéme. Par le Roy, &c.

Enregistrement fait au Bailliage de Chaumont, des Foy & hommage faits par Henry des Salles, Seigneur de Coussey, pour la Baronnie de Rorté; & de l'Arrêt d'enterinement de la remise à luy faite du quint & requint, & autres droits Seigneuriaux dûs pour l'acquisition de la même Baronnie. Du 17 Mars 1606.

A Tous ceux qui ces presentes Lettres verront. Nicolas de Gondrecourt, Escuyer, Conseiller du Roy nostre Sire, Lieutenant Particulier au Bailliage de Chaumont, Salut. Sçavoir faisons, que cejourd'huy Vendredy dix-septiéme Mars, mil six cens six, au Palais & Auditoire Royal dudit Bailliage, en presence des Avocat & Procureur du Roy, Receveur & Controlleur du Domaine de Sa Majesté audit Bailliage, & du Greffier ordinaire d'iceluy; Est comparu Messire Henry des Salles, Chevallier, Sieur de Coussey, les Vouthons, Seigneur & Baron de Rorthey, par Maistre Claude Fouyn son Procureur, assisté de Nicolas de Montbeliard, Escuyer, Sieur de Humasquel, son Cousin, venu exprés, que Nous a presenté les Lettres de Foy & hommage par luy faits à Sadite Majesté, au Bureau de sa Chambre des Comptes à Paris, en datte du vingt-troisiéme Février dernier, signées le Prevost, & scellées en placart de cire jaulne, & ce pour raison de laditte Terre & Baronnie de Rorthey, mouvant de Sadite Majesté, à cause de son Chasteau de Montesclaire, & par ledit Sieur acquise au moyen de l'adjudication à luy en faite en la Cour de ce Bailliage, le quinziéme jour dudit mois de Février dernier, Nous estant mandé par lesdites Lettres, que si pour cause desdits Foy & hommage non faites, ladite Baronnie, ou aucune de ses appartenances & deppendances estoient mises en la main du Roy, d'en faire pleine & entiere délivrance audit Sieur de Coussey, à charge d'en bailler son adveux & dénombrement dedans le temps de l'Ordonnance, & payer les autres droits & devoirs, si aucuns estoient pour ce deubs, & payés ne les avoit. Nous a aussi presenté un Arrest par Extrait de Nosseigneurs desdits Comptes, du vingt-septiéme dudit mois de Février dernier, signé de la Fontaine, portant entherinement pour les deux tiers du don & remise faite par Sadite Majesté audit Sieur de Coussey du droit de quint & requint, & autres droits Seigneuriaux dûs à cause de ladite acquisition; de laquelle presentation desdites Lettres de Foy & hommage & Arrest, Nous avons audit Sieur de Coussey octroyé Act, ce requerant, & lesdits Gens du Roy le consentans, à charge de par luy bailler ses adveux & dénombremens dedans le temps de la Coutume, & de payer les droits & proffits feodaulx suivant la liquidation qui en sera faite, à l'effet de quoy ledit Sieur de Coussey a presentement mis és mains dudit Procureur du Roy le Procés verbal d'adjudication de ladite Terre & Baronnie de Rorthey, ensemble ledit Arrest de nosdits Seigneurs des Comptes, sur la verifification dudit don, pour voir proceder à ladite liquidation à quinzaine ou cependant. En témoing de quoy Nous avons signé cestes, avec lesdits Gens du Roy, Receveur & Controlleur du Domaine & Greffier dudit Bailliage, les an & jour susdits. Signé, DE GONDRECOURT.

Prise de possession faite de la Seigneurie d'Espies, par Henry des Salles, Chevallier, Baron de Rorté, Seigneur de Coussey, les Vouthons, &c. Du 13 Mars 1613.

A Tous ceux qui ces presentes Lettres verront & oyeront : Noble Thiery Pouppart, Prevost Gruyer, Receveur de Gondrecourt, & Garde du Scel de ladite Prevosté, Salut. Sçavoir faisons, que par devant Nicolas Borguignon & Philippe Perot Nottaires Jurés & establis à ce faire audit Gondrecourt, de par l'Excellence de Monseigneur le Prince de Vaudemont, ce jourd'huy treiziéme jour du mois de Mars mil six cent treize, est comparu en personne Messire Henry des Salles, Chevallier, Baron de Rorthey, Seigneur de Couxey, les Vouthons, &c. par Maistre Pierre de . . Avocat au Bailliage de Chaumont, lequel Nous a dit que par Contract du premier Mars audit an mil six cent & treize, passé pardevant Maistre Charle Beguignon, Nottaire Royal à Vaucouleur, & les Témoins y dénommez, il a acquis d'honoré Seigneur Claude de Verriere, Seigneur d'Amanty, Monbrac, Thaillencourt, &c. tout ce entierement que audit Seigneur d'Amanty competoit & appartenoit en la Terre & Seigneurie d'Espies, & ses deppendances, consistant en tous droits de haute Justice, moyenne, basse & roture, fours, moulins, bois, ensemble un gagnage, scis au finage dudit Espies, comme plus à plein y porte audit Contract d'achapt, duquel il Nous a exhibé Coppie signée dudit Beguignon, qu'il a declaré, present en personne, avoir encore devers luy la minutte d'iceluy; Nous requerant à ces causes, qu'en vertu dudit Contract ayons à le mettre en la réelle & actuelle possession de ladite acquisition, droits Seigneuriaux, proffits, rentes, revenus & émoluments en deppendans, tout ainsi & comme en joüissoit ledit Seigneur de Verrieres son autheur, & ses devanciers : A quoy obtemperant, & Nous estant à cet effet exprés transporté dudit Gondrecourt audit Espies, où parvenu ledit jour sur l'heure d'une heure aprés midy, s'est ledit Seigneur presenté, assisté dudit Vyaulcourt, lequel Nous a reïteré les mesmes Requestes que dessus, & persisté que en vertu de sesdites Lettres d'acquisitions, que Nous & . . . . . comme dit est, ayons à le mettre en ladite possession de ladite Seigneurie, droits Seigneuriaux, choses en deppendantes, & dudit gagnage; sur quoy, & aprés qu'il ne s'est trouvé ny presenté personne qui ayt empesché ou voulu empescher ladite prinse de possession, Avons, ledit Seigneur Baron de Rorté present en personne, assisté comme dessus, mis & mettons en la possession réelle, actuelle, naturelle & civile de ladite Seigneurie dudit Espies, consistante en tous droits de haute Justice, moyenne, basse & roture; ensemble dudit gagnage, rentes, censes, proffits, revenus & émoluments d'iceux; le tout ainsi que plus amplement est porté esdites Lettres d'acquisition dudit premier Mars, par la position du pied audit village d'Espies, ban & finage d'illec, fait feux & fumée en la Maison Seigneurialle audit Espies, prestation de serment fait par les Officiers dudit Espies audit Seigneur, promettant fidelité chacun en droit soy en l'exercice de leur charge; & si leur avons enjoint de payer & délivrer audit Seigneur, ou ses Commis, par chacun an, és jours, termes & payements accoutumez, touttes les rentes, censes, proffits & émoluments provenans de ladite Seigneurie, ses deppendances, & dudit gagnage, & generallement touttes autres choses quelques peuvent estre deües, à cause de ladite Seigneurie, sesdites deppendances & dudit gagnage, sans en rien réserver, tout ainsi que en ont joüis d'heus joüir lesdits Seigneur d'Amanty, ses prédecesseurs & autheurs, sauf le droit d'autruy, si aucun y a, dont & de quoy avons audit Seigneur present en personne, comme dit est, octroyé le present Act pour luy servir ce que de raison. En témoing de quoy, nous Garde susdit, au rapport & relation desdits Jurés & de leurs seings manuels cy mis, avons ces presentes scellé du Scel de ladite Prevosté & de nostre propre Scel, sauf tous droits, & s'est ledit Seigneur des Salles, Chevallier, Baron, icy sous-signé avec Nous en la minutte des presentes, les jour & an que dessus, ladite minutte demeurée és mains dudit Perot. Signé BORGUIGNON, & PEROT, & scellé.

Reglement fait entre Henry des Salles, Chevalier, Seigneur de Coussey, tant en son nom, qu'en ceux d'Everard & François des Salles ses enfans mineurs; & Claude des Salles, Baron de Rorté son fils aîné; Henry des Salles, Baron des Vouthons; & Philippe des Salles, Baron de Dainville, ses autres enfans, pour le droit d'aînesse dû audit Claude des Salles. Du vingtiéme Avril 1627.

FUrent presens en leurs personnes haut & puissant Seigneur Messire Henry des Salles, Chevallier, Seigneur de Couxey, &c. tant en son nom pur & privé, que comme Tuteur, & ayant la garde-noble de Messieurs Everard & François les des Salles ses enfans mineurs, & de deffunte haute & puissante Dame Elizabeth de Merode, vivant son épouse, d'une part : Et Messire Claude des Salles, Chevallier, Baron de Rorthey, son fils aîné; Henry des Salles, Baron des Vouthons; & Philippe des Salles, Baron de Dainville, tous enfans dudit Seigneur de Couxey, d'autre

Porte d'or à la Tour de sable.

Genealogie de la Maison de Raigecourt, originaire de Metz.

PHILIPPE DE RAIGECOURT, Maître Echevin de Metz en 1243.

JEAN DE RAIGECOURT, Maître Echevin de Metz en 1263.

RENAUD DE RAIGECOURT, Chevalier.

GEOFFROY DE RAIGECOURT, l'un des Chevaliers qui porta le Dais en 1356 à l'Entrée de l'Empereur Charles IV. dans la Ville de Metz.

NICOLAS DE RAIGECOURT, Maître Echevin de Metz en 1379, épousa Jeannette le Gronaix.

NICOLAS DE RAIGECOURT, dit Xappey, épousa Isabelle d'Esche, décédée en 1432, fille de Jean d'Esche, Seigneur des Estangs, & de Catherine Dieuamy.

PHILIPPE DE RAIGECOURT, Seigneur d'Ancerville, fait Chambellan de René II. en 1488. épousa Catherine de Ville, fille d'Antoine de Ville, & de Mahaut de Ville.

GEOFFROY DE RAIGECOURT, marié en 1492 à Marguerite de Gournay, dont il n'eut pas lignée.

NICOLAS DE RAIGECOURT, Maître Echevin de Metz, Seigneur d'Ancerville, de Bremoncourt, du chef de sa Mere; épousa Philberte de Paffenhoven, remariée à Jacques d'Haraucourt.

PHILIPPE DE RAIGECOURT, Seigneur de Marly & de Corny, allié à Anne Remiot, fille de Nicolas Remiot, & d'Anne d'Apremont aux Merlettes.

NICOLAS DE RAIGECOURT, Seigneur de Brémoncourt, Conseiller d'Etat, & Bailly d'Epinal, épousa 1. Philippe de Jussy. 2. Helene d'Haraucourt. 3. Catherine de Ligniville,

PHILIPPE DE RAIGECOURT, Seigneur d'Ancerville, Conseiller & Chambellan du Duc Antoine en 1533, & Bailly de Vosges, épousa Philippe de Gournay.

I. Lit. JACQUES DE RAIGECOURT, non marié.

III. Lit. HENRY DE RAIGECOURT, Seigneur de Brémoncourt, Grand Maître de l'Artillerie de Lorraine, épousa en 1613 Marguerite des Salles, fille de Henry des Salles, & d'Elisabeth de Merodes.

ANNE-GABRIELLE DE RAIGECOURT, Chanoinesse d'épinal, puis mariée à Arnould d'Arrigori, Baron de Corignault.

GABRIELLE, femme de Richard Baon de Serocourt.

MADELAINE mariée à Jean de Florainville.

ANNE alliée à Paul-Bernard de Fontaine, Gouverneur de l'Isle en Flandre, & General de la Cavalerie Flamande.

BERNARD DE RAIGECOURT, Senéchal hereditaire de Metz, Seigneur d'Ancerville, & Capitaine General de l'Artillerie Lorraine, mort à Sierk en 1636; épousa Marie-Barbe d'Haraucourt, auparavant Chanoinesse de Remiremont.

JACQUES de Raigecourt, Seigneur de Marly, Gouverneur de Birche, épousa Madelaine de Gournay.

ANTOINE de Raigecourt, allié à Elisabeth de Florainville.

MARGUERITE de Raigecourt, femme de François de Beauvau, Marquis de Noviant.

FRANÇOIS de Raigecourt, Senéchal de Metz, épousa en 1648 Beatrix de Beaufremont, fille de Claude de Beaufremont, & de N... de Pouligny.

BERNARD de Raigecourt, Comte de Fontaine, General de la Cavalerie Espagnole, puis Commandant l'Infanterie Bavaroise pour le secours de Vienne, tué à l'Assaut de Bude.

JACQUES de Raigecourt, Seigneur de Marly, épousa Marie d'Urre de Tessiere.

PHILBERT & FRANÇOIS de Raigecourt, celui-ci mort devant Wesel.

HENRY-FRANÇOIS de Raigecourt, marié à Ermengarde d'Aumale

CLAUDE Chanoinesse de Remiremont.

ANNE épouse Leonard de Ficquelmôt.

CHARLES de Raigecourt, Seigneur de Commercy, tué en 1655 Capitaine au Regiment de Fabert, non marié.

LOUIS Capitaine au Regimét de Fabert.

MARIE-BARBE épouse de N. de Maux.

HENRY-FRANÇOIS Seigneur d'Ancerville, marié en 1661 à Anne Claude de la Vaulx.

PHILIPPE.

CHRISTINE Dame de Clairvaux à Metz.

MARGUERITE femme d'Emanuel Duc, Brigadier General des Armées du Roy T. C.

CHARLES de Raigecourt, Senéchal hereditaire de Metz, Seigneur de Gibomey, de Buzy, Grand Veneur, puis Maréchal de Lorraine, a épousé en 1677 Catherine-Gertrude Desarmoises, fille de Louis Desarmoises, Seigneur de Cômercy, Senéchal de Lorraine, & de Barbe d'Haraucourt.

BERNARD de Raigecourt, Seigneur de Brémoncourt, Colonel de Cavalerie en France, a épousé en 1678 Antoinette de Gournay, fille de Paul de Gournay, & de Charlotte de Ficquelmont, dont il a eu deux fils, l'un tué Colonel de Cavalerie pour le service du Roy T. C. & non marié; l'autre mort Chevalier de Malthe; & deux filles, dont l'aînée est Chanoinesse de S. Pierre de Metz, & l'autre Philippe-Agnés, mariée à Charles Comte de Bressey, Conseiller d'Etat de Son Altesse Royale.

CATHERINE-LOUISE, Dame de S. Pierre de Metz,

JEAN-CLAUDE, Capitaine de Cuirassiers de l'Empereur

LOUIS-ANTOINE, Colonel du Regiment de Raigecourt Cavalerie, en France.

JEAN-BAPTISTE, Chevalier de Malthe.

LEOPOLD.

FRANÇOISE-GABRIELLE, Chanoinesse de Remiremont,

ETIENNE.

POLICARPE, & deux Religieuses de la Congregation.

d'autre part ; lequel Seigneur de Couxey esdits noms, desirant establir une bonne paix & repos entre lesdits Seigneurs des Salles ses enfans, & obvier à tous procés & differents qui pourroient arriver des avances par luy faites en faveur de mariage ausdits Seigneurs des Salles ses enfans aprés son decés, pour raison de ses Maisons & Chasteaux, biens & succession, ont d'un commun accord & consentement promis audit Seigneur Claude des Salles, au lieu de son droit d'aînesse qui luy pourroit appartenir en toutes lesdittes Maisons & Chasteaux tant escheutes qu'à escheoir aprés le decés dudit Seigneur de Coucey leur pere, de pouvoir prendre tant pour luy, que pour ses hoirs ou ayans causes, par préciput & avant tout partage des biens de la succession future dudit Seigneur de Couxey, sur tous & un chacun les biens meubles & immeubles d'icelle, la somme de trente-cinq mil frans, monnoye du Barrois, réduite à vingt-trois mil trois cens trente-trois livres six sols huit deniers tournois ; outre & par dessus, la Maison ou Chasteau dudit Rorthey, avec les jardins, accins & pourpris attribués à ladite Maison, suivant la Coutume du Bailliage de Chaumont, & la Maison, bassecourt, pourpris & accins de Malpierre, selon qu'elles ont esté données par Contract de mariage audit Seigneur Claude des Salles, luy appartiendront en tous droits de proprieté & fond, en déduisant par luy neanmoins sur ladite somme, ou rapportant à la masse de ladite succession future, à son choix, la somme de quinze mil livres tournois qui ont esté payez pour ladite Maison de Malpierre, & de payer sa part & contingente des debtes passives comme chacun desdits Seigneurs des Salles ; moyennant quoy iceluy Seigneur Claude des Salles demeure satisfait de sondit droit d'aînesse, & de ce qu'il pourroit prétendre en la Maison ou Chasteau de Preysche, & en toutes autres qui pourroient cy-aprés luy escheoir du costé paternel comme aîné de ladite Maison ; & pour insinuer les presentes où il sera besoin requerir Act de ladite insinuation, les Parties ont donné pouvoir special au porteur des presentes, comme ils ont dit & respectivement stipulé & accepté, promettans ledit Seigneur de Couxey faire ratifier les presentes à la majorité desdits Sieurs Everard & François, à peine de tous dépens, dommages & interests ; obligeans lesdites Parties respectivement leurs biens, &c. renonceans, &c. Fait & passé au Chasteau dudit Rorthey avant midy, le vingtiéme d'Avril mil six cens vingt-sept ; & ont lesdits Seigneurs signés en la minutte des presentes, presens noble homme Jean Barrois Avocat, demeurant à Vaucouleur, & noble homme Demenge Mareschal, dit Gâtelet, demeurant à Pargney sous Murreaux, Témoins appellés par lesdites Parties, qui se sont soussignés à ladite minutte avec le Nottaire, pour ce mandé audit Chastel au deffaut & absence d'autre Nottaire, suivant l'Ordonnance. Signé TIXERRANT.

Traité de Mariage entre Denis de Pottiers, Seigneur de Fenffe, Gouverneur du Duché de Boüillon ; & Elizabeth des Salles, fille de Henry, Baron de Rorté, & d'Elizabeth de Merode. Du 9 Février 1621.

CE sont icy les Articles proposez, concluds, & arrestés, en pourparlant du Mariage esperé, & avant aucune promesse d'iceluy, d'Entre Messire Denis de Pottiers, Chevalier, Seigneur de Fenffe, Herocque, Gentilhomme de la Chambre de Sa Majesté Imperialle, Lieutenant & Gouverneur pour Son Altesse Serenissime de Liege au Duché de Boüillon & Prevosté de Renogne, &c. assisté d'illustre & venerable Charles de Pottiers, Chanoine de l'Eglise Cathedrale dudit Liege, frere dudit Seigneur de Fenffe, d'une part : Et Damoiselle Elizabeth des Salles, aussi assistée, authorisée & licentiée de Messire Henry des Salles, Chevallier, Baron de Rorthey, & de Dame Elizabeth de Merodes ses pere & mere,

& en presence de Messire Henry de Raigecourt, Seigneur & Baron de Bremoncourt, &c. beaufrere à ladite Damoiselle, d'autre part.

PREMIER.

Que lesdits Seigneurs de Fenffe & Damoiselle Elizabeth des Salles, aussi-tôt la celebration dudit mariage esperé, seront uns & communs en tous meubles, acquests & conquests immeubles, pour aprés la mort de l'un ou de l'autre estre partagez égallement entre le survivant & les enfans ou heritiers du premier decedé, fors & excepté les acquests qui se feront pendant la communauté d'iceux, & desquels ledit survivant joüira par forme d'usufruit sa vie naturelle durante seulement, & aprés se partageront également entre lesdits enfans ou heritiers de l'un ou de l'autre.

Que touttes debtes contractées auparavant ladite communauté & celebration dudit mariage esperé, se payeront & acquiteront chacun pour les sommes qu'il sera obligé, sans que l'autre en soit aucunement tenu.

Et advenant que pendant & constant icelle communauté, il se vende du bien propre de l'une ou de l'autre desdites Parties, sans estre remployé en autre fond, avant la solution d'icelle communauté, pour sortir mesme nature de propre à celuy sur lequel lesdits biens auront esté vendus ; en ce cas, il prendra, ou ses heritiers, avant tout partage, le prix de ladite vente sur les plus clairs & apparents biens de ladite communauté, au deffaut de laquelle se prendra la moitié dudit prix, ou ce qui pourra encor rester sur les autres biens de celuy les biens duquel n'auront esté vendus.

Au cas que Douaire ait lieu, ladite Damoiselle prendra & aura sur les biens dudit Seigneur de Fenffe, la somme de deux mil frans, monnoye de Lorraine, par chacun an, tant & si long-temps que ledit Douaire aura lieu, lequel neanmoins se pourra rachepter par les enfans ou heritiers dudit Seigneur de Fenffe, moyennant la somme de seize mil frans de ladite monnoye, à une seule fois & payement, au choix desdits heritiers.

Moyennant & parmy quoy, lesdits Seigneur & Dame de Rorthey pere & mere, ont promis, & se sont obligés de, en dedans le terme de deux ans, à prendre du jour de la celebration dudit Mariage esperé, fournir la somme de quarante & cinq mil frans de ladite monnoye de Lorraine, mettans les especes aux prix qu'elles vaudront audit temps de fournissement, pour estre ladite somme employée en fond de Terre & Seigneurie, au proffit desdits Seigneurs de Fenffe & Damoiselle Elizabeth des Salles, & sortir nature de propre à icelle, si mieux n'ayment lesdits Seigneur & Dame de Rorthey pere & mere, donner de leurs biens propres pour & jusques à la concurrence de ladite somme de quarante & cinq mil frans susdite monnoye, és lieux plus propres & commodes ausdits Seigneurs de Fenffe & Damoiselle des Salles, & ce suivant l'appretiation qui s'en fera à dire de gens à ce connoissans, & dont lesdites Parties conviendront de gré à gré, pour aussitôt aprés prendre & apprehender par iceux Seigneur de Fenffe & Damoiselle des Salles, la réelle, actuelle, naturelle & civile possession desdits biens & terres ainsi à eux ceddés par lesdits Seigneur & Dame de Rorthey ; lesquels biens seront aussi & tiendront nature de propre à icelle Damoiselle.

Et d'autant qu'il a esté jugé raisonnable de donner quelque recompense ausdits Seigneur de Fenffe & Damoiselle des Salles, pour tenir lieu des interests que ladite somme de quarante & cinq mil frans pourroit porter pendant ledit temps de deux ans, puisque la commodité desdits Sieur & Dame de Rorthey n'est presentement de payer icelle somme ; c'est pourquoy ils ont dés à present ceddés, quittés & transportés audit Seigneur de Fenffe & à ladite Damoiselle des Salles leur fille, tous tels droits, noms, raisons & actions qui leur peut competer & appartenir sur la Maison, Terre & Seigneurie des Abbayes, scize au Duché de Boüillon, escheus & obvenus à ladite Dame de Rorthey mere, par le trespas de deffunte Dame Marguerite de Merodes sa sœur, & non en ce que touche les meubles estans presentement en ladite Maiſon ; enſemble ont ceddés leſdits Sieur & Dame de Rorthey auſdits Sieur de Fenffe & Damoiſelle des Salles, l'action qu'ils ont & peuvent avoir comme heritiers teſtamentaires de Dame Elizabeth de Merodes, Dame de Haulteville leur tante, à l'encontre des enfans & heritiers de deffunte Dame Marie de Merodes, vivante Epouſe à Meſſire Gerard de Duras, Seigneur de Rooſt, faute d'avoir eſté payez les deniers promis en mariage à ladite deffunte Dame de Haulteville, & pour quoy y a Sentence renduë au proffit d'icelle en l'Officialité de Liege, ſans en ce comprendre aucune des autres actions qu'appartiennent auſdits Seigneur & Dame ceddans, en ladite qualité ou autrement ; leſquels ont encor outre ce que deſſus, ceddés à iceux Sieur de Fenffe & Damoiſelle des Salles, la ſomme de . . . à eux deüe par Meſſire Erneſt de Groſbeck, Seigneur de la Vaux, laquelle ſomme entrera & demeurera en la communauté deſdits Sieur de Fenffe & Damoiſelle des Salles ; & quant aux actions ainſi ceddées, & ce qui en provien-dra, ſera & tiendra nature de biens propres à ladite Damoiſelle.

Pour deſquelles choſes ainſi ceddées faire pourſuitte & tirer payement, leſdits Sieur & Dame de Rorthey délivreront & mettront és mains deſdits Sieur de Fenffe & Damoiſelle des Salles touttes Sentences, promeſſes, papiers & documents neceſſaires, les conſtituans dés à preſent leurs Procureurs, ſans toutefois eſtre tenus d'aucune garantie, ſinon de leurs faits & promeſſes.

Et davantage leſdits Sieur & Dame de Rorthey habilleront ladite Damoiſelle leur fille d'habits & ornemens nuptiaux, ſelon ſa qualité, & luy donneront la ſomme de deux cens cinquante Eſcus, pour eſtre employés en achapt de bagues & joyaux ; comme auſſi a promis ledit Seigneur de Fenffe en donner pour pareille ſomme à ladite Damoiſelle, jour aprés autres, & avant la celebration dudit Mariage eſperé.

Moyennant quoy, & tout ce que deſſus, ladite Damoiſelle, de la licence & authorité que deſſus, a renoncé & renonce, au proffit de Meſſieurs ſes freres, à toutes ſucceſſions de ſeſdits Sieur & Dame pere & mere, & à toutes autres ſucceſſions venant de ligne directe ſeulement, ſinon au deffaut de ſeſdits Sieurs freres ou enfans d'iceux ; ce que ladite Damoiſelle ſera tenuë ratifier ayant atteint l'âge de majorité, & comme ledit Seigneur de Fenffe ſon futur mari a promis.

De toutes leſquelles choſes & articles cy-deſſus ainſi propoſés, concluds & arreſtés, en ſera paſſé bon & vallable Contract par devant Nottaires, ou telles autres perſonnes que ſeront jugées neceſſaires, par lequel leſdites Parties obligeront & hypotecqueront biens ſuffiſans pour l'entretenement & accompliſſement de ce qu'elles ont reciproquement promis, & ſe ſont obligez.

En foy de quoy, & pour plus grande aſſurance de tout ce que deſſus, Nous ſuſdits Denis de Pottiers, Seigneur de Fenffe, Sieur Henry des Salles, Dame Elizabeth de Merodes, Seigneur & Dame de Rorthey, avons ſigné les preſentes, comme a fait ladite Damoiſelle Elizabeth des Salles noſtre fille, & de noſtre licence & authorité comme dit eſt, cejourd'huy neufviéme jour du mois de Février mil ſix cens vingt-un, & au ſemblable comme ſont ſoubſignés à noſtre priere & requeſte leſdits Seigneurs, Charles Seigneur de Pottiers, & Henry de Raigecourt, frere & beaufrere deſdits futurs Epoux, comme témoins.

Traité de Mariage entre François de Mauleon, Seigneur de la Bastide, d'Auttigny, &c. & Catherine des Salles, fille de Henry des Salles, Baron de Rorté, & d'Elizabeth de Merodes. Du cinquiéme Septembre 1623.

A Tous ceux qui ces presentes Lettres verront : Noble Thiery Poupart, Prevost, Gruyer & Receveur de Gondrecourt, & Garde du Scel de ladite Prevosté, Salut. Sçavoir faisons, que par devant Maistres François Thevenin, &
Thieressellin Placard, Nottaires Jurez & establis à ce faire, de par tres haut & tres
puissant Prince François Duc de Lorraine, Seigneur des Chastel, Chastellenie, Terre & Prevosté dudit Gondrecourt, en son Tabellionnage audit lieu, demeurans aux
Vouthons haut & bas, soubsignés. Comparurent en leurs personnes honoré Seigneur
Messire François de Mauleon, fils de feu honoré Seigneur Messire Louïs de Mauleon, Chevallier, vivant Escuyer d'Escurie de Son Altesse, Capitaine & Gouverneur dudit Gondrecourt, Seigneur d'Autigny-la Tour & de S. Elophe, & d'honorée Dame Chrestienne de la Mothe, vefve dudit Seigneur de Mauleon, assisté de
ladite Dame sa mere, & de Reverend Seigneur Renault de Mauleon la Bastide,
Prieur de Chastenois, Vicaire General & Official de l'Evêché de Toul, son oncle
paternel, & d'honoré Seigneur Messire François de Choiseul, Chevallier, Baron
de Meuse, & Seigneur de Sorcy son cousin, & honoré Seigneur Messire Nicolas
de la Mothe, Seigneur de Vandeleville, d'une part : Et Damoiselle Catherine des
Salles, fille d'honoré Seigneur Messire Henry des Salles, Chevalier, Baron de
Rorthey, Coussey, Seigneur de Landaville, Dainville, Bertheleville, Espié,
Girauvilliers & les Vothons, &c. & feüe honorée Dame Dame Elizabeth de Merodes, Baronne dudit lieu . . . . . Comtesse du Mont S. Jehan, de Fonte-
noys, &c. ses pere & mere ; honoré Seigneur Messire Claude des Salles, Cheval-
lier, Baron de Rorthey, Seigneur de Malpierre, son frere aîné ; honoré Seigneur
Messire Henry des Salles, Chevalier, Baron desdits lieux, Seigneur des Vou-
thons haut & bas, &c. honoré Seigneur Messire Philippe des Salles, Chevallier,
Baron, Seigneur de Dainville, ses freres ; honoré Seigneur Messire Henry de
Raigecourt, Baron, Seigneur de Bremoncourt, Claisul, Corny, Gironcourt,
Conseiller d'Estat de S. A. Commissaire general des Guerres és Garnisons de S. A.
& Gentilhomme de sa Chambre, son beaufrere ; honoré Seigneur Messire Samuel
de Beauvau, Seigneur d'Espaux, Baron de Vantimont, &c. honoré Seigneur Messire Claude des Salles, Seigneur de Vernancourt, Charmont & Charmant, de . . .
en partie, & Gentilhomme ordinaire de S. A. honoré Seigneur Messire Henry
de Carel, Seigneur de Goussaincourt, Pulligny, Mipont, & Chambellan ordinaire de S. A. ses cousins ; honoré Seigneur Messire Jehan d'Aultry, Chevallier,
Baron dudit lieu, Seigneur de Gignicourt, Condé, Grandam, Oultry . . .
en Normandie, &c. & Conseiller du Roy en ses Conseils d'Estat & Privé ; Pom-
ponnes d'Aultry, Chevallier de l'Ordre du Roy, leurs alliés, d'autre part : Et
reconnurent les Parties avoir fait & font par ces presentes, les conventions &
promesses de Mariage que s'ensuivent : C'est assçavoir que lesdits Seigneur de
Mauleon & Damoiselle Catherine des Salles, par la licence, advis & consulta-
tion de ladite Dame Chrestienne de la Mothe, mere audit Seigneur François de
Mauleon, & dudit Seigneur de Coussey pere d'icelle Catherine des Salles, ont
promis & promettent par cesdites presentes, de se prendre & épouser en face de
sainte Eglise, le plustost que faire se pourra, si Dieu & nostre Mere sainte Eglise s'y accordent : Et avant qu'il y ait eu aucune promesse dudit mariage, a esté
convenu & accordé entre lesdits Dame de la Mothe, Seigneur Baron de Coussey,

François

François de Mauleon, & Damoiselle Catherine des Salles futurs Epoux, qu'après la consommation dudit futur Mariage, qu'iceux François de Mauleon & Catherine des Salles futurs Conjoints, seront & demeureront uns & communs en tous meubles, acquests & conquests immeubles; & advenant la dissolution dudit futur mariage, lesdits biens se partageront par moitié entre le survivant & les heritiers du prémourant; sur lesquels meubles si ledit Sieur futur Epoux survit, aura & prendra par préciput ses habits, armes & chevaux, & ladite Damoiselle future Epouse, si elle survit, prendra & emportera ses habits, bagues & joyaux.

Que ledit Seigneur Baron de Couffey promet habiller ladite Damoiselle future Epouse sa fille, d'habits nuptiaux, & ce ainsi qu'il a habillé les Dames ses filles ja mariées.

Donnera pour dotte à ladite Damoiselle Catherine sa fille, la somme de quarante mil frans Barrois en espece, selon l'Ordonnance de S. A. lors de la délivrance de ladite somme, en laquelle seront compris dix mil frans, que Monsieur de Gouhecourt, ayeul de ladite Damoiselle future Epouse, a promis donner pour aider ladite dotte.

Laquelle somme de quarante mil frans se payera és mains d'icelle Dame de Mauleon; sçavoir deux mil frans incontinent aprés la consommation dudit futur Mariage, deux mil frans à la saint Remy ensuivant, & six mil frans au bout de l'an, à prendre dés le jour de la celebration & consommation dudit futur mariage, en payant l'interest, à commencer au jour & datte des presentes, à raison de cinq pour cent.

Et pour les autres trente mil frans, ledit Seigneur Baron de Couffey, a dés maintenant ceddé, transporté à ladite Dame de Mauleon, la somme de quinze mil frans, qui luy sont escheus sur la Salinne de Dieuze, desquels il promet faire joüir icelle Dame de Mauleon, & en faire toute poursuite & diligence en son nom, sans aucun retardement, & luy en payer la rente à raison de sept pour cent.

Et pour les autres quinze mil frans, ledit Seigneur Baron de Couffey promet aussi en payer à ladite Dame de Mauleon l'interest, à raison de cinq pour cent, & faire le payement desdits trente mil frans à ladite Dame de Mauleon dans les trois autres années prochaines, à compter du jour & datte des presentes. Pour assurance de ce faire, ledit Seigneur Baron de Couffey en a obligé la Terre & Seigneurie de Couffey, & tous ses autres biens, & à quoy ledit Seigneur Baron fera prester le consentement par honoré Seigneur Messire Claude des Salles, Chevallier, Seigneur de Gouhecourt, Couffey, &c. son pere.

Que ladite somme de quarante mil frans pour ladite dotte de ladite Damoiselle Catherine des Salles, luy demeurera en nature de propre; & pour restablissement de ladite somme de quarante mil frans, ladite Dame de Mauleon promet de faire prester consentement par honorée Dame Dame Magdelaine de Tassigny, Dame dudit lieu, vefve de deffunt honoré Seigneur Messire Jehan Blaise de Mauleon, Sieur de la Bastide, vivant Mareschal du Barrois, ayeul dudit Seigneur futur Epoux, que la Terre de Tassigny appartenante à ladite Dame de Tassigny, rentes & revenus d'icelle, demeurera ensemble & tous ses deppendans specialement affectés & hypotecqués audit remplacement, comme dés maintenant ladite Dame de Mauleon s'en oblige, affecte & hypotecque en fond, ensemble pour l'assignal du douaire de ladite Damoiselle future Epouse; laquelle Dame de Mauleon a dit ladite Terre estre en fond suffisant pour satisfaire audit restablissement & douaire, & pour satisfaire aux quatre mil florins, monnoye de Braban, envers Monsieur de Basa; joüira neanmoins ladite Dame de Tassigny de trois chambres, un grenier & une cave à son choix du Chasteau dudit Tassigny, une Escurie, l'entrée & la sortie dudit Chasteau de Tassigny, avec la moulture franche & son défruit au jardin & parterre d'illec, pour elle

& ladite Dame de Mauleon, leurs vies naturelles durantes, & par forme d'usufruit seulement : comme aussi icelle Dame de Tassigny joüira sa vie durante de quinze rezeaux de bled, & quinze rezeaux d'avoine, mesure de Nancy, à prendre sur la Cense que Nicolas Raymond tient, le revenu de laquelle neanmoins ladite Dame de la Bastide entend, que ledit Sieur de Mauleon futur Epoux leve & applique à son proffit la generalité des rentes pour la presente année mil six cens vingt-trois, pour bonnes considerations, joüira ledit Seigneur de Mauleon futur Epoux, du Chasteau, Terre & Seigneurie dudit Druits, rentes & revenus qui en deppendent, incontinent aprés la consommation dudit futur Mariage, de quoy il pourra disposer en cas de necessité urgente, & pour son advancement, & à quoy ladite Dame de la Bastide & de Mauleon donneront, & donne dés à present ladite Dame de Mauleon son consentement.

Que si ledit Seigneur futur Epoux vient à deceder sans hoirs procréez de son corps avant ladite Dame de la Bastide & de Mauleon, la proprieté & joüissance desdits Chasteau, Terres & Seigneuries dudit Tassigny & biens en deppendans, retourneront à icelles Dames de la Bastide & de Mauleon, & aprés leurs decés, leurs heritiers tels qu'il appartiendra, comme anciens maternels d'iceluy futur Conjoint, chargé neanmoins du remplacement cy-devant mentionné, & du droit de doüaire cy-aprés declaré, & de la demeurance de ladite future Epouse audit Chasteau de Tassigny.

Et au cas que doüaire ait lieu, ladite Damoiselle future Epouse aura pour son droit de doüaire par chacun an, la somme de mil frans Barrois où il y aura enfans procréez dudit mariage, & quinze cens frans de ladite monnoye, où il n'y aura enfans, renonceant dés maintenant ladite Damoiselle future Epouse au doüaire Coutumier ; pour lequel doüaire ladite Terre, Seignéurie & Chasteau de Tassigny, & leurs deppendances, demeurent chargés envers ladite Damoiselle future Epouse, laquelle aura & joüira de tous & un chacun les droits, rentes & revenus de ladite Seigneurie, tant pour son droit de doüaire, que pour sondit remplacement, jusques à ce que lesdits quarante mil frans luy seront restitués, & à ses ayans causes par luy, ou ceux à qui la proprieté desdits Château, Terres & Seigneuries appartiendra, & sans préjudice audit doüaire, tant & si long-temps qu'il aura lieu ; & sera à cet effet ladite Seigneurie affectée pour toute garantie seulement.

Pourra ladite Dame future Epouse, si bon luy semble, faire sa demeurance audit Chasteau, à charge d'entretenir le tout bien & deuëment comme doüairiere est obligée par la Coutume de Lorraine, à la réserve neanmoins de ce qui est dit cy-dessus pour les chambres, cave, grenier, escurie, moulture franche, fruit au parterre & jardin, quinze rezeaulx de bled, & quinze rezeaulx d'avoine, mesure de Nancy, à prendre sur la Crouée que tient Nicolas Raymond.

Et moyennant ce que dessus, seront tous les autres biens entierement de ladite Dame de Mauleon, tant à present que futurs, déchargés de tous hypotecques, que à raison du present Traité de Mariage, lesdits Seigneurs & Dame futurs Epoux ou leurs ayans causes, pourront prétendre sur iceux, pour par elle en disposer comme bon luy semblera.

Et à raison desdits assignal, rétablissement & doüaire, dés à present appartiendront à ladite Dame de Mauleon lesdits quarante mil frans qu'elle touchera, & non lesdits Seigneur & Damoiselle futurs conjoints, aux jours & termes prédits, ensemble les interests, pour en disposer ainsi comme de son propre.

Sera madite Dame de Mauleon tenuë d'acquitter ledit Sieur de Mauleon son fils de toutes debtes par luy faites & contractées au contenu de la déclaration que ledit Sieur de Mauleon en a donné à maditte Dame sa mere.

Comme aussi ladite Dame de Mauleon promet d'habiller ledit Seigneur son fils d'habits nuptiaux, & le décharger des Mariages & dottes de Mesdamoiselles ses sœurs, lesquelles icelle Dame sera tenuë dotter sur autres biens que sur lesdits Chasteau, Terre & Seigneurie dudit Tassigny; moyennant quoy ladite Dame de Mauleon recevra aux termes susdits quarante mil frans, comme dit est, du dot; à l'effet de quoy lesdits Sieur & Damoiselle conjoints luy donnent pouvoir d'en faire toutes poursuites, s'il y eschet, en son pur & privé nom; & demeurera en outre maditte Dame de Mauleon en la joüissance d'Autigny-la-Tour & des environs, & ainsi qu'elle a fait du passé, & fait encor à present, comme à elle appartenant en propre, pour raison desdits restablissements; laquelle joüissance en proprieté & tres fond lesdits Seigneur & Damoiselle futurs conjoints confirmeront & tiendront pour ferme & stable, dés à present, comme pour lors.

Renoncera ladite Damoiselle future épouse, comme dés à present elle renonce, ses hoirs & ayans causes, à toutes successions directes de Messieurs ses pere & mere, tant escheus, qu'à escheoir, au proffit de Messieurs ses pere & freres.

Que mesdits Seigneurs de Gouhecourt & de Coussey feront la faction des nopces, & nourriront lesdits Seigneur & Damoiselle futurs conjoints, avec leur train raisonnable durant le temps de six mois, à commencer dés le jour de la celebration dudit Mariage: comme aussi tout ce que dessus a été convenu, stipulé & accepté entre lesdites Parties, & sans lesquelles conditions ledit Mariage n'eût été accordé; promettantes lesdites Parties par leurs foys pour ce données és mains desdits Nottaires Jurés, de tenir & satisfaire à tout ce que dessus, mesme lesdits Seigneur de Coussey & Dame de Mauleon, chacun à leurs égards respectivement; dérogeantes lesdites Parties par special à toutes Coutumes contraires à tout ce qui a esté traité cy-dessus, sous l'obligation de tous leurs biens generallement quelconques, presens & advenirs, qu'ils ont pour ce submis & submettent à toutes Cours & Justices quelconques, voulans & consentant qu'en tant que besoin seroit, ces presentes estre insinuées & homologuées par devant tous Juges qu'il appartiendra, & pour ce faire en obtenir un ou plusieurs Acts, les Parties ont constitués pour leur Procureur le porteur de cette, auquel ils ont donnés pouvoir & puissance de ce faire, renonceans à toutes choses à ces presentes contraires.

En foy & témoignage de quoy, nous Garde du Scel susdit, au rapport desdits Nottaires Jurés, & de leurs seings manuels mis à ces presentes, avons icelles scellé du Scel de ladite Prevosté & du nostre en contrescel, sauf tous droits. Fait & passé au Chasteau dudit Vouthon le haut, le cinquiéme jour de Septembre mil six cens vingt-trois, aprés midy; & ont lesdites Parties & assistans signés avec lesdits Nottaires à la minutte des presentes, qui demeure és mains dudit Thevenin Nottaire. Signé en fin PLACARD & F. THEVENIN, avec paraffe, & scellé.

Genealogie de la Maison de Mauleon, par Balthazar Houat, & Jean Callot, Herauts d'Armes de Lorraine.

Porte de Gueule, au Lion d'or armé, & lampassé de sable.

ARNAUD GUILLAUME DE MAULEON, émancipa son fils Giraud en 1374, le 20 Juillet.

GIRAUD DE MAULEON.

THIEBAUT DE MAULEON, Seigneur de Barbazan, épousa le 10 Avril 1391, Gaudiete de Mazieres.

SAVARY DE MAULEON, Seigneur de Barbazan, épousa en 1444, Bertrande de Visa, Dame de Gourdan.

ESPAGNOLET DE MAULEON, Seigneur de Barbazan, & de Gourdan, épousa en 1500, Jeanne de Saman.

GIRAUD DE MAULEON, Seigneur de Gourdan, & de la Bastide, fit son Testament en 1546, le 29 Decembre, & épousa N.. de Lussan.

BERTRAND, a fait souche en Gascogne.

JEAN-BLAISE COMTE DE MAULEON, Seigneur de la Bastide, vint au service de Charles III. Duc de Lorraine, avec deux Compagnies de Cavallerie qu'il luy amena. Ses services & sa naissance luy meriterent la qualité de Chambellan, de Bailly de l'Evêché de Toul, la Charge de Capitaine des Gardes du Corps du Duc; ensuite celle de Seneschal, puis Marêchal du Barrois. Il quitta pour son grand âge en 1607, celle de Capitaine. Il épousa Antoinette du Chastelet, fille de Renaud du Chastelet, & de Marie de Fresnau.

LOUIS COMTE DE MAULEON, Ecuyer de S. A. de Lorr. Gouverneur de Gondrecourt, Seigneur d'Auttigny, de S. Eloff, épousa Christine de la Mothe, fille de Jean de la Mothe, Gouverneur de Blamont, & de Magdelaine de Tassigny.

RENAUD DE MAULEON, de la Bastide, Prieur Titulaire de Chastenoys, Official, & Vicaire general de l'Evêché de Toul.

NICOLAS DE MAULEON, Jesuite.

MARIE-ANNE DE MAULEON, Chanoinesse de Remiremont, dont les preuves furent jurées à son apprebendement par Charles III. laquelle épousa ensuite Jacques de Choiseul, Baron d'Ambonville.

FRANÇOIS COMTE DE MAULEON, de la Bastide, Seigneur d'Auttigny, de S. Eloff, de Tassigny, Mareschal des Camps & Armées de Lorraine, épousa le cinquiéme Septembre 1623, CATHERINE DES SALLES, remariée à Denis de Bethune.

FRANÇOIS-CHARLES COMTE DE MAULEON, Seigneur d'Auttigny, de Tassigny, Colonel de Cavalerie, pour le service du Duc Charles IV. épousa Anne-Catherine de Cicon.

CLAIRE-HENRIETTE DE MAULEON, femme de Louïs de Choiseul, Baron de Beaupré, Capitaine des Chevaux Legers de la Garde du Duc de Lorraine.

LOUIS COMTE DE MAULEON, Seigneur de S. Eloff, & d'Attignéville, Capitaine de Cavalerie au Regiment de Beauvizé, épousa le 9 de Septembre 1659, Charlotte de Nogent, Dame de Mazirot.

FRANÇOIS COMTE DE MAULEON, Commandant le Regiment de Taff, pour le service de l'Empire, & mort non marié.

N. DE MAULEON, Annontiade, & auparavant Chanoinesse de Remiremont.

GABRIELLE DE MAULEON, femme de Sebastien, Comte de Kinigl, Conseiller d'Etat & Privé de Sa Maj. Imp. Grand Capit. & Grand Veneur de la Province de Tirol.

PIERRE, mort jeune, étant Cornete au service de Charles V. Duc de Lorraine.

MARIE-HENRIETTE DE MAULEON, Chanoinesse de Poussay, puis mariée en 1699, à Guillaume de Carbonieres de Cranjac, Seigneur de Longe, Capitaine au Regiment de Poictiers.

NICOL. FRANÇOIS COMTE DE MAULEON, Capit. dans le Regiment de Montperou, puis Capitaine dans celuy de Ste Croix, pour le service de l'Empereur, où il est mort, non marié.

LOUISE, Chanoinesse de Poussay.

Traité de Mariage entre Philippe des Salles, Baron de Dainville, & Anne de Guiltingen, fille d'honnoré Seigneur Martin de Guiltingen, Seigneur d'Ouren, & de Dame Marguerite d'Ouren. Du 21 Decembre 1625.

AU Nom de la tres Sainte & individuë Trinité, Amen. Cognû & notoire soit à tous ceux qui ces presentes verront, lieront ou lire ouyront, que cejourd'huy vingt-uniéme du mois de Decembre mil six cent vingt-cinq; Alliance de Mariage a esté traitée, conclud & arrestée, Entre Messire Philippe des Salles, Baron de Dainville, fils de Messire Henry des Salles, Chevallier, Baron de Rorthey, Seigneur de Coussey, Vouthon, Bauldonviller, Mont S. Jean, Preysche, & de feüe Dame Elizabeth de Merodes, Dame desdits lieux; assisté de noble & honoré Seigneur Mathieu Joest de Schauwenbourg, Seigneur dudit lieu, Berwart, &c. authorisé par ledit Sieur des Salles le pere, à traiter en son nom ce qui suit, par Lettres dattées à Rorthey le sixiéme de ce mois de Decembre, & de Maistre Henry Hubert Nenndorff, Licentié és Droits, & Avocat au Conseil Provincial de Luxembourg, d'une part: Et Damoiselle Anne de Guiltingen, assistée de ses pere & mere, noble & honoré Seigneur Martin de Guiltingen, Seigneur d'Ouren, & Dame Marguerite d'Ouren, Dame dudit lieu, conjoints; comme aussi de Messire Peter Ernest d'Ouren, Doyen de l'Eglise Collegialle de Hinsheim, & Jean Charles d'Ouren, Sieur de Vernigni ses cousins germains, d'autre, & ce en la forme & maniere que s'ensuit.

Que ledit Sieur Baron Dainville & Damoiselle Anne de Guiltingen s'épouseront en face de l'Eglise nostre Mere, à leur premiere commodité.

Ledit Sieur Baron Dainville apportera en ce Mariage, la Maison & Chasteau de Preysche, avec ses rentes, droits, droitures, appartenances & deppendances, à luy ceddés par sondit Sieur pere, pour en joüir la vie durante d'iceluy sondit Sieur pere.

Aussi il apportera sa portion filiale, qui luy est escheüe en pleine proprieté du chef de ladite Dame sa mere.

Et aprés la mort tant de sondit Sieur pere, que de son grand pere le Sieur de Gouhecourt, il apportera toute telle part & portion qui luy escherra de leur chef.

Le cas advenant que ledit Sieur Baron Dainville vinst à deceder avant ladite Damoiselle sans laisser hoirs procreez de leurs corps, il est conditionné qu'elle aura pour doüaire préfix la vie durant dudit Sieur de Coussey le pere, sa demeure en la Maison & Chasteau de Preysche, & joüira d'icelle Maison, avec ses jardins, estableries & aisement, selon droit d'usufruit.

Et aprés la mort dudit Sieur de Coussey, en cas que la Maison de Preysche ne doient tomber en partage audit Sieur Baron Dainville, elle aura sa demeure par forme d'usufruit en l'une des Maisons qui eschera audit Sieur Baron en partage, & ce à l'option & choix de ladite Damoiselle.

De plus, elle tiendra hors ses plus apparents biens une rente annuelle de huit cent carolus, de laquelle elle joüira pareillement sa vie durante par forme de doüaire, pour en estre exteinte aprés sa mort; & pour assurance de ce doüaire préfix, ledit Sieur Baron Dainville affecte & oblige generallement tous ses biens presens & avenirs, & specialement ceux qui luy sont escheus en pleine proprieté de feüe Madame sa mere.

Aussi ledit Sieur Baron Dainville baillera à sa Maîtresse, chesnes, bagues & joyaux, selon leur qualité.

Mais advenant qu'il vient à deceder avant elle, laissant hoirs de leurs corps, elle aura la garde-noble des enfans quant avec les meubles, & jouïra par forme d'usufruit de tous ses biens, tandis qu'elle demeurera en estat de viduité, en entretenant les enfans, & les colloquant en estat de Mariage ou de Religion, chacun selon sa vocation.

En reciproque de ce, ledit Sieur Baron de Guiltingen donnera à sa fille pour dotte la somme de six mille d'hallers à 30 s. piece; sçavoir les deux mille en dedans l'an de cestes, & les autres quatre-vingt d'halers, il luy les assigne sur la Seigneurie de Feillery, en la mesme sorte que Madame sa Compagne les a eu en dot, pour en jouïr de la rente, jusques au remboursement du capital desdits quatre mil d'hallers.

Et avec ce elle renoncera, avec sondit Seigneur futur Epoux, à toute succession paternelle & maternelle, au proffit de Messieurs ses freres, & les hoirs qui seront procréez en legitime mariage de leurs corps.

Bien entendu qu'elle se réserve, comme aussi ses pere & mere luy accordent, qu'elle sera admise à touttes successions collaterales.

Au surplus, ce que n'est conditionné par cestes, ils se remettent à la disposition du Droit Escrit & Coustumes generales de ce Pays. En témoing de quoy les Parties principalles ont signés quant leurs derniers Parents & amis y presents signé les presentes, qui furent faites au Chasteau d'Ouren les jour, mois & an que dessus. Estoient soubsignés Martin Vont Guiltingen, Margueritte d'Ouren, Philippe des Salles, Anne Guiltingen, Peter Ernest d'Ouren, Wermer de Pallant, Jean Charle d'Ouren, Martin de Guiltingen, Jean Richardet de Guiltingen, Mathieu Joest Vont Schanwenbourg, Godefroy d'Eltz, & H.H. Nenndorff.

Sauvegarde du Duc d'Anguien, pour les Terres & Seigneuries de Philippe des Salles, Baron de Preysche & de Dainville, Du 7 Octobre 1646.

LE Duc d'Anguien, Prince du Sang, Pair de France, Gouverneur & Lieutenant general pour le Roy en ses Provinces de Champagne & Brie, & des Armées de Sa Majesté en Flandre & Luxembourg.

VEu par Nous la Sauvegarde du Roy, contresigné de Lomenie, du quinziéme Aoust dernier, par laquelle Sa Majesté pour les causes & considerations y contenuës, prend & met en sa protection la personne du Sieur Dainville, ses Chasteaux, Villages & Hameaux de Preische, d'Aspelt, Fresingen, Euringen, Russii, Mondorff, Gutlingen, d'Alvielle & Hellingen; ensemble sa Famille, Domestiques, Habitans, Fermiers, Serviteurs & bestiaux, avec deffenses à tous Gens de guerre, & autres qu'il appartiendra, de leur faire aucun tort, tant en leurs personnes, qu'en leurs biens, terres & possessions, ny de loger, fourager ou enlever aucune chose dans les susdits lieux.

Nous en tant qu'à Nous est, avons consenty & consentons à l'effet & execution de ladite Sauvegarde, selon sa forme & teneur: Mandons aux Gouverneurs des Places de nostre Gouvernement de Champagne, Gens de guerre, & à tous autres, de la garder & s'y observer de point en point, sans y contrevenir en quelque sorte & maniere que ce soit, sur les peines y contenuës. Fait au Camp devant Dunkerque le 7 Octobre 1646. Signé LOUIS DE BOURBON, plus bas estoit écrit, Par Monseigneur, Signé Girard, au costé gauche estoient imprimés les Armes.

p. LXXIV

ICY SONT LES HUIT QUARTIERS D'HONORÉ SEIGNEUR MESSIRE HENRY DES SALLES CHEVALIER SEIGNEUR DE COUSSEY BARON DERORTÉ. M. DC. XV.

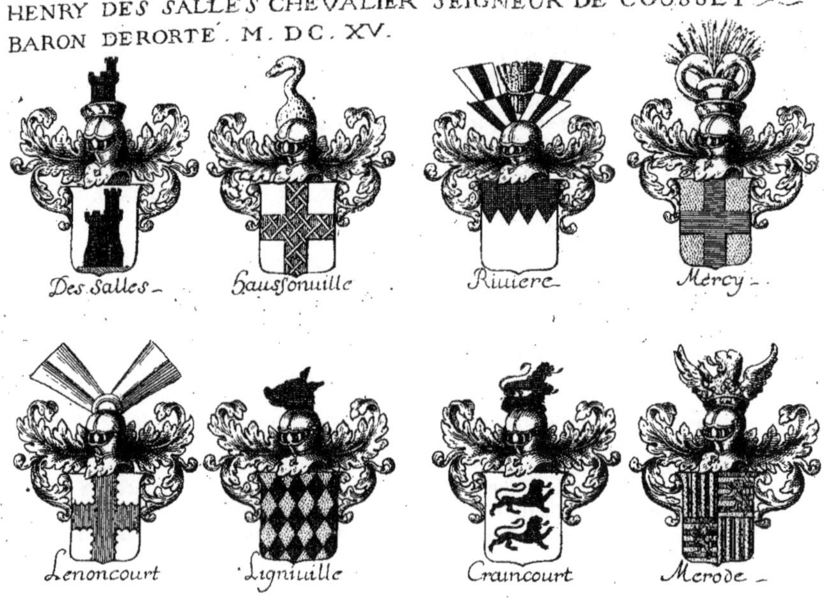

ICY SONT LES HUIT QUARTIERS D'HONOREÉ DAME DAME ELIZABETH DE MERODE DAME DE COUSSEY BARONE DE RORTÉ

CLAUDE DES SALLES II. DU NOM.

EXTRAIT DE LA GENEALOGIE DE LA MAISON des Salles, par M. d'Hozier.

CLAUDE DES SALLES, Baron de Roltay, deuxiéme fils de Henry des Salles, & d'Elizabeth de Merode, aprés avoir esté Lieutenant Colonel du Regiment de Bassigny, fut Ambassadeur pour le Roy, en Saxe, Brandebourg, Suede, Pologne, & à l'Assemblée des Princes Protestans à Osnabruk, & a laissé d'Anne Chevalier, Dame de Malpierre, fille de François Chevalier, Gouverneur, & Seigneur de Vaucouleur, Resident pour le Roy aux Païs-Bas, & de Claude de Choiseul; *François* des Salles, Baron de Roltay; *Henry-Chrestien* des Salles, Capitaine de Cavalerie au Regiment de Marsin, puis Lieutenant Colonel du Regiment de Bouteville, mort sans alliance; *Louis* des Salles, Prieur de S. Thibault, puis Religieux de l'Ordre S. Dominique; *Claude* des Salles, femme de Jean de Ludres, Seigneur de Richarménil, Comte d'Afrique, Brigadier general des Armées de Lorraine, & pere de Jean de Ludres, Comte d'Afrique, premier Escuyer de Mr. de Lorraine; d'Henry de Ludres, Volontaire au Regiment d'Allamont; de Marie-Elizabeth de Ludres, Dame à Poussey, & presentement l'une des Filles d'honneur de Madame Duchesse d'Orleans; d'Henriette de Ludres, Dame à Rémiremont; & de Marguerite de Ludres, Religieuse à l'Annonciade de Vaucouleur.

Traité de Mariage entre Claude des Salles, Baron de Rorté, & Anne Chevalier, fille de François Chevalier, Seigneur de Malpierre, Gentilhomme de la Chambre du Roy T. C. Gouverneur de Vaucouleur, & de Claude de Choiseul. Du 6 Janvier 1618.

A Tous ceux qui ces presentes Lettres verront. Didier Lorrain, Garde des Sceaux Royaux de la Prevosté de Vaucouleur, Salut. Sçavoir faisons, que par devant Maistre Nicolas Martin Nottaire Royal en ladite Prevosté: Furent presens en leurs personnes Messire Claude des Salles, Baron de Rorthey, fils aîné de Messire Henry des Salles, Chevallier, Seigneur de Coussey, les Voultons, Vaudeville, Dainville, Burtheléville, &c. assisté & deûment licentié & authorisé dudit Seigneur Henry son pere, d'une part: Et Damoiselle Anne de Malpierre, émancipée par Justice, fille d'honoré Sieur François Chevallier, Seigneur de Malpierre, Gentilhomme de la Chambre du Roy, Gouverneur des Ville & Chastel de Vaucouleur, aussi assistée en tant que besoin est ou seroit, licentiée & authorisée dudit Sieur son pere; & encor assistée de noble & scientifique personne René de Malpierre, son frere, Protonotaire du saint Siege Apostolique, d'autre part: Lesquelles Parties, desdites licences & authorités, ont recognus & confessés de leur pure, franche & liberale volonté, comme elles font par ces presentes, de se prendre l'un l'autre par foy & Sacrement de Mariage, & iceluy accomplir & solemniser incessamment, selon l'ordonnance de l'Eglise Catholique, Apostolique & Romaine; & iceluy consommé, seront & demeureront uns & communs en tous biens meubles & conquests immeubles. En faveur & contemplation duquel Mariage, ledit Sieur de Couſſey pere baillera audit Sieur Baron ſon fils par advance d'hoirie, & attendant partage en ſes biens & ſucceſſions, la Maiſon dudit Malpierre & baſſecour, ainſi que ledit Sieur pere l'a acquiſe dudit Sieur de Malpierre, pour en joüir & en prendre poſſeſſion trois mois aprés ledit Mariage; & encor la Maiſon, enſemble la Baronnie dudit Rorthey, ſes appartenances & deppendances, juſques à la valleur de neuf cens livres tournois de rente par chacun an, qui ſortiront nature de propre audit Sieur Baron, à prendre de proche en proche & au dire & rapport de gens à ce connoiſſans, qui en feront la priſée & appretiation loyallement: Et neanmoins a eſté accordé, que ledit Sieur de Couſſey pere, & Madame ſon Epouſe, pourront retenir leur vie naturelle durante ladite Maiſon de Rortey, rentes & revenus d'icelle en uſufruit ſeulement, pour en joüir leurdite vie naturelle durante, ſi bon leur ſemble, à charge qu'en ce cas ils ſeront tenus d'entretenir ladite Maiſon comme elle eſt de preſent; & promet ledit Sieur aſſigner audit Sieur Baron ſon fils ladite rente de neuf cens livres par an ſur ſes autres biens, & par ſpecial ſur ce qui luy peut competer & appartenir és Villages d'Eſpiey, Girauviller & Badonviller, conſiſtant tant en Seigneurie, en haute Juſtice, que touttes autres choſes quelconques, & generallement ſur tous & chacun ſes biens où ils ſoient ſcitués & aſſis; leſquels dés à preſent en demeurent aſſignés, affectés & hypotecqués. Outre ce, habillera ledit Sieur Baron ſon fils ſelon ſa qualité, & l'acquittera de toutes debtes juſqu'au jour dudit futur Mariage; baillera à ladite Damoiſelle pour ſes bagues & joyaux la ſomme de mil livres tournois: Et de la part dudit Sieur de Malpierre, baillera à ladite Damoiſelle ſa fille, comme dés à preſent il luy donne, tant en advance d'hoirie, que pour demeurer quitte & déchargé envers elle, de tout ce qu'elle pourroit prétendre à cauſe de la ſucceſſion de deffunte Dame Claude de Choiſeul ſa mere, tant de ſon chef, que à cauſe auſſi des donnations & renonciations pour ce regard faites à ſon proffit par ledit Sieur Protonotaire ſon frere, la ſomme de quinze cens livres tournois de rente & revenus annuel, à prendre de proche en proche de la Maiſon de Malpierre, tant en terres labourables, qu'autres rentes, ſelon le Memoire qu'il en a cy-devant donné, lequel ſera juſtifié par gens de bien à ce connoiſſans; & moyennant ce, ledit Sieur de Malpierre demeure bien & vallablement déchargé envers ladite Damoiſelle ſa fille, deſdits biens & ſucceſſions de ladite deffunte Dame Claude de Choiſeul ſa mere, ſoit des biens meubles & immeubles; leſquelles rentes ainſi aſſignées ſortiront nature de propre à ladite Damoiſelle, & en attendant les autres biens de la ſucceſſion dudit Sieur ſon pere, baillera encor à ſadite fille des meubles pour & juſques à la concurrence de la ſomme de trois mil cinq cens livres tournois, qui reſteront en communauté; & d'autant qu'audit Memoire, le petit moulin aſſis en la baſſecour de Malpierre eſt eſtimé à ſoixante-ſix livres treize ſols quatre deniers de revenu annuel, a eſté accordé que ledit Sieur de Malpierre en pourra faire bail, comme il a fait par cydevant, & aux meſmes conditions, à la charge qu'il demeure obligé, & promet faire valloir ladite ſomme de ſoixante-ſix livres treize ſols quatre deniers par an auſdits futurs conjoints: Au ſurplus, advenant la diſſolution dudit futur Mariage, a eſté accordé que ſoit qu'il y ait enfans ou non d'iceluy, les meubles conqueſts de ladite communauté ſe partageront égallement par moitié entre le ſurvivant & les heritiers du prédecedé: Et neanmoins aprés ledit partage, ſi ledit Sieur Baron ſurvit, il prendra par préciput ſes habits, chevaux de ſervice, armes & autres choſes à ſon uſage, à quel prix & ſomme qu'ils puiſſent monter, & encor ſa ſalle & chambre garnie, juſques à la ſomme de mil livres pour les meubles neceſſaires auſdites chambre & ſalle. Au reciproque, ſi ladite Damoiſelle ſurvit, elle prendra auſſi par préciput ſes habits, bagues & joyaux, ſon caroſſe, chevaux d'iceluy, & autres choſes ſervantes à ſa perſonne & uſage, auſſi à quel prix & ſomme qu'ils puiſſent monter, & pareillement ſa chambre & ſalle garnie à la meſme valleur & ſomme de mil livres pour les meubles deſdites chambre & ſalle. Davantage, au cas que Doüaire ait lieu, demeurera ladite Damoiſelle doüée à ſon égard, à ſon choix & option

option du Doüaire Coutumier sur les biens dudit Sieur Baron son futur Epoux, ou du préfix de la somme de mil livres par an, en cas qu'il n'y ait enfans dudit Mariage; & où il y auroit enfans, de huit cens livres aussi par chacun an; & lequel Doüaire préfix sera assigné sur terres & biens suffisans, autres toutes fois que de ladite Baronnie de Rorthey, laquelle neanmoins demeurera subsidiairement obligée, affectée & hypotecquée, comme tous les autres biens dudit Sieur de Coussey, pour asseurance & continuation dudit Doüaire, tant & si long-temps qu'il aura lieu, & par special sur lesdites Terres d'Espiey, Badonviller & Girauviller, comme dit est; & encor joüira ladite Damoiselle du droit de Doüaire de ladite maison & bassecour de Malpierre, avec les droits & charges d'une Doüairiere: & quant audit Sieur Protonotaire, a declaré qu'ayant prévû aux moyens les plus convenables pour la conservation du bien de ladite Maison de Malpierre, & donner moyens à ladite Damoiselle sa sœur, de trouver un party tel que ledit Sieur Baron, ainsi qu'il l'avoit toujours desiré, il a cy-devant renoncé aux biens & successions à luy escheus, à cause de ladite Dame Claude de Choiseul, & à escheoir dudit Sieur son pere, au proffit d'icelle Damoiselle sa sœur, moyennant les choses qui luy ont esté accordées par ledit Sieur de Malpierre son pere pour son entretenement: Et à ces causes, voulant que lesdites renontiations vaillent & sortent leur plein & entier effet, mesme en faveur & contemplation dudit Mariage, il a derechef par ces presentes confirmé, ratiffié & approuvé lesdites renonciations portées & faites au Contract que de ce en a esté passé pardevant Maistre Nicolas Martin, Nottaire Royal, en datte du cinquiéme Decembre mil six cens dix-sept; & d'abondant, en tant que besoin est ou seroit, iceluy Sieur Protonotaire cedde, quitte & transporte à ladite Damoiselle sa sœur, tous tels droits, parts & portions qu'il avoit, pourroit avoir & prétendre és biens & successions de ladite deffunte Dame Claude de Choiseul sa mere, & de tous lesdits biens, à quel prix & somme qu'ils puissent monter & consister; il en a encor par ces presentes fait & fait don pur & simple & irrevocable entre vifs à ladite Damoiselle sa sœur, pour le bon amour & affection qu'il luy porte, & pour ce qu'ainsi luy plaist; & outre ce, & pour toujours, & dés maintenant, il a renoncé & renonce à tous biens qu'il pourroit avoir & prétendre des biens & successions à eschoir dudit Sieur son pere, au proffit de ladite Damoiselle sa sœur, ses heritiers & ayans causes, conformément audit Contract du cinquiéme Decembre mil six cent dix-sept, qui demeure au reste en sa force & vertu, & sans y préjudicier ny déroger; ce que ladite Damoiselle a comme autres fois accepté: & pour requerir & consentir l'insinuation des presentes, ledit Sieur Protonotaire & Damoiselle ont constitué leur Procureur le porteur des presentes; & sans toutes lesquelles clauses & conditions cy-dessus, mesme de renontiation & cessions dudit Sieur Protonotaire, ledit Mariage ne se fût fait ny accordé: pour l'execution de quoy, & de tout ce que dessus, lesdites Parties ont esleu leurs domiciles à Vaucouleur, au logis du Sieur Ollivier, où elles entendent recevoir tous exploits de commandements & significations de Justice, comme s'ils estoient comparus en leurs personnes; & si a ledit Sieur de Coussey promis faire ratiffier le present Contract par Madame Dame sa femme auparavant la solemnisation dudit Mariage; si comme ont dit lesdites Parties & stipulé & accepté respectivement, promettant chacune en droit soy tenir & avoir pour agreable, ferme & stable tout ce que dessus, & sans y contrevenir, à peine de tous dépens, dommages & interests; obligeans lesdites Parties à cette fin, tous & un chacun leurs biens meubles & immeubles, presens & futurs; renonceans à toutes choses, même à toutes Coutumes faisantes au contraire des presentes. En témoin de quoy Nous à la relation dudit Nottaire soubsigné à la minutte de cestes, & de Simon . . . exerceant le Tabellionnage en ladite Prevosté, qui a signé la presente grosse, icelle scellée du Scel Royal de ladite Prevosté, qui furent faites & passées audit Malpierre, aprés midy, le sixiéme jour de Janvier mil six cent dix-huit, en presence de noble homme Charles Henriquez, demeurant à Voultons le haut, & Maistre Barthelemy Madot, Nottaire au Comté de Toul, appellé pour Témoin par lesdites Parties, qui se sont soubsignés à la minutte.

CE jourd'huy unziéme jour de Janvier mil six cens dix-huit, pardevant Nous ledit Martin Nottaire, ledit Messire Henry des Salles dénommé au Contract de Mariage d'autre part, a comparu en personne, lequel pour satisfaire au contenu d'iceluy Contract, a fait comparoir en personne Dame Elizabeth de Merodes son épouse, à laquelle a esté faite lecture intelligible du contenu audit Contract du sixiéme du present mois de Janvier, passé au Chasteau de Malpierre, & icelle lecture bien entenduë, ladite Dame a volontairement, de la licence & authorité dudit Seigneur son marit, qu'elle a requise & acceptée, ratiffié, approuvé & aggreé le contenu audit Contract, notamment au regard du don fait de la Maison, Terre & Baronnie de Rorthey & de ses deppendances, avec le revenu d'icelle, jusques à la somme de neuf cens livres par chacun an, le tout par advancement d'hoirie, à Messire Claude des Salles, Baron dudit Rorthey, leur fils, à prendre sur ladite Baronnie de Rorthey, & autres biens de proche en proche, & par special és Villages d'Espiey, Badonviller & Girauviller, appartenances & deppendances, selon qu'il est porté audit Contract de Mariage, & generallement sur tous leurs autres biens, aux réserves, conditions & modifications portées en iceluy Contract; tant pour en joüir par ledit Seigneur leur fils, que pour assurance & assignal du doüaire de ladite Damoiselle Anne de Malpierre sa future Epouse; ce qui a été stipulé & accepté par ledit Nottaire: Et d'autant que ledit Contract de Mariage requiert & est sujet à insinuation, ladite Dame, de l'authorité que dessus, a donné pouvoir au porteur de cettes, ou autres qu'il appartiendra, de requerir ladite insinuation, tant dudit Contract, que de la presente ratiffication, & en demander Act par devant qui il appartiendra, si comme elle a dit; promettant tenir & avoir pour agreable la presente, sans y contrevenir, à peine de tous dépens, dommages & interests; obligeant à cet effet tous & un chacun ses biens meubles & immeubles, presens & advenirs, renonceant à toutes choses contraires à ces presentes. Fait & passé, aprés midy, au Chastel dudit Rorthey les an & jour que dessus, en presence de Maistre Jean Braconnier, Docteur en Medecine, demeurant au Neufchastel en Lorraine, & de Noble Claude Royer, demeurant à Chermisey, appellés pour Témoins, qui se sont soubsignés à la minutte avec lesdits Sieur & Dame, & moy ledit Nottaire en ladite minutte; laquelle minutte est demeurée és mains dudit Nottaire, & la presente grosse faite sur la coppie signée d'iceluy Nottaire. Ainsi signé, S. BARRA, & scellé du Scel susdit en placart; & au dos dudit Contract sont les Acts d'insinuation.

Collationné à la grosse par moy Tabellion & Greffier és Bailliages de Vosges & de Nancy, au Neufchateau, ce trente-uniéme Octobre mil six cens soixante-quatre. Signé MARIUS, avec paraffe.

Genealogie de la Maison des Chevalier, originaire de Fontenois en Vosges; prouvée en 1574, 1583, pardevant le Conseil d'Etat du Duc Charles III. & en 1641. pardevant les Commissaires députez par Charles IV.

Porte d'azur à une bande abbaissée d'argent, terminée d'un Croissant de même, cottoyée de trois molettes à huit rais d'argent, deux en chef, & une en pointe.

GUILLAUME CHEVALIER, surnommé le Vieux, Seigneur de la Tour des Lombards.

GUILLAUME CHEVALIER, Seigneur de la Tour des Lombards, épousa Anne des Prevots.

DOMINIQUE CHEVALIER, épousa Marguerite des Ramparts.

JOSEPH CHEVALIER, Vicomte d'Abbeville, Seigneur de Malpierre, épousa Catherine d'Ernecourt, fille de Thiery d'Ernecourt, & de Meline de Fleury.

JEAN CHEVALIER, Seigneur d'Aulnousc.

FRANÇOIS CHEVALIER, Seigneur de Malpierre & de Mont-le-Vignot, Gouverneur & Seigneur Engagiste de Vaucouleur, Ambassadeur du Roy T.C. aux Pays-Bas, Gentilhomme ordinaire de sa Chambre, épousa le 19 Decembre 1589, Claude de Choiseul, fille de René de Choiseul, Chevalier de l'Ordre du Roy T.C. Gentilhomme ordinaire de sa Chambre, Baron de Beaupré, & de Mahaut de Francieres.

MADELAINE CHEVALIER, épouse de Pierre Brulart, Conseiller & Secretaire d'Etat du Roy de France.

RENE' CHEVALIER, Chanoine de Sainte-Croix du Pont-à-Moussons, & Protonotaire du S. Siege.

ANNE CHEVALIER, Dame de Malpierre, & Dame d'Honneur d'Anne d'Autriche, Reine de France, épousa en 1618, Claude des Salles, Baron de Rorté, Ambassadeur du Roy T.C. dans les Cours de Suede, de Pologne, & de Saxe, & son Conseiller d'Etat.

ESTIENNE CHEVALIER, épousa en 1507 Claude de Morlot.

CHRISTOPHE CHEVALIER, épousa Isabelle Frian, remariée en 1586 à François d'Arville.

CLAUDE CHEVALIER, Abbé d'Autrey.

PIERRE CHEVALIER, Gentilhomme ordinaire & Escuyer de la Princesse de Vaudemont, épousa Anne de Remicourt, fille de Bernardin de Remicourt, Seigneur de Jouy & d'Aulnoy, & de Marguerite de Thuillieres.

GUILLAUME CHEVALIER, Capitaine & Prevôt de Dompaire, épousa le 6 Février 1587, Marie du Paquier, fille d'Antoine & de Claude des Pilliers.

FRANÇOIS CHEVALIER, déclaré Gentilhomme par Patentes du 27 de May 1641, Seigneur de Légéville & de Frenouze, épousa le premier d'Août 1617, Arambourg des Roberts, fille de Charles des Roberts, Conseiller d'Etat.

CHARLES CHEVALIER, Seigneur de Légéville, de la Chapelle, de Frenouze, épousa le 13 Janvier 1654, Marthe du Houx, fille de François du Houx, Baron de Berupt.

JEAN-PHILIPPE CHEVALIER, marié en 1692, à Ferdinande de Hennezel.

MARGUERITE, Religieuse.

ANNE, non mariée.

JEANNE-CLAUDE CHEVALIER, épouse de Jean-Baptiste d'Eingeville.

MARGUERITE CHEVALIER, mariée à Charles de Baillivi, Seigneur de Valleroy.

ANNE CHEVALIER.

MARIE CHEVALIER.

Adjudication de la Seigneurie de Malpierre, à Joseph Chevalier, par Sentence du Bailliage de Vitry, du 11 Mars 1560.

Extrait de l'Enfilasse aux Dictums du Bailliage de Vitry le François.

VEuë la Sentence provisoire renduë par Nous le dix-septiéme jour d'Avril mil cinq cent cinquante-neuf, aprés Pasques, en la Cause d'entre Damoiselle Anne de Flavy, vefve de feu Jehan de Libersac, Impetrante de Lettres Royaux de cassation de Contract, Demanderesse, d'une part : & Crespin Lebeuf, ayant prins la cause par Marguerite Vyriot sa femme, auparavant vefve de feuë Reyne Margame, Deffendeur, d'autre part : Contenante avoir esté dit, &c. . . .

. . . .

Nous avons adjugé & adjugeons audit Joseph le Chevalier encherisseur, le Châtel & Maison forte de Mallepierre, circuye de murailles & fossés tout à l'entour, estant de present en ruine iceluy Chastel assis au bout du Village de Rigny-la-Salle; une autre Maison, Grange, Estables couvertes de thuilles, lieux & pourpris, ainsi qu'ils se comportent, assis prochain & contigu ledit Chastel & Maison forte de Malpierre; un Moulin à eaux, prés & joignant ledit lieu, avec le droit de la riviere, ainsi que l'on a accoustumé en joüir par cy-devant. Item, les Jardins tant à arbres que courtillaige, fermés tant d'eaüe, fossés, murailles que hayes, prochains ladite Maison, contenans cinq journels de terre ou environ, ainsi qu'ils se comportent; la quantité de soixante journels de terre labourable, ou environ, assis tant au finage dudit Rigny-la-Salle, que Chalaine lés Vaucouleur, que tiennent de loyer Nicolas Jehannin, Simon Aubertin, Jehan Didier, & Jacob Didier, Laboureurs demeurans audit Rigny; la quantité de vingt faulchées de Prey, ou environ, en plusieurs piéces assises tant en la prairie de Vaucouleur, que de Rigny-la-Salle; ensemble tous & chacun les autres droits deppendans de la Seigneurie dudit Malpierre. Si avons condamnez & condamnons lesdits de Doulcigny & Anne de Flavy sa femme, de en laisser & souffrir joüir ledit Chevallier, moyennant ladite somme de cinq mil cinq cent francs Barrois, à quoy monte l'enchere par luy faite, laquelle somme il sera tenu mettre & consigner és mains de tels personnages qu'il sera avisé par lesdits Lebeuf & Doulcigny, pour estre distribuée ainsi qu'il appartiendra, aprés l'apposition du Scel, si faire se doit; à quoy faire avons condamné & condamnons ledit le Chevalier, & neanmoins ordonné que l'enchere par luy faite, sera leuë & publiée en Jugement, & ce fait attachée à sa diligence à la porte de l'Auditoire Royal de ce lieu, pour y demeurer par l'espace de quinze jours entiers, pendant lequel temps seront tous autres Encherisseurs reçus à faire enchere sur lesdits heritages, au Greffe de ceans, en y gardant par eux les solemnitez à ce requises par l'Ordonnance; si avons condamné ledit Chevallier és dépens, frais & mises de Criées, & lesdits de Dulcigny & de Flavy sa femme és autres dépens dudit Procés envers ledit Lebeuf audit nom, tels que de raison; le taux d'iceux par devers Nous reservé par nostre Sentence, Jugement, & à droit prononcé en Jugement en la presence des Parties, comparans sçavoir ledit Demandeur en personne, & par Maistre Jaspart Partois son Procureur; les Deffendeurs, par Maistre Loüis Thiellement leur Procureur, & ledit Chevallier par Maistre Nicolas Chalons son Procureur, assisté de Jehan Platel, Sergent Royal au Bailliage de ceans, le Mardy unziéme jour de Mars l'an mil cinq cens soixante; aprés laquelle prononciation avons fait faire lecture de l'enchere faite par ledit Chevallier, laquelle enchere a esté ledit jour attachée à la Porte de l'Auditoire au Palais Royal dudit Vitry. Signé MARTIN, avec paraffe.

Transaction

Transaction faite entre Simon d'Ernecourt, Ecuyer, Seigneur de Boulac, Gouverneur de Vaucouleur, Tuteur de François Chevalier son nepveu, se portant fort de Pierre Brulart, Conseiller & Secretaire d'Etat du Roy T. C. aussi Tuteur & Oncle de François Chevalier, d'une part; & Nicolas, Henry & Theode les Guinots, demeurans à Chalaines, d'autre. Du 14 Avril 1580.

A Tous ceux qui ces presentes Lettres verront. Simon Duplessis Nottaire & Tabellion Royal, & Garde pour le Roy nostre Sire, des Seaulx Royaux de la Prevosté de Vaucouleur, Salut. Sçavoir faisons, que par devant Nous Garde dudit Scel, & Hector Tremel, Nottaires Royaux en ladite Prevosté : Comme ainsi soit que feu Joseph Chevallier, en son vivant Escuyer, Seigneur de Malpierre, pour avoir payement de plusieurs sommes de deniers, tant pour arrerages de rente constituées, que par obligations, Sentences & taxe de dépens à luy dûs par honnorables personnes Nicolas, Henry & Theode les Guinots, demeurans au Village de Chaslaines, auroient iceux Guinots esté par ledit deffunt Sieur de Malpierre mis en action & procés depuis six ou sept ans en ça, comme ils ont dit, & même auroit iceluy Sieur de Malpierre fait crier par decret plusieurs belles & principales pieces de leurs heritages, & fait vendre par authorité de Justice plusieurs meubles appartenans ausdits Guinots; à quoy lesdits Guinots auroient interjetté plusieurs oppositions & appellations, desquelles ils seroient esté de la plus grande partie d'icelles debouttés & condamnés en grands dépens; quoy voyant par iceux Guinots, que iceux procés, differents & poursuittes ne leur apportent sinon que frais & grandes dépenses inutiles, & ruine en leur maison, & qu'ils n'avoient moyen en sortir, que de traiter de tous lesdits differens par voye amiable & payement : Et pour à quoy parvenir, & ausdits procés éviter, fuir, & assoupir, à ce sont comparus en leurs personnes Simon d'Ernecourt, Escuyer, Seigneur de la Terre de Boulac, Capitaine & Gouverneur de la Ville & Prevosté de Vaucouleur, & y demeurant, Curateur creé par Justice aux actions de François Chevallier, Escuyer, Seigneur de Malpierre son neveu, fils & heritier dudit deffunt Joseph Chevallier, lequel tant audit nom, que soy faisant & portant fort de Messire Pierre Brulart, Chevallier, Conseiller & Secretaire d'Estat de Sa Majesté, Tuteur dudit François Chevallier son beaufrere, promettant luy faire ratiffier quand requis en sera, d'une part; & lesdits Nicolas, Henry & Theode les Guinots, demeurant audit Chaslaines, d'autre part : Lesquelles Parties sur ce bien advisées & conseillées, comme ils disoient, mêmement lesdits les Guinots, par l'avis & conseil de leurs parents, amis & bienveillans, ont accordés & transigés de tous lesdits differents en la forme & maniere que s'ensuit : C'est assçavoir que lesdits Guinots, aprés avoir amiablement compté avec ledit Sieur d'Ernecourt . . . .

. . . .

iceux Guinots sont demeurés & trouvés redevables envers ledit Sieur de Malpierre, de la somme de cinq cens quatre-vingt quatre Escus d'or sol & douze sols tournois, revenans à la somme de deux mil six cens vingt-huit frans dix gros deux blans Barrois : Pour laquelle somme payer, iceux Nicolas, Henry & Theode les Guinots ont cejourd'huy pardevant les Nottaires soussignés, vendu audit Sieur de Malpierre, un Gagnage assis au Ban & Finage dudit Chaslaines, contenant quarante-cinq jours & demy de terre labourable, ou environ, pour la somme de trois cens trente-trois Escus un tier d'escu d'or sol, & le reste de ladite somme se montant à deux cens cinquante Escus deux tiers d'escu d'or & douze sols tournois, lesdits Nicolas, Henry & Theode les Guinots ont promis & seront tenus payer l'un l'autre, l'un pour l'autre, un chacun d'eux luy seul pour le tout, renonceans au benefice de division, discution, priorité & ordre de droit envers ledit Sieur de Malpierre, dans le jour de Feste S. Remy chef d'Octobre prochain venant . . .

. . . .

Enté moing de quoy avons signé & scellé ces presentes du Scel Royal de ladite Prevosté. Ce fut fait & passé audit Chasteau dudit Vaucouleur, à neuf heures du matin, le quatorziéme jour d'Avril mil cinq cent quatre-vingt, & se sont soussignés les Parties à la minutte de ces presentes, fors ledit Nicolas Guinot, qui a declaré ne sçavoir signer. Signé HECTOR TREMEL, & DUPLESSIS, avec paraffe.

Brevet de Conseiller & Secretaire des Commandemens & Finances du Roy Henry III. pour François Chevalier, Seigneur de Malpierre. Du 14 Novembre 1581.

HENRY par la grace de Dieu, Roy de France & de Pologne : A tous ceux qui ces presentes Lettres verront, Salut. Considerant les longs & continuels services que le feu Sieur de Malpierre a faits aux feus Rois nos tres honorés Seigneurs Pere & Freres, & à Nous, tant en l'estat de Commissaire general des Vivres és Camps & Armées, qui ont esté dressés depuis trente-cinq ans, que en plusieurs autres Charges & Commissions où il a esté employé, dont il s'est si fidellement & dignement acquitté, que Nous avons toute occasion de les reconnoître à l'endroit de nostre cher & bien amé François Chevallier son fils, à present Seigneur de Malpierre, tant pour l'esperance que Nous avons qu'il imitera les vestiges de feu sondit Pere, & que continuant la nourriture qu'il a commencé de prendre avec le Sieur Brulart son beaufrere, l'un de nos Conseillers & Secretaires d'Estat, il se rendra capable de Nous faire service à l'advenir, selon la bonne devotion & affection qu'il en a. Pour ces causes, & aprés qu'il Nous est apparu de la quittance de la somme de deux mil Escus, qu'il a fournie comptant és mains du Tresorier de nos Parties Casuelles, dont le Vidimus est cy-attaché sous le Contre-scel de nostre Chancellerie, Avons ledit François Chevallier fait, creé, ordonné & estably, faisons, creons, ordonnons & establissons par ces presentes nostre Conseiller & Secretaire de nos Finances, pour avoir entrée en nostre Conseil, avec plein pouvoir, puissance, authorité & commission de signer & expedier tous Mandements, Acquits, Commissions, Estats, Lettres Patentes, Missives, & autres Expeditions quelconques touchant & concernant le fait de nos Finances, & servans à l'acquit & décharge de nos Receveurs generaux, particuliers & fermiers, & semblablement toutes autres Lettres & Provisions qui seront déliberées par les Gens de nostre Conseil Privé, & de nosdites Finances, pour quelque cause & matiere que ce soit, tout ainsi que ont accoustumés faire nos autres Conseillers & Secretaires signans en nosdites Finances, qui sont reservés & exceptés par nos Lettres de déclaration du mois de Septembre mil cinq cent soixante seize ; toutes lesquelles expeditions & signatures qui seront faites par ledit Chevallier, selon que dessus est dit, Nous voulons estre de tel effet & valleur, que si faites avoient esté ou estoient par l'un des anciens Secretaires de nosdites Finances, & icelles avons dés à present authorisés & authorisons par cesdites presentes, pour ladite Charge avoir, tenir & doresnavant exercer & en joüir & user par ledit Chevallier aux honneurs, authorités, prérogatives, préeminences, franchises & libertés qui y appartiennent, & aux gages de trois cens trente-trois Escus un tier par chacun an, que Nous luy avons ordonné & ordonnons par ces presentes pour son entretenement en ladite Charge, à iceux avoir & prendre par ses simples quittances doresnavant par chacun an, à commencer du jour & datte de cesdites presentes, par les mains des Tresoriers de nostre Espargne, presens & advenirs, & chacun d'eulx respectivement en l'année de son exercice, selon & ainsi que nosdits anciens Secretaires ayans charge & commission de signer en nosdites Finances. Si donnons en mandement . . . . En témoing de quoy Nous avons fait mettre nostre Scel à cesdites presentes. Donné à Paris, le quatorziéme jour de Novembre l'an de grace mil cinq cens quatre-vingt un, & de nostre Regne le huitiéme; scellé. Par le Roy. Signé . . .

Registré en la Chambre des Comptes, &c. le sixiéme jour d'Avril mil cinq cent quatre-vingt deux. Signé, DE LA FONTAINE.

Traité de Mariage entre François Chevalier, Seigneur de Malpierre, Gentilhomme de la Chambre du Roy, & son Ambassadeur dans les Pays-Bas, avec Claude de Choiseul. Du dix-neuviéme Decembre 1589.

A Tous ceux qui ces presentes Lettres verront. Jacques Cordier Garde des Sceaux Royaux de la Prevosté de Vaucouleur, Salut. Sçavoir faisons, que par devant Maistre Simon Duplessis, Nottaire Royal en ladite Prevosté, furent presens en leurs personnes honoré Sieur François Chevallier, Seigneur de Malpierre & de Mont-le-vignot en partie, Gentilhomme ordinaire de la Chambre du Roy, & n'agueres Ambassadeur pour Sa Majesté és Pays-Bas, demeurant audit Malpierre; lequel a dit que pour la diversité du temps & longue demeurance de ses Parents & Alliés, ne les a pû assembler, luy estant majeur & âgé de trente ans ou environ, comme il a dit, d'une part: Et Madamoiselle Claude de Choiseul, fille de feu Messire René de Choiseul, luy vivant Chevallier de l'Ordre du Roy, Gentilhomme ordinaire de sa Chambre, Seigneur & Baron de Beaupré, Mevy, &c. & de puissante Dame Dame Mahault de Francieres, Dame dudit Beaupré, Mevy, Fresnel, &c. sa mere, assistée, licenciée & authorisée de ladite Dame Mahault sa mere; de honoré Seigneur Chrestien de Choiseul, Chevallier, Seigneur & Baron dudit Beaupré son frere aisné; de Dames Françoise & Nicolle de Choiseul, Dames à Remiremont, ses sœurs; de Dame Hylaire de Piedefer, vefve de feu honoré Sieur François Dumesnil, luy vivant Sieur du Mesnil sur Saulx & d'Espié; de Damoiselle Humberte de Fontenne, femme de Loüis de Chevillon, Escuyer, Sieur du Haut Bois, tous demeurans audit Beaupré, fors ladite Dame Hylaire de Piedefer, demeurant audit Espié: Et encor de Euchaire Guerre, Escuyer, Seigneur de Lezéville, & y demeurant, d'autre part: Lesquelles Parties, de la licence que dessus, ont fait & accordé les pactions matrimonialles & promesses de Mariage que ensuivent, sous les conditions cy-aprés. C'est à sçavoir, que ledit Sieur François Chevallier & ladite Damoiselle Claude de Choiseul, se prendront par Sacrement de Mariage; iceluy solemniseront en face de Sainte Eglise, le plutôt que faire se pourra. En contemplation duquel futur Mariage, a esté accordé que lesdits futurs conjoints seront uns & communs en tous biens meubles & acquests, suivant la Coutume du Bailliage de Chaumont, fors & excepté que advenant que ledit Sieur de Malpierre decede premier que ladite Damoiselle Claude sans enfans vivans, en ce cas ladite Damoiselle Claude prendra la somme de deux mil Escus par préciput, & avant tout partage, sur la part des acquests dudit Sieur de Malpierre qu'ils feront pendant ledit Mariage; ou bien où il ne se trouveroit acquest bastant sur le propre dudit Sieur, sera ledit Sieur de Malpierre tenu, & a promis de bailler & délivrer à ladite Damoiselle Claude, dedans deux ans, des bagues & joyaux, pour la somme de mil Escus, qui sortiront nature de propre à ladite

Damoiselle. En faveur duquel futur Mariage, ladite Dame Mahaut de Francieres a par ces presentes, du gré & consentement des cy-devant nommez, aggréé ratiffié & approuvé, & par ces presentes aggrée & ratiffie la donnation qu'elle a cy-devant eu faite à ladite Damoiselle Claude sa fille, des trois parts, les quatre parts faisant le tout, de la Terre & Seigneurie du Village de Daillecourt, scituée & assise en la Prevosté de Nogent-le-Roy, & ainsi que ladite Terre se poursuit & comporte, de toutes ses appartenances & deppendances, ensemble de l'Estang & Moulin de Bussieres sous Clémont, & comme il est amplement porté par ladite donnation, pour en joüir par ladite Damoiselle Claude, ses hoirs & ayans causes, tout ainsi & en la mesme forme que ladite Dame en a cy-devant joüi & usé; encor que par ladite donnation ladite Dame se soit reservé l'usufruit : neanmoins en faveur & contemplation duquel mariage, ladite Dame a quitté, & par ces presentes quitte dés à present à ladite Damoiselle Claude sa fille, ses hoirs & & ayans causes, l'usufruit qu'elle s'estoit reservé de ladite Terre & Seigneurie de Daillecourt, Estang & Moulin de Bussieres, pour semblablement en joüir par ladite Damoiselle Claude dés à present, comme de chose à elle propre & appartenante, sans que ladite Damoiselle puisse cy-aprés en sorte que ce soit demander à ladite Dame sa mere, ny à Messieurs ses freres, aucune chose pour raison des levées que ladite Dame a eu cy-devant fait de ladite Terre & Seigneurie de Daillecourt, Estang & Moulin de Bussieres & de Beaupré; & en tant que besoin seroit, ladite Damoiselle Claude les en quitte & décharge : Et davantage ladite Dame a promis d'habiller honnêtement ladite Damoiselle Claude sa fille d'habits nuptiaux & meubles, icelle selon sa qualité; ensemble luy bailler ou faire bailler partage des biens à elle obvenus & escheus, à cause de la succession dudit deffunt Sieur son pere, tant en ligne directe que collateralle . . . .

. . . .

Et au cas que doüaire ait lieu, ledit Seigneur de Malpierre a doüé & doüe ladite Damoiselle Claude de Choiseul sa future épouse de doüaire préfix de la somme de quatre cens Escus sol, à prendre & percevoir par chacun an de rente, tant & si longuement que doüaire aura lieu, en & sur la Terre & Seigneurie dudit Malpierre, Mont-le-vignot, la Voivre, terres de roture, & autres biens en deppendans; ensemble le Chastel & Bassecourt dudit Malpierre, avec les Jardins d'ilec pour sa demeure, aux charges d'entretenir les bastimens & choses dudit doüaire en bon & suffisant estat, & comme doüairiere est tenuë faire par la Coutume dudit Bailliage : comme aussi ladite Damoiselle aura tous droits de prendre bois d'affouage appartenans à ladite maison, pour joüir des choses susdites par ladite Damoiselle sa vie durante, luy réservant toutes fois son choix & option de prendre ou accepter le doüaire Coutumier. . . . .

En témoing de quoy Nous Garde susdit, à la relation dudit Duplessis Nottaire & Tabellion Royal soubsigné, avons scellé ces presentes du Scel Royal de ladite Prevosté. Ce fut fait & passé au Chastel dudit Beaupré, environ l'heure de midy, le Mardy dix-neufviéme jour de Decembre mil cinq cent quatre-vingt & neuf, & se sont les Parties soussignées en la minutte des presentes, és presences de François Bilistain Escuyer, demeurant à Abienville; Jehan de Sauvigny, Homme d'Arme de Monsieur le Duc de Mercœur; Charles Baillant, Archer de ladite Compagnie, demeurans à Domp-remy, & à Mandre; & de Philbert de la Folie, Capitaine, demeurant audit Beaupré, appellés pour Témoins par lesdites Parties, qui se sont soussignés en la minutte des presentes. Signé DUPLESSIS.

Dispense

Dispense de l'Arriere-Ban, donnée par le Roy Henry IV. à François Chevalier, Seigneur de Malpierre, Gentilhomme ordinaire de sa Chambre, Gouverneur de Vaucouleur, & Envoyé de Sa Majesté dans les Pays-Bas. Du 18 Juillet 1594.

HENRY par la grace de Dieu, Roy de France & de Navarre: Au Bailly de Chaumont en Baſſigny, ou ſon Lieutenant, & autres nos Juges & Officiers qu'il appartiendra, Salut. Notre amé & feal Gentilhomme ordinaire de notre Chambre, & cy-devant Agent pour nos affaires & ſervices és Pays-Bas, & Capitaine de notre Ville & Château de Vaucouleur, le Sieur de Malpierre, Nous a fait remontrer, qu'au moyen de l'actuelle reſidence qu'il eſt tenu de faire audit Vaucouleur pour le deu de ſa Charge, & autres eſquelles il eſt ordinairement employé pour notre ſervice, il ne peut ſe rendre en notre Armée en l'équipage qu'il eſt tenu pour Nous y ſervir: Et d'autant qu'au moyen de la convocation que Nous avons ordonnée eſtre faite de notre Ban & Arriere-ban, pluſieurs Terres & Seigneuries appartenantes audit Sieur de Malpierre, & ſubjettes à noſdits Ban & Arriere-ban, pourroient eſtre ſaiſies à la requeſte de nos Officiers des lieux où elles ſont ſcituées; Nous déſirant à ce pourvoir, & favorablement traiter ledit Sieur de Malpierre, en conſideration des bons & recommandables ſervices qu'il a fait au feu Roy dernier decedé notre tres honoré Sieur & Frere, que Dieu abſolve, & qu'il continuë de Nous faire tous les jours tant prés notre perſonne, qu'en autres Charges & Commiſſions où il eſt employé pour notredit ſervice. A CES CAUSES, & autres bonnes conſiderations à ce Nous mouvans, avons exempté & exemptons ledit Sieur de Malpierre de la contribution de notredit Ban & Arriere-ban, qui a n'agueres été convoqué en cette preſente année, & du ſervice qu'il Nous doit & eſt tenu faire pour raiſon des Fiefs & Arriere-fiefs, qu'il tient & poſſede en notre Bailliage & autres lieux, ſans qu'il puiſſe eſtre tenu ny contraint aller en perſonne, ny y envoyer, dont nous l'avons relevé & diſpenſé, levant & oſtant toutes les ſaiſies qui ſont, ſeront ou pourroient avoir été faites pour raiſon de ce ſur leſdites Terres & Seigneuries, & déchargeant auſſi, comme nous déchargeons à pur & à plein, les Commiſſaires qui pourroient avoir eſté commis au regime & gouvernement de ſeſdites Terres & biens par faute de ladite contribution & ſervice de nos Ban & Arriere-ban, nonobſtant que par ladite convocation il ſoit mandé d'y comprendre exempts & non exempts, privilegiés & non privilegiés, dont Nous l'avons exempté & exemptons de grace ſpeciale par ces preſentes, & à nos Ordonnances à ce contraires dérogé & dérogeons pour ce regard, & ſans y préjudicier en autre choſe: Car tel eſt notre plaiſir. Donné à Paris, le dix-huitiéme jour de Juillet, l'an de grace mil cinq cent quatre-vingt quatorze, & de notre Regne le cinquiéme. Ainſi ſigné, Par le Roy en ſon Conſeil, FORGET, & ſcellé de cire jaulne ſur ſimple queüe.

Collationné ſur l'Original par moy Conſeiller, Nottaire & Secretaire du Roy. Signé, BUFFART, *avec paraffe.*

Seconde Adjudication du Domaine de Vaucouleur, au Sieur François Chevalier, Seigneur de Malpierre. Du 5 Decembre 1626.

LEs Commissaires generaux députez par le Roy pour la revente du Domaine de ce Royaume, suivant l'Edit du mois de Mars mil six cent dix-neuf, verifié où besoin a esté : A tous ceux qui ces presentes Lettres verront, Salut. Par ledit Edit, & pour les considerations y contenuës, Sa Majesté jugeant necessaire pour le bien de ses affaires, de rechercher des moyens extraordinaires pour supporter les dépenses de son Estat, Elle auroit ordonné que toutes les Terres, Seigneuries, & autres membres & portions de son Domaine, cy-devant venduës & alliennées à quelques personnes que ce soit, seroient retirées & reünies à son Domaine, moyennant le remboursement aux possesseurs, des sommes qu'ils justifieront avoir fournis aux coffres de Sa Majesté, à cause de leurs acquisitions, pour estre de nouveau revenduës & adjugées au plus offrant & dernier Encherisseur, à faculté de rachapt perpetuel. A l'execution duquel Edit, & suivant les Lettres Patentes de Commission de Sa Majesté à Nous addressantes, du trentiéme Decembre audit an, Nous aurions fait faire les affiches & publications, contenantes qu'à certain jour & heure, il seroit en la Chambre du Conseil au Chasteau du Louvre, par Nous fait revente & adjudication du Domaine & Prevosté de Vaucouleur en Champagne, & ses appartenances, au plus offrant & dernier Encherisseur, à l'extinction des chandelles en la maniere accoutumée ; où estans assemblés pour proceder ausdites reventes & adjudications le cinquiéme jour d'Octobre mil six cens vingt-six, aurions par l'un des Huissiers dudit Conseil fait faire lecture desdites affiches, & publier à haute voix, que ledit Domaine de la Prevosté de Vaucouleur en Champagne & sesdites appartenances & deppendances, estoit à revendre au plus offrant & dernier Encherisseur, sur le tiercement & enchere de la somme de deux mil cinq cens cinquante livres, fait en nostre Greffe par Maistre David Domanchin, sur deux mil cinq cens soixante-sept livres huit deniers de précedente enchere, suivant l'Arrest du Conseil du vingt-sixiéme Avril mil six cent vingt-quatre : outre trente-six mil soixante-dix livres d'engagement ; & pour ce fait allumer trois chandelles, sur le feu desquelles n'auroit esté faite aucune enchere, au moyen de quoy Nous aurions remis l'adjudication au douziéme dudit mois d'Octobre ; & ledit jour Nous Commissaires susdits estans derechef assemblez pour proceder ausdites reventes & adjudications, aurions par l'un desdits Huissiers du Conseil fait faire lecture de nouvelles affiches, & publier à haute voix que ledit Domaine & Prevosté de Vaucouleur estoit à revendre au plus offrant & dernier Encherisseur sur ledit tiercement & enchere, outre lesdits engagements, & fait derechef allumer trois chandelles, sur le feu desquelles n'auroit aussi esté fait aucune enchere, au moyen de quoy le tout seroit demeuré audit Domanchin, comme plus offrant & dernier Encherisseur, qui Nous auroit declaré qu'il fait ledit tiercement & enchere, pour au nom & proffit de Messire François Chevallier, Sieur de Malpierre, Proprietaire dudit Domaine & Prevosté de Vaucouleur, pour lequel il Nous auroit requis l'adjudication & luy vouloir délivrer nos Lettres & Contract sur ce necessaires ; ce qui luy auroit esté octroyé, à la charge de payer comptant & actuellement à Maistre Gabriel de Guenegaud, Sieur dudit lieu & du Plessis-Belleville, Conseiller du Roy en son Conseil d'Estat, & Tresorier de son Espargne ; à sçavoir, la somme de deux mil cinq cens cinquante livres de tiercement & enchere, & deux cens cinquante-cinq livres pour les deux sols pour livre d'icelle, outre la somme de trente-huit mil six cent soixante-treize livres huit deniers, à laquelle s'est trouvé monter l'engagement dudit Domaine, y compris trente-six livres pour les frais & loyaux cousts, suivant la verification par Nous faite le vingt-huitiéme jour dudit mois d'Octobre, revenans lesdites sommes ensemble à la somme de quarante-un mil quatre cens soixante dix-huit livres huit deniers : Et aprés qu'il Nous est apparu du payement fait par ledit Sieur de Malpierre audit Sieur de Guenegaud, tant de ladite somme de deux mil cinq cens cinquante livres de tiercement & enchere, que de deux cens cinquante-cinq livres pour les deux sols pour livre d'icelle, par sa Quittance en datte du vingt-septiéme Novembre ensuivant, inserée à la fin du present Contract : Sçavoir faisons, qu'en executant ledit Edit, & en vertu du pouvoir à Nous donné par Sa Majesté, avons audit Sieur de Malpierre revendu & engagé, revendons & engageons par ces presentes ledit Domaine & Prevosté de Vaucouleur en Champagne, avec ses appartenances & deppendances, pour en joüir & disposer doresnavant par luy, ses hoirs, successeurs & ayans cause, comme de leur propre chose, vray & loyal acquest, à faculté de reachapt perpetuel, aux mesmes droits, proffits & revenus, tout ainsi qu'il en a cy-devant bien & deuëment joüi jusques à present, suivant & conformément aux Contracts des ancien & precedent engagement, sans que cy-aprés il en puisse estre dépossedé pour quelque cause & occasion que ce soit, sinon en le remboursant comptant actuellement & à un seul payement de ladite somme de quarante-un mil quatre cens soixante dix-huit livres huit deniers, à laquelle revient le total de la presente adjudication, ensemble de ses frais & loyaux cousts, promettans pour & au nom de Sa Majesté l'entretenement, observation & entier accomplissement du contenu au present Contract de revente & adjudication cy-dessus fait audit Sieur de Malpierre, lequel sera, ensemble ses Fermiers & Receveurs, par tous les Officiers de Sa Majesté qu'il appartiendra continué en la possession & joüissance dudit Domaine & Prevosté de Vaucouleur & sesdites appartenances, nonobstant opposition ou appellations quelconques, & sans préjudice d'icelles. Fait & délivré à Paris, le cinquiéme jour de Decembre mil six cent vingt-six. Signé, de Laubespine, Tarentin & Duret : Et plus bas, par lesdits Sieurs Commissaires. Signé CARRÉ.

Partage de la succession de René de Choiseul & Mahaut de Francieres sa femme, entre Chrétien, Jean, & Maximilien de Choiseul ses enfans, d'une part : Et honnoré Sieur François Chevalier, Seigneur de Malpierre, &c. à cause de Claude de Choiseul son épouse, d'autre. Du 5 Novembre 1592.

FUrent presens en leurs personnes honorés Sieurs Chrestien de Choiseul, Chevallier, Seigneur & Baron de Beauprey ; Jehan de Choiseul, Seigneur de Francieres & Mandre en Ervois ; Maximilien de Choiseul, Seigneur & Baron de Mévy, tous demeurans à present audit Beauprey ; & Dame Françoise de Choiseul leur sœur, Dame de Remiremont, & y demeurant, Dame d'elle usante & joüissante de ses biens comme elle a dit, d'une part : Et honoré Sieur François Chevalier, Seigneur de Malpierre, &c. y demeurant ; & Dame Claude de Choiseul son épouse, de luy licentiée & authorisée quant à faire & passer ce qui s'ensuit, d'autre part. Lesquelles Parties sur ce bien advisées & conseillées comme elles ont dit, & en pourparlant des partages & divisions des biens escheus ausdits Seigneurs & Dame de Choiseul, à cause des Successions tant mobiliaires que immobiliaires de feus Messire René de Choiseul, en son vivant Chevalier de l'Ordre du Roy, Seigneur & Baron de Beauprey & Mévy ; & de Dame Mahault de Francieres son épouse, leurs feus pere & mere, se sont lesdites Parties comme freres & sœurs accordez en la forme & maniere que s'ensuit : C'est asscavoir, que lesdits Sieur de Malpierre, & ladite Dame Claude de Choiseul son épouse, se sont pour le regard de la succession maternelle tenus & tiennent à la donnation faite à ladite Dame Claude par ladite feuë Dame Mahault de Francieres sa mere, de la Terre & Seigneurie de Daillecourt, ses aysances, appartenances & deppendances, avec l'Estang de Bussieres, pour en jouïr & posseder comme de chose à eux appartenant en propre, suivant & selon la teneur de ladite donnation, laquelle ledit Seigneur de Choiseul & ladite Dame Françoise, en tant que à eux est, aggréent, ratiffient & approuvent, veullent & entendent qu'elle sorte son plein & entier effet, sans qu'ils y puissent cy-aprés ny leurs hoirs prétendre ny demander aucune chose; & en ce faisant, lesdits Sieur de Malpierre & ladite Dame Claude son épouse, ont renoncé & renoncent à la succession mobiliaire & immobiliaire de ladite feüe Dame Mahault leur mere, se déclarans donnataires & non heritiers d'icelle : Et pour le regard de la succession qui peut estre escheüe à ladite Dame Claude par le deceds & trespas dudit deffunt Messire René de Choiseul son pere, lesdits Seigneurs Chrestien, Jehan, Maximilien & Françoise de Choiseul ont voulus, consentis, aggréez & accordez, veullent, consentent, aggréent, accordent & entendent, que lesdits Sieur de Malpierre & Dame Claude son épouse, leurs hoirs & ayans causes, jouïssent à toujours en tous droits de fond & proprieté des Terres & Seigneuries tant de Fief que de roture de Thouraille & Lezéville, & ainsi que lesdites Terres & Seigneuries se poursuivent & comportent, tant en Terres de Fief que roture, Hommes & Sujets, Censes, Rentes, Deniers, Grains, Poulles, Chappons, Estangs, Forests, Moulins, Bois, Buissons, ... & toutes autres choses quelconques deppendans desdites Terres & Seigneuries, sans aucune chose en excepter, réserver ny retenir, pour en jouïr par lesdits Sieur & Dame de Malpierre comme de leur propre & vraye chose, & en jouïr selon & ainsi que lesdits deffunts leurs Sieur pere & mere en ont jouïs & usés, & ce pour tout leur partage des biens dudit deffunt leur Sieur Pere; lequel partage ainsi escheu & advenu à ladite Dame Claude, iceux Sieur de Malpierre & Dame son épouse, ont pour le regard de ladite succession paternelle, acceptés & acceptent pour toute ladite heredité : Comme aussi lesdits Seigneurs Chrestien, Jehan, Maximilien & Françoise de Choiseul ont promis & seront tenus de garantir, délivrer & deffendre de tous troubles & empeschemens quelconques lesdites Terres & Seigneuries de Thouraille & Lezéville, leurs appartenances & deppendances, envers lesdits Sieur & Dame de Malpierre, leurs hoirs & ayans causes : Ensemble ont iceux Sieurs Chrestien, Jehan, Maximilien & Françoise, promis & promettent acquitter, décharger, dédommager & indemniser envers & contre tous, lesdits Sieur & Dame de Malpierre, de toutes debtes, censes, rentes, arrerages & redevances quelconques, que iceux Sieur & Dame de Malpierre pourroient devoir à leurs égards, à cause des successions desdits Seigneur René de Choiseul & Dame Mahault de Francieres leurs feus pere & mere; & moyennant ce, ledit Sieur de Malpierre & ladite Dame Claude son épouse, ont renoncés & renoncent aux successions mobiliaires & immobiliaires desdits feus Seigneur leur pere & mere; ce qui a esté stipulé & accepté par l'une & l'autre desdites Parties. Si comme, &c. Promettans lesdites Parties chacune en droit soy respectivement, &c. Obligeans, &c. Renonceans, &c. Fait & passé audit Beauprey, à neuf heures du matin, le Jeudy cinquiéme jour de Novembre mil cinq cent quatre-vingt & douze : Et ont lesdites Parties signé en la minutte, en presence de Pierre Olyvier Maistre Apothicaire, demeurant à Vaucouleur, & de Claude Delaroquier, Escuyer, demeurant à Troussey, appellés pour Témoins par lesdites Parties, qui se sont soussignés en ladite minutte. Signé DUPLESSIS, avec paraffe.

Lettre

Lettre du Roy Henry IV. à François Chevalier, Gouverneur de Vaucouleur, au sujet de la deffense & la Garde du Château de Vaucouleur. Du 10 Novembre 1596.

MOnsieur de Malpierre, j'ay vû ce que vous m'avez mandé par vos Lettres du 16 jour du passé, du besoing que vous avez d'estre secouru de quelques commodités pour entretenir des Gens de guerre en ma Ville & Chasteau de Vaucouleur, & la conserver en mon obeïssance ; mais j'ay tant d'autres dépenses sur les bras, & si peu de moyen de fournir à celle-là, qu'il faut ou que je commette la garde de cette Place à votre vigilance & à la fidelité des Habitans, ou que la Dame de Bassompierre qui joüit du Domaine dud. Vaucouleur par engagement, contribuë aussi à la solde & dépense des 12 Soldats que vous me mandez qu'il y faut entretenir, & y apporter de sa part en argent, ce que le feu Sieur de Bassompierre son marit y apportoit par son credit avec les Bourguignons ; vous assurant que je ne suis en cela combattu que de l'impuissance, & que je voudrois avoir autant de moyen de fournir à ladite dépense, comme j'en ay de bonne volonté ; ma necessité estant telle, qu'il faudra que je casse les Garnisons en plusieurs Villes & endroits de ce Royaume, pour employer les deniers qui en reviendront, à l'entretenement de mes Armées, du costé de la Frontiere de Picardie. J'ay icy assemblé un grand nombre de mes Serviteurs pour y pourvoir, & espere . . . . partiront point, que nous n'ayons pris une bonne résolution pour le bien de cet Estat ; de quoy je prie Dieu qu'il Nous fasse la grace, & vous ait, Monsieur de Malpierre, en sa tres sainte & digne garde. Escript à Roüen ce 10 jour de Novembre 1596. Signé HENRY.

Lettres de reconnoissance & de confirmation de l'ancienne Noblesse des Chevallier, accordées par François de Lorraine, Comte de Vaudémont, Lieutenant General de Charles III. Duc de Lorraine. Du 21 Mars 1583.

FRANÇOIS DE LORRAINE, Comte de Vaudémont, Lieutenant general de nostre tres honoré Seigneur & Pere Charles par la grace de Dieu, Duc de Calabre, Lorraine, Bar, Gueldres ; Marchis, Marquis du Pont-à-Mousson, Comte de Provence, Vaudémont, Blamont, Zutphen, &c. au Regime & Gouvernement de ses Pays pendant son absence. A tous ceulx qui ces presentes verront, Salut. Comme dés le cinquiéme jour du mois d'Aoust mil cinq cens soixante & quatorze, feu Christophe Chevallier, natif de Fontenoy en Vosges, & lors y demeurant, eust par tres humble Requeste presentée à nostredit Seigneur & Pere, fait entendre & remonstrer, que de temps plus qu'immemorial ses feux Predecesseurs du costé paternel, signamment feu Guillaume Chevalier l'aisné, & Guillaume Chevallier son fils, ayeul & bisayeul paternels dudit Christophe, auroient esté extraicts de Noblesse, & de leur vivant qualifiez Nobles, mesmement tenus & possedez Fief & arrier-Fief en Terres & Pays, qui de present sont soubs l'obeïssance de nostredit Seigneur & Pere, ainsi que pourroit apparoir clairement, entre autres tesmoignages, par deux Tiltres authenticques qu'il disoit estre encores en estre, & dont Copies attestées par Tabellions estoient jointes à ladite Requeste : l'un d'iceulx en datte de l'an mil quatre cens septante-sept, signé de feu d'heureuse memoire le Duc René, Marchis, Comte de Vaudemont, & de Harcourt, &c. L'aultre de l'an mil cinq cens & huit, passé soub le Scel du Tabellionnage de Mircourt; desquels Tiltres il offroit faire apparoir en leurs originaulx se besoing faisoit. Et pour autant que ledit Christophe desiroit desormais vivre & se comporter noblement & conformément à ladite qualité noble de ses progeniteurs; encore que par quelque temps feu Estienne Chevalier son pere & luy ayant exercé quelque traffique de marchandise, l'usage de leursdites Noblesses, & des privileges qui en dépendent, eust esté discontinué. A ces causes, supplioient tres humblement, qu'en consideration de ce que dessus, & en faveur des services que Didier Friant, Prevost de Dompaire, son beaupere, avoit fait à nostredit Seigneur & Pere, par l'espace de trente-six ans, il pleust à Son Altesse luy octroyer confirmation de sadite Noblesse, restablissement en icelle, & l'authoriser de pouvoir tant luy que ses enfans naturels & legitimes, nais & à naistre, & leur posterité, porter les Armoiries de sesdits progeniteurs, qui sont d'asur au croixant d'argent en chef, avec une bande traversant, & trois molettes d'esperons de mesme metalle que dessus, les deux en teste, & la troisiéme en pointe, avec faculté d'user & joyr des privileges & prérogatives de Noblesse, nonobstant ladite discontinuation & interruption d'icelle. Laquelle Requeste Son Altesse par Decret apposé à icelle dudit cinquiéme d'Aoust mil cinq cens soixante & quatorze, auroit renvoyé aux Bailly & Procureur de Vosges, avec Mandement que s'il leur apparoissoit desdits Tiltres en leurs originaulx, & que ledit Christophe Chevalier suppliant fust extraict des Chevalliers cy-dessus nommez; en ce cas, ils le fissent, ensemble ses enfans naturels legitimes nais & à naistre, joyr & user des privileges, immunitez, prérogatives & libertez de Noblesse, & toutes telles & semblables dont usent & joyssent les aultres Nobles des Pays de Sadite Altesse, & signamment du Bailliage de Vosges. Et à cest effect auroit Sadite Altesse, au cas que dessus, dés lors confirmé & authorisé ladite Noblesse, avec permission audit Christophe & sesdits enfans, de porter lesdites Armoiries, comme peculiers à leur famille. Et d'aultant que ledit Christophe Chevalier, prévenu de mort, n'auroit peu solliciter l'effect dudit Decret & Mandement de Son Altesse, ledit Didier Friant, n'aguéres Prevost dudit Dompaire, au nom & comme Tuteur de Claude, Guillaume & Pierre Chevallier, enfans mineurs d'ans dudit deffunt Christophe Chevallier, & d'Ysabilon Friant sa femme, fille dudit Didier Friant, auroit presenté autre Requeste à Sadite Altesse, tendante à mesmes fins que la précedente, avec tres humble supplication, que veu lesdits Tiltres, il luy pleust, en confirmant le précedent Decret, ordonner audit Sieur Bailly de Vosges, qu'il eust à faire joyr & user pleinement & paisiblement lesdits Mineurs, & leurs descendans legitimes, desdits privileges, immunitez, prérogatives, franchises & libertez de Noblesse; laquelle Requeste auroit esté renvoyée au Sieur de Saint Baslemont Bailly, & Maistre Didier Martin Procureur general au Bailliage de Vosges, par Decret du vingt-septiesme jour d'Aoust mil cinq cens quatre-vingt & un, avec ordonnance de faire joyr lesdits Mineurs & leurs descendans dudit privilege de Noblesse, en faisant par eulx, ou leur Tuteur, apparoir desdits tiltres en leurs originaulx, & que lesdits Mineurs fussent extraits des Chevalliers desquels mention est faite. Sur quoy lesdits Bailly & Procureur auroient informez, reçus lesdits Tiltres en leurs originaulx, & iceulx, ensemble l'information par eux faite sur la genealogie & descente en ligne directe desdits Mineurs & de leur Pere, renvoyé pardevers Nous, pour y estre ordonné nostre bon plaisir. Sçavoir faisons que veu lesdits deux Tiltres cy-dessus specifiez, & autres y joints, produits de la part dudit Friant Tuteur, & l'Information faite, comme dit est, par lesdits Bailly & Procureur de Vosges, Nous pour plusieurs bonnes causes & justes considerations à ce nous mouvans, & en contemplation des fidels, agreables & longs services que ledit Didier Friant a fait à Sadite Altesse, & par l'advis & déliberation des Gens de son Conseil; avons, conformémement aux deux Decrets, & à la volonté de Sadite Altesse, de nostre pleine science, authorité & puissance pleiniere, confirmé &

confirmons ausdits Claude, Guillaume, & Pierre Chevalier, fils dudit Christophe Chevalier, l'estat & qualité de Noblesse, les remis & remettons en pleine possession & joyssance des libertez, privileges, immunitez, prérogatives & franchises y appartenans; pour doresnavant par eulx, & leurs enfans qui seront d'eulx procreez en legitime mariage, user, joïr, & posseder pleinement, paisiblement, publiquement & hautement, & de porter eulx & leursdites posteritez, les Armoiries cy-dessus spécifiées, comme propres & particulieres à leurs familles; & generalement de joïr & user de pareils & semblables droicts qu'usent & joïssent les aultres Nobles des Pays de Son Altesse, signamment au Bailliage de Vosges; & ce nonobstant l'interruption & discontinuation de l'usage & joïssance de ladite Noblesse, dont mention est faite cy-dessus, que ne voulons aulcunnement nuire ou empescher à l'effet de leurdite Noblesse. En tesmoin de quoy, Nous avons signé ces presentes de nostre propre main, & à icelles fait mettre & appendre le grand Seel de nostredit Seigneur & Pere. Que furent faites & données à Nancy, le vingt-uniéme Mars mil cinq cens quatre-vingt & trois. Ainsi signé, FRANÇOIS; les Armoiries cy-dessus y emprainctes à costieres. Sur le reply est escrit, Par Monseigneur le Comte de Vaudémont, Lieutenant General, &c. les Sieurs Comte de Salm, Mareschal de Lorraine, Comte Claude dudit Salm Sieur de Brandembourg, de Neuflotte, Alix President des Comptes de Lorraine, Bournon Maistre des Requestes ordinaire, & Bourgeois Tresorier general, presents. Signé pour Secretaire, M. BOUVET. *Registrata.* M. HENRY, escriptes sur parchemin sain & entier: le Scel susdit en cire vermeille y appendu à double queuë de parchemin.

Attestation de l'ancienneté de la Noblesse des Chevalier, par les Capitaine & les Habitans de Fontenoy en Vosges. Du 10 Septembre 1608.

A Tous qui ces presentes verront. Soit notoir & manifeste, que sur requisitions à Nous faites, Nous soubsignés Noble Claude Thomassin, Capitaine & Chastelain de Fontenoy le Chastel pour haut & illustre Prince Charles Philippes de Croy, Prince du S. Empire, Marquis de Havré, Comte dudit Fontenoy, &c. François Thiery, Baron de Montjustin, Seigneur de Maignoncourt, Selles, Bain, Dompvailley, &c. Noble Pierre Morelot, Anthoine Rouhier, Claude Hennemand, Jean Mongin, François Claus, Jean Garnier, Pierre Titot, Jehan Poirot, Anthoine Mathieu, Jean Richard, Estienne Morelot, Joseph Collotte, & Claude Collotte, Bourgeois, & les plus aigés & anciens dudit Fontenoy, & moy Remy Vairedet, Tabellion de Son Altesse de Lorraine en son Bailliage de Vosge, & au Tabellionnage dudit Fontenoy pour mondit Seigneur le Marquis, certiffions & attestons en verité, avoir tousjours ouy & entendu audit lieu, que feu Noble Sieur Joseph Chevallier, luy vivant Vicomte d'Abville, Seigneur de Malpierre, &c. s'estoit dés long-temps retiré dudit Fontenoy, lieu de la naissance de ses Prédecesseurs, & estoit allé resider en France, estoit frere à feu Noble Jean Chevallier, vivant Sieur des Aulnouzes, &c. la pluspart de Nous ayant veu ledit Sieur de Malpierre audit Fontenoy, & tous continuellement hanté & conversé avec ledit Jean Chevallier son frere, qui estoient fils de feu Noble Dominique Chevallier, & petits-fils de feu Noble Guillaume Chevallier dudit Fontenoy leur pere & ayeul, descendus de feu Noble Guillaume Chevallier le Viel, comme avons toujours entendu de plusieurs personnes, n'ayans eu d'eulx connoissance, parce qu'ils ont precedé à l'âge de present; bien ouy dire & entendu d'un chacun, qu'ils estoient Nobles, vivoient noblement, tenoient & possedoient en leurs vivans plusieurs grands biens & chevances, consistans partie en Fiefs, dixmes, rentes, revenus & heritages, tant au Pays de Lorraine, que au Comté de Bourgogne; & que de temps immemorial leurs appartenoit un Bâtiment & deppendance, dit la Tour aux Lombards, assize au Bourg dudit Fontenoy, avec les revenus du Poids bannal dudit lieu, mouvans du Fief dudit Seigneur Marquis ; lequel Bâtiment encor de present, & partie dudit poids, les Chevallier residens audit Fontenoy, descendus de pere en fils dudit Guillaume Chevallier, les tiennent & possedent. Certiffions aussi la pluspart de Nous, avoir veu faire residence audit Fontenoy, feu Noble Estienne Chevallier frere audit Dominique, qui a delaissé plusieurs enfans, partie desquels se sont retirez à Nancy, Mircourt, & ailleurs, qui de present vivent aussi noblement ; lesquels & tous autres desdits Sieurs Chevalliers, ont toujours esté reputés audit Fontenoy & aultre part Nobles, gens de bien, d'honneur & issus de bons primogeniteurs, comme ainsi les tenons & déclarons. En foy de quoy avons signés les presentes, & requis estre mis & appendus les Scel & Contrescel dudit Seigneur Marquis, armoyés de ses Armes, accoutumé user en tel cas & en sondit Tabellionnage de Fontenoy ; ce qui a esté fait, sauf tous droits. Ce fut fait & passé audit Fontenoy, le dixiéme jour du mois de Septembre, l'an de grace Nostre Seigneur mil six cent & huit. Signés, C. Thomassin, C. Thierry, Morelot, A. Rouhier, Claude Hennement, F. Claus, J. Garnier, P. Titot, Jehan Poirot, A. Mathieu, Richard, Estienne Morelot, J. Collotte, Claude Collotte, & R. Vairedet, avec paraffe, & scellé.

Lettres de Naturalité, accordées par Henry II. Roy de France, à Joseph Chevalier. Du mois de Mars 1554.

HENRY par la grace de Dieu, Roy de France. A tous presents & advenirs, Salut. Sçavoir faisons, que Nous desirans, en consideration des bons & recommandables services que nostre cher & bien amé Joseph Chevallier, natif de Fontenoy en Vosge, a par cy-devant fait au feu Roy nostre tres honoré Seigneur & Pere, que Dieu absolve, & à Nous, depuis nostre advenement à la Couronne, en plusieurs loüables manieres, iceluy bien & favorablement traiter au bon desir qu'il Nous a fait remontrer avoir de resider en nostre Royaume, & y perpetuer sa vie en nostre service : A iceluy, pour ces causes & autres à ce Nous mouvantes, avons permis & octroyé, permettons & octroyons, voulons & Nous plaist par ces presentes, qu'il puisse & luy loyse soy habituer, resider & demeurer en nostre Royaume, Pays, Terres, & Seigneuries de nostre obeissance, & y achepter & acquerir tous tels biens meubles & immeubles qu'il y pourra licitement acquerir, & iceux ensemble, ceux qu'il y pourroit ja avoir acquis & qui luy pourroient escheoir, competer & appartenir par succession, donnation ou autrement, tenir & posseder, en joyr & user, ordonner, tester & disposer par testament, ordonnance de derniere volonté, donnation entre-vifs, ou autrement, ainsi que bon luy semblera ; & que aprés son decés, ses heritiers, ou autres, en faveur desquels il en auroit disposé, luy puissent succeder, prendre, recueillir & apprehender la possession & joüissance desdits biens, tout ainsi que s'il estoit originaire de nostre Royaume, sans que au moyen ne sous couleur des Ordonnances & Constitutions generales de nostredit Royaume, dont quant à ce Nous l'avons habilité & dispensé, habilitons & dispensons, nostre Procureur, ne autres nos Officiers, puissent aprés son trespas prétendre pour Nous aucun droit d'aubaine esdits biens, ne qu'il soit pour ce tenu Nous payer aucune finance ou indemnité, que Nous luy avons en faveur que dessus, donné, quitté & remise, donnons, quittons & remettons par ces presentes, à quelque somme, valeur & estimation qu'elle soit & se puisse monter. Si donnons en mandement. . . . .
Donné à Fontainebleau, au mois de Mars, l'an de grace mil cinq cens cinquante-quatre, & de nostre Regne le huitiéme. Signé HENRY, & scellé.

Emprunt

Emprunt de quatre mille huit cens livres, par Messire François Chevalier, Seigneur de Malpierre & de la Voivre, Gentilhomme ordinaire de la Chambre du Roy, son Ambassadeur aux Pays-Bas, & par Gilles Brulart, Seigneur de Genlis, &c. Du vingt-uniéme Decembre 1609.

A Tous ceux qui ces presentes Lettres verront. Jacques Daumont, Chevallier, Baron de Chappes, Seigneur de Dun-le-Palteau, & lors Conseiller du Roy, Gentilhomme ordinaire de sa Chambre, & Garde de la Prevosté de Paris, Salut. Sçavoir faisons que pardevant Leonor de S. Leu, & Nicolas Jolly, Notaires du Roy au Chastellet de Paris, sous-signez, Furent presens en leurs personnes Messire François Chevallier, Seigneur de Malpierre & la Voivre, Gentilhomme ordinaire de la Chambre du Roy, & n'aguéres Ambassadeur pour Sa Majesté és Pays-Bas, Capitaine & Gouverneur de Vaucouleur, demeurant ordinairement audit lieu de Malpierre, Bailliage de Chaumont en Bassigny: Et Messire Gilles Brulart, Chevallier, Seigneur de Genlis, Abecourt, Viry, Bailly & Gouverneur de Chaulny, Gentilhomme ordinaire de la Chambre du Roy, demeurant audit Genlis en Picardie, de present estans à Paris; lesquels recongnoissent, confessent & déclarent, que la somme de quatre mil huit cens livres qu'ils ont cejourd'huy receus de noble homme Maistre Guillaume Parenteau, Conseiller, Nottaire & Secretaire du Roy, Maison & Couronne de France, pour la vente & constitution qu'ils luy ont cejourd'huy faite de trois cens livres tournois de rente, par Contract ledit jour passé pardevant lesdits Nottaires soubsignés, a esté par eux partie, & pris chacun d'eulx moitié, pour employer en leurs affaires, dont ils se sont tenus contens, & en quittent l'un d'eux l'autre; au moyen de quoy ils promettent l'un d'eulx l'autre, de payer & continuer doresnavant, chacun par moitié, lesdits trois cens livres de rente . . . .
Fait & passé avant midy en la maison dudit Sieur Parenteau, scize ruë & Paroisse S. Mederic, l'an mil six cent & neuf, le Lundy vingt-uniéme jour de Decembre; & ont iceux Sieurs de Malpierre & de Genlis signé avec lesdits Nottaires la minutte des presentes demeurées audit Jolly. Signé de SAINT LEU & JOLLY, avec paraffes.

Constitution d'une rente de 650 livres, passée au profit de Madelaine Chevalier, femme de Pierre Brulart, Conseiller d'Etat, & Secretaire des Commandemens du Roy T. C. par François Chevalier, Seigneur de Malpierre, & frere de ladite Madeleine. Du onziéme Janvier 1610.

A Tous ceux qui ces presentes Lettres verront, Jacques Daumont, Chevallier, Baron de Chappes, Sieur de Dun-le-Palteau, Conseiller du Roy notre Sire, Gentilhomme ordinaire de sa Chambre & Garde de la Prevosté de Paris, Salut. Sçavoir faisons, que pardevant Pierre Guillard, & Leonor de Saint Leu, Nottaires & Gardenottes du Roy nostre Sire en son Chastellet de Paris, soussignés, Fut present en sa personne Messire François Chevallier, Seigneur de Malpierre, Gentilhomme ordinaire de la Chambre du Roy, Capitaine & Gouverneur pour Sa

Majesté de la Ville & Chasteau de Vaucouleur, demeurant ordinairement audit lieu de Malpierre en Bassigny, de present estant à Paris, logé ruë de la Harpe, enseigne du Berceau, Paroisse S. Severin; lequel de son bon gré confesse avoir vendu, constitué assis & assigné, & par ces presentes, vend, constituë, assis & assigne du tout dés maintenant à toujours, & promet garantir de tous troubles, dons, doüaire, debte, hypotecques, fournir & faire valloir tant en principal, arrerages, que rachapt, à Dame Magdelaine Chevallier sa sœur, vefve de feu Messire Pierre Brulart, vivant Chevalier, Conseiller du Roy en ses Conseils d'Estat & Privé, & Secretaire de ses Commandemens, Sieur de Crosne, demeurant à Paris en son Hôtel, scis ruë Pierre Sarrazin, prés l'Eglise des Cordelliers, presente & acceptante, achepteresse pour elle, ses hoirs & ayans causes, six cens cinquante livres tournois de rente annuelle & perpetuelle, laquelle rente ledit Seigneur constituant promet & s'oblige par luy, ses hoirs & ayans causes, bailler & payer doresnavant par chacun an à ladite Dame & sesdits hoirs & ayans causes en cette Ville de Paris, ou au porteur de ces presentes Lettres pour elle, aux quatre quartiers de l'an égallement, premier payement eschéant le dernier jour de Mars prochain, par portion de temps & de là en avant continuer à faire ledit payement par chacun an à toujours ausdits quatre quartiers, à prendre, lever, gaiger & recevoir ladite rente, specialement sur ladite Terre & Seigneurie de Malpierre, ses appartenances & deppendances, assise au Bailliage de Chaumont en Bassigny. Item, sur la Maison, Fief & Bois de la Voye, ses appartenances & deppendances, lesdites Terres & Seigneuries audit Sieur Constituant appartenantes de son propre, mouvans assavoir ladite Seigneurie de Malpierre du Roy nostre Sire, ensemble ladite Terre de Voye. Item, tout tel droit d'engagement que ledit Sieur Constituant a sur le Domaine de Vaucouleur. Item, la Terre & Seigneurie de Monb . . . ., scize au Bailliage de Nancy en Lorraine, pour ce que en appartient audit Sieur Vendeur, comme generallement, &c. . . . .

cette vente & constitution faite tant pour demeurer quitte par ledit Seigneur Vendeur envers ladite Dame & Messieurs ses Enfans, desquels elle se fait & porte fort en cette partie, de la somme de cinq mil neuf cens quarante-six livres six sols huit deniers tournois, en quoy ledit Sieur Vendeur est obligé envers ledit Sieur de Crosne, par Contract en forme de compte, passé pardevant Fardeau & de S. Vaast, Nottaires audit Chastellet, datté du dix-septiéme jour de Mars mil six cent & six, payables dedans le temps porté audit Contract, lequel moyennant ces presentes est & demeure nul, à la réservation de l'hypotecque seulement cy-aprés ditte, que moyennant la somme de quatre mil quatre cens cinquante-trois livres treize sols quatre deniers tournois, que ledit Sieur de Malpierre en confesse avoir eu & receu de ladite Dame achepteresse. . . . .

racheptable à tousjours; lesdits six cens cinquante livres tournois de rente, en baillant, payant & rendant par le racheptant ou rachetans, à un ou deux payemens égallement, la somme de dix mil quatre cens livres tournois, à quoy reviennent lesdites deux sommes. . . . .

En témoing de ce, Nous à la relation desdits Nottaires, avons fait mettre le Scel de ladite Prevosté de Paris à cesdites presentes, que furent faites & passées en l'Hostel de ladite Dame, scis à Paris ruë Pierre Sarrazin dessus declarée, l'an mil six cens & dix, le Lundy avant midy, unziéme jour de Janvier; & ont lesdits Sieur constituant & Dame achepteresse signé la minutte des presentes avec lesdits Nottaires soubsignés, demeurée pardevers ledit de S. Leu, l'un d'iceux. Signé GUILLARD & DE SAINT LEU, avec paraffes.

Etat de la recepte & dépense de François Chevalier, Seigneur de Malpierre, Ambassadeur en Flandre. Du 29 Mars 1618.

Etat de la Recepte & Dépense faite par moy Jacques le Regrathier, pour Monsieur de Malpierre, Ambassadeur en Flandres, depuis le mois d'Avril mil cinq cent quatre-vingt sept, que mondit Sieur s'en retourna audit Pays.

PREMIEREMENT.

J'Ay receu de Monsieur le Tresorier de l'Espargne Mollan, la somme de cinquante Escus sol, pour une ordonnance d'un voyage fait de Bruxelles en cette Ville de Paris, que mondit Sieur de Malpierre m'avoit laissée, avec une quittance passée devant un Secretaire du Roy, au nom dudit Sieur Tresorier de l'Espargne pour en faire le recouvrement; de laquelle ordonnance & quittance je suis chargé envers ledit Sieur de Malpierre par mon Recepissé, pour luy en tenir compte, cy . . . . L. Es. sol.

Dudit Sieur Mollan, la somme de quarante Escus sol. . . . . . .

. . . .

Je soussigné confesse avoir receu le reste du reliqua contenu au present compte de Monsieur de Malpierre, lequel partant demeure quitte & déchargé, suivant la Quittance que je luy en ay donnée dés le premier jour du present mois de Mars, laquelle ne servira que d'un acquit avec le present compte, lequel j'ay baillé audit Sieur de Malpierre, au lieu de l'original que j'estois tenu de luy rendre par la susdite quittance. En témoing de quoy j'ay signé le present compte, & signé de ma main. A Paris, ce Jeudy vingt-neufviéme Mars mil six cens dix-huit. Signé LE REGRATHIER.

Fondation de deux Services annuels, pour le repos de l'Ame de Claude de Choiseul, dans le Chasteau de Beaupré, par François Chevalier son époux. Du 2 Juin 1628.

A Tous ceux qui ces presentes Lettres verront. Dominique Lorrain Licentié és Loix, Garde des Sceaux Royaux de la Prevosté de Vaucouleur, Salut. Sçavoir faisons, que pardevant Maistre Jean Tixerant Nottaire Royal en ladite Prevosté, fut present en sa personne honoré Seigneur François Chevalier, Seigneur de Malpierre, Touraille en partie, Gouverneur de Vaucouleur; lequel a reconnu & confessé, que pour la sincere affection & bon amour qu'il a porté à deffunte honorée Dame Dame Claude de Choiseul, vivant son épouse, & témoigner le ressouvenir qu'il a à sa memoire, & subvenir aux remedes instituez pour le salut de son ame, & autant desireux de prévenir & donner ordre dés à present à ce que prieres se fassent, continuent & perpetuent annuellement & conjointement pour le salut de l'ame d'iceluy Seigneur aprés son decés, comme de celle de ladite Dame, & de Messieurs leurs Prédecesseurs; & pour bonnes & justes considerations iceluy Sieur de Malpierre, de sa pure & franche volonté a donné, ceddé, quitté & transporté, comme il donne, cedde, quitte & transporte dés maintenant, & pour tousjours, au profit de l'Eglise & Fabrique de Leméville, acceptant par Maistre Humbert Humbert Procureur Syndicq des Habitans dudit Leméville, present, acceptant, & fondé de leur Procuration speciale, passée pardevant Drappier & Lhuillier, Nottaires en la Barronnie de Beaupré, le premier jour du present mois de Juin, exhibé par ledit Humbert les heritages cy-aprés scituez au Finage dudit Leméville. Premier . . . .

. . . .

Desquels ledit Sieur Donateur s'est dés à present désaisi, & en a revestu & ensaisiné lesdites Eglises & Fabrique, pour en joüir du fond & fruit comme vrays proprietaires, qui seront neanmoins tenus, & ont promis par ledit Humbert, & en vertu de ladite Procuration, en la memoire desdits Sieur & Dame, & pour le remede de leurs ames, mesme dudit Sieur aprés son decés, faire dire annuellement & à perpetuité en la Chappelle du Chasteau de Beauprey, si le Sieur Baron dudit lieu l'a pour agreable; & en son refus en ladite Eglise Parochialle dudit Leméville, par le Sieur Curé dudit lieu, à chacun jour de Feste S. Claude & S. François, deux Messes hautes, avec Vigile, Recommandices & Prieres ordinaires que l'on a accoustumé faire pour les Deffunts, fournir par les Chastelliers & Marguilliers de ladite Eglise, luminaires necessaires pour la celebration desdits deux Services, & fournir aux frais d'iceux, pour lesquels lesdits heritages demeurent specialement affectez. Les premiers Services & Prieres se commanceans au jour de Feste S. Claude prochain, & ainsi continuer annuellement & perpetuellement à pareils jours, sans pouvoir estre iceux Services remis, transferez ny retardez.

. . . .

En témoing de quoy Nous garde susdit, avons à la relation dudit Nottaire, qui a receu la minutte desdites presentes, & de Maistre Nicolas Duplessis Tabellion Royal en ladite Prevosté, qui a icelle signée, scellée du Scel Royal de ladite Prevosté. Fait & passé au Chastel dudit Vaucouleur avant midy, le deuxiéme Juin mil six cent vingt-huit, & ont lesdits Seigneur de Malpierre & Humbert signés en la minutte des presentes, presence Messire Denis André, Prestre, Curé dudit Leméville, & Claude Mareschal Praticien, demeurant à Rigny-la-Salle, témoins appellez par lesdites Parties, qui se sont soussignez en ladite minutte avec le Nottaire Royal, au deffaut & absence d'autre Nottaire, suivant l'Ordonnance. Signé N. DUPLESSIS, avec paraffe.

Epitaphe de François Chevalier, Seigneur de Malpierre, &c. & de Dame Claude de Choiseul son Epouse; comme cy aprés.

D.O.M.

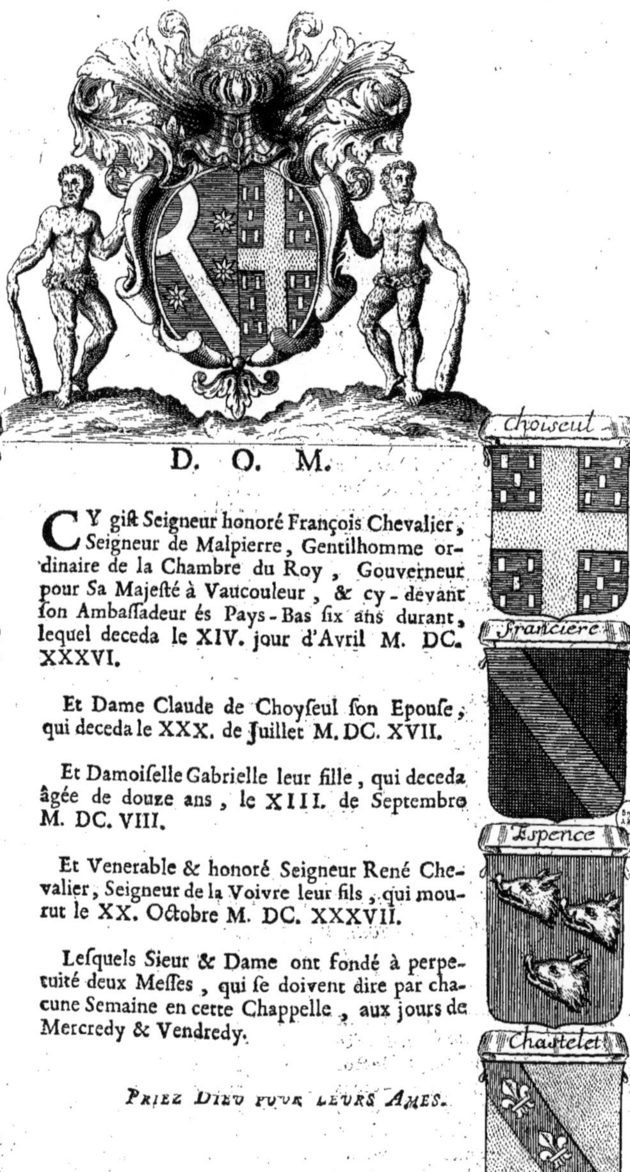

D. O. M.

CY gist Seigneur honoré François Chevalier, Seigneur de Malpierre, Gentilhomme ordinaire de la Chambre du Roy, Gouverneur pour Sa Majesté à Vaucouleur, & cy-devant son Ambassadeur és Pays-Bas six ans durant, lequel deceda le XIV. jour d'Avril M. DC. XXXVI.

Et Dame Claude de Choyseul son Epouse, qui deceda le XXX. de Juillet M. DC. XVII.

Et Damoiselle Gabrielle leur fille, qui deceda âgée de douze ans, le XIII. de Septembre M. DC. VIII.

Et Venerable & honoré Seigneur René Chevalier, Seigneur de la Voivre leur fils, qui mourut le XX. Octobre M. DC. XXXVII.

Lesquels Sieur & Dame ont fondé à perpetuité deux Messes, qui se doivent dire par chacune Semaine en cette Chappelle, aux jours de Mercredy & Vendredy.

PRIEZ DIEU POUR LEURS AMES.

Foy & hommage rendu par Joseph Chevalier, Vicomte d'Abbeville, &c. pour la Terre & Seigneurie de Malpierre. Du cinquiéme de May 1561.

JEhan de Gondrecourt, Escuyer, Licentié és Loix, Lieutenant Particulier au Bailliage de Chaulmont. Sçavoir faisons, que ce jourd'huy datte de cestes, és presence des Advocat, Procureur & Receveur ordinaire pour le Roy nostre Sire ondit Bailliage, est comparu pardevant Nous Maistre Jehan de Marisy, ou nom & comme Procureur specialement fondé de Lettres de Procuration, passée soubs le Scel de la Prevosté de Vaucouleur, le dernier jour d'Avril dernier, de Joseph Chevalier, Vicomte d'Abbeville, Controlleur general des Réparations, Radvitaillemens de Champagne & Brie, Seigneur de Malepierre, lequel ondit nom a fait au Roy nostredit Sire, en nos mains, les foy & hommage & serment de fidelité que tenu est faire ledit Chevalier de ladite Seigneurie de Malepierre, consistant en revenu ainsi qu'il s'ensuit: Assavoir, en une Maison forte & court, qui souloit estre close de murailles, & de present ruinée à cause des guerres & enclose de fossez, & d'un petit cours d'eau joignant ladite maison, au bout duquel y a un petit moulin. Item, les deux tiers, les trois faisant le tout, du four bannal de Rigney-la-Salle, & quelques menuës censes constituées sur aulcunes maisons dudit Rigney; le tout tenu & mouvant en plein Fied dudit Seigneur, à cause de son Chastel & Chastellenie de Vaucouleur, & par ledit Chevalier acquise & à luy adjugée par decret, d'un nommé Pierre de Dossigny, Escuyer, & de Damoiselle Anne de Flavy sa femme, ausquels foy & hommage ledit de Marisy ondit nom a esté par Nous reçu, attendu qu'il a declaré ledit revenu ne exceder la somme de vingtcinq livres tournois de revenu annuel: pour raison de quoy ne sont deubs au Roy nostredit Seigneur aulcuns prouffits feodaulx, parce que c'est Fied de danger; le tout à charge qu'il en baillera plus amplement par le menu son adveu & dénombrement dedans le temps de la Coustume pardevers la Cour dudit Bailliage: Et si a ledit Procureur du Roy protesté de faire telles poursuites qu'il verra estre à faire cy-aprés, où ledit Chevalier se seroit immiscé audit Fied. En tesmoing de ce, Nous avons signé cestes de nostre main, avec les seings manuels des dessusdits, & faict sceller du contrescel dudit Bailliage, le cinquiéme jour de May l'an mil cinq cens soixante-un. Signé de Gondrecourt, Bouvot, Macer, Simon, avec paraffes.

Vente de quelques Heritages, faite au profit de François Chevalier, fils de Joseph Chevalier, Ecuyer, Seigneur de Malpierre, le 18 Octobre 1576.

A Tous ceux qui ces presentes Lettres verront: Simon Duplessis, Garde pour le Roy nostre Sire, des Sceaulx Royaux de la Prevosté de Vaucouleur. Sçavoir faisons, que pardevant Hector Tremel & Nicolas Martin, Nottaires Royaux en ladite Prevosté; Furent presens & comparurent en leurs personnes, Joseph Chevalier, Escuyer, Seigneur de Malpierre, d'une part: Et honorable homme Maistre Pierre Misson, Licentié és Loix, Avocat au Bailliage & Siege Presidial de Chaumont, & Françoise Labonnaire sa femme en secondes nopces, & auparavant femme de feu Theode de Brixey en son vivant, demeurant à Vaucouleur; ladite Françoise licentiée & authorisée dudit Misson son marit quand à ce; Jehan Labonnaire & Nicolas Gerardin, Marchands, demeurant audit lieu, Tuteur & Curateur des

Enfans mineurs d'ans dudit deffunt Theode de Brixey & de ladite Françoise Labonnaire, ausquels ils ont promis faire ratiffier & corroborer les choses cy-aprés declarées, si-tost qu'ils seront en aage, & requis en sont, sous l'obligation de tous leurs biens, d'autre part. Reconnurent lesdites Parties respectivement lesdits Misson, Labonnaire sa femme, Jehan Labonnaire, & Nicolas Gerardin, que comme ainsi soit que dés le troisiéme jour de Novembre mil cinq cens soixante-neuf, & seiziéme jour de May mil cinq cens soixante douze, lesdits deffunt Theode de Brixey & ladite Françoise Labonnaire sa femme, estoient redevables envers ledit Sieur de Malpierre, de la somme de dix-huit cens soixante-cinq frans, monnoye barrois . . . .

Et encore de la somme de deux cens quatre-vingt six frans cinq gros trois blancs barrois . . . .

montant toutes les parties ensemble à la somme de deux mil cent cinquante-un frans cinq gros trois blancs barrois. Que pour desdites sommes avoir payement, iceluy Sieur de Malpierre les auroit voulu contraindre par Justice, en quoy ladite Labonnaire & Mineurs eussent supportés grands frais & pertes; pour ausquels obvier, & payer icelleditte somme, lesdits Misson, Françoise sa femme, Labonnaire & Gerardin auroient . . . . . . advisez de faire publier par plusieurs & divers Dimanches, plusieurs Heritages appartenans à ladite Françoise & Mineurs, estre à vendre au plus offrant & dernier encherisseur; desquelles pieces ne seroit esté vendu que pour environ la somme de six cens quarante-un frans barrois . . . .

Et d'autant que pour faire payement de ladite somme de deux mil cent cinquante-un frans cinq gros trois blancs barrois, restoit encore à trouver la somme de quinze cens dix frans cinq gros trois blancs barrois, lesdits Misson & Françoise Labonnaire sa femme . . . .

ont reconnus & confessés avoir vendu, seddé, quitté & transporté, & par ces presentes ceddent, quittent & transportent tres foncierement, perpetuellement, pour tousjours, & promettent garantir, à François Chevallier, Escuyer, fils dudit Sieur de Malpierre, estudiant aux Universitez à Bourges, absent, & stipulant par les Nottaires, & par Simon Duplessis, pour luy, ses hoirs & ayans cause, les heritages cy-aprés déclarez: Assçavoir tout tel droit, nom, raison, action, part & portion que lesdites Françoise Labonnaire & Mineurs ont & peuvent avoir & qui leurs peuvent competer & appartenir en la moitié d'un gagnage, appellé le gagnage Jehan Ravel, assis au Ban & Finage de Vaucouleur, consistant en Maison, Preys, Vignes, Metz ou Jardins, Terres labourables & non labourables, Chenevieres, & toutes autres choses quelconques deppendans de ladite moitié. . . . .

Item, une Cave ou Celier assise audit Vaucouleur sous la Halle, & ainsi qu'elle se poursuit & comporte . . . .

Item, la somme de trois frans barrois de rente constituée, deuë par Jacob Marchal dudit Vaucouleur, racheptable de la somme de quarante frans barrois, à prendre icelle rente tant sur un Metz assis audit Vaucouleur . . . . . .

Item, une Estable & Cuverie assize audit Vaucouleur, en la ruë de la Chaulsée, ainsi qu'elle se poursuit & comporte, de court cloze on derrier d'icelle, & autres aisances & appartenances, sans en rien excepter . . . .

Item, un quart de Vigne, comme lieu dit, en grivaulx, Mengin Piccart, d'une part. Item, trois faulchées & un tier de faulchée en une piece de Prey audit ban sous saint Pierre, joindant aux hoirs Vaubecourt, d'une part, & d'autre au chemin qui descend en la Prairie. Item, un quart de Prey audit Ban és Preys dessus, proche & dessous la Voivre, tenant d'une part audit Acquesteur. Item, un tier de faulchée de Prey és Preys dessous és longues verges, partable avec les hoirs Vaubecourt, tenant à eux, d'une part, & Maistre Dominique Barrois, d'autre. Item, le tier de demie faulchée de Prey audit Ban, prés dessous és vingt-quatre faulchées derrier le Clos Charle Clement, partagées avec plusieurs Comparsonniers, chargés de leurs charges anciennes & accoutumées, si aucunes en doivent, & au reste francs & quittes de toutes debtes & hypotecques quelconques, comme lesdits Vendeurs ont déclarés. Cette vente faite moyennant la somme de quatorze cens dix frans barrois en principal, & six frans barrois en vins, dont lesdits Vendeurs s'en sont tenus & tiennent pour comptans & bien payés, & en ont quittés & quittent ledit Acquesteur, ses hoirs & ayans cause à tousjours; & moyennant la presente vendition, avec la somme de sept cens quarante un frans trois gros barrois, fournis en deniers audit Sieur de Malpierre, provenans de la vente d'autres heritages par lesdits Vendeurs, vendus à plusieurs particuliers, lesdits Vendeurs & Mineurs demeurent quittes envers ledit Sieur de Malpierre desdites sommes cy-dessus déclarées; & partant demeurent icelles dittes deux obligations, promesses & arrests de comptes cassés & nulles, si comme ils disoient; promettans lesdits Vendeurs par leur foy & serment, sous l'obligation de tous uns & chacuns leurs biens meubles & immeubles, presens & advenirs, tenir & avoir pour agreable ladite vendition, & icelle garentir audit Acquesteur & ses heritiers, à peine de tous dépens, dommages & interests, renonceans lesdits Vendeurs à toutes choses contraires à ces presentes. En témoin de quoy avons, à la relation des Nottaires soussignés, scellé ces presentes du Scel Royal de ladite Prevosté. Ce fut fait le dix-huitiéme jour d'Octobre mil cinq cens soixante & seize; & ont lesdits Vendeurs signés à la notte de ces presentes. Signé Hector Tremel, & Martin, avec paraffes, & scellé.

Deffense aux Maistre & Procureur des Eaux & Forests de poursuivre François Chevalier, Gouverneur de Vaucouleur, pour raison des bois qu'il avoit fait couper pour le chauffage des Soldats préposez à la garde de Vaucouleur, & pour les réparations de la Ville. Du 11 Mars 1597.

HENRY par la grace de Dieu, Roy de France & de Navarre: Aux Commissaires par Nous ordonnez pour la refformation de nos Eauës & Forests en Champagne, Bourgongne, Lyonnois, Maconnois, Auvergne, Bourbonnois, Limouzin & la Marche, Salut. Notre cher & bien amé François Chevalier, Seigneur de Malpierre, Capitaine en nostre Chasteau de Vaucouleur au Bailliage de Chaumont en Bassigny, Nous a humblement exposé, que dés l'an mil cinq cens quatre-vingt-neuf, que les guerres civiles ont commencé en ce Royaume, jusques encore à present qu'elles continuent contre les Espagnols, qui font ordinairement des courses du costé du Duché de Luxembourg, ledit Chasteau & la Ville dudit Vaucouleur, mesmes depuis quinze jours en ça, ayans surpris le Chasteau de Rortay audit Bailliage, à trois petites lieuës dudit Vaucouleur, il a tousjours & pour Nous seulement faict & faict faire bonne & fidelle garde dudit Chasteau de Vaucouleur, comme encores à present mieux que jamais; ce que toutesfois n'ayant pû & ne pouvant bonnement & commodément faire, sans s'accommoder de quelque peu de bois de nostre Forest joignant & attenant ledit Chasteau, appellé Bussy; ses Soldats & domestiques y ayans les ungs à leur col, & autres avec asnes & charrettes prins & couppé plusieurs sortes de bois pour leurs chauffaiges & entretenemens de leurs Corps-de-garde qui y ont esté & sont necessaires, mesmes de l'hiver pendant les longues nuicts, n'ayant moyen d'avoir ni prendre d'autre bois ailleurs qu'en ladite Forest; les autres esloignées d'une grande lieuë & plus de ladite Place, & aussi y ayant quelquefois envoyé quelques Charrettiers des Villages prochains; & encores que ledit Exposant pour retirer & loger nos Subjects de Rigny, & autres Villages de nostre Prevosté dudit Vaucouleur, en sa maison forte de Malpierre pendant ledit temps, auroit prins & faict prendre par lesdits Subjects, leurs gens & harnois & dedans de leurs bois d'usaiges & communaux, aussi toutes sortes de bois, tant pour

leusdits

leursdits chauffaige, que Corps-de-garde, que pour ledit Chasteau de Vaucouleur, bois maryen pour faire Pontslevis, palissades, reffections & breches, & autres réparations necessaires, pour maintenir & conserver ladite Place en nostre obeïssance; le tout sans auctorité & licence des Maistres Particulieis & autres Officiers des Eauës & Forests dudit Bailliage de Chaumont, lors absents, forts toutesfois par quelques années dernieres qu'ils luy en auroient permis prendre par la marque de nostre marteau, deux arpens seulement, proche & joignant les ventes dernieres de ladite Forest, à la charge expresse de Nous en payer le prix s'il Nous plaisoit : de tous lesquels mesmes degasts & prises de bois, nosdits Officiers tant Loccaulx audit Vaucouleur, que Maistres Particuliers, & autres audit Bailliage de Chaumont, auroient dressé Procés verbaulx, Informations, & faict autres Proceddures, tant contre ledit Seigneur de Malpierre, que ses gens, Soldats, & autres, qu'ils ont mises pardevers vous, affin d'estre icelluy Seigneur de Malpierre & sesdits Soldats gens pour luy, & ceulx à ce employez condempnez & jugez aux amandes & interests envers Nous, selon nos Ordonnances, Nous requerant sur ce tres-humblement luy pourvoir. A ces Causes, desirant gratiffier ledit Exposant, & luy donner occasion plus grande de continuer son bon debvoir à la garde tant de nosdits Chasteau de Vaucouleur, que sadite Maison de Malpierre, joinct la Guerre ouverte entre Nous & lesdits Espagnols, & principalement audit Duché de Luxembourg, Vous mandons & enjoignons par ces presentes, que cessiez & faciez cesser par nostredit Procureur, & tous autres Officiers, toutes les poursuites & procedures soit ordinaires & extraordinaires contre ledit Exposant, ses gens, Soldats, & tous autres à son adveu, qui ont pris & faict prendre bois à l'effect que dessus, tant en nostredite Forest de Bussy, que aux Bois usaigers communaulx de nos Subjects dudit Rigny, & autres Villages de nostredite Prevosté de Vaucouleur; dés & depuis ledit an quatre-vingt neuf, jusques à present; & lesquels pour toutes lesdites prinses & mesuz & dégradations de bois, Nous avons quicté & quictons, renvoyé & renvoyons, sans amendes & interests, jusques à la valeur & estimation de la somme de deux cens escus, & aussi les deux arpens à eulx ordonnez par lesdits Maistres Particuliers de Chaumont, que pareillement avons audict Suppliant donnez & quictez, donnons & quictons par ces presentes, signées de nostre main. Car tel est nostre plaisir, nonobstant quelconques Edicts, Ordonnances, Deffences & Lettres à ce contraires. Donné à Paris, le onziéme jour de Mars, l'an de grace mil cinq cens quatre-vingt dix-sept, & de nostre Reigne le huictiesme. Signé HENRY : Et plus bas, Par le Roy, POTIER; & seellé du grand Seau de cire jaulne sur simple queuë.

Testament de Joseph Chevalier, Seigneur de Malpierre. Du quatorziéme Février 1577.

EN presence de Nous, Nottaires Royaux en la Prevosté de Vaucouleur, soussignés, & à la Requeste de Joseph Chevalier, Escuyer, Sieur de Malpierre, Vicomte d'Abeville, Conseiller du Roy, & Controlleur general des Réparations & Avitaillemens de Champaigne, Brye, Thoul & Verdun, Nous nous sommes transportez au Chastel & Maison forte dudit Malpierre, parlant à sa personne; lequel Nous a dit, qu'il n'y avoit chose si certaine que la mort, & chose si incertaine que le jour & heure d'icelle, & qu'il estoit raisonnable, comme bon & fidele Chrestien, de ordonner de ses affaires par Testament & derniere volonté, ayant l'entendement sain & entier, Nous a dit & ordonné de mettre par écrit ses intentions, & Nous a dit avant toutes choses, qu'il prie Dieu nostre Créateur, Pere de bonté & misericorde infinie, auquel tout honneur & gloire appartient, de recevoir au jour qu'il l'a constitué, son esprit, & ne luy point imputer les fautes & delits du corps qui l'auroient contaminé & offencé, ains que l'ayant lavé du Sang de JESUS-CHRIST nostre Sauveur & Redempteur, son bien-aimé Fils, il réünisse au Corps de l'Eglise celeste, & pardonne ses pechez, en contemplation de la justice & innocence de son chef.

Au regard de son Corps, y sera mis en terre, selon la coutume & observance des Chrestiens.

Par les Tuteur Curateur cy-aprés nommez, de ne souffrir estre fait aucuns funérailles superbes, ains doulcement, sans y employer beaucoup d'argent; faire mettre son Corps en terre, avec les Services, par trois divers jours, que l'on a accoutumé de faire.

Veut & entend & incontinent aprés que l'Ame sera separée du Corps, que tous les biens qui luy appartiennent, tant en meubles, que immeubles, soient mis par Inventaire en la presence de Nous Nottaires soussignés, pour iceluy Inventaire representer és mains de Messire Pierre Brulart, Sieur de Crosne, Conseiller du Roy, Secretaire d'Estat de Sa Majesté, lequel a esté nommé par ledit Sieur de Malpierre pour estre Tuteur de François Chevallier son fils, & beaufrere dudit Sieur Brulart; laquelle Tutelle il prie audit Sieur Brulart ne faire difficulté de l'accepter: déja Simon d'Ernecourt, Escuyer, Sieur de la Terre de Boulac, Capitaine & Gouverneur des Ville, Chastel & Prevosté de Vaucouleur, a esté constitué par authorité de Justice, & de son consentement, comme il a dit, de la Curatelle dudit François Chevallier, lesquels ensemble pourront disposer des meubles & immeubles, pour en rendre raison à qui ils appartiennent . . . .

. . . .

mondit Sieur Brulart, à cause de sa femme, prendra la moitié de tous les biens meubles & immeubles qui se trouveront en nature, appartenans audit Sieur de Malpierre, sauf & reservé le Chasteau de Malpierre & bassecour, & avec la fermeture & renclos d'icelles, qui appartiennent deuëment audit François Chevallier son fils; le reste, comme dit est, se partira par moitié, en rapportant toutesfois par ledit Sieur Brulart, ce qui luy a esté avancé pour cause du mariage de sa femme, ainsi que l'on verra par le Traité fait entre les Parties. . . . . . .

. . . .

L'on verra par l'Inventaire, que la sixiéme partie de ce que monte ledit Inventaire appartient audit François Chevallier, à cause des biens de feüe Damoiselle Catherine d'Ernecourt sa mere; partie desquels meubles sont déja écrits sur le grand Livre, au proffit dudit François Chevallier, ainsi que l'on verra par le menu, ce qui se trouvera avoir esté reçu; & depuis ce qui est écrit, ledit François Chevallier prendra la sixiéme partie. . . . .

. . . .

Et pour ce que Madame Brulart a prins la plus grande part des habillemens, bagues & joyaux de feuë sa mere, il est bien raisonnable que ledit François Chevallier ayt les habillemens & armes qui se trouveront en nature, aprés le decés toutesfois & à leur bon plaisir. . . . .

. . . .

Pour quoy faire & à ce satisfaire, ledit Sieur de Malpierre a mis & met és mains desdits Tuteur & Curateur, qu'il a nommés pour executeurs tous & chacun ses biens, pour à iceluy satisfaire & accomplir, &c. Si comme, &c. Promettant, &c. Obligeant, &c. Renonceant, &c. Fait à Malpierre, le quatorziéme jour de Février mil cinq cens soixante & dix-sept; & a ledit Sieur de Malpierre signé. Ainsi signé Joseph Chevallier, Hector Tremel, & N. Martin, avec paraffe.

Transaction entre Claude des Salles, Baron de Rorté, d'une part; & Jean Hartard d'Autel, & Pierre Ernest d'Autel, au sujet de la succession de Dame Madelaine de Schawambourg, & du Procés intenté par le Baron de Soetern. Du 15 Juin 1623.

SCachent tous que pardevant moy Louïs Lallemand Nottaire Apostolique & Imperial, resident à Metz, & en presence des Témoins cy-aprés nommez, Furent presens en leurs personnes Messire Jean Hartard d'Aultel, Chevallier, Seigneur de Tiercellet, & Pierre Ernest d'Aultel, aussi Chevallier, Seigneur de S. Pancret son frere, fils heritiers de deffunte Dame Magdelaine de Schawenbourg leur mere, d'une part : Et Messire Claude des Salles, aussi Chevallier, Baron de Rorthey, Seigneur de Malpierre, en son nom particulier, & encor comme Procureur fondé de Procuration speciale de Messire Henry des Salles, Chevallier, Seigneur de Coussey, aussi en son nom particulier, & comme pere & tuteur, & ayant la garde noble des Enfans mineurs d'ans de luy & de deffunte Dame Elizabeth de Merode son épouse; icelle Procuration signée & aggréée de Henry & Philippe des Salles, deux desdits mineurs émancipez par Justice, d'autre part, dont il nous est apparu : la teneur de laquelle Procuration est cy-aprés inserée; lesquelles Parties nous ont dit & declaré, sçavoir lesdits Sieurs d'Aultel, que sont douze ans ou environ, que ladite Dame de Schawenbourg leur mere auroit intenté Procés au Grand Conseil à Malines, allencontre de deffunt Messire Conrard de Soetren, Seigneur de Preysches, s'estant declaré heritier par benefice d'inventaire de Dame Magdelaine de Schawenbourg Vicechancelliere, à cause de Dame Margueritte de Merode son épouse, petite niepce d'icelle Dame Vicechancelliere, pour par ladite Dame d'Aultel mere, tirer payement de la somme de vingt-deux mil dallers, monnoye de Luxembourg, à elle legatée par les Testament & Codicil de ladite Dame Vicechanceliere, ensemble des interests d'icelle somme, du temps que ledit de Soetren estoit en demeure de payer ledit legat; où tant auroit esté procedé, que par Arrest dudit Grand Conseil ledit Sieur de Soetren a esté condamné envers ladite Dame d'Aultel, au payement dudit legat de vingt-deux mil dallers de trente sols piece de ladite monnoye, & aux interests de . . . . années au denier seize : duquel Arrest ledit Sieur de Soetren auroit intenté revision, prétendant n'y avoir biens suffisants en la succession de ladite Dame Vicechancelliere, sur lesquels elle pouvoit assigner ledit legat, tant pour le payement d'iceluy, que desdits interests adjugez; par jugement de laquelle revision, il a esté dit que lesdits de Soetren feroient apparoir de ladite courteresse & manquement desdits biens pour satisfaire audit legat & interests, & sur quoy lesdits Sieurs des Salles, comme heritiers de ladite Dame Margueritte de Merodes, compagne dudit Sieur de Soetren, à cause de ladite Dame Elizabeth leur mere, estoient prests d'entrer en grandes involutions de Procés avec lesdits Sieurs de Tiercellet, & S. Pancret : pour lesquelles terminer & assoupir, par l'avis de leurs bons amis & bienveillans, ils en ont traité, transigé & accordé comme cy-aprés. C'est assavoir que lesdits Sieurs de Tiercellet & de S. Pancret, freres & heritiers de ladite Dame leur mere, conjointement & sans division, ont ceddé, quitté & transporté, comme ils font par ces presentes, audit Sieur Claude des Salles majeur, present & acceptant pour luy, lesdits Sieurs ses pere & freres, tous tels droits, noms, raisons & actions, qu'ausdits Sieurs de Tiercellet & de S. Pancret competent & peuvent appartenir, à la charge de la maison mortuaire & succession desdits Sieur Conrard de Soetren, & Dame Margueritte de Merode sa compagne, pour raison dudit legat de vingt-deux mil dallers. . . . .

Et ce pour la particuliere affection qu'ils portent ausdits Sieurs des Salles leurs parents, & comme descendans de mesme sang, qui n'ont esté & ne sont cause des Procés soufferts & supportez par lesdits Sieurs & Dame de Tiercellet, à cause dudit legat, & autres bonnes considerations qu'ils ont declarez à ce les mouvoir: moyennant quoy, & tout ce que dessus, ledit Sieur Claude des Salles present & acceptant, comme dit est, en vertu de sadite procuration, & encor en son nom particulier, a payé manuellement & comptant ausdits Sieurs de Tiercellet & de S. Pancret, la somme de seize mil dallers, monnoye de Luxembourg, evaluez à vingt-quatre mil florins, monnoye de Brabant; de laquelle somme lesdites Parties sont demeurées d'accord pour toutes lesdites prétentions ainsi ceddées: sçavoir la somme de dix mil desdits florins, pour l'apprétiation faite entre lesdites Parties, d'une Maison assize audit Luxembourg, au devant de l'Eglise de S. Nicolas, avec les estableries, granges, may, jardins, &c. que lesdits Sieurs d'Aultel ont pris & reçus en payement pour ladite somme de dix mille florins; icelle Maison provenante de la succession de ladite Dame Vicechanceliere. . . . . . .

. . . .

Et le surplus montant à quatorze mil desdits florins a esté délivré en argent clair ausdits Sieurs de Tiercellet & de S. Pancret, dont ils se sont contentez. . . .

. . . .

sans toutesfois y comprendre les prétentions que les Sieurs Mathis Joest & Paulus de Schawembourg ont & peuvent prétendre allencontre desdits Sieurs d'Aultel, dont lesdits Sieurs des Salles ne se sont voulus & n'entendent se charger . . .

. . . .

Fait & passé en ladite Cité de Metz, en la maison dudit Sieur Jean Hartard d'Aultel, ce jourd'huy quinziéme du mois de Juin mil six cens vingt-trois. S'ensuit la teneur de ladite Procuration.

PArdevant les Nottaires au Bailliage de Gondrecourt, soubsignez. Fut present en sa personne Messire Henry des Salles, Seigneur de Coussey, les deux Voultons, Dainville vers Tilleville, Landaville, Espiey, Gyrauvilliers, &c. lequel tant en son nom particulier, que comme Pere & Tuteur legitime, & ayant la garde-noble de Henry, Philippe, Epvrard & François les des Salles, enfans mineurs d'ans de luy, & de deffunte Dame Elizabeth de Merode son épouse, a créé, nommé, constitué & estably son Procureur general & special, la personne de Messire Claude des Salles, Baron de Rorthey, son fils aîné, & frere desdits mineurs, auquel

. . . .

Fait & passé à Voulton le haut, au Chastel dudit Sieur Constituant, le neufviéme du mois de Juin mil six cens vingt-trois; & a ledit Sieur Constituant signé, à luy releuë: Et en mesme instant sont comparus lesdits Henry & Philippe les des Salles cy-dessus nommez, enfans & heritiers de ladite Dame Elizabeth leur mere, émancipez tous deux par Justice, lesquels ont consenti & aggréé tout le contenu cy-dessus en la forme qu'il est écrit, & se sont soubsignez, aprés qu'ils en ont eu la lecture. Signé Henry des Salles Coussey, Henry des Salles, P. des Salles, C. Petit, & C. Placart Nottaires, avec paraffe; & se sont lesdites Parties soubsignés avec moy le Nottaire. Signé J. H. Dautel, P. L. Dautel, & Lallemand Nottaire, avec paraffe.

Accord

Accord entre Claude II. Henry II. & Philippe des Salles freres, & fils de Henry & d'Elizabeth de Merode, par lequel ils abandonnent à Philippe, pour égaler son lot, les Seigneuries de Preysche, & de Chastenay. Du 20 Janvier 1624.

NOus Claude des Salles, Baron de Rorthey, Seigneur de Malpierre, Gouverneur de Vaucouleur, Avons cejourd'huy vingtiéme Janvier mil six cens vingt-quatre, d'un commun consentement, tant de nostre part, que aux noms de Messire Henry des Salles, Chevallier, Baron dudit lieu, Seigneur de Coussey, &c. que de Messire Henry des Salles, Chevallier, Seigneur des Vouthons, & fondé de Procuration de nostredit Pere & Frere, que pour éviter certain different qui s'alloit naistre pour les biens délaissez par le trespas d'honorée Dame Dame Elizabeth de Merodes nostre chere Mere, que Dieu absolve, & à l'encontre de Messire Philippe des Salles nostre frere, lequel desirant avoir sa part & portion filiale dans tous les biens à luy obvenus, tant scituez és Pays de Luxembourg, que France, Lorraine & Barrois: A ce sujet sommes tombez d'accord avec nostre frere Philippe des Salles, tant à nostre nom, qu'aux noms de nostre Pere & Frere, & pour le rendre égal aux biens qui nous a esté donné en faveur de mariage par nos pere & mere, qui sont la Baronnie de Rorthey, la Terre & Seigneurie de Malpierre, la Terre & Seigneurie des deux Vouthons, avec toutes leurs deppendances, sans en rien diminuer, ausquelles Terres nostredit frere Philippe y avoit sa part filiale, & à contreschange desdites Terres, luy avons ceddé, quitté & transporté, & pour jamais irrevocable, pour luy, ses hoirs ou ayans causes, comme par cestes ceddons, quittons & transportons la Terre & Seigneurie de Preysche, Chastenay, & Maison forte, bassecour, jardins, ancien pourpris, cense, rente, terre, bois, prey, vignoble, que la haute Justice, moyenne & basse, les Vignobles appellé à Guntrange, proche Thionville, & toutes ses deppendances, comme en avons jouy par cy-devant: Et en outre, pour la mieux valluë desdites Terres & Baronnies, luy avons ceddé toutes telles actions qui nous peut competer & appartenir aux meubles que prétendons à l'encontre du Seigneur Archevêque de Treves, avec tous les dépens, dommages & interests qui pourront estre adjugez au Grand Conseil de Malines; sauf neanmoins nostredit frere les poursuivra a ses perils & fortunes, à condition que nostredit frere present & acceptant, sera tenu de payer une rente annuelle de trois cens septante cinq dallers, monnoye de Luxembourg, à trente sols piece; & c'est pour une somme empruntée aux Heritiers de Nicolas Horman Mayeur de Helburg, dont la Seigneurie de Preysche, que nos Dixmes de Mammer, proche Luxembourg, sont hypotecquées à ce sujet; se réservant neanmoins nostredit frere Philippe, que pour le quart de Preysche prétendu par les Barons de Rost & Grosbeck, en cas d'éviction, que seront tenus à luy faire bon sur tous autres biens, & l'indemniser envers tous. En outre, il laissera joüir Joest Realle de l'admodiation de Preysche, jusques à la fin de son Bail, & en rendre bon & fidel compte à nostredit frere, ou à ses Facteurs & Entremetteurs: Et pour plus grande force & assurance & corroboration de cestuy Contract, avons de part & d'autre hypotecqués, comme par cettes hypotecquons tous & un chacun nos biens meubles & immeubles presens, futurs & advenirs, en quelle Jurisdiction ils puissent estre, promettans respectivement d'entretenir cestuy Contract ferme & stable, sans y déroger en façon que ce soit. Fait & passé à Preysche, le jour & an que dessus. En foy de quoy avons signé cestes, & cacheté de nos Armes accoutumées. Signé C. des Salles Rorthey, & P. des Salles, Baron de Dainville.

Autre Transaction entre les Comtes de Schavambourg, & le Baron de Rorté, au sujet de la mesme succession. Du seiziéme Decembre 1627.

CE jourd'huy seiziéme de Decembre 1627, est comparu pardevant moy Nicolas . . . . Nottaire créé de la part de Sa Majesté Imperialle, approuvé & admis par le Conseil Provincial au Pays de Luxembourg; noble & honoré Seigneur Claude des Salles, Baron de Rorthey, Seigneur de Malpierre, Espié, &c. Gouverneur de la Ville & Prevosté de Vaucouleur, tant pour luy, que de la part de son pere Messire Henry des Salles, Baron de Coussey, qu'aussi Messieurs ses freres, desquels ledit Baron des Salles se porte tout fort & assez constitué, comme il appert par la copie authentique de la constitution generale cy jointe, d'une part: Et noble & honoré Mathias Jost de Schawenbourg, tant pour luy, que comme heritier de feu noble & honoré Sieur Paul de Schawenbourg son feu frere; comme aussi Monsieur Pontian Moreau, en vertu & de la part de noble & honoré Hans Berinhardt de Schawenbourg, duquel il se portoit fort, en vertu de Procuratoire aussi cy jointe, d'autre part: Et ont iceux Parties declarés que comme par cy-devant differend & procés seroient esté mehus entre feu Messire Hartart de Schawenbourg, comme aussi feu Messire Conradt de Soettren, si avant procedé, que Sentence diffinitive seroit esté ensuivie & renduë entre Parties au Grand Conseil de Malines, le 29 de May 1610, par laquelle ledit feu Sieur de Soettren seroit esté condamné à la restitution de la moitié de certains fruits & levées par luy faites au proffit des heritiers dudit feu Hartart de Schawenbourg; de laquelle condamnation vient à la charge desdits Sieurs Barons des Salles pour leur contingente, comme heritiers de feüe Dame Margaritte de Merode, compagne dudit Sieur Soettren, pour la moitié desdites levées, selon la liquidation & arrest fait entre les Parties susdites, tant en leurs noms, que de sa part, ils sont comparus estre trouvez monter ensemble à la somme de 3402 fr. caro. &c. . . . .

. . . .

& moyennant ce que dessus, a ledit Sieur Mathias Jost de Schawenbourg pour luy, que comme heritier de feu sondit frere Paul de Schawenbourg, & le Sieur Pontian Moreau, comme constitué de la part de Hans Berinhardt de Schawenbourg, quittez & déchargez lesdits Sieurs Barons des Salles, de tout ce qu'ils ont prétendus ou pourroient prétendre, à cause de leur contingente en tous lesdits fruits & levées, en vertu de la Sentence du 29 de May susdit, parmi que le susdit comparant Messire Claude Baron de Salles, tant pour luy que Messire le Baron de Coussey son pere, & Messieurs ses freres, seront obligez de payer en outre pour le tout que dessus, entre cy & la S. Jean, audit Sieur Mathias Jost de Schawenbourg. . . . .

soy reservans neanmoins lesdits Sieurs des Salles à recouvrer, à la charge dudit George Bourcart de Schawenbourg, la moitié de mil florins par luy reçus, en vertu du Testament & Codicil de la Dame & Vicechancelliere, &c. . . .

. . . .

En foy de quoy & corroboration de tout ce que dessus, aye je Nottaire souscrit à la requisition des Parties, dressé le present Act, qui fut fait & passé dans la Ville de Luxembourg, en presence de . . . . . .

. . . .

comme Témoins à ce appellés le jour & an que dessus. Signé C. des Salles Rorthey, Mathias Jost de Schawembourg, J. D. Everlange, Testis & Goisement, avec paraffe.

Pouvoir donné par Claude des Salles, pendant son Ambassade en Suede, à Anne de Malpierre sa femme, de conferer la Chapelle de la Sainte Trinité de Dun. Du 21 Mars 1643.

NOus Claude des Salles, Chevallier, Baron de Rorté, Seigneur de Vaucouleur par engagement, Malpierre, la Voivre, &c. Conseiller du Roy en son Conseil d'Estat, & à present Ambassadeur pour le service de Sa Majesté en Suede, certiffions par ces presentes avoir créé, nommé & constitué, comme nous nommons, créons & constituons pour nostre Procuratrice generale, Dame Anne de Malpierre nostre épouse, à laquelle Nous avons donné plein pouvoir, authorité & mandement special, & ce en qualité & comme fils aîné de feu Messire Henry des Salles, en son vivant Chevalier, Seigneur & Baron de Rorté, Coussey, les Vouthons, Dainville, Landaville, &c. de conferer en nostre nom, comme par ces presentes nous entendons conferer à la personne de Loüis des Salles nostre fils, une Chappelle, scize en la Ville de Dun en Lorraine, sous l'invocation & le titre de la sainte Trinité, vacante par la mort de . . . . . de laquelle Chappelle nos Prédecesseurs ont esté legitimes & veritables Collateurs, promettant de tenir ferme & stable tout ce qui sera par ladite Dame fait, geré & negotié en ce fait, & principalement s'il escheoit quelque contestation au préjudice de cette presente Collation, & du droit que nous y avons, comme aîné de la maison; auquel cas, & en tous autres deppendans de ce fait, nous donnons tout pouvoir de poursuivre nostre droit, de telle façon que ladite Dame trouvera convenir pour le mieux, & ce sous l'obligation de tous nos biens presens & avenirs. En foy de quoy, & au deffaut de Nottaires, dont l'usage n'est point pratiqué en ce Pays, Nous avons signé ces presentes, & à icelles apposé le Scel ordinaire de nos Armes. Fait à Stokolm cejourd'huy vingt-uniéme Mars, l'an mil six cent quarante-trois. Signé, Claude des Salles, Baron de Rorté, & scellé.

Brevet de Dame d'Honneur de la Reine, pour Anne de Malpierre, femme de Claude des Salles, Conseiller d'Etat, & Ambassadeur pour le Roy en Suede. Du 22 Septembre 1643.

AUjourd'huy vingt-deuxiéme de Septembre mil six cent quarante-trois, la Reine Regente, Mere du Roy, estant à Paris; desirant en consideration des services que le Sieur Baron de Rorté, Conseiller du Roy en ses Conseils, & son Ambassadeur en Suede, luy a toujours rendus, & continué chacun jour, gratiffier & favorablement traiter la Dame Baronne de Rorté Anne de Malpierre sa femme, & pour les vertueuses qualitez qui sont en icelle; Sa Majesté pour ces causes, a retenuë & retient ladite Dame Baronne de Rorté, pour l'une de ses Dames ordinaires, pour doresnavant la servir en cette qualité, & en joüir aux honneurs, authoritez, prérogatives, preéminences, privileges, franchises, libertez & exemptions y appartenans, & dont joüissent ses autres Dames. Pour témoignage de quoy, Sa Majesté m'a commandé d'en expedier à ladite Dame Baronne de Rorté ce present Brevet, qu'Elle a voulu signer de sa main, & estre contresigné par moy son Conseiller & Secretaire de ses Commandemens & Finances. Signé enfin ANNE.

. . . .

Passeport donné par les Comtes d'Avaux & de Servien, à Henry Chrétien des Salles, allant vers le Roy, par ordre de Claude des Salles son pere, Conseiller d'Etat de Sa Majesté, & son Resident à la Diete d'Osnabruk.

CLAUDE DE MESMES, Comte d'Avaux, Commandeur des Ordres du du Roy, Conseiller en tous ses Conseils, Surintendant des Finances de France; & Abel Servien, Comte de la Roche, des Aulbiers, aussi Conseiller de Sa Majesté en tous ses Conseils, Ambassadeurs Plenipotentiaires pour le Traité de la Paix generale.

LE Sieur Baron de Rorté, Conseiller du Roy en son Conseil d'Estat, & Resident pour son service au Traité de la Paix generale à Osnabrug, envoyant le Sieur Baron de Malpierre son fils vers leurs Majestez pour les affaires de sa Charge, Nous en vertu du pouvoir à Nous donné par Sa Majesté, & par les Passeports que Nous avons de l'Empereur & du Roy Catholique, prions & requerons tous Chefs & Officiers de guerre, Gouverneurs & Lieutenans generaux de Province, Gouverneurs particuliers de Villes & Places, Magistrats & Officiers d'icelles, Capitaines & Commandans sur les Ponts, Ports, Peages & Passages, & tous autres qu'il appartiendra, de laisser seurement & librement passer par chacun de leurs pouvoirs, jurisdictions & destroits, tant en allant qu'en revenant, ledit Sieur de Malpierre, avec un Valet & ses hardes, sans leur faire ny souffrir qui leur soit fait aucun trouble ny empêchement, ains toute faveur & assistance, si besoin est. En foy de quoy Nous avons signé le present Passeport de nostre main, à iceluy fait apposer les Cachets de nos Armes, & contresigner par l'un de nos Secretaires. Fait à Munster, le quatriéme Mars 1645. Signé DE MESMES, & SERVIEN, & cachetés; Et plus bas, Par mesdits Seigneurs. Signé DESFRICHES, avec parasse.

Anne de Malpierre créée Tutrice de Loüis des Salles son fils mineur, par autorité du Presidial de Chaumont, le 16 Juin 1648.

DOnné par Nous Pierre Perret, Conseiller du Roy en ses Conseils, Lieutenant general au Bailliage & Siege Presidial de Chaumont, le Mardy seiziéme Juin mil six cent quarante-huit: Entre le Procureur du Roy en ce Bailliage, Demandeur en Création de Tutelle & Curatelle, comparant en personne contre Dame Anne de Malpierre Relicte de Messire Claude des Salles, vivant Chevallier, Baron de Rorté, Conseiller du Roy en ses Conseils d'Estat & Privé, son Ambassadeur en Suede, & Gouverneur de Vaucouleur; Messire Jean de Ludres, Chevallier, Comte d'Affrique, Seigneur de Richarmenil, Ludres, & autres lieux; Messire Everard des Salles, Chevallier, Baron de Gouecour, Seigneur de Dainville & Berteléville; Messire Loüis de Choiseul, Chevallier, Seigneur & Baron de Beaupré; Messire François de Choiseul, Chevalier, Baron de Meuze, Marquis de Germay, & autres lieux; Messire Jean Desharmoise, Seigneur de Jauny, Commercy, &c. Messire Loüis Desharmoise, Chevallier, Seigneur de S. Balmont, Sandaucourt, &c. Messire Anthoine Desharmoise, Chevallier, Baron de Bazoille & Aultray; Et Maistre Dominique Barrois, Avocat en Parlement, demeurant à Vaucouleur, tous Parens & Amis

Amis de Messire Loüis des Salles, Prieur de S. Thiebaut, fils mineur dudit deffunt; Messire Claude des Salles, Baron de Rorté, & de ladite Dame Anne de Malpierre ses pere & mere, adjournez pour élire Tuteur & Curateur; comparans tous lesdits Sieurs Adjournez par Devaulx, en vertu de leurs Procurations speciales, assisté de Gaucher l'aîné Conseil; & encor Maistre Charle Barrois, Advocat audit Vaucouleur, exprés envoyé par ladite Dame sur les Conclusions du Sieur Procureur du Roy, aux fins de son Libel, du douziéme du present mois. Ledit Devaulx oüy, qui a representé les Procurations en nombre de sept, par lesquelles lesdits Sieurs Adjournez baillent advis pour l'effet de la creation de ladite Tutelle, d'élire & nommer ladite Dame de Malpierre pour Tutrice, & avoir la garde-noble dudit Loüis des Salles mineur, & pour Curateur à ses actions seulement, ledit Maistre Dominique Barrois, à la charge que ladite Dame aura en ladite qualité seule, l'administration de la personne & biens dudit Loüis des Salles, à la décharge dudit Barrois, lequel ne servira que pour soûtenir les actions dudit mineur, qui pourroient estre instituées par ladite Dame, en consequence de son Contract de Mariage, & autres prétentions qu'elle pourroit avoir contre la succession dudit deffunt Seigneur Baron de Rorté, aprés quoy ledit Barrois demeure déchargé; sur quoy ledit Procureur du Roy oüy; & aprés qu'il a dit n'avoir moyen de l'empêcher vû lesdites Procurations, Nous avons ordonné que ladite Dame de Malpierre demeurera pour Tutrice, & ayant la garde noble dudit Loüis des Salles mineur, pour l'administration de sa personne & biens; & ledit Maistre Dominique Barrois, pour Curateur aux actions seulement que ladite Dame pourroit avoir contre ledit mineur pour ses prétentions, en consequence de son Contract de Mariage, & autres Acts par elle obtenus en ce Bailliage; ce qu'estant, ledit Barrois demeurera déchargé, & dés à present ladite Dame, & ledit Barrois, ont acceptez lesdites charges de Tutrice & Curateur aux conditions cy-dessus par ledit Devaulx, fondé de leurs Procurations speciales, des quatorze des presens mois & an; & ensuite de ce fait, les soumissions requises: Et sur ce qui Nous a été remontré par ladite Dame de Malpierre, vefve dudit deffunt Seigneur de Rorté, qu'en execution de la Sentence de separation, par elle obtenuë contre ledit Seigneur deffunt, il y a eu Inventaire fait de nostre ordonnance des biens de leur communauté à laquelle elle a renoncé, & en tant que besoin est, y renonce encore; en suitte de quoy il n'est plus necessaire de proceder à nouvel Inventaire, puisque celuy fait n'a esté clos que le premier de ce mois, Nous avons du consentement dudit Procureur du Roy, déchargé ladite Dame & ledit Barrois Curateur, de faire proceder à nouvel Inventaire, & que celuy representé, clos & arresté ledit jour, & qui est pardevers le Greffe subsistera en la forme qu'il a esté fait; & neanmoins audit Procureur du Roy, pour la conservation des droits dudit mineur, de faire informer du recelé. . . . .

Si mandons, &c.

Foy & homage rendus à Charles IV. Duc de Lorraine, par Anne de Malpierre, veuve de Claude des Salles, pour le Fief de Gonvaux. Du 8 Janvier 1663.

CHARLE par la grace de Dieu, Duc de Lorraine, Marchis, Duc de Calabre, Bar, Gueldres, Marquis du Pont-à-Mousson & de Nommeny, Comte de Provence, Vaudemont, Blamont, Zutphen, Sarwerden, Salm, &c. A tous ceux qui ces presentes verront, Salut. Sçavoir faisons, qu'aujourd'huy datte de cestes, nostre cher & feal le Sieur Jean Philippes de Cardon, Chevallier, Sieur de Vidampierre, Sous-Lieutenant de nostre Compagnie des Chevaux-Legers, comme Procureur de Dame Anne de Malpierre, veufve de feu nostre tres cher & feal le Sieur des Salles, Chevallier, Baron de Roreté, a repris de Nous, pour & au nom de ladite Dame, & Nous a fait les foy, hommages & serment de fidelité qu'elle estoit attenuë pour la Terre & Fief de Gonvaux, mouvant & relevant de Nous, l'avons fait recevoir par notre tres cher & tres amé beaufils le Prince de Lislebonne, à charge d'en fournir Lettres reversalles en nostre Chambre des Comptes de Lorraine, dans le terme & espace de quarante jours; & sauf au surplus nostre droit & l'autruy en tout. Si donnons en Mandement à tous nos Maréchaux, Seneschaux, Bailly dudit Vosge, Procureur general audit Bailliage, ses Substituts, & à tous autres nos Officiers, Justiciers & Subjets qu'il appartiendra, que de la presente reprise, & des foy, hommages & serment de fidelité en ensuivis, ils laissent & souffrent joüir ladite Dame Anne de Malpierre; ensemble de ce qui luy appartient en Fief pour la Terre de Gonvaux, sans pour cause de devoirs non faits luy donner aucun trouble ou empêchement contraire: Car ainsi Nous plaist. En témoing de quoy, Nous avons ausdites presentes, signées de nostre main, & contresignées par l'un de nos Conseillers Secretaires d'Estat, Commandemens & Finances, fait mettre & appendre nostre grand Scel. Donné à Mircourt, le huitiéme jour de Janvier mil six cent soixante-trois. Signé, CHARLES; Et sur le reply, Par Son Altesse, Labbé; & à costé, *Registrata*, Cordier, & scellé.

Traité de Mariage entre Jean Comte de Ludres, & Claude des Salles. Du 13 Mars 1640.

FUrent presens en leurs personnes, Messire Jean Comte de Ludre, Chevallier, Seigneur de Richarmesnil, de Parrois, & Claieure en partie, demeurant audit Richarmesnil majeur d'ans, & usant de ses droits, comme il a dit, assisté & authorisé en tant que de besoin seroit, de Messire Jean Desarmoises, Chevallier, Seigneur dudit lieu, Commercy & Jeaulny; Et Messire Nicolas Dardenet aussi Chevallier, Seigneur de Boncourt, d'une part: Et Damoiselle Claude des Salles, fille de Messire Claude des Salles, aussi Chevallier, Seigneur & Baron de Rortey, Conseiller du Roy en ses Conseils d'Estat & Privé, & son Ambassadeur en Suede, Gouverneur de la Ville & Prevosté de Vaucouleur, assistée, licentiée, deüement authorisée de honorée Dame Dame Anne de Malpierre sa mere, Procuratrice & fondée de Lettre de Procuration speciale, passée pardevant Dupuis & Corrozat, Nottaires du Roy au Chastelet de Paris, en datte du vingt-quatre Février dernier, exhibée par ladite Dame, & qui sera cy-aprés inserée, puis sera restituée, de Messire François des Salles, Seigneur & Baron de Rorthey; Messire Gabriel de Mion, aussi Chevallier, Seigneur de Gombervaux, Ugny en partie; Messire Charle de Vigneulle, aussi Chevallier, Seigneur de Maxey, Taillancourt, Dumesnil & Mauvage, René Olivier, Escuyer, Lieutenant pour le Roy au Gouvernement dudit Vaucouleur, Noble Claude Laurent, Prevost audit Vaucouleur, & autres, tant Parents desdits Sieur de Ludre & Damoiselle, d'autre part. Lesquelles Parties, à sçavoir lesdits Sieur de Ludre & Damoiselle, de la licence & authorité susdite, en pourparlant du futur Mariage esperé à faire entr'eux, ont fait les pactions, conventions & accord qui ensuivent: Qu'incontinent aprés la celebration dudit futur Mariage, seront lesdits futurs Conjoints uns & communs en tous meubles, acquests, & conquests immeubles qu'ils feront pendant & constant ledit Mariage, soit que ladite Damoiselle future Epouse soit demeurée aux Lettres & Contracts d'acquisitions, ou non. En faveur & contemplation duquel Mariage, ladite Dame en vertu de ladite Procuration, que en son nom, s'est obligée de bailler à ladite Damoiselle future Epouse sa fille, pour dot, la somme de trente mil frans monnoye Barrois; au payement de laquelle somme lesdits Seigneur & Dame de Rortey ne pourront estre contraints que douze ans aprés ladite celebration & consommation dudit fu-

Genealogie de la Maison de Ludres, dreßée par Richier, dit Clermont, Heraut d'Armes; continuée par Balthazar Hoüat, aussi Heraut d'Armes de Lorraine, & amenée jusqu'à nos jours par N. D. L. sur les titres de la Maison de Ludres.

LUDRES porte bandé d'azur & d'or de six pièces, l'Ecu bordé & dentillé de gueule.

MILE'S DE FROLOIS, Chevalier, puisné de Bourgogne, épousa Jeanne de Berzé.

FERY DE FROLOIS, dit DE LUDRES, Chevalier, épousa Meline d'Amance.

FERY, Seigneur DE LUDRES II. épousa Marguerite de Neufchatel, étant veuf d'Isabelle de Coussey, fille de Matthieu de Lorraine, Sire de Coussey, de laquelle il n'avoit point eu d'enfans.

FERY, Seigneur DE LUDRES III. épousa Catherine de Beaufremont.

FERY, Seigneur DE LUDRES IV. épousa Marguerite de Pulligny.

FERY, Seigneur DE LUDRES V. épousa Anne de Haraucourt.

FERY, Seigneur DE LUDRES VI. épousa Agnès du Chasteler.

HENRY, Seigneur DE LUDRES, épousa Marguerite d'Epinal.

FERY, Seigneur DE LUDRES, & de Mandre aux quatre Tours, épousa Alix de Richarménil.

FERY, Seigneur DE LUDRES, de Richarménil, de Mandre, & de Velaine en partie, vivoit environ l'an 1359, & épousa Anne de Dompmartin.

JEAN, Seigneur de LUDRES, de Mont-le-vignoble, & de Richarménil, Grand Seneschal de Lorraine, Plenipotentiaire de Charles II. Duc de Lorraine, en 1424, pour la Paix entre René I. gendre de Charles, & Robert de Sarbrux, Damoiseau de Commercy, épousa Claude de Pancy, Dame de Mezeray, de Saizercy & de Chauffour.

COLLIGNON DE LUDRES, Bailly de Nancy, épousa Catherine de Rosieres-Ligniville, decedée en 1397, inhumée à Clairlieu, & son mary mort en 1427, fut inhumé à S. George de Nancy.

FERY IX. Seigneur DE LUDRES, de Richarménil, de Mezeray, de Velaine, & surnommé le Grand, Ambassadeur de René II. & du Duc Antoine, mourut à Amboise, dans le cours de son Ambassade. Il avoit fait la guerre en son nom à la Ville de Metz, qu'il conclut par un Traité de Paix en 1485. Il épousa Marguerite de Sampigny, fille de Jean de Sampigny, & de Perrette de Savigny.

CATHERINE DE LUDRES, femme de Philbert, Baron de Beaufremont.

HENRY DE LUDRES, Chevalier de Saint Jean de Jerusalem, & Capitaine des Gardes du Corps du Duc Antoine.

AGNÉS DE LUDRES, femme de Pierre de Ranguillon, Chevalier, Seigneur de Secourt, decedé en 1474.

DIDIER DE LUDRES, fait Conseiller d'Etat du Duc Jean II. au Camp d'Ampuries, en 1467, & marié à Agnès de Lenoncourt, fille de Collart de Lenoncourt, & d'Ermengarde de Raville.

GERARD DE LUDRES, Prieur de Varangeville, puis Abbé & Souverain de Gorze.

JEANNETTE DE LUDRES, mariée en 1446, à Henry d'Helmstat.

JEANNE DE LUDRES épousa Callot de Deuilly, Mareschal de Lorraine.

JEAN DE LUDRES, Seigneur de Ludres, de Richarménil, de Parroye, de Rambercourt aux Pots, Gentilhomme de l'Hôtel de François I. Roy de France, Chambelan du Duc Antoine, & Gouverneur de Hattonchatel, épousa en 1519 Claire de Saulx, fille de Jean de Saulx, Seigneur d'Arc-sur-Thil, de Sainte-Marie, &c. & de Marie de Graux. Il prit une seconde alliance avec Eve de Ligniville, veuve de Gaspard de Haussonville.

FRANÇOISE DE LUDRES, Abbesse de Bouxieres.

NICOLAS DE LUDRES, non marié, fit son Testament en 1539.

GASPARD DE LUDRES, Ecolâtre de S. George de Nancy.

1. Lict.

JEAN DE LUDRES, Comte d'Affrique, Seigneur de Ludres, de Richarménil, & de Parroye en partie, Chambellan de Charles III. Bailly & Gouverneur de Hattonchatel, nommé Grand Maître de l'Artillerie en 1551, épousa en 1553 Barbe de Lutzelbourg, fille de Nicolas de Lutzelbourg, Seigneur de Fléville, & Gouverneur de Nancy, & de Marguerite de Lucy.

2. Lict.

CLAUDE DE LUDRES, épouse d'Aloff de Beauvau, Baron de Rorté.

PHILIPPE DE LUDRES, mariée 1. à Jean du Chatelet, Seigneur de S. Amant. 2. à François de Poulchre, Chevalier.

MARGUERITE DE LUDRES, Chanoinesse de Remiremont, ensuite mariée à Jean de Hatenges, Seigneur de Mereauveau, Grand Maître de l'Artillerie de Lorraine.

DIANE DE LUDRES, femme de Gerard d'Apremont.

HENRY DE LUDRES, Comte d'Affrique, Seigneur de Ludres, de Richarménil, & de Fléville en partie, premier Gentilhomme de la Chambre du Duc Henry, épousa en 1595 Gabrielle de Gournay, & en 1619 Françoise de Florainville; de laquelle étant veuf, il s'allia avec Marie Xaillon.

MARGUERITE DE LUDRES, Chanoinesse, & éluë Doyenne de Remiremont, en 1582.

EVE DE LUDRES, mariée en 1577, à Daniel Boutillier de Senlis, remariée à Claude de Reinack, Seigneur de S. Baslemont, Seneschal de Lorraine.

CATHERINE DE LUDRES, femme de Louïs de Lussetas, Seigneur de Boufferville, Seneschal de Lorraine.

1. Lict.

PHILIPPE DE LUDRES, mort non marié.

CHARLES DE LUDRES, mort non marié.

JEAN DE LUDRES, Comte d'Affrique, Seigneur de Ludres, Richarménil, & Clayeures, Brigadier general des Armées de Lorraine sous le regne de Charles IV. épousa en 1640 Claude des Salles, fille de Claude des Salles, Gouverneur de Vaucouleur, Ambassadeur pour la France en Suede, & d'Anne Chevalier de Malpierre.

PAUL DE LUDRES, épousa en 1647, Gabrielle de Florainville, fille de Henry de Florainville, Mareschal des Camps & Armées du Roy T. C. & Gouverneur de Torronne, & de Françoise de Luzelbourg, dont il eut HENRIETTE DE LUDRES, mariée à Gabriel de S. Belin, Comte de Biel.

FRANÇOISE DE LUDRES, Dame de Ste Glossinde de Metz.

EVE DE LUDRES, Thresoriere de Remiremont.

2. Lict.

HENRY DE LUDRES, Chevalier de Malthe, & Commandeur de Sainte Croix, à Chalons sur Saone.

ANNE & ELIZABETH DE LUDRES, Chanoinesses de Bouxieres.

3. Lict.

FRANÇOISE & HENRIETTE DE LUDRES, Religieuses de la Congregation de Nancy.

HENRY DE LUDRES, Comte d'Affrique, Seigneur de Ludres, de Richarménil, de Clayeures & Ferrieres, épousa en 1675 Jeanne-Catherine-Madeleine de Savigny, fille de Jacques-Philippe de Savigny, Baron de Gonan, Conseiller d'Etat de Louïs XIII. ensuite Grand-Maître de l'Artillerie pour le service de Charles IV. & de Marguerite de Zweiffel.

MARGUERITE DE LUDRES, Annontiade.

MARIE-ISABELLE DE LUDRES, Dame de Bayon, Chanoinesse de Poussay, ensuite Fille d'Honneur de Marie-Therese d'Autriche, Reine de France.

HENRIETTE DE LUDRES, Chanoinesse de Remiremont, puis mariée à Philippe-Alexandre de Tuffery, Seigneur de Trapenard.

LOUIS DE LUDRES, Comte d'Affrique, Seigneur de Ludres, de Richarménil, & de Messin, Chambellan de S. A. R. épousa en 1698 Françoise-Christine de Choiseul, fille de Jacques-François de Choiseul, Marquis de Beaupré, Mareschal des Camps & Armées du Roy T. C. Gouverneur de Dinant, & d'Anne-Marie du Châtelet.

JEANNE-MARIE-MADELAINE DE LUDRES, épouse de Louïs, Marquis de Beauvau, Mareschal de Lorraine.

ANNE-ELIZABETH DE LUDRES, Chanoinesse d'Epinal.

CLAUDE-MARGUERITE DE LUDRES, Chanoinesse d'Epinal.

FRANÇOIS-LOUIS DE LUDRES, Chambellan de S. A. R.

CHARLES-LOUIS DE LUDRES.

MARIE-LEOPOLDINE DE LUDRES.

tur Mariage, en payant audit Seigneur Comte de Ludre par chacune année, pour l'interest de ladite somme de trente mil frans Barrois, la somme de douze cens frans Barrois, qu'il prendra & recevra des Admodiateurs de la maison & contrée de la Voivre, sur le prix de leur admodiation, & selon les termes des payemens : Et à cet effet, incontinent aprés ladite celebration, lesdits Seigneur & Dame de Rortey luy fourniront quittances vallables pour percevoir ladite somme par chacune desdites années : outre laquelle somme de trente mil frans, & aprés le deceds desdits Seigneur & Dame de Rortey, leurs heritiers bailleront ausdits futurs Conjoints la somme de dix mil frans susdite monnoye incessamment, quoy que ce soit dans un an aprés ledit deceds ; laquelle somme de quarante mil frans demeurera propre & en nature d'ancien à ladite Damoiselle future Epouse, & à ceux de son estocque & ligne, moyennant que lesdits futurs Conjoints ont dés à present renoncé à toutes successions qui pourroient escheoir à ladite Damoiselle, tant en ligne directe, que collateralle, & pour ce qui regarde au proffit des freres d'icelle seulement. Lesdits Seigneur & Dame habilleront ladite Damoiselle d'habits nuptiaux selon sa naissance & qualité. Sera au reciproque ledit Seigneur Comte de Ludre obligé de donner pour bagues & joyaux à ladite Damoiselle sa future Epouse, jusques à la somme de deux mil frans susdite monnoye, qui luy demeurera aussi en propre : Et en cas de prédeceds dudit futur Epoux, doüaire ayant lieu, sera ladite future Epouse doüée de doüaire préfix, jusques à la somme de quinze cens frans barrois, en cas qu'il y ait Enfans dudit futur Mariage ; iceluy doüaire racheptable de la somme de sept mil cinq cens frans barrois : Et où il n'y auroit Enfans, sera ledit doüaire préfix de la somme de deux mil frans barrois, racheptable de dix mil frans barrois, ou du doüaire coutumier & à son choix : Et outre avec ledit doüaire, jouïra sa vie naturelle durante de la Maison de Richardmesnil, avec les jardin, parterre, & enceinte d'icelle, des bois tant pour son chauffage, que de ceux necessaires à l'entretenement de ladite Maison : Que le survivant desdits futurs Conjoints prendra par précipur, & avant aucun partage, sçavoir si c'est ledit Seigneur futur Epoux, ses habits, armes & chevaux, ou pour iceux la somme de deux mil frans barrois à son choix ; & si c'est ladite Damoiselle, elle prendra par reciproque, par préciput, & avant aucun partage, ses habits, bagues & joyaux, carosse, chevaux, & sa chambre garnie, ou pour iceux pareille somme de deux mil frans barrois aussi à son choix, & avec ce la somme de quatre mil frans barrois que lesdits heritiers dudit Seigneur de Ludre seront tenus de bailler à ladite Damoiselle, qui se prendront sur les biens & partages desdits heritiers, & sur les clairs biens, tant meubles, qu'immeubles, qui demeureront en mesme nature de propre à ladite Damoiselle ; & le surplus des biens de leur communauté, se partagera également entre le survivant, & les heritiers du predecedé ; sur lesquelles clauses & conditions, lesdits Seigneur & Damoiselle futurs conjoints, ont promis & se promettent respectivement l'un l'autre prendre en foy & loyauté de mariage, & celebrer en face de nostre Mere sainte Eglise le plûtost que faire se pourra, sans lesquelles ledit futur Mariage ne se fût fait ny accordé ; renonceant à cette fin à toutes Coutumes & droits : faisans au contraire, comme lesdites Parties ont dit & obligé chacune en droit soy, leurs biens, mesme ladite Dame en vertu de ladite Procuration, ceux dudit Seigneur de Rortey, &c. Renonceans, &c. Fait & passé au Chasteau dudit Vaucouleur, avant midy, le treiziéme jour de Mars mil six cent quarante ; & ont lesdites Parties & Assistans signé le present Contract, subject à sceller suivant l'Edit. Ainsi signé, J. de Ludre, Claude des Salles, A. de Malpierre, J. des Armoises, François des Salles, Gabriel de Mion, Charles de Vigneulle, Nicolas Dardenet, Olivier, C. Lorrain, Tixerand & Boyard, Nottaires.

FRANÇOIS DES SALLES.

EXTRAIT DE LA GENEALOGIE DE LA MAISON des Salles, par M. d'Hozier.

FRANÇOIS DES SALLES, Baron de Roltay, Gouverneur, & Seigneur de Vaucouleur, cy-devant Capitaine aux Regimens d'Infanterie de Vernancourt, & d'Enghien, puis Lieutenant Colonel du Regiment de Clanleu, & Capitaine dans celuy de Crequy de Cavallerie, a eu de son mariage avec Marie d'Aucy, fille de Jean, Seigneur de Vroncourt, Gouverneur de la Mothe, & de Bonne de Serocourt, *Claude-Gustave-Christien* des Salles, filleul de la Reine Christine de Suede, cy-devant Volontaire dans les Troupes envoyées par le Roy, au secours de l'Empire, Ayde de Camps sous Monsieur le Mareschal de Crequy, & Capitaine au Regiment de Cavalerie de Furstemberg. *Joseph* des Salles, mort Lieutenant au Regiment de Souches. *François* des Salles, destiné Chevalier de Malthe. *Françoise* des Salles, Religieuse au Tiers Ordre de S. Dominique, à Toul. *Anne-Marie* des Salles, Dame à Poulangy, & *Bonne-Thereze* des Salles.

Commission de Gouverneur de Vaucouleur, donnée par Louis XIII. à François des Salles, pendant l'absence de son Pere. Du 20 Février 1640.

LOUIS par la grace de Dieu, Roy de France & de Navarre: A notre cher & bien amé François des Salles, Baron de Rorté, Seigneur de Vroncourt, Salut. Employant pour notre service en Allemagne, le Sieur Baron de Rorté, Capitaine & Gouverneur de notre Ville & Chasteau de Vaucouleur, & voulant établir dans ladite Place, une personne capable pour y commander en son absence. A ces Causes, & pour la confiance que Nous avons en la vôtre, & les bons témoignages qui Nous ont été rendus de votre fidelité & affection à notredit service, & de votre courage, suffisance & experience en la profession des Armes, Nous vous avons commis & ordonné, commettons & ordonnons par ces presentes signées de notre main, pour, en l'absence dudit Sieur Baron de Rorté, commander sous l'authorité du Gouverneur, & de nos Lieutenans generaux en notre Province de Champagne, dans nosdites Ville & Château de Vaucouleur, tant aux Habitans de ladite Ville, de quelle qualité & condition qu'ils soient, qu'aux Gens de guerre étans & qui pourront être cy aprés en garnison dans ladite Place, tout ce qui sera necessaire pour la seureté & conservation d'icelle, & le repos & tranquillité desdits Habitans, aux honneurs, authoritez, prérogatives, préeminences, droits, proffits & émoluments à tel employ appartenans, tant qu'il Nous plaira. Voulons & Vous ordonnons, que vous ne puissiez sortir de ladite Place sans exprés congé de Nous, signé de l'un de nos Secretaires d'Etat; & qu'en cas que vous soyez attaqué dans ladite Place, vous en deffendiez les dehors, contrescarpes & fossez, aussi longuement & vaillamment, qu'un homme d'honneur y est obligé selon les loix de la guerre, sans pouvoir rendre ladite Place aux Ennemis ny capituler avec eux, qu'il n'y ait une bréche raisonnable au corps d'icelle, & que vous n'ayez soutenu deux ou trois assauts; de ce faire vous avons donné & donnons pouvoir, authorité, commission

mission & mandement special : Mandons & ordonnons ausdits Habitans & Gens de guerre, qu'ils ayent à vous reconnoître & obeïr és choses concernans le present pouvoir : Car tel est notre plaisir. Donné à S. Germain en Laye, le vingtiéme jour de Février, l'an de grace mil six cent quarante, & de notre Regne le trentiéme. Signé LOUIS ; Et plus bas, Par le Roy, signé BOUTHILLIER.

Patentes du Gouvernement de Vaucouleur, pour François des Salles, Baron de Rorté. Du 30 Mars 1647.

LOUIS par la grace de Dieu, Roy de France & de Navarre : A tous ceux qui ces presentes Lettres verront, Salut. Sçavoir faisons, que pour l'entiere confiance que Nous avons de la personne de notre cher & bien amé François des Salles, Baron de Rorté, & de ses sens, suffisance, valeur, prudence, sage conduite, fidelité & affection à notre service, experience & bonne diligence ; A iceluy pour ces causes, & autres à ce Nous mouvans, avons de l'avis de la Reine Regente notre tres honorée Dame & Mere, donné & octroyé, donnons & octoyons par ces presentes, signées de notre main, l'Etat & Charge de Capitaine & Gouverneur de nos Ville & Château de Vaucouleur, que n'a gueres souloit tenir & exercer notre amé & feal Conseiller en nos Conseils, Claude des Salles, Baron de Rorté, son pere, dernier paisible possesseur d'icelle, à present vacante par la démission pure & simple qu'il en a cejourd'huy volontairement faite en nos mains, pour en disposer ainsi que bon Nous semblera ; comme appert par sa Procuration cy-attachée, sous le Contrescel de notre Chancellerie, pour l'avoir, tenir & exercer par ledit Sieur Baron de Rorté son fils aîné doresnavant, sous l'authorité du Gouverneur de la Province, & de notre seul Lieutenant general au Gouvernement d'icelle, commander de notre part audit Vaucouleur, tant aux Habitans dudit lieu, de quelque qualité & condition qu'ils soient, qu'à ceux des Villages en deppendans ; comme aussi aux Gens de guerre, tant à pied qu'à cheval, si aucuns y sont de present ou seroient cy-aprés établis en garnison, tout ce qui sera necessaire pour le bien de notre service & la seureté & conservation de ladite Place, & joüir de ladite Charge aux honneurs, authoritez, prérogatives, préeminences, franchises, libertez, pouvoirs, fonctions & facultez, gages, appointemens & entretenemens, droits, fruits, proffits & émoluments accoutumez, & qui y appartiennent ; tels & semblables dont joüissoit ledit Sieur Baron de Rorté son pere, tant qu'il Nous plaira. Si donnons en mandement, &c. . . . .

Car tel est notre plaisir. En témoing de quoy Nous avons fait mettre notre Scel à cesdites presentes. Donné à Paris, le trentiéme jour de Mars, l'an de grace mil six cent quarante-sept, & de notre Regne le quatriéme. Signé LOUIS, & scellé.

Commission donnée par Louis XIV. Roy de France, à François Baron de Rorté, pour lever une Compagnie de Chevaux-Legers. Du 20 Decembre 1647.

LOUIS par la grace de Dieu, Roy de France & de Navarre : A notre cher & bien amé le Sieur Baron de Rorté, Salut. Ayant résolu d'augmenter les Troupes de Cavallerie que Nous avons sur pied, de quelques Compagnies de Chevaux-Legers, & desirant donner le Commandement d'une d'icelles à une personne qui s'en puisse bien acquitter, Nous avons estimé ne pouvoir faire pour cet effet un meilleur choix que de vous, pour la confiance que Nous prenons en votre valeur, courage, experience au fait de la guerre, vigilance & bonne conduite, & de votre fidelité & affection à notre service. A ces Causes, & autres à ce Nous mouvans, de l'avis de la Reine Regente notre tres honorée Dame & Mere, Nous vous avons commis, ordonné & estably, commettons, ordonnons & establissons par ces presentes, signées de notre main, Capitaine de ladite Compagnie; laquelle vous leverez & mettrez sur pied le plus diligemment qu'il vous sera possible, du nombre de quatre-vingt dix Maîtres, les Officiers compris, des plus vaillans & agguerris Soldats que vous pourrez trouver, pour la commander, conduire & exploiter, sous l'authorité de notre tres cher & tres amé Cousin le Comte d'Aletz, Colonel general de la Cavalerie-Legere de France, & du Sieur Baron de Palvau, Mestre de Camp general d'icelle, la part & ainsi qu'il vous sera par Nous ou nos Lieutenans generaux, commandé & ordonné pour notre service, & Nous vous ferons payer, ensemble les Officiers & Chevaux-Legers de votredite Compagnie, des estats, appointemens & soldes qui vous seront & à eux dûs, suivant les montres & reveuës qui en seront faites par les Commissaires & Controlleurs des Guerres à ce departis, tant & si longuement que ladite Compagnie sera sur pied pour notre service; tenant la main à ce que les Officiers & Chevaux-Legers d'icelle vivent en si bon ordre & police, que Nous n'en puissions recevoir de plainte; de ce faire Vous donnons pouvoir, commission & mandement special: Mandons à tous qu'il appartiendra, qu'à vous en ce faisant soit obeï: Car tel est notre plaisir. Donné à Paris, le vingtiéme Decembre, l'an de grace mil six cent quarante-sept, & de notre Regne le cinquiéme. Signé LOUIS; Et plus bas, par le Roy, la Reine Regente sa Mere presente, signé LE TELLIER, & scellé.

Certificat des Services de François des Salles, dans l'Armée de Catalogne. Du 31 Juillet 1649.

Le Baron de Marchin & de Modave, Gouverneur des Villes & Châteaux de Bellegarde & de Tortose, Lieutenant general pour le Roy, Commandant ses Armées en Catalogne, Rossillon & Cerdaigne.

CErtiffions à tous & un chacun, que les Sieurs Barons de Rorté & de Malpierre, freres; le premier, Capitaine de Chevaux-Legers au Regiment de Crequi, & le second aussi Capitaine de même dans notre Regiment de Cavallerie, ont ponctuellement & assiduellement servis en cette Armée dans lesdites Charges, depuis que lesdits deux Regiments sont en Catalogne, & y servent encor à present actuellement. En foy de quoy avons donné le present Certificat, pour servir & valoir où il appartiendra. Fait à Monblanc, le dernier de Juillet 1649. Signé DE MARCHIN; Et plus bas, Par Monseigneur, signé CONSTANTIN BOUFFE, & cacheté.

Foy & homage rendus au Roy, par François des Salles, pour la Baronie de Rorté, & la Seigneurie de Chermisey. Du quatorziéme Aoust 1655.

LEs Presidens, Tresoriers de France generaux des Finances, Grands Voyers Juges ordinaires du Domaine en la Generalité de Champagne, Salut. Sçavoir faisons, que ce jourd'huy quatorziéme Aoust mil six cent cinquante-cinq, est comparu pardevant Nous, au Bureau de la Chambre dudit Domaine, Messire François des Salles, Chevalier, Baron de Rortey, Seigneur de Malpierre, Ugny, Chermisey, Gouverneur des Ville & Chasteau de Vaucouleur, au nom & comme heritier beneficiaire de deffunt Messire Claude des Salles, vivant Chevalier, Baron de Rortey, Conseiller du Roy en ses Conseils, & son Ambassadeur en Suede; lequel a été, ce requerant & en la personne du Procureur du Roy, reçu à rendre au Roy notre Sire, l'hommage dont il est tenu, au nom d'heritier beneficiaire, à cause des Terres & Seigneuries de Rortey & Chermisey, mouvantes en plein Fief de Sa Majesté, à cause de son Chastel & Chastellenie de Montéclaire, Prevôté d'Andelot; aprés qu'il s'est mis en devoir, juré & promis fidelité au Roy, & de servir Sa Majesté, suivant la nature & qualité desdits Fiefs, & fait les soumissions, dont luy avons octroyé Act, & de ce qu'il a protesté que ledit Act ne puisse préjudicier à ses droits, ordonné qu'il fournira d'adveux & dénombremens dans quarante jours; ce qu'il a promis faire, & a signé en la minutte. Donné en la Chambre du Domaine en Champagne, sous les Sceaux Royaux & signature du Greffier dudit Domaine, à Chaalons ledit jour quatorziéme Aoust mil six cent cinquante-cinq. Signé DESCHIENS, & scellé.

Contract de Mariage de François des Salles, Baron de Rorté, Seigneur de Chermisey, de Malpierre, &c. avec Damoiselle Marie d'Auxy. Du 5 Mars 1639.

SCachent tous que le cinquiéme jour de Mars mil six cent trente-neuf, pardevant les Nottaires Royaux, demeurant à Toul, soussignez, comparurent personnellement Messire François des Salles, Chevalier, Baron de Rorté, fils de haut & puissant Seigneur Messire Claude des Salles, Chevalier, Baron dudit Rorté, Couxey, Chermisey, Malpierre, &c. Seigneur par adjudication de la Ville & Domaine de Vaucouleur, Gouverneur dudit Vaucouleur, Conseiller du Roy en ses Conseils, & son Ambassadeur prés la Reine de Suede, & de haute & puissante Dame Dame Anne Chevalier, Dame dudit Malpierre, ses pere & mere, assisté & du consentement de ladite Dame de Rortey, fondée de Procuration speciale dudit Seigneur son marit, passée à Paris le dix-neufviéme Mars mil six cens trente-six, signée Claude des Salles Rortey, apparuë en original en parchemin ausdits Nottaires, & dont la teneur est inserée en fin des presentes, de Venerables Sieurs Messires Anthoine Fleury, Tresorier & Chanoine de l'Eglise de Toul; Nicolas Noirel, aussi Chanoine de ladite Eglise; & de Noble Jean Brunel, demeurant presentement à Toul, d'une part: Et Damoiselle Marie d'Aucy, fille de feu honoré Seigneur Messire Jean d'Aucy, vivant Seigneur de Vroncourt, assistée d'honorée Dame Dame Bonne de Serocourt, veuve & relicte dudit feu Sieur d'Aucy sa mere; Dame Charlotte d'Aucy, Dame Religieuse de l'Abbaye de Poullengey, sa sœur; & Maistre Didier Lancellot, Avocat en Parlement, d'autre part. Lesquelles Parties ont recognus & volontairement confessé avoir fait & passé les points & articles du Mariage futur & esperé à faire & celebrer entre lesdits Messire François des Salles & Damoiselle Marie d'Aucy, s'il plaist à Dieu & notre Mere Eglise s'y accorde: Asscavoir, que lesdits Seigneur François des Salles & Damoiselle Marie d'Aucy, s'épouseront en face de Sainte Eglise Catholique, Apostolique & Romaine, le plutost que faire se pourra; constant & durant lequel Mariage, lesdits futurs Epoux seront uns & communs en tous meubles, debtes actives & passives, acquests & conquests qu'ils feront. En faveur & contemplation duquel futur Mariage, ladite Dame de Rortey, en vertu du pouvoir a elle donné par ledit Seigneur de Rortey son marit, donnera audit Seigneur futur Epoux son fils, la Baronnie, Maison & Village dudit Rortey, avec deux mil frans barrois de rente annuelle, à prendre

& percevoir lesdits deux mil frans de rente par chacun an sur lesdites Baronnie de Rortey & Terres en deppendantes, & generallement & subsidiairement sur tous les autres biens desdits Seigneur & Dame de Rortey; lesquelles Baronnie & Terres de Rortey seront à cet effet déchargées de toutes charges, cens, hypotecques & obligations quelconques par lesdits Seigneur & Dame de Rortey. Donneront lesdits Seigneur & Dame de Rortey à ladite Damoiselle future Epouse, pour bagues & joyaux, jusques à la somme de mil livres, à raison de dix-huit gros barrois pour livre, & audit Seigneur futur Epoux leur fils, un équipage d'habits, armes & chevaux sortable à sa condition, nourriront les personnes & suittes desdits Seigneur & Damoiselle futurs Conjoints, & les logeront avec leurs trains pendant trois ans entiers & consecutifs, à compter du jour de la celebration dudit futur Mariage, dans la Maison & Chasteau dudit Vaucouleur, & autre part où lesdits Seigneur & Dame de Rortey feront leur résidence; seront obligez lesdits Seigneur & Dame de poursuivre, & en tant que faire se puisse, obtenir les provisions pour ledit Seigneur Baron futur Epoux leur fils, de la survivance des Estat & Charge du Gouvernement & Capitainie des Ville & Chasteau de Vaucouleur & Villages dudit Gouvernement. D'autre part, ladite Damoiselle Marie d'Aucy, assistée & du consentement de ladite Dame Bonne de Serocourt sa mere, comme dit est, a promis & promet d'apporter & mettre en la communauté d'entre lesdits futurs Epoux, tous les biens à elle escheus par le deceds dudit feu honoré Seigneur Jean d'Aucy son pere, en quoy ils puissent consister, & en quels lieux ils soient assis & scituez; ensemble tous les autres biens qui luy pourront escheoir & appartenir cy-aprés, au cas que Damoiselle Marie Elizabeth d'Aucy sa sœur, qui est entrée au Monastere du Tiers Ordre S. Dominique de cette Ville de Toul depuis quelque mois, vienne à y prendre l'Habit & faire Profession audit Monastere, à la charge de payer sur les biens de ladite Damoiselle future Epouse, la somme de quatre mil cinq cens frans barrois, tant pour la dotte de ladite Damoiselle Marie Elizabeth, que pour autres frais necessaires. En faveur duquel futur mariage, & en témoignage des desirs & volonté que ladite Dame Bonne de Serocourt a de l'alliance dudit Seigneur Baron futur Epoux; & pour y parvenir, elle a dés à present donné, ceddé, quitté, renoncé & transporté, & par ces presentes donne, cedde, quitte, renonce & transporte à ladite Damoiselle future Epouse sa fille, tous ses biens feodaux, censués, allodiaux, & autres, de quelle nature ils soient, & en quelle part ils soient assis & scitués, pour en joüir par ladite Damoiselle future Epouse, en tous droits de proprieté, comme de choses à elle propres & appartenantes, incontinent aprés la celebration dudit futur mariage, à charge d'estre payé à ladite Dame Bonne de Serocourt par lesdits Seigneur & Damoiselle futurs Epoux, annuellement au terme de Noël, cinquante bichets de bled froment, mesure de Vaucouleurs, & six muids de vin, mesure de Joinville, rendus en la maison de Rortey ou Vroncourt, au choix de ladite Dame Bonne de Serocourt, & de luy estre en outre payé la somme de mil frans barrois aussi annuellement, & par deux payemens égaux, sçavoir Noël, & S. Jean Baptiste, dont le premier payement se fera & commencera à Noël prochain, aprés la celebration dudit Mariage, & continuera ledit payement la vie naturelle durant de ladite Dame de Serocourt; laquelle pension tant en argent, bled, que vin, se redoublera en cas de dissolution dudit Mariage auparavant la mort de ladite Dame Bonne de Serocourt. Seront obligez lesdits futurs Conjoints de fournir à ladite Dame Bonne de Serocourt une habitation convenable, dans l'une des deux maisons de Rortey ou Vroncourt, à son choix, avec les accommodemens & fournitures necessaires, usage de collombier, bois, jardinages, vaine-pâture, fourage pour le bestail, & autres commoditez ordinaires; & outre ce, lesdits futurs Epoux demeurent obligez de décharger ladite Dame de Serocourt, de toutes charges, debtes & obligations qui pourroient estre sur lesdits biens à eux ceddez, & de donner partage à ladite Damoiselle Marie Elizabeth d'Aucy, de tous lesdits biens esquels elle aura droit de prendre part, au cas qu'elle vienne à sortir dudit Monastere auparavant que d'y avoir fait Profession, en payant par ladite Damoiselle Marie Elizabeth

Elizabeth d'Aucy, la moitié des choses qui seront deües pour lors ou auroient esté auparavant payées par lesdits Seigneur & Damoiselle futurs Conjoints. Acquitteront pareillement lesdits Seigneur & Damoiselle futurs Conjoints, &c.

Fait & passé audit Toul, sur les deux heures aprés midy; & ont lesdites Parties & assistans, signé à la minutte des presentes. Ainsi signé, François des Salles Rorté, Marie d'Aucy, Anne Chevalier, Bonne de Seraucourt, Charlotte d'Aucy Religieuse de Poulengey, Fleury, N. Noirel, Brunel, D. Lancellot, A. De la Barre, & J. Florentin, avec paraffes. Signé J. Florentin.

Sauve-garde du Roy T. C. pour les Seigneuries de Rigny-la-Salle & Ugny, donnée à François des Salles, Baron de Rorté, du 3. May 1654.

DE PAR LE ROY.

SA MAJESTE' desirant gratifier & favorablement traiter le Sieur Baron de Rorté, Gouverneur de Vaucouleur, en consideration de ses services, a pris & mis en sa protection & sauvegarde particuliere les Villages de Rigny-la-Salle & Ugny à luy appartenans, & défend pour cet effet tres expressément à tous ses Lieutenans Generaux, Colonels, Mestres de Camps, Capitaines, & autres ses Officiers, de donner aucuns logemens, ny tirer d'autres contributions desdits Villages de Rigny-la-Salle & Ugny, que celles qui seront ordonnées par Sa Majesté, ou son Lieutenant de la Justice, Police, & Finances en Champagne; & aux Officiers de l'Election de Chaumont, & Prévôté de Vaucouleur, de comprendre les susdits Villages dedans les répartitions qu'ils pourront estre obligez de faire; à peine aux contrevenans de desobeïssance. Fait à Paris le troisiéme jour de May mil six cent cinquante-quatre. *Signé* LOUIS.

Extrait du Livre de la recherche & du recueil des Nobles du Duché de Bar, fait par Didier Richier, Poursuivant d'Armes de Son Altesse Charles III. ensuite de la Commission de Sadite Altesse, du 12 Septembre 1577. Fol. 59. verso.

HENRY d'Aucy, Ecuyer, Sieur de la Maison forte de Vroncourt, Gruyer de Bar, m'a dit estre fils de feu Henry d'Aucy Ecuyer, & de Damoiselle Renée de Boudet.

Ledit Gruyer est joint par mariage avec Damoiselle Florimonde de Quilly, fille de Messire Jehan de Quilly, & de Damoiselle Barbe de Bar.

M'auroit ledit Sieur Henry d'Aucy donné une Genealogie de la Maison d'Aucy, comme cy-aprés s'ensuit, à commencer depuis l'an 1400.

PREMIER.

Un Mathieu d'Aucy, Escuyer, Seigneur de Chateney, épousa une Marie de Betisy.

Son frere Jean d'Aucy, estoit Evêque & Duc de Langre, & Conseiller du Roy.

L'autre frere appellé Bertrand, estoit Chanoine de Beauvais, & Doyen de Pontoise.

L'autre frere appellé Henry d'Aucy, fut Seigneur du Grand Clos, & de Malleur en Brie, estoit Maître d'Hôtel de Monseigneur de Tancarville.

Desquels Mathieu & Henry, sont issus plusieurs enfans mâles & femelles.

Génealogie de la Maison d'Aucy.

JEAN D'AUCY, Seigneur de Charmes, épousa Claude de la Beaulme.

DIDIER D'AUCY, Seigneur de Charmes, épousa Nicole de Clugny

HENRY D'AUCY, Sénêchal & Capitaine de la Mothe, épousa Agnés de Wiſſe,

JEANNE D'AUCY, mariée le 19 Avril 1515, à Jean de Sandrecourt, Ecuyer Seigneur de Senaide & de Lyroncourt.

FERRY D'AUCY, Seigneur d'Outremécourt, de Vroncourt, épouſa Agnés Beget, de la Maiſon des Pourcellets.

BERTRAND D'AUCY, Prévôt de la Collégiale de la Mothe,

CATHERINE DE SANDRECOURT, Dame de Tumejus, mariée à Chriſtophe de Ligniville, Chevalier de l'Ordre du Roy T. C. Gentilhomme Ordinaire de ſa Chambre, & Capitaine general de l'Artillerie de Lorraine.

APROSNE D'AUCY, épouſe de Nicolas Heraudel, Seigneur de Mandres.

HENRY D'AUCY, Ecuyer Seigneur de Vroncourt, grand Gruyer de Bar, épouſa Renée de Boudet; & en ſecondes noces le 6 May 1596, Iſabelle de Circourt, fille de Medard de Circourt, Gouverneur de Sedan, & d'Alix du Hautoy.

DIDIERE D'AUCY, femme de Jean de la Vaulx, Chambellan du Duc Charles III. & Seigneur de Vrécourt.

HENRY D'AUCY, Seigneur de Vroncourt, épouſa Florimonde de Quilly.

JEAN D'AUCY, Seigneur de Vroncourt & de Tonnoys, épouſa Bonne de Serocourt, fille de Claude de Serocourt, & de Charlotte de Serval, fille de Nicaiſe de Serval, Ecuyer Seigneur de Talmar, & de Dame Marie de Reneſſons.

HENRY D'AUCY, Seigneur d'Hamonville, épouſa le 6 Juin 1609, Claude de Serocourt, ſœur de Bonne.

MARIE D'AUCY, mariée le 5 Mars 1639, à François des Salles, Baron de Rorté, Seigneur de Malpierre.

RENE' D'AUCY, Bailly de Toul, Capitaine de Cavallerie pour le ſervice du Roy T. C. Baron de Brouquier, Seigneur d'Ourches, épouſa, le 28. Avril 1637, Aldonſe d'Arpajou, fille de Samuel d'Arpajou Baron de Brouquier, & d'Eleonore de Combret.

JEAN-CHARLES D'AUCY, Bailly de l'Evêché de Toul, Seigneur d'Ourches, d'Hamonville, épouſa, le 22 Avril 1640, Marie de la Chauſſée, fille de Henry de la Chauſſée, Chevalier Seigneur de Rutz, Gouverneur de la Fauche, Ecuyer de Henry de Lorraine, Marquis de Moüy, & d'Anne de Vroncourt.

LOUIS D'AUCY, Baron de Brouquier, Seigneur d'Ourches, &c. décedé en bas âge,

GABRIELLE-JOSEPHINE D'AUCY, mariée le 8 Mai 1660, à Jean-Frideric d'Helmſtat, Seigneur d'Hingueſange.

CLAUDE-BENEDICTE D'AUCY, mariée le 19 Janv. 1656 à Philippe-Adam de Maſſembach, originaire du Palatinat du Cercle Kreichavv, Lieutenant general des Armées du Roy de Dannemarc, & Chevalier de l'Ordre de Dannebrouk.

PLEIKART DE HELMSTAT Seigneur d'Hingſange, & a épouſé Marie-Joſephe de Poitiers.

NICOLAS DE MASSEMBACH, Seigneur d'Ourches & de Beneſtroff, Maréchal des Camps & Armées du Roy T. C. a épouſé Françoiſe d'Helmſtat le 30 May 1695.

Pierre de Mollerencourt, Seigneur de Dreu, épousa une Jeannette d'Aucy.

Messire Claude de Clugny, Chevallier, Seigneur Deffors, épousa une Catherine d'Aucy.

Albin le Croisier, Seigneur de Villefery, épousa une Marie d'Aucy; lesquelles Jeannette, Catherine & Marie, moururent sans hoirs.

Jean d'Aucy, Seigneur de Charmes, épousa une Claude de la Baulme en Bourgogne.

Didier d'Aucy son fils, Seigneur dudit Charmes, épousa une Nicole de Clugny; lequel Didier d'Aucy avoit une sœur de leur mere, appellée Philberte de Mandre, qui épousa Jean de Croisier; lesquels Didier & Philberte à eux appartenoient les Terres & Seigneuries de Couveton, Sivry & Saint-Pry, & avoient Droits Seigneuriaux à Arnay-le-Duc.

A eux appartenoient les Villages d'Aucy, Villeneuf, Premeurieux, Mavilly, Mandelot, Melay en partie.

A eux appartenoient aussi la Terre & Seigneurie de Marceloys.

Plus, ils avoient Seigneurie on Bauly, tant en la Justice de Foulettes, que de Camp Regnauld.

Ils avoient Seigneuries en haute, moyenne & basse Justice à Duilly, Jonchery le Feneles & Chailly.

Ils avoient encore Seigneuries à Meilly & Mascongies.

Un Henry d'Aucy, Seneschal de la Mothe & Bourmont; lequel Estat de Seneschal estoit pour lors Capitaine, Prevost, Gruyer & Receveur de ladite Mothe & Bourmont, lequel épousa Anthoinette de Wisse.

Berthrand d'Aucy son fils, fut Prevost des Chanoines de la Mothe.

Ferry d'Aucy son frere, Seigneur Doutremencourt, épousa Anne Begette, laquelle estoit fille d'une Margueritte de Bouvion; la mere d'icelle Margueritte se nommoit de Pourcellet.

Jean de Sandrecourt, Seigneur dudit lieu, épousa Jehanne d'Aucy, sœur dudit Berthrand & Ferry d'Aucy, lequel n'en eut qu'une fille, qui épousa Christophe de Ligniville, Seigneur de Tumejus, Chevallier de l'Ordre du Roy, Conseiller de Monseigneur le Duc de Lorraine, & Capitaine en son Artillerie.

Jehan de la Vaulx, Seigneur de Vrécourt, & Chambellan de Monseigneur, épousa Didiere d'Aucy, sœur audit Henry.

Nicolas Heraudel, Seigneur de Mandre, épousa Ambroise d'Aucy.

Et il y a de present Claude d'Aucy, Dame de Marceloix en Bourgogne, qui a épousé un de la Maison de Pradigne en Bourgogne, qu'est tout ce qu'il a produit; avec les Armoiries cy-aprés peintes.

Résultat d'Assemblée de Parents au sujet des biens d'Henry & de Jean d'Aucy, fils d'Henry d'Aucy, & de Florimonde de Quilly. Du 5. Février 1602.

L'An mil six cens & deux, ce jourd'huy cinquiéme jour de Février, pardevant Nous Jean de l'Eglise, Escuyer, Conseiller d'Estat de Son Altesse & Lieutenant General au Bailliage de Bar; Est comparu Jean d'Aulcy Escuyer, demeurant à Ourches, assisté de Maistre Jean de Mussey son Procureur; ensemble François de Rouin Escuyer, Conseiller d'Estat de Son Altesse, & Lieutenant Particulier au Bailliage dudit Bar, au nom & comme Tuteur de Henry d'Aulcy, enfant mineur d'ans, de feu Henry d'Aulcy, vivant Escuyer, Gruyer de Bar, & Damoiselle Florimonde de Quilly sa mere, lesquels Nous ont remonstré; Sçavoir ledit d'Aulcy, que pour satisfaire à la somme de six cens francs, faisant moitié de douze cens, deuë à Damoiselle Renée de Boudet sa mere grande, pour raison des meliorations par elle faites constant le mariage de deffunt Henry d'Aulcy son mary, vivant aussi Gruyer de Bar, & d'elle, en la maison de Vroncourt, appartenant audit Jean d'Aulcy, il est de besoin aliener les Heritages moins dommageables à luy appartenans, pour satisfaire au contenu de la Transaction intervenuë entre ledit Jean d'Aulcy, Charles de Quilly Escuyer, Tuteur de Henry, & ladite Damoiselle Renée de Boudet, en datte du septiéme Aoust mil six cens & un; la verité estant telle, qu'encores que par ladite Transaction ladite Damoiselle Renée se soit contentée, si est-ce que lesdits Jean d'Aulcy & Quilly passerent Obligation à son profit de lad. somme de douze cens francs, laquelle fut au même instant transportée à . . . . . . Droüart, demeurant au petit Louppy, par ladite Damoiselle Renée, pour estre les deniers en provenans employez tant à l'acquit de ladite debte qu'à autres Heritages qui sortiront mesme nature de propres: Et par ledit sieur Droüin, qu'il a esté prié & requis de la part de Charles de Quilly Escuyer, demeurant à Gondrecourt, Tuteur maternel dudit Henry d'Aulcy, de faire pareille Requeste que ledit Henry d'Aulcy, afin de pouvoir acquitter pareille somme de six cens francs deuë à ladite Damoiselle Renée de Boudet par ledit mineur pour cause des meliorations cy-devant mentionnées, comme par Transaction faite entre les Parties, du consentement des parens, & iceux oüis, au moyen de ce que les biens dudit mineur asseis en ce Bailliage ne consistent qu'en Vignes, Preys, & en un Jardin, communément appellé le Soleil-Levant, & ceux seis au Bailliage de Gondrecourt en Censes & Gaignages, qui luy rapportent beaucoup plus de profit que ceux seis en ce Bailliage: A ce moyen demande pareille permission que ledit Jean d'Aulcy, de faire proceder à la vente des biens dudit mineur cy-aprés declarez, &c. Fait les an & jour que dessus: Et ont lesdits sieurs François de Rouin Tuteur, Jean Daulcy, Claude Vyart Curateur, Jean Preudhomme, Alexandre Dapvrillot, Claude Droüin, Blaise Preudhomme, & Jean Sancey Substitud, signé sur la minute. *Signé*, POUPPART. Avec paraphe.

Vente d'une Maison scituée à Beurey-la-Coste, faite à Simon de Myon Escuyer, Seigneur de Loupy, par Henry d'Aucy Escuyer, Gruyer de Bar, & par Damoiselle Florimonde de Quilly sa femme, le 30. Janvier 1581.

A TOUS ceux qui ces presentes Lettres verront & orront: Guillaume de Gleysenove Escuyer, Conseiller & Secretaire de nostre Souverain Seigneur Monseigneur le Duc de Calabre, Lorraine, Bar, Gueldres, &c. & Garde du Scel du Duché de Bar, SALUT, Sçavoir faisons, que pardevant Nicolas Platel & Didier Julien, Notaires Jurez & establis ad ce faire par Monseigneur le Duc de Bar en son Tabellionnage dudit Bar: Furent presens en leurs personnes Henry d'Aulcy Escuyer, Gruyer de Bar, & Damoiselle Floremonde de Quilly sa femme, demeurans audit Bar, icelle licenciée & authorisée dudit son marit, & laquelle licence elle a heuë aggreable; & recognurent avoir vendu, ceddé, quitté & transporté, & par ces presentes vendent, ceddent, quittent & transportent pour tousiours à honoré Seigneur Simon de Mion Escuyer, Seigneur de Couxey & de Clairey en partie, Gentilhomme en la Maison de nostredit Souverain Seigneur, & Maistre d'Hostel de Monseigneur le Marquis de HAVRECK acheteur, que pour tenir heritablement à tousiours par luy, ses hoirs & ayans cause, stipulant par honneste homme Maurice Perin, demeurant à Sauvigny sur Meuse, &c. Une Maison contenant deux Rains, avec les usuaires, aisances, & deppendances d'icelles devant & derrier, comme elle se peut contenir, seante à Burey, &c. moyennant le prix &

& somme de mil francs Barrois en principal, & trente francs pour le chaperon de ladite Damoiselle Venderesse ; que lesdits Vendeurs ont confessé avoir heu & receu dudit Sieur Acheteur, &c. Ce fut fait & passé audit Bar l'an de grace N. Seigneur mil cinq cens quatre-vingt-un, le penultiéme jour du moys de Janvier, & ont signé en la Minute des Presentes. *Signé*, PLATEL & JULIEN. Avec paraphe.

Reprise de la Seigneurie de Tannoy par Jean-Jacques de Serocourt, pour & au nom de Jean & Henry d'Aucy ses beaux-freres, du 28. Novembre 1624.

CHARLES & NICOLE, par la grace de Dieu, Duc & Duchesse de Lorraine, Marchiz Ducz de Calabre, Bar, Gueldres, Marquiz du Pont-à-Mousson, Nommeny, Comtes de Provence, Vaudémont, Blamont, Zutphen, &c. A tous ceux qui ces Presentes verront, Salut. SÇAVOIR FAISONS, que ce jourd'huy datte de ceste, nostre tres-cher & feal le Sieur Jean-Jacques de Serocourt d'Ourche s'estant presenté tant en son nom qu'au nom de nos aussi tres-chers & feaux les Sieurs Jean & Henry les d'Aussy ses beaux-freres, à cause des Damoiselles Bonne & Claude de Serocourt, épouses ausdits Sieurs d'Aussy, pour reprendre de Nous, & Nous faire les debvoirs, foy & hommage, & ferment de fidelité qu'ils Nous sont attenus à l'advenement de nos Couronnes Ducalles, de ce qu'ils tiennent en Fief de Nous au lieu de Tannoy, mouvant en Fief de Nous à cause de nostre Duché de Bar, Nous avons à ce fait recepvoir ledit Sieur Jean-Jacques tant en son nom qu'audit nom par nostre tres-cher & feal Conseiller d'Estat le Sieur Baron du Tour, Chef de nostre Conseil, & enjoindre d'en donner les Adveus, & Denombremens en nostre Chambre des Comptes dudit Bar dedans quarante jours, suivant la coustume. SI DONNONS EN MANDEMENT à nos tres-chers & feaux les Baillifs, Presidens, & Gens desdits Comptes, Lieutenans, Procureurs Generaux, leurs Substituts, Prevosts, aussi leurs Lieutenans, & à tous autres Officiers, Justiciers, Vassaux, Hommes & Sujets qu'il appartiendra, qu'ils ayent chacun en droit soy à laisser & faire joüir lesdits Sieurs de Serocourt, & d'Aulcy pleinement & paisiblement du contenu de cestes nos Lettres de reprinses, sans en ce leur faire ny mesme permettre leur estre fait, mis ou donné aucun trouble ou empeschement au contraire ; & que si par faute de reprinses, ou pour causes d'autres debvoirs non delivrez en temps & lieu, ledit Fief de Tannoy ou partie estoit saisi sous nostre main ou de Justice, ils leur en levent ou fassent lever incontinent la main pleniere, & absolue, remettant le tout en son prinstin estat, car ainsi Nous plaist. En témoin de quoy Nous Duc susdit, avons signé ces Presentes de nostre main, & à icelles fait mettre & appendre nostre grand Scel, armoyé de nos armes. Données en nostre Ville de Nancy le vingt-huitiéme Novembre mil six cens vingt-quatre.

Signé, CHARLES.

Declaration des partages faits des Biens immeubles des successions de feu Messire Fery d'Aucy, en son vivant Escuyer, & de feuë Damoiselle Agnés Beget sa femme ; lesdits partages faits en quatre parts, comme s'ensuit.

A Sçavoir Henry d'Aucy Escuyer, Gruyer de Bar, pour une part ; Jean de la Vaux Escuyer, Seigneur de Vereicourt & Romain en partie, à cause de Damoiselle Didiere d'Aucy sa femme, pour une autre part ; Noble Homme Nicolas

Heraudel, à cause de Damoiselle Aprosne d'Aucy sa femme pour une autre part; Alophe de Joizelle, à cause de Damoiselle Jeanne Dompraille sa femme, pour l'autre part.

PREMIER.

La Maison & Grange de Veroncourt, demeurent audit Henry d'Aucy, ensemble quatre jours de Terre & Jardin, & aisans d'icelle, qui luy a estez appreciez de son consentement à dix-huit cens francs. xviii. c. fr. &c.

Traité de Mariage entre Henry d'Aucy, Seigneur de Vroncourt, Gruyer de Bar, & Isabelle de Circourt, du 26. May 1588.

A TOUS ceux qui ces presentes verront & orront; Jehan de Mouzay Escuyer, Receveur & Gruyer de Sathenay, Juré Garde du Scel du Tabellionnaige de ladite Ville, Prevosté & Chastellenie d'icelle, SALUT. Sçavoir faisons, que pardevant Pierre Simard & Thouvenin Floncel Notaires Jurez audit Tabellionnaige, comparurent en leurs personnes Henry d'Aucy, Seigneur de la Forte-Maison, de Veroncourt, & Gruyer de Bar, assisté de Joseph d'Aucy Escuyer, son frere, & François de Bilistien Escuyer, Seigneur de Bauly & de Julvecourt, d'une part; & Damoiselle Isabeau de Circourt, assistée de Damoiselle Alix du Hauroy sa mere; Henry de Circourt Escuyer, Seigneur de la Neufville, Inor & Pouilly en partie, son frere; Pierre de Jobart Escuyer, Seigneur d'Abainville, & de Guillaume d'Orey, aussi Escuyer, Seigneur de Luzy & la Neufville, ses freres & oncles, d'autre part; & recongnurent que pour parvenir au Mariage esperé à faire entre les susdites Parties, & qui au plaisir de Dieu se fera, si la *Sainte Eglise* s'y accorde, & avant aulcunes promesses d'iceluy, elles ont fait les traitez, pactions, convenances & accords qui ensuivent. A sçavoir, qu'incontinent aprés ledit Mariage consommé, elles seront & demeureront unes & communes en tous biens meubles qu'ils ont de present, ou auront cy-aprés, &c. Que furent faites & passées audit Sathenay, le vingt-sixiesme jour de May, l'an mil cinq cens quatre-vingt-huit. *Signé en fin* P. SIMARD & T. FLONCEL. Avec paraphe.

Traité de Mariage entre Henry d'Aucy & Claude de Serocourt, du six Juin 1609.

FURENT presens en leurs personnes honoré Sieur Henry d'Aucy, usant de ses droits, demeurant à Gondrecourt, assisté de honoré Sieur Jean d'Aucy, Sieur de la Maison Forte & de Veroncourt son frere, & Charles de Quilly Sieur de Laironville sur les Costes, son oncle, cy-devant son Curateur, d'une part; Et Damoiselle Claude de Serocourt, fille de feu honoré Sieur Claude de Serocourt, Sieur d'Ourches, & de Damoiselle Charlotte de Serval ses pere & mere, demeurant audit Ourches, assisté de ladite Damoiselle de Serval, & de honoré Sieur Jean-Jacques de Serocourt, Sieur dudit Ourches son frere; Martin de Briel Sieur de Tanoy son oncle, & Chrestien de Coërnot Sieur d'Abienville son cousin, d'autre part: Ladite Damoiselle Claude deuëment licentiée & authorisée de ladite Damoiselle de Serval sa Mere & Tutrice, & recongneurent lesdites Parties, de la licence, authorisation & assistance que dessus, que pour parvenir au futur Mariage d'entre lesdits Sieur Henry d'Aucy & ladite Damoiselle Claude de Serocourt, & avant aulcune promesse, ont fait les pactions, traitez & conventions matrimonialles en la forme & maniere que s'ensuit. C'est à sçavoir, &c. Fait & passé audit Ourches au Chasteau & Maison de ladite Damoiselle de Serval aprés midy, ce jourd'huy sixiesme de Juin mil six cens & neuf; & ont lesdites Parties & Assistans signé, presens Nobles hommes Joseph Barrois Escuyer, Lieutenant Assesseur Criminel en la Prevosté de Vaucouleurs, demeurant audit lieu, & Richard d'Orme, demeurant audit Ourches, appellez pour Témoins, qui se sont sous-signez. Signez enfin, H. d'Aucy, de Serval, Claude de Serocourt, Serocourt Ourches, Quilly, d'Aucy, M. de Briel, B. d'Ormes, J. Barrois.

Contrat de Vente d'une portion de Seigneurie, faite par Dame Marie d'Aucy, épouse de Messire François des Salles, à Dame Claude de Serocourt, Veuve de Henry d'Aucy; ladite portion écheuë à la Dame Marie d'Aucy de la succession de Claude de Serocourt, Chevalier, Seigneur d'Ourche, & de Dame Charlotte de Serval son épouse, ayeuls de ladite Dame Marie d'Aucy, & de Jacques de Serocourt son oncle, en datte du 10. Avril 1645.

FUrent presens en leurs personnes Messire François des Salles Chevalier, Seigneur Baron de Rorté, & y demeurant, & honorée Dame Dame Marie d'Aucy son épouse, de luy licentiée & authorisée quand à faire & passer ce que s'ensuit; laquelle licence elle a pris & receu en elle pour agreable; lesquels ont reconnu & confessé avoir vendu, ceddé, quitté & transporté, & par ces Presentes vendent, ceddent, quittent & transportent, & promettent garantir pour tousiours à honorée Dame Dame Claude de Serocourt, vefve de feu Messire Henry d'Aucy, Chevalier, Seigneur d'Ourche, Hanonville, demeurant audit Ourche, ad ce present. Ce acceptant pour elle, ses hoirs & ayans cause, & tout tel droit, part & portions, causes, noms & actions que ausdits Sieurs Vendeurs compettent & appartienent, peut competter & appartenir tant au lieu d'Ourches que Saint Germain, consistant tant en Droits de Haute Justice, Moyenne & Basse, Droits Seigneuriaux, Tailles, Censes, & Redevances, Bois, Terres, Preys, Vignes, Chenevieres, Maisons tant de Fiefs que de Rotures, provenant de la succession de feu Messire Claude de Serocourt, vivant Chevalier, Seigneur dudit Ourches, & de honorée Dame Dame Charlotte de Serval son épouse, ayeuls desdits Sieurs Vendeurs, comme aussi de feu Messire Jehan-Jacques de Serocourt, aussi Chevalier, Seigneur dudit Ourches leur oncle, & generalement tout ce qu'ils prétendent ausdits lieux d'Ourches & de Saint Germain, provenant tant d'ancien, d'acquests, qu'autrement, sans y rien reserver ny diminuer en façon quelconque; la presente Vente, Cession & Transport faite moyennant le prix & somme de six mil francs Barrois, reduits à trois mil livres, à raison de deux francs tournois pour livre. Pour payement de laquelle somme, &c. Fait & passé audit Ourches au Chasteau dudit lieu, environ midy, le dixiesme jour d'Avril mil six cens quarante-cinq, & ont les Parties signé en la Minutte en presence de Messire François Vincent Prestre, Curé de Pougney, prés Troussey, demeurant audit Ourches, & de Me. Charles Barrois Advocat, demeurant à Malpierre, Tesmoins, qui se sont soubs-signez en ladite Minutte avec le Notaire, suivant l'Ordonnance. *Signé*, DUPLESSIS. Avec paraphe.

Genealogie de la Maison de Serocourt, Seigneur d'Ourches, en Champagne, Originaire de Lorraine; Pardevant Monseigneur de Caumartin, Intendant en Champagne, au mois de Sept. 1669.

LA Maison de Serocourt est du nombre de celles, dont la grande ancienneté ne souffre pas qu'on en connoisse aisément l'origine. Ce qu'on en découvre seulement par un Tiltre de l'an 1255. tiré du Cartulaire de Flabémont, au Diocese de Toul, est que Messire

I. AUBERT, Seigneur de Serocourt, Chevalier, appellé dans quelques Actes *Aubert Boulée de Serocourt*, échangea le Lundy aprés la Nativité de Nostre Seigneur, la même année, avec les Religieux de cette Abbaye, toute la part qu'il avoit en un tiers des dixmes de Mandre, contre deux Mesgniers d'hommes qui leur appartenoient à Serocourt. Des Memoires luy donnent pour femme *Yolande de Choiseul*, qui estoit mariée l'an 1252. à Jean Sire de Ray, & qui estoit fille de Renard iij. Sire de Choiseul, & d'Alix de Dreux. Et c'est peut-estre à cause d'elle, & comme en estant issu, que

II. JEAN, dit Boulée, Seigneur de Serocourt, estoit en 1325. Homme de fief de Renier de Choiseul, & devoit dix-huit semaines de garde à son Chasteau d'Aigremont. Il épousa, suivant quelques Memoires, la fille de Guillaume de *Raucourt*, & laissa d'elle

Tige des Serocourt, d'Erise la Brulée, duquel sont descendus les Serocourt d'Ourches.

III. GERARD, Seigneur de Serocourt, Bailly de Bassigny, & marié à *Simonnette de Romain*, dont il eut *Gerard* ij. Seigneur de Serocourt; & *Jean de Serocourt, Seigneur d'Erise la Brulée*, allié l'an 1386. à *Isabeau*, fille unique d'Oger de *Bar*, & mere de *Jean* de Serocourt ij. Seigneur d'Erise, duquel, & de *Loüise de Sorcy*, sortirent *Catherine* de Serocourt, femme d'Hardoüin du Plessis; *Marguerite* de Serocourt, femme en 1455. de Pierre, Seigneur de Creux, Chevalier; *Jeanne* de Serocourt, femme de Jean, Seigneur de Neufville, la même année; & *Jean* de Serocourt iij. Seigneur d'Erise en 1451. qui laissa de *Catherine de Longeville*, *Marguerite* de Serocourt, femme de Jean, Seigneur de Fresnels, puis de Jean, Seigneur de la Tour en Voivre; & *Dominique* de Serocourt, Seigneur d'Erise en 1476. qui eut de *Claude d'Ourche*, *Nicolas* de Serocourt, Seigneur de Longeville, dont la femme *Jeanne*, fille de Didier de *Chepy*, Seigneur de Boncourt, & de Pont sur Meuze, le fit pere de *Jeanne* de Serocourt, femme de Jean de Nivenehem, sieur d'Estrepy en 1548. & d'*Erard* de Serocourt, Seigneur d'Ourche, marié à *Claude*, fille de Jean, Seigneur de *Saucieres*, & de Jeanne de Sigy, de laquelle il eut *Claude* de Serocourt, Seigneur d'Ourche, qui épousa *Catherine*, niéce de *Nicolas Pseaume*, Evêque de Verdun, & mere d'*Ursulle* de Serocourt, femme de Pierre de Serval, Seigneur de Tallemard en 1578. & de *Claude* de Serocourt ij. Seigneur d'Ourche, & de Boncourt, marié le 24. Aoust 1578. à *Charlotte de Serval*, fille de Nicaise, Seigneur de Tallemard, & de Marie de Renesson, & pere de *Jean-Jacques* de Serocourt, Seigneur d'Ourche, & Bailly de Toul, mort sans alliance en 1638. de *Bonne* de Serocourt, femme de Jean d'Aucy, Seigneur de Vroncourt, & de *Claude* de Serocourt, aussi mariée avec Henry d'Aucy, Seigneur d'Hamonville; puis à Georges, Baron de Serocourt.

IV. GERARD ij. Seigneur de Serocourt, & de Villey sur Thil, à cause d'*Isabeau de Germiny* sa femme, laissa de cette alliance *Comtesse* de Serocourt, femme d'Odo des Préz, Seigneur de Belmont en 1407. & veuve en 1430. de Wary de Honnecourt, Escuyer; &

Union de la Maison de Romain avec celle de Serocourt.

V. JEAN ij. Seigneur de Serocourt, & de Romain, marié avec *Agnés de Nancy*, fille de Jean, Seigneur de Gombervaux, & de Catherine de Chastel sur Mozelle, dont il eut *Simonnette* de Serocourt, femme en 1416. de Jacot de Mailly; *Isabeau* de Serocourt, femme en 1436. de Raulin de Ray Escuyer; *Jean* de Serocourt,

Seigneur

Seigneur de Romain ; & *Gerard* l'aîné, Seigneur de Serocourt, vivant en 1446. avec Catherine, fille de Robert, Seigneur de *Vatronville*, & de Marguerite de la Tour en Voivre, laquelle le fit pere de deux fils, de *Jean* Seigneur de Serocourt l'aîné, Chevalier, qui fut marié en premieres nôces le 6. Juin 1471. avec *Agnés de Tullieres*, fille de Guillaume, Seigneur de Hardemont, & de Jeanne de Liarens, sans enfans ; & en secondes, à *Marguerite de Choiseul*, fille de Pierre, Seigneur d'Aigremont, & de Richarde d'Oiselet, dont il n'eut que *Susanne* de Serocourt, Dame & grande Aumôniere de Remiremont en 1551. & *Marguerite* de Serocourt, femme en 1506. d'Olry, fils d'Henry Bayer, Seigneur de Chateaubrahain ; puis en 1547. de Fierabras de S. Loup, Seigneur de Belcharmoy, & d'*Erard* Seigneur de Serocourt en partie ; le second, qui n'eut aussi de *Jeanne de Bouzey*, qu'il épousa le 18. Février 1473. fille de Jean, Seigneur de Dombrot, & de Bonne de S. Loup, qu'*Eve* de Serocourt, femme de Pierre de Serocourt, Seigneur de Romain, & *Catherine* de Serocourt, veuve de Guillaume Baron d'Oiselet en 1531.

VI. JEAN de Serocourt iij. Seigneur de Romain, & de Belmont, & Bailly de Bassigny, fut Escuyer d'Escurie de René d'Anjou, Comte de Provence, Capitaine de Tarascon, & gardien de la Ville de Verdun pour son service, puis Capitaine & Chastelain de Darney, pour Jean d'Anjou, Duc de Calabre, & allié à *Margueritte de Serrieres*, fille de Perrin, Seigneur de Belleville, & de *Millesson de Sampigny*, & laissa d'elle *Jean* de Serocourt, Bailly de Bassigny, & seigneur de Belmont, & d'Illoud, par le don que luy en fit le 5. Septembre 1479. le même René d'Anjou, duquel il fut l'un des Escuyers d'Escurie, & successivement son Conseiller ordinaire, d'Yoland d'Anjou, & de René, & d'Antoine, Ducs de Lorraine, & mourut sans enfans d'*Eve d'Anglure*, aprés l'an 1508. *Gerard* de Serocourt, Abbé de Flabémont ; *Louis* de Serocourt Evêque, Abbé de S. Vanne de Verdun, l'an 1501. *Susanne* de Serocourt, mariée avec Henry Seigneur de Doncourt, Chevalier, & premier Escuyer d'Antoine Duc de Lorraine ; & Tige des Serocourt de Romain.

VII. ANTOINE de Serocourt, seigneur de Romain, & d'Ys en Bassigny, à cause de sa femme *Margueritte de Manteville*, fille d'Eustache seigneur d'Ys, & d'Henriette de Rye, dont il eut *Pierre* de Serocourt, seigneur de Romain ; *Antoine* de Serocourt, Religieux à Moléme, en 1508. & *Jean* de Serocourt, seigneur de Belmont, & Bailly de Bassigny, qui épousa le 26. Octobre 1522. *Isabeau de Beauvau*, fille de Charles, seigneur de Passavant, & de Barbe de Talange, dont *Isabeau* de Serocourt, femme de Jacques de Reynette ; *Barbe* de Serocourt, femme de Gabriel seigneur de Chauvirey ; *Louise* de Serocourt, Dame à Bouxieres ; *Leonard* de Serocourt, seigneur de Mandre, Guidon des Gendarmes de Lorraine, marié en premieres nôces à *Jeanne de Mont S. Leger*, & qui ne laissa de *Catherine de Dalmé*, sa seconde femme, qu'*Adam* de Serocourt, seigneur de Mandre, mort sans enfans de *Catherine de Montançon* : & *Christophle* de Serocourt, seigneur de Belmont, aussi marié en premieres nôces à *Claude de Saubier*, sans enfans, & en secondes à *Louise de Tavagny*, de laquelle sortirent *Charles* de Serocourt, seigneur de Belmont, mort sans posterité de *Jeanne de Vatronville*, & *Richard* de Serocourt, seigneur de Belmont aprés son frere, qui n'eut de sa femme *Nicolle de Rozieres*, que *Renée* de Serocourt, morte en 1632. aprés avoir épousé Adam de Mont S. Leger ; & *Françoise* de Serocourt, qui vivoit encore la même année, avec Michel de Saucieres son mary, Baron de Thenance. Tige des Serocourt de Belmont.

VIII. PIERRE de Serocourt, seigneur de Romain, & de Serocourt, à cause d'*Eve de Serocourt* sa femme, fille d'Erard seigneur de Serocourt, & de Jeanne de Bouzey, eut de son Mariage *Jean* de Serocourt, Chevalier de Malthe en 1538. *Anne* de Serocourt, femme de Remy de Tuillieres, seigneur de Hardemont, en 1550. *Magdelene* de Serocourt, Dame à Poussey ; &

IX. PHILIPPES Seigneur de Serocourt, allié le 25. Janvier 1548. en premieres nôces, avec *Anne*, fille de Claude, seigneur de *Cernay*, Chevalier, sans enfans ; & en secondes, à *Catherine de S. Belin*, remariée avec Antoine de Tavagny, seigneur d'Offroicourt, & fille de Jean de S. Belin, seigneur de Thivets, Chevalier de l'Ordre

Les 16. Lig de Pierre de Serocourt.
8. *Paternelles.* Serocourt, Romain, Nancy, Chastel sur Moselle Serriere, Bayer, Sampigny, Housse.
8. *Maternelles.* Manteville, Ha-

raucourt, Chauffour, Fenestranage, Rye, Saulx, Salin, Ryc.

Les 16. Lignes de Philippe de Serocourt.

8. Paternelles. Serocourt, Nancy, Serrierre, Sampigny, Manteville, Haraucourt, Rye, Saulx.

8. Maternelles. Serocourt, Germiny, Vatronville, la Tour en Voivre, Bouzey, Beauffroimont, Saint Loup, Toulon.

Les 16. Lignes de Christophle de Serocourt.

8. Paternelles. Serocourt, Haraucourt, Manteville, Rye, Serocourt, Vatronville, Bouzey, Saint Loup.

8. Maternelles. Saint Belin, Chauvirey, Guyonville, Vauldray, la Rivierre, Lugny, Savoisy, Damas.

Les 16. Lignes de George de Serocourt.

8. Paternelles. Serocourt, Manteville, Serocourt, Bouzey, Saint Belin, Guyonville, la Rivierre, Savoisy.

8. Maternelles. Tavagny, Fugarol, Valleroy, Mandre, Billistin, Salignac, Maisierre, Byan.

Les 16. Lignes de François de Serocourt.

8. Paternelles. Serocourt, Serocourt, Saint Belin, la Rivierre, Tavagny, Valleroy, Billistin, Maisierre.

8. Maternelles. Coucey, Failly, Nogent, Circourt, Wandel, Naton, la Haye, la Boucherie.

du Roy, & de Charlotte de la Rivierre, dont il laissa *Jean* de Serocourt, Chevalier de Malthe, & Commandeur de Ruetz, & de Thors; *Philippes* de Serocourt, aussi Chevalier de Malthe, reçu le 16. Janvier 1584. *François* de Serocourt, Abbé de S. Benoist; *Charlotte* de Serocourt, mariée le 8. Novembre 1571. avec Antoine de Thelin, seigneur de Gumont; *Catherine* de Serocourt, Dame à Poussey; *Christophle* de Serocourt, seigneur de Serocourt, & *Richard* de Serocourt l'aîné, seigneur de Romain, Gentilhomme ordinaire de la Chambre d'Henry, Duc de Lorraine, l'un de ses Escuyers d'Escurie, Gouverneur de Marsal, Capitaine du Chasteau de la Mothe, & marié en secondes nôces à *Gabrielle de Ragecourt*, mere de *Renée* de Serocourt, femme de Louis de Custine, Baron de Bioncourt, & de *Gabrielle* de Serocourt, Dame à Poussey, puis femme de N........ de Custine, seigneur de Pontigny; & qui laissa de *Marguerite de Tavagny*, sa premiere femme, *Antoinette* de Serocourt, morte Recolette à Verdun; *Elisabeth* de Serocourt, mariée le 4. Novembre 1621. à Claude-Louis de Berman, Baron de Lanques; & *Jean-Jacques* de Serocourt, seigneur de Romain, Conseiller d'Estat, & Chambellan du Duc de Lorraine, premier Gentilhomme de la Chambre de Charles de Lorraine Evêque de Verdun, & duquel, & de sa femme *Françoise du Chastelet*, fille d'Erard, seigneur de Bonnet, Mareschal de Lorraine, & de Lucrece d'Orsan, sont issus *François*, *Jean*, & *Erard* de Serocourt, tuez; les deux premiers Capitaines, & le dernier, Cornette de Cavalerie pour le service du Duc de Lorraine; *Christine* de Serocourt, Dame à Poussey; *Anne Yoland* de Serocourt, femme de Richard d'Walle, Gentilhomme Irlandois, & Colonel d'un Regiment d'Infanterie Allemande, entretenuë pour le service du Roy; & *Marguerite* de Serocourt, Dame à Poussey, puis femme de Joseph de Serocourt son cousin, seigneur d'Illoud.

X. CHRISTOPHLE Seigneur de Serocourt, Conseiller d'Estat, Chambellan, & Commissaire general des Guerres de Lorraine, Gouverneur & Bailly d'Hombourg, & de S. Avold, Seneschal de Remiremont, & marié en troisiémes nôces à *Gabrielle de Bohan*, veuve de François seigneur de *Domballe*, & fille de René de Bohan, seigneur d'Ayr, & d'Eve de Thuillieres, sans enfans, n'eut de sa seconde femme *Theodore de Ligneville*, fille de Christophle, seigneur de Tumejus, Chevalier de l'Ordre du Roy, Conseiller d'Estat, & Capitaine general de l'Artillerie de Lorraine, & de Catherine de Sandrecourt, qu'*Anne-Catherine* de Serocourt, Dame à Poussey, puis femme d'Antoine de Lavaux, seigneur d'Oudimont; *Gabrielle de* Serocourt, aussi Dame à Poussey; & *Jean-Christophle* de Serocourt, seigneur d'Illoud, duquel, & d'*Isabeau de Bourges*, sont sortis *Françoise*, & *Joseph* de Serocourt, seigneur d'Illoud, mort sans enfans de *Marguerite* de Serocourt sa cousine; & a laissé d'*Antoinette de Tavagny* la premiere, fille d'Antoine de Tavagny Gouverneur de Bitch, & de Catherine de Bilistein, *Catherine* de Serocourt, femme de Paul, seigneur de la Tour en Voivre; &

XI. GEORGES Baron de Serocourt, seigneur d'Ourches, cy-devant Bailly de la Ville & Comté de Toul, remarié à *Claude de Serocourt*, veuve d'Henry d'Aucy, seigneur d'Hamonville, & fille de Claude de Serocourt, seigneur d'Ourches, & de Charlotte de Serval, & qui a eu de sa premiere femme *Renée de Gourcy*, fille de Nicolas, seigneur de Ville sur Iron, & d'Adrienne de Vandel; *Jean-Philippes* de Serocourt, mort au Siege de Betfort, Cornette de Cavalerie au Regiment de Massembach; *Marguerite-Louise* de Serocourt, morte Dame à Poussey; *Gabrielle* de Serocourt, aussi Dame à Poussey, puis femme de Philippes Adam de Massembach, Colonel d'un Regiment de Cavalerie Allemande, entretenuë pour le service du Roy; &

XII. FRANÇOIS Baron de Serocourt, qui a épousé *Anne de Cherisy*, Dame de Tillombois, & fille de Jean de Cherisy, seigneur du Mesnil la Tour, & de Courouve, & de Bonne de S. Astier, dont il a *Bonne-Françoise*, & *Anne* de Serocourt.

D'argent à la bande de sable, accompagnée de sept lozanges de même, quatre en chef, & trois en pointe.

Echange de Seigneuries entre Pierre de Serval Escuyer, Seigneur de la Grangette & de Talmar, & Damoiselle Ursule de Serocourt sa femme, d'une part; & Claude de Serocourt Escuyer, Seigneur d'Ourches, & Damoiselle Charlotte de Serval sa femme, d'autre. Du 7. Novembre 1588.

A TOUS ceux qui ces presentes Lettres verront. Gerard Colbert, Seigneur du Mont Saint Pierre.... Conseiller du Roy nostre Sire, & Garde du Scel de la Baillye de Vermandois, à Rheims, étably de par iceluy Seigneur, SALUT. Sçavoir faisons, que pardevant Nicolas Moreau Notaire Royal en ladite Baillye, demeurant à Tourteron, & à ce faire commis: Furent presens en personnes Pierre de Serval Escuyer, Seigneur de la Grangette, Talmar, &c. Et Damoiselle Ursule de Serocourt sa femme, d'une part; Claude de Serocourt Escuyer, seigneur d'Ourches & de Boncourt, & Damoiselle Charlotte de Serval sa femme, licentiées & authorisées de leurs maris, d'autre part. Reconnurent lesdites Parties avoir fait entre elles les échanges & permutations qui ensuivent, des Droits, Terres & Seigneuries cy-aprés dénommées. C'est à sçavoir, que ledit sieur de Talmar & ladite Damoiselle Ursule de Serocourt ont donné & délaissé... par ces Presentes, en titre de change, ausdits Pierre de Serocourt & Damoiselle sa femme ce acceptans, pour eux, leurs hoirs, les Droits, Terres, Seigneuries.... qui appartenoient audit sieur de Talmar & sadite femme à cause d'elle. Premier, le droit, part & portion qu'il leur appartenoit en la Terre & Seigneurie d'Ourches, consistante en haute Justice, moyenne & basse.... Item, une Maison, Jardin, Cour & Pourpris, scize à Longeville. Item, divers droits, part & portion qu'ils avoient aux menus Cens, Rentes, Lots & Ventes dudit Longeville; lesdits droits appartenans auparavant ledit present échange, ausdits sieur de Talmar & à ladite Damoiselle sa femme.... Et pour & au lieu de ce, lesdits sieur de Serocourt & ladite Damoiselle sa femme, ont donné, cedé, quitté & transporté... ausdits sieur de Talmar & à ladite Damoisellle Ursule de Serocourt, presens & acceptans, pour eux, leurs hoirs, les Droits, Terres & Seigneuries... appartenans ausdits sieur de Serocourt & sadite femme. Premier, le Droit qu'il leur competoient & appartenoient en la Terre & Seigneurie de la Grangette, consistant en haute Justice, moyenne & basse..... Item, donnent, cedent & transportent ausdits sieur de Talmar & à ladite Damoiselle sa femme, tout le droit, part & portion que à ladite Damoiselle Charlotte appartenoit par le Partage fait entre elle & ses freres & sœurs, tant audit lieu de la Grangette, le Chesnoy, Ban de Basson, Claire-Fontaine, Talmar, Chiviere, qu'autres lieux, & à elle venus tant par la succession de défunt Nicaise de Serval son Pere, vivant Escuyer, Seigneur de Talmar, que par donation & avancement d'hoirie à elle fait par Damoiselle Marie de Renesson sa mere, &c. En témoignage de ce Nous, au rapport dudit Notaire, avons mis à ces Presentes le Scel de ladite Baillye. Ce fut fait & passé à Omont-lés-Chastel, le Lundy septiéme jour du mois de Novembre prés midy, l'an mil cinq cens quatre-vingt-huit. *Signé*, MOREAU.

CLAUDE-GUSTAVE-CHRETIEN DES SALLES, Marquis de Rorté, fils aîné de François des Salles & de Marie d'Aucy.

Lettre de Claude des Salles Baron de Rorté, à Madame Marie d'Aucy sa Bru, Epouse de François des Salles. Du 10. Aoust 1641.

MADAME ma chere fille, j'envie le bonheur de mon fils de Malpierre, puis qu'il vous verra & vous rendra la presente, de quoy j'aimerois mieux moy-même estre porteur, & pouvoir assister au Baptême du garçon que Dieu vous a envoyé.* J'ay mandé à vostre mary comme la Reine de Suede m'a accordé d'en estre la Maraine; & mon fils se trouvera pour faire cet office, tant au nom de ladite Reine qu'au mien, suivant la Commission qu'il en a. Je mande aussi à vostre mary comme ladite Reine a fait un present à son filleul, que j'ay retenu, pour le hazard qu'il courreroit en chemin; & pour suppléer à la place, j'ay ordonné au sieur Florent de vous faire délivrer deux mil livres, outre un autre present que j'ay donné charge de vous estre envoyé, si vous n'aimez mieux avoir le tout en argent, de quoy je me remets à vous & à vostre mary, auquel j'écris particulierement de toutes choses: tout ce que je vous puis dire de plus, est que vous pouvez croire que je vous aime tous deux du meilleur de mon cœur, & vous particulierement, comme si vous estiez ma propre fille; asseurez-vous-en, je vous en prie, & croyez que je suis Vostre tres-affectionné pere à vous faire service, ma chere fille. *Signé*, RORTE'. De Stokholm ce 10. Aoust 1641. *Par apostille.* J'ay receu un extrême déplaisir de la perte que vous avez faite de vostre sœur l'Annontiade, & participe au regret que cela vous aura apporté: *Et au dos*, A Madame ma fille Madame la Baronne de Rorté, à Rorté.

* Claude Gustave.

Brevet de Capitaine de Cavalerie au Regiment de Furstemberg, pour Claude-Gustave des Salles, du 15. May 1668.

LOUIS par la grace de Dieu Roy de France & de Navarre: A nostre cher & bien-amé le Sieur Baron de Rorté, SALUT. Ayant resolu d'augmenter nos Troupes d'un Regiment de Cavalerie, composé de douze Compagnies, & de le mettre sous le nom de Furstemberg, & desirant donner le Commandement de l'une desdites Compagnies à une personne qui ait toutes les qualitez requises pour s'en bien acquitter, Nous avons estimé ne pouvoir faire pour cette fin un meilleur choix que de vous, pour les services que vous Nous avez rendus dans toutes les occasions qui s'en sont presentées, où vous avez donné des preuves de vostre valeur, courage, experience en la guerre, vigilance & bonne conduite, & de vostre fidelité & affection à nostre service. A CES CAUSES, & autres à ce nous mouvans, Nous vous avons commis, ordonné & estably, commettons, ordonnons & establissons par ces Presentes signées de nostre main, Capitaine de ladite Compagnie, laquelle vous leverez & mettrez sur pied le plus diligemment qu'il qu'il vous sera possible, du nombre de quatre-vingt-dix Maistres, les Officiers non compris, montez & armez à la legere, des plus vaillans & aguerris Soldats que vous pourrez trouver ; & ladite Compagnie commanderez, conduirez & exploiterez sous nostre authorité & sous celle de nostre tres-cher & bien amé Cousin le Vicomte de Turenne, Maréchal general de nos Camps & Armées, Colonel general de nostre Cavalerie Legere, & de nostre tres-cher & bien amé Cousin le Duc de Coislin Pair de France, Mestre de Camp general d'icelle ; la part, & ainsi qu'il vous sera par Nous ou nos Lieutenans Generaux commandé & ordonné pour nostre Service ; & Nous vous ferons payer, ensemble les Officiers & Chevaux-Legers de ladite Compagnie, des Estats, Appointemens & Soldes qui vous seront & à eux deus, suivant les Montres & Reveuës qui en seront faites par les Commissaires & Controlleurs des Guerres à ce départis, tant & si longuement que ladite Compagnie sera sur pied pour nostre Service : tenant la main à ce qu'elle vive en si bon ordre & police, que Nous n'en puissions recevoir de plaintes. De ce faire vous donnons pouvoir, commission, authorité & mandement special. Mandons à tous qu'il appartiendra, qu'à vous en ce faisant soit obey : Car tel est nostre plaisir. Donné à S. Germain en Laye le quinziéme jour de May, l'an de grace mil six cens soixante-huit ; & de nostre Regne le vingt-sixiéme. *Signé*, LOUIS. *Et plus bas*, Par le Roy, *Signé*, LE TELLIER, avec paraphe, Et scellé.

Incorporation de la Compagnie de Chevaux-Legers, commandée par Claude-Gustave des Salles, dans le Regiment de Ragny, du 2. Mars 1672.

MONSIEUR de Rorté, Ayant resolu de tirer du Regiment de Cavalerie de Coulanges la Compagnie de Chevaux-Legers que vous y commandez presentement, & de la faire passer dans le Regiment de Cavalerie de Ragny, pour y servir ainsi que les autres Compagnies dont il est composé, je vous fais cette Lettre, pour vous dire que vous ayez à joindre avec vostredite Compagnie ledit Regiment; que vous reconnoissiez à l'avenir le sieur Marquis de Ragny pour vostre Mestre de Camp, & que vous luy obeïssiez en tout ce qu'il vous ordonnera en ladite qualité pour mon Service, vous asseurant que ceux que vous me rendrez dans ledit Regiment me seront tres-agreables ; & la presente n'étant pour autre fin, je prie Dieu qu'il vous ait, Monsieur de Rorté, en sa sainte garde. Ecrit à Saint Germain en Laye le 2. Mars 1672. *Signé*, LOUIS. *Et plus bas*, LE TELLIER.

Lettre du Marquis de Louvois à Claude-Gustave des Salles, par laquelle il l'informe que le Roy l'a nommé Colonel du Regiment de Saint Aoust, du 3. Septembre 1675.

MONSIEUR,

Le Roy estant satisfait de vos services, Sa Majesté vous a accordé le Regiment de Saint Aoust, qui est vacant par sa mort. Je vous adresse l'Ordre qui est necessaire pour vous en dônner le Commandement, en attendant que je puisse expedier vostre Commission. Je vous asseure que je prens beaucoup de part à la grace que le Roy vous a faite, & que je suis veritablement, Monsieur, Vostre tres-humble & tres-affectionné serviteur, *Signé*, DE LOUVOIS. A Fontainebleau ce 3. Septembre 1675. *Et plus bas est écrit*, Monsieur de Rorté.

Brevet de Colonel, du 3. Septembre 1675. pour Claude-Gustave des Salles.

LOUIS par la grace de Dieu Roy de France & de Navarre : A nostre cher & bien amé le sieur Marquis de Rorté, SALUT. La Charge de Mestre de Camp d'un Regiment de Cavalerie, dont estoit pourveu le sieur Comte de S. Aoust, estant à present vacante par sa mort, & desirant donner le Commandement dudit Regiment à une personne qui ait toutes les qualitez requises pour s'en acquitter dignement, Nous avons estimé que Nous ne pouvions faire pour cette fin un plus digne choix que de vous, pour les services que vous Nous avez rendus dans toutes les occasions qui s'en sont presentées, où vous avez donné des preuves de vostre valeur, courage, experience en la Guerre, vigilance & bonne conduite, & de vostre fidelité & affection à nostre service. A CES CAUSES, & autres à ce Nous mouvans, Nous vous avons commis, ordonné & estably, commettons, ordonnons & establissons par ces Presentes, signées de nostre main, Mestre de Camp dudit Regiment, & Capitaine de la premiere Compagnie d'iceluy, lesdites Charges vacantes, comme dit est cy-dessus; pour en ladite qualité de Mestre de Camp commander ledit Regiment, le conduire & exploiter sous nostre authorité, & sous celle du Colonel general de nostre Cavalerie legere, & du sieur Marquis de Renel Mestre de Camp general d'icelle, la part & ainsi qu'il vous sera par Nous ou nos Lieutenans Generaux commandé & ordonné pour nostre Service; & nous vous ferons payer, ensemble les Officiers & Chevaux-Legers dudit Regiment, des Estats, Appointemens & Soldes qui vous seront & à eux deuës, suivant les Montres & Reveuës qui en seront faites par les Commissaires & Controlleurs des Guerres à ce départis, tant & si longuement que ledit Regiment sera sur pied pour nostre Service : tenant la main à ce qu'il vive en si bon ordre & police, que Nous n'en puissions recevoir de plaintes ; de ce faire vous donnons pouvoir, commission, authorité & mandement special. Mandons à tous qu'il appartiendra, qu'à vous en ce faisant soit obey : Car tel est nostre plaisir. Donné à Fontainebleau le troisiéme jour de Septembre, l'an de grace mil six cens soixante-quinze ; & de nostre Regne le trente-trois. *Signé*, LOUIS. *Et plus bas*, Par le Roy, LE TELLIER. Et scellé.

Dispense de l'Arriere-Ban, pour le même Claude-Gustave des Salles, du 15. Avril 1689.

VOUS avez, Monsieur, si bien servy à la Guerre, qu'on ne doit pas vous regarder comme un homme d'Arriere-Ban : mais outre cela, vous avez de si bonnes raisons pour vous en exempter, que vous ne devez point en avoir d'inquietude ; j'en ay écrit à M. de Nointel, & luy ay fait connoistre vos raisons : Je souhaiterois en d'autres occasions pouvoir vous témoigner que je suis tres-veritablement tout à vous. *Signé*, MONTMORENCY LUXEMBOURG. Le 15 Avril 1689. *Et au dos*, A Monsieur Monsieur le Marquis de Rorté.

Brevet de Conseiller d'Etat, accordé au même par S. A. R. Du 15 May 1701.

LEOPOLD par la grace de Dieu, Duc de Lorraine, Marchis, Duc de Calabre, Bar, Gueldres, Roy de Jerusalem, Marquis du Pont-à-Mousson & de Nommeny, Comte de Provence, Vaudémont, Blamont, Zutphen, Sarwerden, Salm, Falkenstein, &c. A tous ceux qui ces Presentes verront, SALUT. Prenant un soin particulier de remplir nos Conseils de personnes de merite, de distinction & de capacité requises, & sur lesquelles Nous puissions Nous reposer des grandes & importantes affaires qui s'y traitent pour le bien de nostre Estat & le repos de nos Peuples ; Sçavoir faisons, qu'étant pleinement informé des bons sens, suffisance, probité, fidelité & experience de nostre tres-cher & feal le sieur Claude-Gustave Marquis de Rorté, & de son zele au bien de nostre Service, en sorte que Nous avons tout lieu d'en esperer une entiere satisfaction : POUR CES CAUSES, & autres bonnes considerations à ce Nous mouvantes, Nous avons iceluy sieur Marquis de Rorté creé, nommé & retenu, & par ces Presentes le créons, nommons & retenons en l'estat & Office de Conseiller en nostre Conseil d'Estat, pour d'orénavant l'avoir, tenir, posseder & exercer bonnement & fidellement, & en jouir aux honneurs, droits, authoritez, privileges, prérogatives, immunitez, profits & émolumens y appartenans & en dépendans, tels & semblables dont jouissent, peuvent & doivent jouir de droit nos autres Conseillers d'Estat de pareille creation & retenuë, & aux Gages qui y seront par Nous attribuez. SI DONNONS EN MANDEMENT à nos tres-chers & feaux les Sieurs Chef de nostre Conseil d'Estat, Conseillers & Gens dudit Conseil, Presidens, Conseillers & Gens tenans nos Cour Souveraine & Chambres des Comptes de Lorraine & Barrois, Mareschaux, Baillifs, Seneschaux, Lieutenans & Procureurs Generaux, Tresorier general de nos Finances, & à tous autres nos Officiers, Justiciers, Hommes & Sujets qu'il appartiendra, que pris & receu par Nous le serment dudit Marquis de Rorté en tel cas requis & accoustumé, ils & chacun d'eux en droit soy, le mettent & instituent de par Nous en possession & joüissance dudit Estat & Office de Conseiller en nostre Conseil d'Estat, l'en fassent, souffrent & laissent jouir pleinement & paisiblement, ensemble des honneurs, droits, authoritez, privileges, prérogatives, immunitez, gages, profits & émolumens susdits, sans en ce luy faire, mettre, ou donner, ny souffrir qu'il luy soit fait, mis ou donné aucun trouble ny empêchement au contraire : Car ainsi Nous plaist. En foy de quoy Nous avons aux Presentes, signées de nostre main, & contre-signées par l'un de nos Conseillers-Secretaires d'Estat, Commandemens & Finances, fait mettre & appendre nostre grand Scel. Donné en nostre Ville de Nancy le quinziéme May mil sept cens un. *Signé*, LEOPOLD. *Et sur le reply*, Par S. A. R. M. A. MAHUET. *Registrata*, de la Falloize. Et scellé.

Brevet de premier Gentilhomme de la Chambre de S. A. R. pour le même, du 16 May 1701.

LEOPOLD par la grace de Dieu, Duc de Lorraine, Marchis, Duc de Calabre, Bar, Gueldres, Roy de Jerusalem, Marquis du Pont-à-Mousson & de Nommeny, Comte de Provence, Vaudémont, Blamont, Zutphen, Sarwerden, Salm, Falkenstein, &c. A tous ceux qui ces presentes verront, SALUT. L'Estat & Office de premier Gentilhomme de Nostre Chambre, que possedoit nostre tres-cher &

feal le Sieur Maximilien de Choiseul, Marquis de Meuze, estant à present vacant par son decés, Nous avons estimé qu'il estoit du bien & de l'honneur de nostre Service de faire choix d'une personne dont le merite réponde à la naissance, pour le remplir dignement; & mettant en consideration les belles & louables qualitez qui se rencontrent en nostre tres-cher & feal le Sieur Claude-Gustave Marquis de Rorté, ainsi que sa valeur, son courage, experience en la Guerre, dont il a donné des preuves dans les occasions, sa vigilance, bonne conduite & fidelité, & particulierement l'affection qu'il a témoignée à nostre Service, dont Nous sommes bien informez: A CES CAUSES, & pour luy donner des marques de l'estime que Nous faisons de sa personne; Nous avons à iceluy Sieur Marquis de Rorté, donné, conferé & octroyé, donnons, conferons & octroyons ledit Estat & Office de premier Gentilhomme de nostre Chambre, vacant, comme dit est, pour d'orénavant l'avoir, tenir, posseder, exercer, & en jouir par luy, aux honneurs, droits, authoritez, privileges, prérogatives, profits & émolumens y appartenans, & en dépendans, tels & semblables dont jouissoit, pouvoit & devoit jouir de droit ledit Marquis de Meuze à cause d'iceluy, & aux Gages que Nous y avons attribuez. SI DONNONS EN MANDEMENT au Sieur Maréchal Comte de Carlinford, Chevalier de la Toison d'Or, Grand-Maistre de nostre Hostel, Sur-intendant de nos Finances, & Chef de nos Conseils; à nos Grand Chambellan, premier Gentilhomme de nostre Chambre, Chambellans, Gentilshommes ordinaires, & à tous autres nos Officiers, Domestiques, Hommes & Sujets qu'il appartiendra, qu'aprés que ledit Marquis de Rorté aura presté en nos mains le Serment au cas requis & accoustumé, ils & chacun d'eux à son égard, ayent à le reconnoistre en cette qualité, & le faire, souffrir & laisser jouir pleinement & paisiblement des honneurs, droits, authoritez, privileges, prérogatives, profits & émolumens susdits, sans aucun trouble ny empêchement; Et au Tresorier general de nos Finances, ou à ses Commis, de payer & délivrer par chacun an audit Marquis de Rorté lesdits Gages, lesquels en rapportant pour une fois seulement Copie des Presentes deuëment collationnées, & à chaque payement Quittance suffisante dudit Marquis de Rorté, luy seront passées & allouées en la dépense de ses Comptes, par les President & Auditeurs d'iceux, ausquels mandons de le faire sans difficulté: Car ainsi Nous plaist. En foy de quoy Nous avons à ces Presentes signées de nostre main, & contre-signées par l'un de nos Conseillers-Secretaires d'Estat, Commandemens & Finances, fait mettre & appendre nostre grand Scel. Donné en nostre bonne Ville de Nancy le seiziéme May mil sept cens un. *Signé*, LEOPOLD, & scellé. *Et sur le reply*, Par S. A. R. M. A. MAHUET.

Lettres Patentes de Mareschal de Lorraine, du 12 Février 1706. pour le même Claude-Gustave des Salles.

LEOPOLD par la grace de Dieu, Duc de Lorraine & de Bar, Roy de Jerusalem, Marchis Duc de Calabre & de Gueldres, Marquis de Pont-à-Mousson & de Nommeny, Comte de Provence, Vaudémont, Blamont, Zutphen, Sarwerden, Salm, Falkenstein, &c. A tous ceux qui ces Presentes verront, SALUT. L'Estat & Office de Mareschal de Lorraine & Barrois, que tenoit & possedoit cy-devant nostre tres-cher & feal Conseiller en nos Conseils d'Etat & Privé, le Sieur Henry Comte de Tornielle, estant presentement vacant par le decés d'iceluy, & estant necessaire pour le bien de nostre Service de faire choix d'une personne de rang & de merite, pour le remplacer, & faire avec honneur les fonctions dudit Estat; Sçavoir faisons, que desirant en cette occasion donner à nostre aussi tres-cher & feal Conseiller d'Estat des nostres, le Sieur Claude-Gustave des Salles Marquis de Rorté, des marques de l'estime que Nous faisons de son merite, & de la satisfaction que Nous avons des bons & fideles services qu'il Nous auroit rendus depuis nostre avenement dans

dans nos Estats, & particulierement pendant l'espace de quatre années, en qualité de premier Gentilhomme de nostre Chambre; & voulant l'obliger à Nous les continuer avec la même fidelité : Nous a ces causes, & autres bonnes & justes à ce Nous mouvans, avons donné, conferé & octroyé, donnons, conferons & octroyons par ces Presentes audit Sieur Claude-Gustave des Salles, Marquis de Rorté, l'Estat & Office de Mareschal de Lorraine en Barrois, vacant, comme dit est; pour iceluy d'orénavant avoir, tenir, posseder & exercer bonnement & fidellement, & en jouir par luy sa vie naturelle durant, aux honneurs, droits, gages, prérogatives, authoritez, preéminence, franchise, fruits, profits & émolumens y appartenans & en dépendans, tels & semblables dont ledit Sieur Henry Comte de Tornielle a jouy, pû & deub jouir de droit, à cause dudit Estat & Office. Si donnons en mandement à nos tres-chers & feaux les Presidens, Conseillers & Gens tenans nostre Cour Souveraine de Lorraine & Barrois; Presidens, Conseillers & Auditeurs de nos Chambres des Comptes de Lorraine & de Bar, Procureurs Generaux en icelles, Mareschaux, Baillys, Seneschaux, Lieutenans Generaux, & à tous autres nos Officiers, Justiciers, Hommes & Sujets qu'il appartiendra, que pris & receu par Nous dudit Sieur Claude-Gustave des Salles, Marquis de Rorté, le Serment dudit Estat & Office en tel cas requis & accoustumé, ils & chacun d'eux en droit soy, l'en fassent, souffrent & laissent jouir & user pleinement & paisiblement, cessant & faisant cesser tous troubles & empêchemens au contraire : Car ainsi Nous plaist. En foy de quoy Nous avons à ces Presentes, signées de nostre main, & contre-signées par l'un de nos Conseillers-Secretaires d'Etat, Commandemens & Finances, fait mettre & appendre nostre grand Scel. Donné en nostre Ville de Lunéville le douziéme Février mil sept cens six. *Signé*, LEOPOLD. *Et sur le reply*, Par S. A. R. J. le Begue. *Registrata*, D. Pierre, *pro* G. Perrin. Et scellé.

Traité de Mariage entre Claude Gustave des Salles Marquis de Rorté, & Huguette de Vallerot, du premier Juin 1676.

PArdevant le Notaire Royal au Bailliage & Siege Presidial de Langres, soussigné, & Témoins en bas nommez : Sont comparus en leurs personnes Messire Claude-Gustave des Salles Chevalier, Marquis de Rorté, Mestre de Camp d'un Regiment de Cavalerie, entretenu pour le Service de Sa Majesté, fils de Messire François des Salles Chevalier, Marquis dudit Rorté, & de Dame Marie d'Aucy ses pere & mere; ledit Seigneur François des Salles present & authorisant ledit Seigneur Gustave son fils, tant pour luy que pour ladite Dame d'Aucy son Epouse, pour laquelle il se fait fort, & à laquelle il promet faire ratifier ces Presentes dans le mois, à l'effet de quoy il l'authorise dés-à-present, demeurant ordinairement à Malpierre, pays de Bassigny, Ressort du Bailliage de Chaumont, d'une part.

Et Damoiselle Huguette de Vallerot, fille de Messire Claude de Vallerot Chevalier, Seigneur de Flamerand & autres lieux; & de Dame Marthe Tisserand ses pere & mere, à ce pareillement presens, & authorisant ladite Damoiselle leur fille; ladite Dame authorisée à cet effet dudit Seigneur son mary, demeurant ordinairement en leur Maison Seigneurialle d'Isaume, d'autre part.

Lesquels Seigneur Gustave des Salles & Damoiselle de Vallerot, de l'authorité & assistance de leurs pere & mere, ont respectivement promis de se prendre en foy & loyauté de Mariage, & iceluy solemniser le plutost & commodément que faire se pourra.

Les conventions duquel Mariage ont esté réglées en la forme qui suit : Sçavoir, &c. Fait & passé audit Isaume en la Maison Seigneuriale desdits Seigneur & Dame

Porte d'argent, à cinq Merlettes de Sable, 2. 1. & 2.

Généalogie de la Maison de Vallerot, prouvée pardevant M. de Caumartin en 1670.

PHILBERT DE VALLEROT, Escuyer, Seigneur de Bussillon, vivoit en 1496. & épousa Jeanne de Chamergy.

PHILBERT DE VALLEROT, II. du Nom, Seigneur de Bussillon, de Cussy-le-Chatel, & de Roilly, épousa le 22 Decembre 1554. Françoise de Montmegny; & en secondes, Anne de Molain : Il eut de celle-cy

JEAN DE VALLEROT, Seigneur de Cussy-le-Chatel, de Bessey & de Blangey, Gentilhomme & Maître d'Hôtel du Duc de Guise.

SIMON.

NICOLAS DE VALLEROT, Seigneur de Maisoncelle, Gentilhomme ordinaire du Duc de Guise, épousa le 15 Février 1575, Cassandre de Saint Anthot, fille d'Antoine de S. Anthot, Escuyer, Seigneur de Masoncle, Conseiller du Roy T. C. & Premier President du Parlement de Rouen, & de Christine de Moreau.

JEAN DE VALLEROT.

CHRETIEN DE VALLEROT.

SIMON DE VALLEROT, Seigneur de Bussillon, de Masoncle, Capitaine de cent Hommes de pied pour le service de Henry IV. Roy de France; épousa le 21 Octobre 1607. Claude de Mont-richard, fille d'Antoine de Mont-richard Escuyer, Seigneur de Flamerant, de Boncourt-le-Bois.

GILBERT DE VALLEROT, Seigneur de Masoncle & du Petit-Bois, épousa Louise de Montmorillon.

CLAUDE DE VALLEROT, Seigneur de Flameran, de Sensey, de Chaffaut & d'Isome, Lieutenant Colonel Commandant le Regiment d'Espernon, épousa en premieres nopces Anne-Lucrece de Vidard, le 17 Juin 1639. & en secondes, le 24 Juillet 1646. Marthe de Tisserand: Il eut de celle-cy

CLAUDE DE VALLEROT, mariée le 10 Mars 1680. à Louis de Jeandelincourt, Seigneur de Saint Baussant.

HUGUETTE DE VALLEROT, mariée le premier de Juin 1676. à Claude-Gustave Comte des Salles, Marquis de Rorté, Mestre de Camp pour le service du Roy T. C.

JEAN DES SALLES.

ELIZABETH DES SALLES, mariée le 21 Decembre 1712. à Claude-Henry Palatin de Dio, Marquis de Montperou, Lieutenant Colonel du Regiment de Mortemare.

MARIE DES SALLES, Dame de Poulangy.

de Flamerand aprés midy, le premier jour de Juin mil six cens soixante & seize, en presence & par l'avis desdits Seigneur pere & mere desdits futurs, & de Messire Claude Godefroy de Chandon Escuyer, Seigneur de Briaille & de Lancques, Me Antoine Bizot Prestre, Curé dudit Isaume, y demeurant, Me Jean-Baptiste Levesque Conseiller du Roy, Receveur au Grenier à Sel de Langres, y demeurant, & Jean Tisserand Escuyer, demeurant audit Isaume, parens & amis desdits futurs, & Témoins sous-signez avec iceux futurs. Releu. *Signé enfin,* Claude Gustave des Salles, Huguette de Vallerot, F. des Salles Rorté, de Vallerot Flamerand, Marthe Tisserand, Briaille, Bizot, Levesque, Tisserand, & Petitjean Notaire Royal, avec paraphe. Et sur l'Extrait, PETITJEAN.

FRANÇOIS DES SALLES, fils puisné de François des Salles & de Marie d'Aucy, Marquis de Bullegnéville, Seigneur de Vaucouleur, de Malpierre, d'Ugny, de Mars-la-Tour, & Bailly du Pont-à-Mousson, Conservateur de l'Université, Commandant d'une Compagnie des Chevaux-Legers de la Garde de S. A. R.

Brevet de la Reine Duchesse, en faveur de François des Salles, Comte de Rorté, pour le Commandement d'une Compagnie de Chevaux-Legers de la Garde de S. A. R. Du 17 Mars 1696.

AUjourd'huy dix-septiéme du present mois de Mars mil six cens quatre-vingt-seize, SA MAJESTE' estant à Inspruch, desirant reconnoistre les bons & fideles services que le sieur François des Salles Comte de Rorté, a rendu dans ses Troupes par l'espace de douze années ; & voulant luy donner, à la Comtesse sa mere, & à toute sa parenté, des marques de l'estime qu'Elle fait de son merite ; POUR CES CAUSES, & autres bonnes & justes considerations, SA MAJESTE' a promis & promet par ces Presentes audit Comte de Rorté, la Paix estant faite, & Son Altesse Serenissime son fils estant de retour dans ses Estats, une Charge de Lieutenant de Chevaux-Legers, ou un autre Employ de pareille consideration ; Promettant Sa Majesté, le cas écheant, luy en faire expedier les Lettres Patentes à ce requises & necessaires : Car tel est son bon plaisir. En foy & pour asseurance de quoy Sa Majesté a le present Brevet signé de sa main, & commandé à son Conseiller & Secretaire d'Estat soussrit de le contre-signer. Audit Inspruch les an & jour susdits. *Signé,* ELEONORE Reine, & scellé. *Et plus bas,* Signé, LE BEGUE.

Lettre de Mr l'Abbé le Begue, à François des Salles, Comte de Rorté, du 16. Mars 1695.

MONSIEUR,

L'estime que je fais de vostre merite me donneroit beaucoup de déplaisir de vous quitter, si je ne préferois vostre satisfaction à la mienne, & la conservation de vostre

Maison à tout autre interest. Ainsi j'ay fait parler à la Reyne, suivant que vous avez desiré de moy. Sa Majesté aprés en avoir conferé avec Messieurs les Comtes de Dietrichstain & de Carlinford, a jugé que vous aviez raison de contenter M. vostre frere, & a consenty à vostre retour, & même que vous jouissiez de vostre Quartier d'hyver ; mais elle n'a pû agréer que vostre Compagnie passe à M. .... pour les mêmes raisons que vous me marquez ; non pas qu'elle ne soit persuadée de sa capacité, parce que j'ay eu soin de faire dire ce qu'il vaut, & de le dire moy-même : mais parce qu'il y a trop de personnes de qualité prétendans, & qu'on ne peut laisser en arriere dans les occasions, sans leur donner de justes sujets de se plaindre. La Reine a cependant consulté vostre Colonel ; & quand j'auray sa réponse, je vous la feray sçavoir. Vous trouverez assez d'amis qui prendront soin de vos interests pour vostre Quartier, duquel j'espere que vous aurez le même avantage ; si j'eusse pû faire plus, je l'eusse fait avec bien du plaisir, parce que j'en auray toujours beaucoup de rencontrer les occasions de pouvoir vous témoigner combien je suis, Monsieur, Vostre tres-humble & tres-obeïssant serviteur, LE BEGUE. A Inspruck ce 16 Mars *1696*.

Ordre de S. A. R. pour François des Salles Comte de Rorté, & Commandant des Chevaux-Legers de sa Garde. Du 28 Juin 1698.

DE PAR SON ALTESSE.

IL est ordonné au Sr Comte de Rorté Lieutenant, Commandant une de nos deux Compagnies de Chevaux-Legers de nostre Garde, de se rendre incessamment dans la Ville du Neufchasteau, que Nous luy avons assignée pour le Quartier d'Assemblée de la Compagnie que Nous luy avons ordonné de lever pour nostre Service, & de se conformer exactement aux Ordres que Nous avons envoyé le vingt-deux du present mois de Juin au Prevost du lieu, dont copie est cy-jointe, tant pour le logement, que pour la solde de cinquante Chevaux-Legers, Trompette & Timballier de ladite Compagnie, que pour les trois Brigadiers, le Marefchal des Logis, le Guidon, les deux Sous-Lieutenans d'icelle, que pour luy en particulier; luy enjoignant de tenir tres-bon ordre que sa Troupe vive avec discipline, & fasse qu'il ne Nous en vienne pas de plaintes. Expedié à Luneville le 28 Juin 1698. *Signé*, LEOPOLD, & cacheté. *Et plus bas*, M. A. DE MAHUET de Lupcourt.

Lettres Patentes de l'Office & Estat de Bailly du Pont-à-Mousson, pour François des Salles. Du 26 Février 1706.

LEOPOLD par la grace de Dieu, Duc de Lorraine & de Bar, Roy de Jerusalem, Marchis Duc de Calabre, & de Gueldres, Marquis de Pont-à-Mousson & de Nommeny, Comte de Provence, Vaudémont, Blamont, Zutphen, Sarwerden, Salm, Falkenstein, &c. A tous ceux qui ces Presentes verront, SALUT. L'Estat & Office de Bailly de nostre Bailliage du Marquisat de Pont-à-Mousson, que tenoit & possedoit nostre tres-cher & feal Conseiller en nos Conseils d'Estat & Privé, le Sieur Anne-Honoré du Chastellet, Marquis de Trichateau, Capitaine d'une Compagnie de nos Gardes du Corps, estant presentement vacant, par la démission pure, simple, absoluë & volontaire qu'il en auroit faite en nos mains ; & estant necessaire pour le bien de nostre Service & celuy du public, de faire choix d'une personne de merite & de rang pour le remplacer ; Sçavoir faisons, qu'estant pleinement informé des bons sens, capacité, science, bonne conduite, fidelité & affection de nostre tres-cher & feal le Sieur François des Salles, Comte de Rorté, Lieutenant, Commandant une Compagnie

Compagnie des Chevaux-Legers de nostre Garde ; & voulant en cette occasion luy marquer la satisfaction que Nous avons des fideles services qu'il Nous auroit rendus & à feuë Son Altesse nostre tres-cher & tres-honoré Seigneur & Pere (qui soit en gloire) tant dans l'Empire que dans nos Estats, depuis nostre avenement en iceux : A CES CAUSES, & autres bonnes & justes à ce Nous mouvans, Nous en agréant & recevant ladite démission, avons donné, conferé & octroyé, donnons, conferons & octroyons par ces Presentes audit Sieur François des Salles, Comte de Rorté, l'Estat & Office de Bailly du Bailliage de nostredit Marquisat de Pont-à-Mousson, vacant, comme dit est, pour iceluy d'orénavant avoir, tenir, posseder & exercer bonnement & fidellement, & en joüir par luy sa vie naturelle durant, aux honneurs, droits, gages, prérogatives, preéminences, authoritez, fruits, profits & émolumens y appartenans & en dépendans, tels & semblables dont ledit Sieur Anne-Honoré du Chastellet, Marquis de Trichateau a joüy, pû & deu joüir de droit, à cause dudit Estat & Office. SI DONNONS EN MANDEMENT à nos tres-chers & feaux les Presidens, Conseillers & Gens tenans nostre Cour Souveraine de Lorraine & Barrois, Lieutenant General & Conseillers de nostredit Bailliage, & à tous autres nos Officiers & Justiciers qu'il appartiendra, que pris & receu dudit Sieur François des Salles, Comte de Rorté, le Serment dudit Estat & Office, en tel cas requis & accoustumé, ils & chacun d'eux en droit soy, l'en fassent, souffrent & laissent joüir & user pleinement & paisiblement, cessant & faisant cesser tous troubles & empêchemens au contraire : Car ainsi Nous plaist. En foy de quoy Nous avons aux Presentes, signées de nostre main, & contre-signées par l'un de nos Conseillers-Secretaires d'Estat, Commandemens & Finances, fait mettre & appendre nostre grand Scel. Donné en nostre Ville de Lunéville le vingt-sixiéme Février mil sept cens six. *Signé*, LEOPOLD. *Et sur le reply*, Par Son Altesse Royale, *Signé*, J. LE BEGUE. Et à costé, *Registrata*, D. PIERRE, *pro* G. PERRIN.

Erection de la Baronie de Bullegnéville en Comté, pour François des Salles II. du Nom. Du 16. Février 1708.

LEOPOLD par la grace de Dieu, Duc de Lorraine & de Bar, Roy de Jerusalem, Marchis, Duc de Calabre & de Gueldres, Marquis de Pont-à-Mousson & de Nommeny, Comte de Provence, Vaudémont, Blamont, Zutphen, Sarwerden, Salm, Falkenstein, &c. A tous presens & à venir, SALUT. Nostre tres-cher & feal le Sieur François des Salles, Comte de Rorté, Lieutenant, Commandant l'une des Compagnies des Chevaux-Legers de nostre Garde, & Bailly du Pont-à-Mousson, Nous a fait remontrer, que pour paroître avec plus d'éclat dans les differens Emplois dont il Nous a plû l'honorer, nostre tres-cher & feal Conseiller d'Estat & Maréchal de Lorraine & Barrois, le Sieur Marquis de Rorté son frere, luy auroit donné par donation entre-vifs & irrevocable, la Terre & Prevosté de Bullegnéville, anciennement érigée en Baronnie, & dont les Titres d'Erection se trouvoient adhirez ; laquelle estoit composée, sans y comprendre ledit Bourg, de neuf Villages, Terres & Seigneuries ; desquels quatre, sçavoir Crainvilliers, la Roüillie, la Vacheresse & Moüelle luy appartiennent pour le tout en haute, moyenne & basse Justice ; & que dans les cinq autres, qui sont S. Oüen, Suriauville, Martigny, Vaudoncourt & Eingeville, il a parts & portions dans les Justices, Droits, Rentes, Revenus, Cens & Redevances, avec attribution de Foires & Marchez, qui se tiennent regulierement audit Bourg de Bullegnéville, qui en est le Chef-lieu, avec un grand concours de peuples ; tellement que tous lesdits Bourg, Villages & lieux qui composoient une Terre considerable, estoient, outre ce qu'il pourra acquerir dans la suite de ses co-Seigneurs esdits cinq derniers Villages, d'un revenu suffisant, pour supporter & maintenir un nouveau Titre & une Dignité plus éminente : Pour cet effet, il Nous auroit tres-humblement supplié de vouloir ériger ledit Bourg de Bullegnéville, avec les quatre

Villages de Crainvilliers, la Roüillie, la Vacheresse & Moüelle, & ce qui luy appartient presentement, & qu'il pourra cy-aprés acquerir dans les cinq Villages de S. Oüin, Suriauville, Martigny, Vaudoncourt, & Eingeville, en Comté; & en consequence, luy permettre de faire administrer les Justices de tous lesdits lieux en celuy de Bullegnéville, par les Prevost, Gruyer, & autres Officiers qui y seront par luy créez; comme aussi d'y establir pour le bien du Commerce encore deux autres Foires és jours qui seront trouvez convenables, par rapport aux deux qui y sont déja actuellement establies, & à celles des lieux voisins; à quoy inclinant favorablement, & ayant aucunement égard aux grands & signalez services que ledit sieur Comte a rendus depuis une longue suite d'années tant à nostre tres-cher & tres-honoré Seigneur & Pere Charles V. de triomphante memoire, en Hongrie & ailleurs, où il s'est signalé, que prés de nostre Personne, & desquels il Nous reste une telle satisfaction, que Nous souhaitons luy en faire ressentir les effets dans toutes les occasions qui s'en presenteront, & l'engager ainsi de plus en plus à nous continuer ses services avec les mêmes zele, fidelité, affection & attachement qu'il a fait jusques à cette heure: NOUS à ces causes, & autres bonnes considerations à ce Nous mouvans, de l'avis des Gens de nostre Conseil, & de nostre grace speciale, pleine puissance & authorité Souveraine, avons creé, érigé, décoré & élevé, créons, érigeons, décorons & élevons par ces Presentes, ledit Bourg, Terre & Seigneurie de Bullegnéville, ensemble les Terres & Seigneuries des Villages de Crainvilliers, la Roüillie, la Vacheresse & Moüelle, avec les Justices hautes, moyennes & basses, Bans, Finages, Rentes, Revenus, Cens & Droits en dépendans; & les parts & portions appartenantes presentement à l'Exposant és Terres & Seigneuries des Villages de S. Oüin, Suriauville, Martigny, Vaudoncourt, & Eingeville, tant en Justices, Bans, Finages, Rentes, Revenus, Cens & Droits aussi en dépendans; comme aussi ce qu'il en pourra cy-aprés acquerir de ses co-Seigneurs, en titre, qualité, dignité & préeminence de Comté; pour dudit nom & titre de Comté, qui sera dit & nommé de Bullegnéville, jouir & user pleinement, paisiblement & perpetuellement par ledit sieur François des Salles, Comte de Rorté, ses hoirs, successeurs & ayans cause, en tous droits, honneurs, préeminences, prérogatives, rangs, privileges, lustre & splendeur dont jouissent & usent les autres Comtes de nos Estats; & en consequence, luy avons permis & permettons de faire administrer la Justice dans ledit Bourg de Bullegneville, par un Prevost, Gruyer, & tels autres Officiers de Justice qui seront par luy nommez & establis pour l'exercice d'icelle; & ce tant pour lesdits lieux à luy appartenans nuëment en tous droits de haute, moyenne & basse Justice, que pour ceux où les Habitans ou habitations sont separées ou divisées, ou lorsqu'ils le seront cy-aprés (le cas écheant) dans les cinq autres Villages, avec ce qu'il en pourra acquerir dans la suite; & sans neanmoins que lesdites Terres & Seigneuries, Villages, Cens, Rentes & Revenus composans ledit Comté, puissent en estre distraits ny alienez: Et pour en augmenter les droits & privileges, Nous avons en outre estably & érigé, & par ces Presentes establissons & érigeons audit Bourg de Bullegnéville deux Foires par chacune année, au delà des deux qui y sont déja establies; & ce aux mois & jours que le Suppliant le jugera le plus convenable, tant par rapport aux Foires dudit Bourg, qu'à celles des Villes & lieux voisins: le tout à charge de Nous en faire les reprises, foys, hommages & serment de fidelité à chaque mutation, & de donner à nostre Chambre du Conseil & des Comptes de Bar ses aveus & dénombremens dudit Comté & lieux en dépendans, dans le temps porté par la Coutume, sauf en tout nostre droit & l'autruy. SI DONNONS EN MANDEMENT à nos tres-chers & feaux les Presidens, Conseillers & Gens tenans nostre Cour Souveraine de Lorraine & Barrois, & Presidens, Conseillers-Auditeurs & Gens tenans nostre Chambre du Conseil & des Comptes de Bar, que ces Presentes ils fassent registrer, & de leur contenu jouir & user ledit Exposant, ses successeurs & ayans cause, pleinement, paisiblement & perpetuellement, cessant & faisant cesser tous troubles & empêchemens au contraire: Car ainsi Nous plaist. En foy de quoy Nous avons à ces Presentes, signées de nostre main, & contre-signées par l'un de nos Conseillers-Secretaires d'Estat, Commandemens & Finances, fait mettre & appendre nostre grand Scel. Donné en nostre Ville de Lunéville, le seiziéme jour de Février mil sept cens huit. *Signé*, LEOPOLD. *Et sur le reply*, par S. A. R. S. M. LABBE'. Et à costé, *Registrata*, D. PIERRE, *pro* G. PERRIN. Et scellé.

Erection du Comté de Bullegnéville en Marquisat, en faveur du même François des Salles. Du 8 Juin 1708.

LEOPOLD par la grace de Dieu, Duc de Lorraine & de Bar, Roy de Jerusalem, Marchis Duc de Calabre & de Gueldres, Marquis de Pont-à-Mousson & de Nommeny, Comte de Provence, Vaudémont, Blamont, Zutphen, Sarwerden, Salm, Falkenstein, &c. A tous presens & à venir, SALUT. Nostre tres-cher & feal le Sieur François des Salles, Comte de Rorté & de Bullegnéville, Lieutenant, Commandant l'une des Compagnies des Chevaux-Legers de nostre Garde, & Bailly du Pont-à-Mousson, Nous a fait remontrer, que par Lettres Patentes du seize Février dernier, il Nous auroit plû ériger les Bourg, Terres & Seigneuries des Villages de Crainvilliers, la Roüillie, la Vacheresse & Moüelle, avec les Justices hautes, moyennes & basses, Bans, Finages, Rentes, Revenus, Cens & Droits en dépendans; & tant les parts & portions qui luy appartenoient pour lors dans les Terres & Seigneuries des Villages de S. Oüin, Suriauville, Martigny, Vaudoncourt, & Eingeville, en Justices, Bans, Finages, Rentes, Revenus, Cens, & Droits aussi en dépendans, que ce qu'il en pourroit d'orénavant acquerir de ses co-Seigneurs, en titre, qualité & dignité de Comté, qui seroit dit & nommé de Bullegnéville, avec pouvoir d'y faire administrer la Justice par un Prevost, Gruyer, & tels autres Officiers qui y seroient par luy nommez & establis; & en outre d'y establir & ériger deux Foires par chacune année, au delà de deux qui y estoient déja establies: Et comme tant ledit Comté de Bullegnéville que les Terres & Seigneuries de Contrexeville & Auzenvilliers à luy appartenantes en haute, moyenne & basse Justice, sans part d'autruy; une Forge battant fer, & deux Fourneaux coulans fonte, & la part & portion à luy appartenant dans la Seigneurie de Hagneville, qu'il desiroit y joindre; outre ce qu'il pourra cy-aprés acquerir de sesdits co-Seigneurs, forment une Terre considerable, & d'un revenu suffisant, pour supporter & maintenir le titre éminent de Marquisat, il Nous a tres-humblement fait supplier de vouloir l'en décorer; à quoy inclinant favorablement, & voulant dans cette occasion luy témoigner l'entiere satisfaction qui Nous reste des bons, agreables & fideles services qu'il a rendus & rend tous les jours, & laisser des marques à l'avenir de l'estime que Nous faisons de sa personne: NOUS à ces causes, & autres bonnes considerations à ce Nous mouvantes, de l'avis des Gens de nostre Conseil, & de nostre grace speciale, pleine puissance & authorité Souveraine; avons joint, uny, annexé & incorporé, joignons, unissons & incorporons lesdites Terres & Seigneuries de Contrexeville, & Auzenvilliers, la Forge battant fer, & deux Fourneaux, & la part & portion appartenante audit sieur de Rorté dans la Seigneurie de Hagneville, appartenances & dépendances cy-dessus specifiées, audit Comté de Bullegnéville; pour d'orénavant ne faire qu'une même Terre & Seigneurie; & iceluy Comté, circonstances & dépendances, avec ce qu'il pourra acquerir dans la suite de ses co-Seigneurs esdits Villages de S. Oüin, Suriauville, Martigny, Vaudoncourt, Eingeville & Hagneville, creé, érigé, décoré & élevé, & par ces Presentes créons, érigeons, décorons & élevons en titre, nom & dignité de Marquisat; pour dudit nom, dignité & titre de Marquisat, qui sera dit & nommé de Bullegnéville, jouir & user par ledit sieur François des Salles, Comte de Rorté, ses hoirs, successeurs & ayans cause, pleinement, paisiblement & perpetuellement, en tous droits, honneurs, preéminences, prérogatives, rangs, privileges, lustre & splendeur dont jouissent & usent les autres Marquis de nos Estats, encore qu'ils ne soient cy particulierement specifiez : Et en consequence, Voulons & Nous plaist, que les Justices desdits Fiefs & Terres-Unies soient renduës par les Prevost, Gruyer, & tels autres Officiers de Justice qui y seront par ledit sieur des Salles, ses hoirs, successeurs & ayans cause, nommez & establis ; & sans neanmoins que lesdites Terres, Seigneuries, Villages & Forges, Cens, Rentes & Revenus composans ledit Marquisat, puissent en estre distraits ny alienez : le tout à charge de Nous faire les reprises, foy, hommages & serment de fidelité à chaque mutation, & de donner à nostre Chambre du Conseil & des Comptes de Bar ses aveus & dénombremens dudit Marquisat & lieux en dépendans, dans le temps porté par la Coutume ; sauf en tout nostre droit & l'autruy. SI DONNONS EN MANDEMENT à nos tres-chers & feaux les Presidens, Conseillers & Gens tenans nostre Cour Souveraine de Lorraine & Barrois, Presidens, Conseillers, Maistres & Gens tenans nos Chambres des Comptes de Lorraine & de Bar, que ces Presentes ils fassent registrer, & de leur contenu jouir & user chacun à leur égard ledit Exposant, ses hoirs, successeurs & ayans cause, pleinement, paisiblement & perpetuellement ; cessant & faisant cesser tous troubles & empêchemens au contraire : Car ainsi Nous plaist. En foy de quoy Nous avons aux Presentes, signées de nostre main, & contre-signées par l'un de nos Conseillers-Secretaires d'Estat, Commandemens & Finances, fait mettre & appendre nostre grand Scel. Donné en nostre bonne Ville de Luneville le huitiéme jour du mois de Juin mil sept cens huit. *Signé*, LEOPOLD. *Et sur le reply*, Par S. A. R. S. M. LABBE'. *Registrata*, D. PIERRE, *pro* G. PERRIN. Et scellé.

Reprise du Marquisat de Bullegnéville, par le même François des Salles. Du 21 Juin 1708.

LEOPOLD par la grace de Dieu, Duc de Lorraine & de Bar, Roy de Jerusalem, Marchis Duc de Calabre & de Gueldres, Marquis du Pont-à-Mousson & de Nommeny, Comte de Provence, Vaudémont, Blamont, Zutphen, Sarwerden, Salm, Falkenstein, &c. A tous ceux qui ces Presentes verront, SALUT. Sçavoir faisons, que nostre tres-cher & feal le Sieur François des Salles, Comte de Rorté & de Bullegnéville, Lieutenant, Commandant une Compagnie de nos Chevaux-Legers, & Bailly du Pont-à-Mousson, Nous a ce jourd'huy fait les reprises, foys, hommages & serment de fidelité, qu'il estoit obligé de Nous faire pour raison de la Terre & Marquisat de Bullegnéville, ses appartenances & dépendances ; laquelle Nous aurions érigé en Comté, avec augmentation de deux Foires, & de suite en Marquisat, par Lettres Patentes des seize Février & huitiéme Juin de l'année courante mil sept cens huit, mouvans & relevans de Nous à cause de nos Duchez de Lorraine & de Bar : Et en consequence s'est ledit Sieur Comte de Rorté reconnu nostre Vassal & Homme lige, & a promis de Nous rendre tous les devoirs & services ausquels un bon & fidele Vassal est attenu & obligé envers son Seigneur dominant, à peine de commise, & de donner & fournir à nos Chambres des Comptes de Lorraine & de Bar ses Lettres reversailles, aveus & dénombremens dans le temps & sous les peines portées par la Coustume ; ausquels reprises, foys, hommages & serment de fidelité, Nous avons receu en personne ledit sieur de Rorté, sauf nostre droit & l'autruy. SI DONNONS EN MANDEMENT, &c. Car ainsi Nous plaist. En foy de quoy Nous avons aux Presentes, signées de nostre main, & contre-signées par l'un de nos Conseillers-Secretaires d'Estat, Commandemens & Finances, fait mettre & appendre nostre grand Scel. Donné en nostre bonne Ville de Lunéville, le vingt-uniéme jour du mois de Juin mil sept cens huit. *Signé*, LEOPOLD. *Et sur le reply*, Par S. A. R. LE SIEUR RENNEL D'ANDILLY, Conseiller d'Estat, & Maistre des Requestes ordinaire de nostre Hostel, present. *Signé*, S. M. LABBE'. *Registrata*, D. PIERRE, *pro* G. PERRIN. Et scellé.

Contrat

Contrat de Mariage entre François des Salles, Comte de Rorté, Seigneur de Malpierre & de Vaucouleur, Capitaine-Lieutenant d'une Compagnie des Chevaux-Legers de la Garde de Son A. R. & Catherine-Louise de Ficquelmont. Du 10 Juillet 1703.

PArdevant le Notaire Royal estably à Metz, & y resident, sous-signé, & en presence des Témoins bas nommez ; Furent presens haut & puissant Seigneur Mre François des Salles, Comte de Rorté, Chevalier Seigneur deMalpierre, Ugny, Engagiste du Domaine de Vaucouleur, Seigneur de Voivre, Capitaine-Lieutenant d'une Compagnie de la Garde des Chevaux-Legers de S. A. R. Monseigneur le Duc de Lorraine, fils de deffunt haut & puissant Seigneur Mre François des Salles, Chevalier, Marquis de Rorté, Seigneur dudit lieu, Gouverneur des Ville & Chasteau de Vaucouleur, & de haute & puissante Dame Dame Marie d'Aucy, assisté de haut & puissant Seigneur Messire Claude-Gustave des Salles Chevalier, Marquis de Rorté, Seigneur dudit lieu & de Bullegnéville, Conseiller d'Estat, premier Gentilhomme de la Chambre de S. A. R. de Lorraine, son frere, d'une part ; Et Dame Catherine-Louise de Ficquelmont, Dame Comtesse de Remiremont, sous l'authorité, agrément & consentement de haut & puissant Seigneur Messire René-Louis de Ficquelmont Chevalier, Seigneur de Mars-la-Tour, Chaumont sur Aire, la Tour en Voivre & autres lieux, & de haute & puissante Dame Dame Marie-Therese de Lambertye ses pere & mere, & à l'assistance de Dame Jeanne de Ficquelmont, Dame Chanoinesse de l'Abbaye de Sainte Marie, sa sœur ; de haut & puissant Seigneur Messire George, Marquis de Lambertye, Baron de Cons, Conseiller d'Estat, Maréchal de Lorraine, & Grand Bailly de Nancy, son oncle maternel ; de haut & puissant Seigneur Messire François-Joseph de Tornielle, Marquis de Gerbeviller, Seigneur dudit lieu, & grand-Maistre de la Garde Robe de S. A. R. de Lorraine, & de haute & puissante Dame Dame Anthoinette-Louise de Lambertye son épouse, & de Messire André de Lambertye Chevalier, Capitaine aux Gardes de S. A. R. ses cousins & cousine, d'autre part ; Lesquelles Parties pour parvenir au futur & esperé Mariage à faire entre ledit Seigneur François des Salles, Comte de Rorté, & ladite Dame Catherine-Louise de Ficquelmont, ont faits & accordez les conventions & pactions matrimoniales suivantes ; Sçavoir, qu'ils ont promis & promettent respectivement de se prendre l'un l'autre par loy & foy de mariage, en face de l'Eglise & sous sa licence, aussi tost que l'une des Parties en requerera l'autre ; Et aussi-tost aprés la celebration dudit Mariage, lesdits Sieur & Dame futurs époux seront uns & communs en tous biens-meubles qu'ils ont & auront, acquests & conquests immeubles qu'ils feront pendant & constant ledit Mariage, encore que la future épouse ne seroit dénommée és acquests qui s'en feront en ligne ou hors de ligne, & en toutes les rentes & revenus de tous leurs biens, reservés, écheus, ou à écheoir ; pour arrivant la dissolution dudit Mariage, estre tous les biens & effets de ladite Communauté partagez également par moitié entre le survivant, & les enfans & heritiers du prémourant, si autrement ils n'en ont disposé, ce qui leur sera libre de faire en faveur de l'un ou de l'autre, ladite future épouse en estant dés-à-present authorisée ; & à charge des dettes qui pourroient estre contractées pendant ladite Communauté & frais funeraux du prédecedé sur la même proportion ; que chacun desdits futurs époux payera les dettes passives qu'il pourroit avoir contractées avant la celebration dudit Mariage sur ses biens propres, sans que ceux de l'autre y puissent estre attenus & engagez : Et avant ce partage des biens de ladite Communauté, si ledit Seigneur futur époux vient à survivre, il emportera par préciput ses Habits, Linges à son usage, ses Armes, Equipages, Chevaux & Carrosses appartenans à ladite Communauté, en quels lieux ils puissent estre, si mieux il n'aime prendre une somme de dix mille francs Barrois, au cas qu'il n'y ait point d'enfans; ou au cas qu'il y ait enfans, une somme de sept mille francs aussi Barrois; ce qu'il sera tenu d'opter dans la quarantaine: Et reciproquement si ladite Dame future épouse vient à survivre, elle emportera aussi ses Habits, Linges à son usage, Bagues & Joyaux de quelle qualité ils puissent estre, sa Toilette & assortiment d'icelle, avec un Carosse attelé comme il se trouvera; si mieux elle n'aime pareillement prendre une somme de dix mille francs Barrois, au cas qu'il n'y ait enfans, ou celle de sept mille francs même monnoye, au cas qu'il y ait enfans; ce qu'elle sera tenuë d'opter dans la quarantaine. En faveur duquel Mariage, mesdits Sieur & Dame de Ficquelmont, ladite Dame authorisée à cet effet dudit Seigneur son époux, ont donné & abandonné, comme par ces Presentes ils donnent & abandonnent en avancement d'hoirie, à ladite Dame leur fille future épouse, toutes telles portions qui leur appartiennent en la Terre & Seigneurie de Chaumont sur Ayre en Barrois, & Villages circonvoisins, avec toutes les appartenances & dépendances en quoy elles puissent consister, comme si elles estoient énoncées par ces Presentes en détail & menu; pour par les futurs époux joüir des rentes & revenus dés le jour de la celebration dudit Mariage, sans estre tenus d'en faire aucun rapport à l'ouverture des successions desdits Seigneur & Dame de Ficquelmont; estant convenu & accordé que ladite Dame future épouse entrera en partage à la mort dudit Seigneur & Dame de Ficquelmont ses pere & mere, avec ses coheritiers, suivant la Coustume des lieux où les Biens se trouveront assis & situez, sans que lesdits Seigneur & Dame de Ficquelmont puissent en user & disposer autrement, à quoy ils se sont obligez; Douaire écheant, ladite future épouse aura la somme de trois mille francs Barrois de rente annuelle, s'il n'y a point d'enfans; & au cas qu'il y ait enfans, celle de deux mille francs même monnoye, de rente annuelle; laquelle somme en l'un ou l'autre cas sera prise sur les plus clairs biens dudit futur époux: Et aura aussi ladite future épouse son habitation raisonnable & selon sa qualité dans le Chasteau de Malpierre, *avec son chauffage*, comme l'ont les douairieres de qualité; & en cas qu'elle viendroit à convoler en secondes nôces, elle sera privée de sadite habitation: Et en cas de vente ou alienation des Biens propres de l'un ou l'autre desdits futurs époux, le remploy en sera fait à l'égard du futur époux sur les biens de la Communauté seulement; & à l'égard de ladite future épouse, en cas d'insuffisance des biens de ladite Communauté, sur les Biens propres dudit futur époux, qui en demeurent dés-à-present obligez, affectez & hypotequez, le tout ayant esté ainsi convenu & arresté; promettans lesdites Parties respectivement d'executer le present Traité en tous ses points, clauses & conditions. Obligeans biens, &c. Submettans, &c. Renonçans à toutes exceptions & choses faisantes à ce contraires. Fait & passé au Chasteau de Mars-la-Tour, où ledit Notaire s'est exprés transporté, aprés midy, le dixiéme jour de Juillet mil sept cens trois, en presence du sieur Claude Grosjean Prestre, Curé de Bouillionville & Euvezin son Annexe, & du sieur Jean Claudot, dit S. Jean, demeurant audit Mars-la-Tour, Témoins à ce appellez, priez & requis, lesquels ont signé avec toutes les Parties, & ledit Notaire. Ainsi signé, François des Salles Rorté, C. L. de Ficquelmont, Claude des Salles Rorté, de Ficquelmont, M. T. de Lambertye de Ficquelmont, De Ficquelmont, M. de Gerbeviller, A. L. de Lambertye, A. de Lambertye, C. Grosjean Témoin, Jean Claudot, & Mamiel Notaire, avec paraphe. La Minute demeurée vers ledit Mamiel, sous-signé. Controllé à Mets, Signé, MAMIEL, avec paraphe.

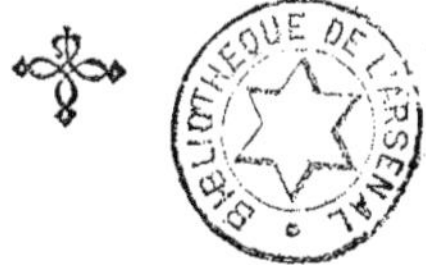

Généalogie de la Maison de Ficquelmont, dressée sur les Titres de la Maison, & sur les Memoires de Balthazar Houat.

En 1130. vivoit GERARD Chevalier, Seigneur de Ficquelmont. *GERARDUS Dominus de Fiscaimont, Miles*; ainsi qu'il est rapporté dans une Charte de cette année, pour l'Abbaye de S. Pierre-Mont.

En 1230. vivoit un RAYMOND DE FICQUELMONT.

ERRARD DE FICQUELMONT vivoit en 1277. Dans une Charte de cette année, il se dit fils à *Monseu Pieron de Ficquelmont Chevalier*, dit *Chabonil.*

D'ERRARD DE FICQUELMONT sortit Raymond de Ficquelmont, pere de MANASSE's de Ficquelmont, qui vivoit en 1346; & épousa Marie Dannoy, dont il eut

ERRARD DE FICQUELMONT, épousa Isabelle de Senamenil.

SIMONETTE DE FICQUELMONT, épouse de Jean de Saulx. — HENRY, Seigneur de Ficquelmont & de Puxe, épousa Marie le Loup. — ISABELLE DE FICQUELMONT, mariée à Jean de Billy, dit d'Aviller.

ISABELLE DE FICQUELMONT, femme de Burnequin d'Archambourg. — ERRARD Seigneur de Ficquelmont, épousa Isabelle de Gorincourt.

ROBERT, Seigneur de Ficquelmont, de Puxe & de Champé, Capitaine & Prevost de Briey; épousa Jacqueline d'Oley, fille de Jean d'Oley Chevalier, & de Laure d'Oriocourt.

VAUTRIN, Seigneur de Ficquelmont, Capitaine & Prevost de Briey en 1493; épousa Françoise de Housse, Dame de Mars-la-Tour, fille de Philippe de Housse, Seigneur d'Anderny, & de Jeanne d'Aviller, Dame de Mars-la-Tour, sœur de Gerard d'Aviller, Grand Escuyer de Lorraine.

JACQUELINE DE FICQUELMONT, épouse de Jacques de Custine, Baron d'Aufflance. — ROBERT Seigneur de Ficquelmont & de Mars-la-Tour, &c. Capitaine & Prevost de Briey en 1522; épousa Anne de la Tour, fille de Thomas de la Tour-en Voivre, & de Marguerite d'Epinal. — MARIE DE FICQUELMONT, femme de Guillaume de la Tour, Seigneur de Jendelize, Capitaine & Prevost de Conflans.

FRANÇOISE DE FICQUELMONT, mariée à Philippe de Lisseras, Seigneur de Bosserville. — BALTHAZAR Seigneur de Ficquelmont, de Mars-la-Tour, de Moustier; épousa Catherine de Clemery, fille de René de Clemery, & de Françoise de Gournay.

RENE' DE FICQUELMONT, Seigneur de Mars-la-Tour, Escuyer du Duc Charles III. épousa en 1570, Claude de Joyeuse, fille de Foucaut de Joyeuse, Comte de Grand-Pré, & d'Anne d'Anglure. — ROBERT DE FICQUELMONT, Seigneur de Moustier, &c. Chambellan de Charles III. Duc de Lorraine; épousa Elizabeth de Strainchamps.

RENE' LOUIS DE FICQUELMONT, Abbé de Mouzon & de Belleval, Envoyé du Roy T. C. vers les Etats de Liege. — BALTHAZAR DE FICQUELMONT, Seigneur de Mars-la-Tour, & Maistre d'Hostel du Roy Louis XIII. épousa en 1605, Charlotte d'Anglure, fille d'Affricain d'Anglure-Bourlémont, & de Marguerite de la Beaulme. — HENRY DE FICQUELMONT, Seigneur de Moustier, marié à Philberte de Gournay. — JEAN DE FICQUELMONT, Seigneur de Paroye, Capitaine dans le Service de France; épousa Catherine de Rand.

ANNE Chanoinesse de Poussey, puis mariée à N. Dambly, Seigneur de Tourteron. — LEONARD DE FICQUELMONT, Seigneur de Mars-la-Tour, de Chaumont, Capitaine & Major du Regiment de Blainville, pour le Service de Charles IV. épousa en 1642, Anne de Raigecourt, fille d'Antoine de Raigecourt, & d'Elizabeth de Florainville. — CHRISTINE, femme de Claude, Baron de Landres. — CHARLOTE DE FICQUELMONT, épouse de Paul de Gournay, Seigneur de Friauville. — HENRY mort Lieutenant Colonel dans le Service de l'Empereur. — JEAN-FRANÇOIS DE FICQUELMONT, Seigneur de Paroye, Colonel des Troupes Imperiales, puis Capitaine-Commandant une Compagnie de Chevaux-Legers de la Garde de S. A. R. épousa Marguerite de Chauvirey, fille de Jean François, Baron de Chauvirey, Capitaine des Gardes du Corps de Charles IV. & de Françoise de Bellevaux.

JEANNE-ELIZABETH, épouse d'Antoine de Cleron, Baron de Saffre. — RENE' LOUIS DE FICQUELMONT, Seigneur de Mars-la-Tour, de la Tour en Voivre, de Chaumont, &c. Capitaine de Cavalerie au Regiment de Mauleon; épousa en 1666, Marie-Therese de Lambertye, fille de Jean Comte de Lambertye, Gouverneur de Longwy, Mareschal des Camps & Armées du Roy T. C. & de Marguerite de Custine, Baronne de Cons. — CHARLOTE-THERESE, femme de Charles de Fussey, Baron de Melay. — CHARLES DE FICQUELMONT, Seigneur de Paroye, Capitaine de Cuirassiers pour le Service de l'Empereur, à present Chambellan & Lieutenant des Chevaux-Legers de la Garde de S. A. R. a épousé en 1709, Anne-Marguerite de Chauvirey, fille de Nicolas-François, Comte de Chauvirey, Mareschal de Lorraine, & de Caroline-Marie-Gertrude de Dongherberge. — JEANNE-HENRIETTE DE FICQUELMONT, mariée à Charles Canon, Marquis de Ville.

JEANNE, Chanoinesse de Sainte Marie de Metz, puis mariée à N.... de Custine, duquel estant veuve, elle a épousé Jean-Baptiste, Comte de Lamezan. — CATHERINE-LOUISE, Chanoinesse de Remiremont; mariée ensuite à François des Salles, Comte de Rorté. — MARGUERITE, Chanoinesse de Bouxieres. — LEONARD DE FICQUELMONT, Capitaine de Dragons au Regiment d'Asfeld, tué le 25 Octobre 1709. en Catalogne, pour le Service de Philippes V. Roy d'Espagne.

Lambertye porte d'azur à deux Chevrons d'or.

Généalogie de la Maison de Lambertye, Originaire du Perigord, dressée sur ses Titres.

FRANCOIS, Seigneur du Chasteau de Lambertye, Chevalier, fit en 1022. un Echange avec Noble homme Estienne de Masvaleys. Depuis ce tems jusqu'à la fin du XIV. Siecle, il y a un vuide causé par l'incendie du Chasteau de Lambertye pendant les troubles de la Religion. Ainsi le premier où la filiation commence, est PIERRE, qui suit.

PIERRE, Seigneur de Lambertye, épousa Catherine de Fages, laquelle estant veuve en 1428. fit ses foys & hommages en qualité de Tutrice de Jean de Lambertye son fils.

JEAN, Seigneur de Lambertye, épousa Jeanne de Vigier, Dame de Noire & de Chalart.

FRANÇOIS, Seigneur de Lambertye, de Noire & de Chalart, épousa Marguerite de Maulmont.

RAYMOND, Seigneur de Lambertye & Baron de Monbrun; épousa en 1530, Jeanne-Helye de Coulonges, fille de Guy-Helye de Coulonges, Seigneur de Romain & d'Estouart, & de Jeanne Flament.

CATHERINE, mariée à François, Seigneur de Tessiers.

FRANÇOIS, Seigneur de Lambertye, de S. Pol, Baron de Monbrun, Chevalier de l'Ordre du Roy T. C. en 1571. Capitaine d'une Compagnie de Chevaux-Legers, & Lieutenant-Commandant une Compagnie des Gendarmes de Sa Majesté; épousa en 1571, Jeanne d'Abiac, fille de Gabriel d'Abiac, Seigneur de la Douze, Chevalier de l'Ordre du Roy, & d'Antoinette de Bernard, Dame de la Vieuville.

LELIE-CATHERINE de Lambertye, alliée à Jean Aimery, Seigneur de Chasteny.

JEANNE DE LAMBERTYE, épouse de Jean, Seigneur de Brye.

JEAN DE LAMBERTYE, receu Chevalier de Malthe en 1604.

CATHERINE DE LAMBERTYE, femme de Leonel de la Fay, Seigneur de S. Privat.

GABRIEL, Comte de Lambertye, Baron de Monbrun, Mestre de Camp d'un Regiment de vingt Enseignes, & Lieutenant pour le Roy T.C. du Gouvernement de Nancy, puis Gouverneur de Longwy; épousa en 1605, Isabelle de Rochechouart, fille de Louis 2. Vicomte de Rochechouart, Capitaine de 50 Hommes d'Armes, & de Madelaine de Bouillé, fille de René Seigneur de Bouillé, & de Jacqueline d'Estouteville.

GABRIELLE, alliée à Jean d'Arlot, Seigneur de Fiebés.

FRANÇOIS, Comte de Lambertye, Baron de Monbrun; épousa en 1633, Aimerie de Nesmond, fille de François de Nesmond, Gentilhomme de la Chambre du Roy, Lieutenant d'une Compagnie de Gendarmes des Ordonnances de Sa Majesté, & de Jeanne de Voluyre.

JEAN, Comte de Lambertye, Colonel d'un Regiment d'Infanterie, Mareschal des Camps & Armées du Roy T. C. Gouverneur de Longwy; épousa en 1641, Marguerite de Custine, auparavant Abbesse de Bouxieres, & fille de Jean de Custine, Baron de Cons, & de Dorothée de Ligniville.

FRANÇOIS, Comte de Lambertye, épousa en 1654, Marie d'Eydie, fille d'Armand d'Eydie, Seigneur de Bernardiere, & de Charlote de Belvier.

MARIE-THERESE DE LAMBERTYE, mariée en 1666, à René de Ficquelmont, Seigneur de Mars-la-Tour, &c.

GEORGE, Marquis de Lambertye, Baron de Cons, Capitaine de Chevaux-Legers dans le Service de France, puis Conseiller d'Estat, Bailly de Nancy, & Mareschal de Lorraine; a épousé en premieres nôces en 1672. Christine de Lenoncourt, fille de François de Lenoncourt, Marquis de Blainville, & de Catherine de Savigny. En secondes, en 1706, il s'allia à Charlote Erardine d'Anglure, dont il n'a pas eu lignée.

MARIE DE LAMBERTYE, mariée à Hubert, Marquis de Choiseul, Mestre de Camp du Regiment de la Reine de France.

ANTOINETTE-LOUISE, épouse d'Anne-Joseph, Comte de Tornielle, Marquis de Gerbeviller, Grand Chambellan de S. A. R.

MARIE-GABRIELLE, JEANNE, FRANÇOISE, THERESE de Lambertye Religieuses.

ANDRE', mort Capitaine au Regiment des Gardes de Son A. R. non marié.

NICOLAS-FRANÇOIS, Marquis de Lambertye, Baron de Cons, cy-devant Capitaine de Cavalerie pour le Service du Roy T. C. à present premier Gentilhomme de la Chambre de S. A. R. & son Envoyé Extraordinaire en Angleterre; a épousé en 1705. Elizabeth de Ligniville, fille de Melchior Comte de Ligniville, Mareschal de Lorraine, & de Marguerite de Bouzey.

FRANÇOISE-CHRISTOPHORINE, mariée à George de Mozey, Baron de Grune.

JEANNE-MARGUERITE, femme de Philippe-François de la Fontaine, Vicomte d'Haroncourt.

ANTOINE-FRANÇOIS de Lambertye, né en 1708.

ANDRE'-LOUIS de Lambertye, Chambellan de S. A. R.

CAMILLE de Lambertye, Chevalier de Malthe, de minorité.

FIN.

www.ingramcontent.com/pod-product-compliance
Ingram Content Group UK Ltd.
Pitfield, Milton Keynes, MK11 3LW, UK
UKHW022048190726
13855UKWH00002B/437

9 782013 063784